COURS D'ÉTUDE

POUR L'INSTRUCTION

DU PRINCE DE PARME.

COURS D'ÉTUDE

POUR L'INSTRUCTION

DU PRINCE DE PARME,

AUJOURD'HUI

S. A. R. L'INFANT

D. FERDINAND,

DUC DE PARME, PLAISANCE, GUASTALLE,
&c. &c. &c.

Par M. l'Abbé de CONDILLAC, de l'Académie fran-
çoise & de celles de Berlin, de Parme & de Lyon ;
ancien Précepteur de S. A. R.

TOME QUATORZIEME.

INTRODUC. A L'ÉTUDE DE L'HISTOIRE MODERNE.

A PARME,
DE L'IMPRIMERIE ROYALE.

M. DCC. LXXV.

TABLE
DES MATIERES.

Tom. XIV.   a 3

térêts contraires & ne favent plus former des partis. Les Huguenots étoient divifés en deux partis.
Bouillon fe joint au prince de Condé. Marie négocie pour abandonner Saint-Jean d'Angeli au
duc de Rohan qui s'en eft rendu maître. Condé arme. Marie propofe un accommodement.
Condé avoit publié un manifefte. Le duc de Rohan refufe de fe joindre à cette ligue. Les mécontents obtiennent ce qu'ils demandent. Louis
XIII déclaré majeur. Derniers états - généraux. Le roi oublie ce qu'il leur a promis. Condé met le parlement dans fon parti. Arrêté du
parlement. Le roi lui défend de paffer outre. Remontrances du parlement. Elles entretiennent
le mécontentement du peuple. Les Huguenots
fe joignent à Condé. Les mécontents font la
loi. Les récompenfes que Marie donne aux rebelles, invitent à de nouvelles révoltes. Bouillon ne fonge qu'à troubler. Le maréchal d'Ancre fait arrêter Condé. Récompenfes prodiguées.
Le maréchal d'Ancre change tout le miniftere.
Les mécontents arment encore : mais l'évêque de
Luçon donne de la fermeté au gouvernement. Faveur d'Albert de Luines qui eft d'intelligence avec
les mécontents. Il fonge à éloigner Marie de
Medicis. Il obtient l'ordre d'arrêter le maréchal
d'Ancre. D'Ancre eft tué. Marie eft reléguée
à Blois. Les mécontents reviennent à la cour.
On fait le procès à la mémoire de Concini & à
la Galigaï. Marie échappée de fa prifon, me-

nace, & puis se prête à un accommodement. Elle se joint aux mécontents qui prennent les armes. Elle revient à la cour. Guerre avec les Huguenots. Marie entre au conseil. Elle y fait entrer l'évêque de Luçon, qui se saisit bientôt de toute l'autorité.

CHAPITRE II.

De la France & de l'Angleterre jusqu'à la prise de la Rochelle.

Pag. 45.

La conduite de la régente divisoit les partis, & les faisoit renaître. Richelieu se propose d'abattre les grands, & de mettre les Huguenots hors d'état de se soulever. Il se proposoit encore d'humilier la maison d'Autriche. Obstacles à ses desseins. Guerre avec les Huguenots. Les Catholiques ne pardonnent pas au cardinal la paix à laquelle le roi est forcé. Richelieu se ménage tout-à-la fois dans l'esprit du roi & dans l'esprit de la reine mere. Marie propose le mariage de Gaston avec l'héritiere de Montpensier. Ce projet partage toute la cour. Complot des grands contre Richelieu. Il est éventé. Autre complot qui ne leur réussit pas mieux. Richelieu feint de vouloir se retirer, & obtient une garde.

LIVRE QUATORZIEME.

CHAPITRE I.

Exposition préliminaire à la guerre qui fut terminée par le traité de Westphalie.

Pag. 75.

il ne favoit pas tirer avantage. On fentoit qu'il
falloit tenir la balance entre elles. Elifabeth
eft la premiere qui ait connu la politique. Les
Provinces-Unies avoient fecoué le joug de l'Ef-
pagne, & fe gouvernoient avec défiance. Henri
IV avoit porté la politique à fa perfection. Celle
de Charles-Quint avoit produit un effet contraire
à celui qu'il en avoit attendu. Ferdinand I fe
déclara pour la tolérance, ainfi que Maximilien
II. La mort de Henri IV avoit rompu les me-
fures prifes pour l'abaiffement de la maifon
d'Autriche. Mais il reftoit deux partis : l'union
évangélique & la ligue catholique. Rodolphe II
avoit été dépouillé par Mathias, qui fouleve les
Proteftants. La Boheme fe révolte contre Ma-
thias. Les duchés de Cleves & de Juliers avoient
déja armé l'union évangelique & la ligue catho-
lique. Mathias meurt, & ne laiffe prefque que
des titres à Ferdinand II. Alors les électeurs s'é-
toient rendus les légiflateurs de l'empire.

CHAPITRE II.

Etat des principales puiffances au commencement de la guerre.

Pag. 90.

La naiffance du luthéranifme & l'avénement
de Charles-Quint font une époque où commenca

un nouvel ordre de choses. Gustave Wasa avoit toujours conservé l'alliance de Frédéric I & de Christian III. Eric XIV son fils aîné, perdit la couronne. Jean III qui avoit détrôné son frere, troubla la Suede ; & eut la guerre avec Frédéric II fils de Christian III & pere de Christian IV. Sigismond, son fils, fut élu roi de Pologne. Mais les états de Suede donnerent la couronne au duc Charles, son frere, & l'assurerent à Gustave-Adolphe, fils de Charles. Les royaumes du nord étoient électifs. Peuplades qui en sont sorties. Les Provinces-Unies sont une association de plusieurs républiques indépendantes. Il y a dans chaque province un conseil toujours subsistant. Les Etats-Généraux sont composés des députés des sept provinces. Les députés ne penvent rien prendre sur eux, & l'unanimité est nécessaire en affaires majeures. Ils prennent les ordres des Etats-Provinciaux où l'unanimité est encore une condition essentielle. Députés préposés à l'armée. Combien ce gouvernement ralentit les opérations de toutes ces républiques. Le stadhoudérat a paré à cet inconvénient. Puissance du stadhouder. Cette puissance a sauvé la république, & peut lui être funeste. A peine les Provinces-Unies goûtent la paix qu'elles sont troublées par des disputes de religion. On agitoit des questions sur des choses dont nous ne pouvons pas même parler. Arminius dit que nous pouvons résister à la grace.

ne se trouvent pas dans une plus grande quantité d'argent. Les trésors de l'Amérique n'enrichissent l'Espagne que pour un moment. Ils y passent pour ruiner l'industrie. Ils n'y restent pas. Etat de l'Espagne au commencement du dix-septieme siecle. Combien il est difficile à cette monarchie de se relever. Les loix de l'empire étoient sans force. Deux religions ennemies donnoient au corps germanique des vues mieux déterminées. Charles-Quint avoit accru leur haine réciproque. L'union évangélique étoit formée de deux sectes ennemies. L'électeur de Saxe étoit peu fait pour fortifier le parti auquel il s'attachoit. Les peuples de l'empire étoient moins foulés que les autres. Mais ils étoient pauvres parce qu'ils avoient peu d'industrie. Ambition de la maison d'Autriche. L'Europe veut l'humilier.

CHAPITRE III.

De la guerre de l'empire jusqu'à l'année 1635.

Pag. 131.

Frédéric V, électeur Palatin, accepte la couronne de Boheme. Le prince de Transilvanie faisoit une diversion en sa faveur. Ferdinand II avoit pour lui le roi de Pologne, l'électeur de Saxe & le duc de Baviere. Frédéric est

abandonné par l'union évangélique. Il perd la
bataille de Prague & la Boheme. Ferdinand
met Frédéric au ban de l'empire. Mansfeld
qui défendoit le haut Palatinat, feint de traiter
avec les Impériaux, & leur échappe. Les Impériaux achevoient la conquête du Palatinat.
Frédéric congédie Mansfeld & le duc de Brunswick. Les provinces de l'empire font dévaſtées.
Mansfeld & le duc de Brunſwick menacent la
Campagne. Mansfeld préfere le ſervice des
Etats-Généraux aux offres des autres puiſſances. Il joint le prince d'Orange, & fait lever
le ſiege de Berg-op-zoom. L'union évangélique ne ſubſiſtoit plus. Le duc de Brunſwick
avoit été défait & Mansfeld étoit hors d'état
de rien entreprendre. Ferdinand II ne trouvant plus d'obſtacles, donne le Palatinat à Maximilien de Baviere. Ferdinand croyoit aſſurer ſa puiſſance en ſemant des diviſions, & ſe
hâtoit trop de la montrer. Ligue qui ſe forme
contre lui. Richelieu ſe borna à faire reſtituer
la Valteline aux Griſons. On avoit inutilement négocié à cet effet. Il arma, & la Valteline fut enlevée aux Eſpagnols. Chriſtian IV
forme une ligue contre l'empereur. Après de
mauvais ſuccès, les circonſtances lui procurent
des conditions de paix plus avantageuſes, qu'il
ne devoit eſpérer. Alors la maiſon d'Autriche
vouloit enlever Mantoue au duc de Nevers. Le
cardinal vouloit, malgré Marie de Medicis, le
main-

maintenir dans la poſſeſſion de ce duché. Ligue en faveur du duc de Nevers. Le cardinal prend dans cette guerre la qualité de lieutenant-général. Maẓarini négocie la paix, & la fait. Richelieu diſſipe une intrigue qui ſe tramoit contre lui. Combien il étoit néceſſaire à Louis XIII. Edit de reſtitution donné par Ferdinand. Tous les Proteſtants obéiſſent, excepté les électeurs de Saxe & de Brandebourg. Ferdinand ſe conduit en deſpote. Mais la diete de Ratisbonne qui le force à licencier une partie de ſes troupes, & à dépoſer Walſtein, ne lui accorde aucune de ſes demandes. Les Proteſtants, aſſemblés à Leipſick, demandent l'abolition de l'édit de reſtitution & la liberté des princes de l'empire. Mais ils avoient beſoin de trouver des ſecours dans les puiſſances étrangeres. Guſtave Adolphe faiſoit fleurir ſes états. Il avoit fait une paix glorieuſe avec la Ruſſie ; & forcé à une treve Sigiſmond roi de Pologne. Sollicité à déclarer la guerre à Ferdinand, il avoit pluſieurs motifs pour s'y déterminer. Caractere de ce héros, que Ferdinand oſoit mépriſer. Il prend ſes meſures pour ſurmonter les difficultés qu'il prévoit. Il commence la guerre avec quinẓe mille hommes. Succès de ſa premiere campagne. Il a beſoin de quelque action d'éclat, pour enhardir les ennemis de Ferdinand à s'unir à lui. Il fait alliance avec la France. Par le traité il offroit la neutralité aux princes catholiques &

Tom. XIV. b

s'engageoit à ne rien changer à la religion.
Au commencement de la campagne Gustave s'ouvre la Siléfie. Tilly prend & ruine Magdebourg.
Ferdinand pour forcer les Proteſtants à prendre
les armes pour lui, porte la guerre dans leurs
états. Gustave fortifié de pluſieurs alliés,
marche contre Tilly. Bataille de Leipſick. Guſtave ſoumet tout depuis l'Elbe juſqu'au Rhin
qu'il paſſe. L'électeur de Saxe au lieu de le
ſeconder, s'arrête tout-à coup. Walſtein fait
la loi à l'empereur qui le recherche. Alors Marie de Medicis, d'abord priſonniere à Compiegne,
pour avoir médité la perte du cardinal, s'étoit
enſuite retirée dans les Pays-Bas, où Gaſton
d'Orléans la ſuivit. Gustave accorde la neutralité à l'électeur de Treves, & la refuſe à d'autres princes, qui ne la demandoient pas ſincérement. Gustave ſe rend maître de la Baviere:
mais les Impériaux reprennent la Boheme, &
font des progrès dans la baſſe Saxe. Gustave
ne peut forcer les Impériaux dans leur camp.
Bataille de Lutzen, où il perd la vie. Pendant
ce temps-là le duc de Montmorenci qui avoit armé pour Gaſton, laiſſoit ſa tête ſur un échafaud,
& Gaſton ſe retiroit dans les Pays-Bas. La
mort du roi de Suede diviſoit les ennemis de
Ferdinand. Il ne paroiſſoit pas que la Suede
pût conſerver la ſupériorité. L'empereur n'attendoit plus que le moment de ſe venger. Il
ſemble que la Suede ne pouvoit penſer qu'à fai-

re une paix moins défavantageuse. Mais Oxenstiern, dans l'assemblée des Protestants à Hailbron, les engage à se réunir de nouveau & conserve la supériorité aux Suédois. Oxenstiern
restitue aux enfants de Frédéric les conquêtes,
que Gustave avoit faites dans le Palatinat. Il
renouvelle l'alliance avec la France, & on offre
encore la neutralité aux princes catholiques. Les
provinces de l'empire sont dévastées par les armées. Cependant Walstein humilioit Ferdinand
autant par ses services que par ses hauteurs. Il
se rend suspect, & Ferdinand le fait assassiner.
Les Impériaux chassent les Suédois de la Baviere, mettent le siege devant Nordlingue. Les
Suédois perdent la bataille de Nordlingue, &
leur parti paroît ruiné.

CHAPITRE IV.

Depuis que la France prit les armes contre la
maison d'Autriche jusqu'à la mort du cardinal de Richelieu.

Pag 178.

Pourquoi la France n'avoit donné que peu
de secours aux Suédois. Après la mort du roi
de Suede, elle se propose de faire de plus
grands efforts. Mais Richelieu attend le moment

b 2

d'Autriche fur les fauf-conduits. Ces difficultés font tomber fur elle le reproche qu'elle faifoit à la France de s'oppofer à la paix. Evénements des campagnes de 1637 & 1638. La France & la Suede s'engagent à ne pas traiter féparément. Cependant la Suede négocioit fecrétement : mais trompée par l'empereur, elle ceffe
de tromper la France, & s'unit fincérement à
cette couronne. Charles I veut entrer en négociation avec les puiffances de l'Europe, & Richelieu fomente les troubles de l'Ecoffe. Négociation fans effet avec le prince de Tranfilvanie.
Artifices de la cour de Vienne pour féparer la
Suede de la France. Négociations fans effet.
Evénements de la guerre pendant les négociations. La France acquiert les places qu'occupoit le duc Bernard. Elle a de grands fuccès
pendant que les Suédois fe maintiennent. Politique du duc d'Olivarez. Elle force les Catalans à la révolte, & fait perdre le Portugal à la
couronne d'Efpagne. Il s'agiffoit alors de renouveller le traité entre la France & la Suede.
Inftructions que ces deux couronnes donnent à
leurs miniftres. Ferdinand qui les veut divifer,
ne fait pas profiter des difpofitions où fe trouve
la Suede. Artifices de Ferdinand pour perfuader qu'il ne s'oppofe pas à la paix que tout l'empire demande. Artifices de Richelieu. Les avances qu'ils fe faifoient l'un à l'autre n'étoient que
pour tromper le public. L'empereur & la diete

de Ratisbonne font au moment d'être furpris par Banier & Guébriant. La Suede fait une grande perte dans Banier. Elle en devient plus traitable, & conclut le nouveau traité tel que la France le defiroit. Situation de l'électeur de Brandebourg entre les Suédois & les Impériaux. Il abandonne l'empereur, avec qui les ducs de Lunebourg font la paix. Guerre civile en France. Elle finit bientôt par la mort du comte de Soiffons. Toute l'Europe demandoit la paix. Le traité préliminaire paroiffoit au moment d'être conclu. Mais de part & d'autre on vouloit éloigner la conclufion, quoiqu'on feignît de vouloir conclure. Cependant à force de feindre, Lutzau & le comte d'Avaux concluent malgré eux. Conditions du traité préliminaire qu'ils fignent. L'empereur défavoue Lutzau, & s'expofe aux reproches de toute l'Europe. Pertes que fait la maifon d'Autriche qui compte fur une révolution en France. Louis XIII ayant befoin d'un favori, le cardinal lui avoit donné Cinqmars. Le favori réuffit & donne de l'ombrage à Richelieu. Il cherche à le perdre dans l'efprit du roi Il forme un parti. La cour d'Efpagne promet des fecours. Inquiétude de Richelieu: confiance inconfidérée de Cinqmars. Mais Louis, qui fe reproche fa foibleffe, écrit au cardinal. Il a cependant de la peine à fe perfuader que Cinqmars foit coupable. Punition de Cinqmars: mort du cardinal. Cette

mort donne de la confiance aux ennemis de la
France & de l'inquiétude à ses alliés.

CHAPITRE V.

Jufqu'à l'ouverture du congrès pour la paix
générale.

Pag. 117.

*Louis XIII se conforme au plan que le car-
dinal avoit laissé. L'ouverture du congrès est
fixée. Mort de Louis XIII. Ses dispositions.
Le parlement défére la régence à la reine. Mazarin premier ministre. Victoire de Rocroi. La
France confirme son alliance avec la Suede. Les
plénipotentiaires de l'empereur & du roi d'Espagne arrivent à Munster. La Suede avoit intérêt à ne pas traiter sans la France. Il n'en
étoit pas de même des Etats-Généraux. C'est
pourquoi les plénipotentiaires de la France paf-
sent par la Haye, pour s'assurer que la Hollande ne traitera de la paix que conjointement avec
la France. Mort de Guébriant. Défaite des
François à Dutlingen. Les Suédois déclarent
la guerre au roi de Danemarck. Les Impériaux
fondent de nouvelles espérances sur ces événements. Le comte d'Avaux dissipe les inquiétudes, que la reine & Mazarin ont à ce sujet. La*
b 4

LIVRE QUINZIEME.

CHAPITRE I.

Des intérêts & des vues des principales puif-
fances.

Pag. 240.

Situation embarraffante de l'empereur. Il lui
falloit divifer les deux couronnes, ou attendre
que la minorité de Louis XIV caufât des troubles. Il comptoit fur l'un ou l'autre de ces événements, & fe refufoit à la paix. Il étoit bien
plus facile au roi d'Efpagne de troubler la France & d'en détacher les Provinces-Unies. La Sue-

de ne pouvoit traiter sûrement sans garantie.
Mais l'impuissance de l'Espagne étoit une garantie suffisante pour la Hollande. D'ailleurs
cette république pouvoit au besoin compter sur
les secours de la France contre l'Espagne ; & il
pouvoit arriver qu'elle auroit besoin des secours
de l'Espagne contre la France. Mazarin devoit
peu compter sur le dernier traité fait avec les
Provinces-Unies. Mais si elles paroissent vouloir traiter séparément, il doit leur reprocher
leur infidélité & leur ingratitude. Cependant le
reproche d'infidélité étoit peu fondé. Celui d'ingratitude l'étoit tout aussi peu ; & on ne peut
qu'applaudir à la Hollande, si elle ne se laisse
pas tromper aux artifices du cardinal. Maximilien duc de Baviere, étoit dans une position,
où il ne savoit s'il devoit se détacher de l'empereur ou lui rester uni. Les autres princes de l'empire avoient peu d'influence par eux-mêmes, &
ne demandoient que la paix. L'empire étoit sujet
par sa nature à bien des variations. Après Louis
IV la couronne devient tout à-fait élective. Effets de cette révolution pendant la premiere période, sous les princes de la maison de Saxe.
Origine des comtes palatins, des margraves,
landgraves, &c. Privileges des dietes. Prérogatives des rois de Germanie. Ils les perdent
presque toutes sur la fin de la seconde période
qui comprend les princes de la maison de Franconie. Pendant la troisieme, sous les princes

de la maison de Suabe, il n'y a que des troubles.
Ces troubles occasionnent plusieurs changements.
La quatrieme période est un temps d'anarchie.
C'est alors que les évêques & les ducs, qui avoient
le droit de premiere élection, s'arrogent à eux
seuls le droit d'élire l'empereur. Pour s'assurer
les usurpations qu'ils ont faites, ils donnent la
couronne impériale à des princes dénués de for-
ces. Interregne qui donne lieu à des ligues, &
à des usurpations. Pendant la cinquieme pério-
de les empereurs occupés de l'agrandissement de
leur maison, ou des troubles de l'empire & de
l'église, n'ont pu recouvrer les domaines & les
prérogatives enlevés à leur couronne. Lorsqu'a-
près tant de révolutions, les princes de l'empi-
re n'avoient plus dans la sixieme période que des
prétentions, dont la force seule pouvoit faire des
droits, les hérésies semerent de nouvelles divi-
sions. Dans cet état des choses, il étoit naturel
que les membres de l'empire s'unissent à la Fran-
ce & à la Suede, qui offroient de faire cesser l'op-
pression. Ils pouvoient compter sur la protec-
tion de ces deux puissances, parce qu'elles ne
pouvoient s'agrandir qu'en ménageant leurs in-
térêts. Pour forcer Ferdinand & Maximilien
à la paix, la France se propose de porter la
guerre dans les états héréditaires & dans la
Baviere.

CHAPITRE II.

Du traité de Weftphalie ou des négociations faites à Munfter & à Ofnabruck.

Pag. 264.

Médiation fans effet des Vénitiens & du pape. On n'attendoit plus au congrès, que les plénipotentiaires des Provinces-Unies. Pléni-potentiaires des autres puiffances. Obftacles qui retardent l'ouverture du congrès. 1.° *Pleins-pouvoirs qu'on veut trouver défectueux.* 2.° *Ar-tifices de la maifon d'Autriche pour divifer fes ennemis.* 3.° *Lenteur des états de l'empire à dé-puter au congrès, comme ils y étoient invités par les plénipotentiaires de France & de Sue-de. Ferdinand auroit voulu empécher cette dé-putation. Le mauvais fuccès de fes armes le force à paroître moins contraire à la paix, & on prend jour pour les propofitions. Les Im-périaux & les Efpagnols demandent qu'on leur reftitue toutes les conquêtes. La Suede & la France fe bornent à demander qu'on attende les députés des états de l'empire. On les attend, en difputant fi on les attendra. Malgré les oppo-fitions de Ferdinand, le congrès eft regardé comme une diete générale de l'empire. Les Sué-dois, qui avoient eu de grands fuccès, paroif-*

ſoient vouloir hâter la négociation. *Mais la France la vouloit retarder*, de crainte qu'ils n'en retiraſſent de trop grands avantages. *Quoique les deux couronnes alliées euſſent des raiſons communes pour la retarder, elles conſentent à donner leurs propoſitions. Elles paroiſſent dans leurs propoſitions ne s'occuper que des intérêts du corps germanique, & ſe bornent pour elles à une ſatisfaction, qu'elles n'expliquent pas. C'é-toit le vrai moyen d'obtenir ce qu'elles deſiroient. Mais ne s'expliquant pas ſur leur ſatisfaction, elles n'avançoient pas* la paix. *Succès des ar-mes de la France. Cependant elle cherchoit des prétextes pour ne pas s'expliquer encore ſur la ſatisfaction qu'elle demandoit. L'empereur ré-pond aux propoſitions des deux couronnes, & paroît prendre pour juge les états de l'empire. Quelle étoit cette réponſe. Les états s'occu-pent de leurs intérêts qui font naître bien des conteſtations. Se flattant de tout obtenir pour eux, ils ne paroiſſent pas s'intéreſſer à la ſatis-faction des deux couronnes. Ces deux couron-nes n'oſoient pas d'abord s'en expliquer l'une à l'autre. Enfin elles ſe devinent & ayant preſ-ſenti les diſpoſitions du public, elles déclarent ce qu'elles demandent. La ſatisfaction de la France devoit être priſe ſur les domaines de la maiſon d'Autriche. Il n'en étoit pas de même de celle de la Suede: c'eſt pourquoi elle ſouffroit plus de difficultés. Les états déclarent qu'il n'eſt* dû de satisfaction ni à l'une ni à l'autre. Les deux couronnes ne s'inquiétent pas de ce jugement. Le comte de Trantmansdorff tente inutilement de reconcilier l'empereur avec le corps germanique. Il ne réussit pas mieux à détacher la Suede de la France. Il entame une négociation avec cette derniere couronne. Maximilien de Baviere traite aussi avec la France, qui lui fait des propositions avantageuses. Quoique la négociation paroisse avancée, tout est encore suspendu. La France temporise pour ménager le duc de Baviere, & pour ne pas donner trop d'avantage à la Suede. Mais par cette conduite elle expose l'armée suédoise. Difficultés qui retardoient la négociation commencée entre la France & l'empereur. Le progrès des armées force les Impériaux à souscrire aux principales demandes de la France. Cependant la France ne peut pas conclure définitivement sans la Suede. Elle devient médiatrice entre les Suédois & les Impériaux. Mais plus elle prend de supériorité dans la négociation, plus les Suédois se montrent difficiles. Offres des Impériaux aux Suédois. Les plénipotentiares françois écrivent à ce sujet à Christine qui desiroit la paix. Succès de Turenne & de Wrangel. L'Espagne qui faisoit des pertes, négocioit lentement avec la France, & pressoit les Etats-Généraux de conclure un traité particulier. Elle feignoit de vouloir conserver toutes ses conquêtes, & l'Espagne

paroiſſoit ne vouloir abandonner que quelques
places. Philippe IV feint de vouloir céder les
Pays-Bas en échange de la Catalogne. Il paroît diſpoſé à conclure avec la France. Il prend
les députés de Hollande pour arbitres. La France feint de ne vouloir pas abandonner la Catalogne ; & par cet artifice, Mazarin s'imagine
engager les députés à offrir les Pays-Bas. Cet
artifice ne devoit pas réuſſir. Les Eſpagnols font
des propoſitions que la France auroit dû accepter.
Pour alarmer les Etats-Généraux ils font courir
le bruit du mariage de l'infante avec Louis XIV.
Raiſons des Etats-Généraux pour conclure leur
traité particulier. Ils le concluent, mais ils en
diffèrent la ſignature. Il étoit impoſſible aux puiſſances alliées de conduire leurs négociations du
même mouvement. La France qui ſe plaignoit
de la précipitation de la Hollande, étoit expoſée
aux mêmes reproches de la part de la Suede.
Elle ne pouvoit pas exiger que les Etats-Généraux s'arrêtaſſent à chaque incident qu'elle faiſoit naître. Par la médiation des députés de
Hollande, tout étoit d'accord entre l'Eſpagne
& la France ; lorſque de nouvelles prétentions
de Mazarin rompent la négociation. Alors les
députés ſignent leur traité. Juſtification des
Etats-Généraux. La France avoit beſoin de la
paix, parce qu'elle étoit épuiſée, & que le mécontentement général menacoit d'une révolte.
Pendant que Servien travailloit à retarder la né-

gociation de la Hollande, d'Avaux hâtoit celle
de la Suede. Les Suédois ne s'expliquoient
pas sur leur satisfaction. Offres qu'on leur faisoit. On convient de dédommager aux dépens
des églises, l'électeur de Brandebourg de la moitié de la Poméranie qu'on lui ôtoit, & la Suede
de l'autre moitié qu'on ne lui donnoit pas. Mais
le dédommagement devoit-il être pris sur les Protestants ou sur les Catholiques ? Falloit-il encore dédommager les églises qu'on dépouilleroit ?
Le comte d'Avaux leve ces difficultés. Campagne de 1647. Les plénipotentiaires étoient d'accord sur les principaux articles, lorsque l'empereur voulut avoir l'avis des députés. Les Suédois paroissent s'intéresser vivement aux Protestants, ce qui met le comte d'Avaux dans une situation embarrassante. On convient de créer un
huitieme électorat pour le prince Palatin. Par
rapport aux deux religions on convient de rétablir les choses dans l'état où elles étoient en 1614
à quelques exceptions près. On regle la satisfaction du landgrave de Hesse. Les troupes suédoises demandoient une satisfaction. Deux demandes de la France, sur lesquelles on contestoit encore. L'empereur qui compte sur des succès, suspend la négociation. Elle est encore retardée par le départ du comte de Trantmansf-
dorff, & par le duc de Baviere, qui se rejoint à
l'empereur. Mais ce prince la hâta ensuite au
moins par rapport à la France. La Suede avan-

LIVRE SEIZIEME.

CHAPITRE I.

Depuis la paix de Westphalie jusqu'à la paix des Pyrénées.

Pag. 330.

fuit à S. Germain où elle manque de tout. Les rebelles, maîtres de Paris, songent à s'y défendre. Mais on voyoit que l'esprit de faction s'éteignoit. Le parlement fait des propositions de paix. Elles sont acceptées. Caractère de Condé. Il est arrêté avec le prince de Conti & le duc de Longueville. Leur parti arme. Ils sont mis en liberté, & Mazarin est forcé à sortir du royaume. Condé arme. Louis, alors majeur, rappelle le cardinal dont le parlement met la tête à prix. Paris ouvre ses portes à Condé. Mais une seconde retraite du cardinal ayant soumis les Parisiens, Condé se retire dans les Pays-Bas & le cardinal revient. La France s'allie de Cromwel qui déclare la guerre à l'Espagne. Charles I se conduisoit en despote, qui croit que toute l'autorité réside en lui. Cependant on étoit moins choqué de l'usage qu'il faisoit de son pouvoir, que du pouvoir qu'il s'arrogeoit Il voulut changer d'autorité la liturgie des Ecossois. Ce fut alors que l'Ecosse se souleva. Quatre conseils se saisirent de l'autorité souveraine. Le Covenant, acte par lequel ils jurent de s'opposer à toute innovation. Charles qui mollit consent à convoquer une assemblée ecclésiastique & un parlement. L'assemblée ecclésiastique ordonne de signer le Covenant. On déclare que le parlement doit obéir lui-même à cette décision, & on arme. Charles qui a besoin de subsides, convoque le parlement d'Angleterre.

Mais ce corps veut profiter de la conjoncture pour ruiner les prérogatives de la couronne : & il le casse. Les Ecossois armés demandent que le roi prenne l'avis de son parlement d'Angleterre. Se voyant sans ressources, il est forcé à le convoquer. Mais il s'est donné un juge. Les communes recherchent les ministres sur leur conduite; les gouverneurs, les lieutenants. Elles donnent une paye à l'armée écossoise. Elles abolissent tout ce qu'elles jugent contraire à la liberté. Charles fait un voyage en Ecosse, où il reçoit la loi. Le parlement licentie les troupes parce qu'il craint qu'elles ne se déclarent pour le roi. Soulévement de l'Irlande. Si l'on avoit voulu réformer le gouvernement, on le pouvoit alors. Mais le fanatisme ne devoit pas se borner à une réforme. Le parlement emploie jusqu'aux impostures pour perdre Charles. Le peuple de plusieurs provinces & celui de Londres offrent leurs services au parlement. Le parti que le roi conserve dans ce corps est forcé au silence. La guerre commence. Le parlement d'Angleterre demande des secours aux Ecossois. Un parlement convoqué en Ecosse sans l'aveu de Charles, fait alliance avec celui d'Angleterre. Alors les Indépendants qui se confondoient avec les Presbitériens, se rendoient insensiblement maîtres du parlement. Ils se proposent de forcer les membres du parlement à renoncer aux emplois civils & militaires. Ils réussissent dans ce dessein. Par ce moyen, ils font paffer toute la puiffance militaire entre les mains de Cromwel. Charles fe livre aux Ecof-fois, qui le vendent au parlement. Les Indépen-dants, qui ont caffé de ce corps tous ceux qui leur font contraires, le font périr fur un échafaud. Alors la maifon d'Autriche venoit d'être humi-liée, & la maifon de Bourbon manquoit du né-ceffaire. Défordre où fe trouvoit l'Angleterre. La nation angloife, devenue plus courageufe & plus entreprenante, avoit befoin d'un chef. Elle le trouve dans Cromwel. Cromwel caffe le par-lement, qui tentoit de diminuer fon autorité. Il en crée un compofé de fanatiques, qu'il caffe en-core. Il eft déclaré protecteur par l'armée. Ce-pendant l'Angleterre étoit formidable au dehors, & Comwel donne la loi dans le traité qu'il fait avec la France. Avantages que l'Angleterre trouva dans l'alliance de la France. Mort de Cromwel. Traité des Pyrénées. Charles eft ré-tabli fur le trône d'Angleterre. Les royaumes du nord font la paix.

CHAPITRE II.

Depuis la paix des Pyrénées jufqu'à la paix de Nimegue.

Pag. 364.

Quel étoit le parlement qui rappella Charles

C 2

II. *Bonnes & mauvaises qualités de Charles. Le parlement quoique soumis & respectueux, paroît prendre des mesures contre le despotisme. Un nouveau parlement renonce au droit des armes : mais il ne donne que de légers subsides. Pour fournir à ses dépenses Charles vend Dunkerque à la France. Il en est blâmé. A la sollicitation des communes, qui lui promettent des subsides, il fait la guerre à la Hollande. Les Anglois comme les Hollandois desirent bientôt la paix. Le pensionnaire de Wit venge sa patrie. Paix de Bréda. A la mort de Philippe IV, Louis XIV réclame les Pays-Bas, quoiqu'il eût renoncé aux droits de sa femme. Louis XIV étoit né avec d'heureuses dispositions qu'une mauvaise éducation avoit rendues inutiles. La régente & Mazarin auroient voulu faire durer son enfance. Honteux de ne disposer de rien, il desire de s'instruire: Mazarin le fait travailler avec lui. Après la mort de ce cardinal, il travaille avec ses ministres, qui lui persuadent qu'il fait tout, & qu'il fait tout par lui-même. Il goûte moins Colbert, qui le sert sans le flatter. La France étoit épuisée. Cependant les courtisans ne parloient que de la puissance de de Louis XIV, & malheureusement ce fut quelquefois dans des circonstances où ils ne paroissoient pas le flatter. Entretenu dans cette illusion par Louvois, il entreprend de faire valoir les droits qu'il se fait sur les Pays-Bas. Fier de ses premiers succès il ne songe plus qu'à conqué-*

rir & à ſe rendre redoutable. L'Europe auroit dû
prévoir qu'il porteroit ſon ambition ſur la couron-
ne d'Eſpagne. Mais Léopold ne s'occupoit que
des moyens de regner deſpotiquement en Hongrie.
Les princes de l'empire ne s'alarmoient pas de
l'agrandiſſement de la France, qu'ils s'imagi-
noient les devoir protéger, parce qu'elle les avoit
protégés. L'Italie ne craignoit que la maiſon
d'Autriche. Les Hollandois qui jugeoient mieux,
étoient trop foibles & troublés par des factions.
Ils craignoient le Stathoudérat, contre lequel ils
ſongeoient à prendre des précautions. Le pen-
ſionnaire de Wit avoit donné l'excluſion à Guil-
laume III, qu'il avoit élevé. Cette excluſion
donnoit de nouveaux partiſans à ce prince,
qui montroit des vertus. Parce qu'il étoit fils
d'une ſœur du roi d'Angleterre, de Wit étoit reſté
dans l'alliance de la France. Alors il change de
plan, & la triple alliance, qu'il a méditée, force
Louis XIV à la paix. Le traité en eſt conclu à
Aix-la-Chapelle. Louis ſonge à ſe venger de la
Hollande. La ducheſſe d'Orléans, qui paſſe en
Angleterre trouve le roi ſon frere dans des diſpo-
ſitions favorables au deſſein de Louis. Ces deux
rois déclarent la guerre à la Hollande. Cette ré-
publique n'étoit pas en état de ſe défendre. Con-
quêtes de Louis XIV. Troubles qu'elles cauſent
en Hollande. Cette république met toute ſa reſ-
ſource dans le jeune prince d'Orange, qu'elle fait
ſtadhouder. L'empereur qui d'abord avoit deſiré

CHAPITRE III.

Depuis la pacification de Nimegue jusqu'à celle de Riswyck.

Pag. 393.

Les ennemis de la France avoient été trop
humiliés pour songer à se réunir de nouveau contre elle. Mais Louis veut être craint. La flatterie lui exagere sa puissance ; & Guillaume III
s'étudie à répandre des terreurs paniques. Il eût
fallu dissiper les alarmes de l'Europe. Mais
Louvois paroît se concerter avec le prince d'O-
range, pour forcer l'Europe à redouter Louis.
Seignelai veut aussi faire redouter le roi sur mer.
Il bombarde Genes, & force cette république à
députer le doge au roi. Mot du doge. Le maréchal de Créqui se rend maître de Luxembourg.
L'Allemagne cependant paroissoit vouloir s'opposer aux entreprises de Louis. Mais Léopold
soulevoit les Hongrois, & Vienne étoit assiégée
par les Turcs. Lorsque Jean Sobieski a délivré

Vienne, la Hollande, qui voit l'impuissance des ennemis de Louis, propose une treve qui est acceptée. L'Angleterre étoit alors occupée d'une prétendue conspiration que la crédulité du parlement rendoit vraisemblable. On jetoit des soupçons sur la religion de Charles, & on craignoit le duc d'York, qui s'étoit converti. Charles casse le parlement. Le nouveau parlement est plus séditieux encore. Il exclut le duc d'York du trône. Il le bannit ; il est encore cassé. On lui fait des suppliques pour en convoquer un autre. Il s'en fait faire pour n'en pas convoquer. Parti des Pétitionnaires ou Whigs : parti des Abhorrants ou Torys. Nouveau parlement qui se rend odieux à la nation. Le peuple commence à voir le peu de fondement de la conspiration, qui l'avoit effrayé. Le roi casse le parlement, & en convoque un autre à Oxford. Il casse encore ce dernier. La nation applaudit à cette démarche. Le roi gouverne en monarque absolu. Plus affermi après une conspiration qu'il découvre, il reprit son indolence, lorsqu'il mourut. Jacques II lui succede sans opposition. Il soulevera le peuple en abusant de son autorité. Il s'attribue d'abord des revenus qu'il devoit demander au parlement. Il les obtient ensuite du parlement qu'il convoque. Monmouth décapité. Jacques protege ouvertement les Catholiques & casse le parlement qui lui résiste. Sur ces entrefaites Louis XIV révoque l'édit de Nantes ; & on lui fait croire qu'il a ex-

tirpé l'héréfie parçe qu'il a envoyé des dragons contre les hérétiques. Les Huguenots qui fe réfugient en Angleterre font craindre les mêmes perfécutions de la part de Jacques. Toutes les fectes fe réuniffent contre la religion romaine. Jacques envoie une ambaffade au pape, pour réconcilier fon royaume avec l'églife. Confiance aveugle des Catholiques d'Angleterre. Il fait conduire à la tour fix évêques qui refufent de publier une déclaration fur la tolérance. Le peuple & l'armée s'intéreffent au fort de ces évêques, & applaudiffent au jugement qui les déclare innocents. Alors Guillaume III avoit formé la grande alliance contre Louis XIV. Gendre de Jacques & fon héritier préfomptif, il refufe de concourir aux projets de ce roi. Il s'attache les Anglois, qui ne balancent plus à l'appeller au trône, lorfqu'ils voient que Jacques a un fils. Alors Louis XIV avoit commencé les hoftilités, & faifoit encore des conquêtes. Sous prétexte d'armer contre la France, Guillaume fe prépare à faire une defcente en Angleterre. Il y débarque. Jacques abandonné, fe retire en France. Le parlement met des bornes à la prérogative, & donne la couronne à Guillaume. Les Hollandois & les Anglois accedent à la grande alliance. Ordres fanguinaires donnés par les confeils de Louvois. La France fait face de tous côtés. La grande alliance n'eft pas auffi redoutable qu'elle le paroît. Guillaume devoit porter prefque tout le faix de la guerre. *La France auroit donc dû tourner ses forces contre l'Angleterre. Ce ne fut pas l'avis de Louvois. Succès de la France dans les cinq premieres campagnes. Ces succès l'avoient épuisée. Dépenses qu'ils avoient occasionnées. Expédiens ruineux auxquels on avoit eu recours. Desordres dans les finances. Foibles ressources du ministère. Louis malgré ses succès commence à s'appercevoir de sa foiblesse. Il fait des propositions de paix, qu'on ne croit pas sinceres. Campagne de 1694. Le peuple, qui se croit exposé aux invasions des ennemis, se soumet à la capitation sans murmure. Bombardement de Bruxelles. Pacification de Riswyck.*

LIVRE DIX-SEPTIEME,

CHAPITRE I.

Des puissances du midi de l'Europe, jusqu'au commencement du dix-huitieme siecle.

Pag. 437.

*E*tat des finances en France après la pacification de Riswyck. *L'altération des monnoies avoit diminué les revenus de la couronne. Autres mauvais effets de cette altération. Louis, ne pouvant plus se dissimuler les maux qu'il a causés, se reproche ses projets ambitieux. Ses ennemis qui*

n'ont pas moins souffert, sont forcés à renoncer
aussi à leurs projets. Ainsi les puissances de l'Europe commencent la guerre, sans savoir comment
elles la soutiendront, & elles posent les armes par
épuisement.   Cette guerre n'avoit été utile qu'à
Guillaume, à qui la paix devenoit nécessaire depuis qu'il étoit roi d'Angleterre.   Il eût été sage
de regler à Riswyck la succession du roi d'Espagne. Mais il n'est pas d'usage en Europe de prévenir de nouvelles guerres.   Après la conclusion
du traité de Riswyck, il n'étoit plus temps de
réparer cette faute.   Projet de partage.   Autre
partage.   L'Angleterre & la Hollande s'arrogeoient le droit de disposer de la succession de
Charles. Cette entreprise, qu'on pouvoit se permettre malgré les protestations de ce prince,
avoit cependant besoin du consentement de Léopold. Elle n'assuroit donc pas la paix. La signature du traité de partage avoit souffert des retardements.   Le roi d'Espagne se plaint qu'on dispose de ses états. Les vœux des Espagnols sont
pour un prince de la maison de Bourbon.   Le roi
d'Espagne appelle à sa succession le duc d'Anjou, à charge qu'il ne démembrera pas la monarchie.   Ce testament étoit mal raisonné. Cependant la maison de Bourbon acquéroit un titre
à la couronne d'Espagne, par le consentement
des peuples.   L'agrandissement de cette maison
ne devoit pas effrayer l'Europe.   Le roi d'Espagne ne pouvoit pas être l'allié de la France.

Mais l'Europe s'étoit acoutumée à craindre l'a-
grandissement des Bourbons. Guillaume avoit
donné le préjugé à l'Europe. Mais il ne l'avoit
pas pris. L'Angleterre & la Hollande n'avoient
consenti qu'à regret au traité de partage dont il
étoit l'auteur. Si Louis XIV s'en fût tenu au
traité de partage, il n'auroit armé que la maison d'Autriche. Il accepte le testament. L'Angleterre & la Hollande qui reconnoissent d'abord
Philippe V, font bientôt après un traité d'alliance avec l'empereur. Mais, comme elles craignoient une nouvelle guerre, elles se bornent à
demander une satisfaction pour la maison d'Autriche. L'empereur ne paroissoit pas devoir tirer
de grands secours de ses alliés. Louis n'avoit pas
désarmé. Philippe étoit en possession de l'Espagne. Ils avoient des alliés. Mais ils pouvoient
ne pas compter sur tous. Ils devoient après quelques campagnes se trouver sans ressources. Ils
auroient dû par conséquent se hâter d'accorder
une satisfaction à la maison d'Autriche. La guerre
commence en Italie. Eugene force le poste de
Carpi. Il défait à Chiari le maréchal de Villeroi.
A la mort de Jacques II, Louis reconnoît le
prince de Galles. Cette démarche offense les Anglois & Guillaume excite leur ressentiment. Le
parlement lui accorde toutes ses demandes. Mort
de Guillaume. Quelle a été sa puissance en Angleterre & en Hollande. Anne qui lui succede,
donne sa confiance à Marlborugh.

CHAPITRE II.

De la Ruſſie juſqu'au commencement du dix-
huitieme ſiecle.

Pag. 462.

Juſqu'au dix-ſeptieme ſiecle les Ruſſes ont été
barbares. Michel Féodorowitz élu czar. Alexis
ſon fils qui a le premier connu l'ignorance des
Ruſſes, a protégé les arts & les ſciences. Féo-
dore, ſon fils aîne, lui ſuccede, & le prend pour
modele. Pierre ſon frere, qu'il déſigne ſon ſucceſſeur, eſt reconnu par les boyars. Jean lui eſt
aſſocié par les intrigues de Sophie, ſœur de ces
deux princes. Sophie, qui a obtenu la régence,
& Baſile Gallitzin, ſon miniſtre favori, ſongent
à écarter du trône le czar Pierre. Mauvaiſe éducation qu'ils lui donnent. Entouré de débauchés,
Pierre s'abandonnoit au vice. Il n'étoit pas content. Il fait connoiſſance avec le Fort qu'il s'attache. Jean Sobieski, allié de l'empereur contre
les Turcs, engage les Ruſſes à faire une diverſion
en Crimée. Boris Gallitzin miniſtre de Pierre,
éloigne Baſile Gallitzin en lui donnant le commandement de l'armée. Mauvais ſuccès de Baſile.
Mazeppa eſt fait hétman d'Ukraine. Nouvelle
campagne de Baſile avec auſſi peu de ſuccès. Sophie conſpire contre Pierre qu'elle veut faire périr.
La conſpiration eſt découverte, & Sophie eſt en-

fermée. *Le czar Pieere se propose de policer les*
Russes. Il est tambour dans une compagnie que le
Fort a levée. Cette compagnie devient un régi-
ment & une ecole. Commencement de la fortune
de Mentzikof qui entre dans cette compagnie.
Mésintelligence entre la Pologne & la Russie.
Elle empêche ces deux couronnes de donner des
secours à l'empereur contre les Turcs. Les soup-
çons ayant été dissipés, Pierre fait le siege d'A-
soph. Il construit une flotte. Asoph capitule. En-
trée triomphante de l'armée. Nouveaux succès ;
nouvelle conspiration de Sophie; elle est décou-
verte. Après avoir pourvu à la sureté de ses états,
le czar se prépare à voyager, l'année qu'Au-
guste, électeur de Saxe, & le prince de Conti
avoient été élus roi de Pologne. Il part confondu
dans la suite de ses ambassadeurs. Il est mécon-
tent du gouverneur de Riga. Il tire dans le vin
l'épée contre le Fort. Il arrive à Amsterdam. Il
va à Sardam apprendre la construction des vais-
seaux. Il passe en Angleterre pour y puiser de
nouvelles connoissances. Il engage à son service
des étrangers instruits. Il étoit à Vienne, lors-
qu'il apprend la révolte des strélitz. Causes de ce
soulevement. Il arrive Moscou lorsque les stré-
litz avoient été défaits. Exécution barbare. Re-
grets du czar à la mort de le Fort. Ses soins
pour accoutumer ses troupes à la discipline. Pour-
quoi il proscrit les barbes & les habits longs. Il
accoutume sa noblesse à la bienséance, & institue

l'ordre de S. André pour lui donner de l'émulation. Il travaille à la réforme du clergé. Il défend d'entrer dans les ordres monastiques avant l'âge de 50 ans. Il ordone de commencer l'année au 1 janvier. Il fait avec les Turcs une treve de 30 ans. Il s'allie de la Pologne & du Danemarck contre la Suede. Le czar paroît s'être trompé sur les moyens propres à civiliser ses peuples.

CHAPITRE III.

De la Suede, du Danemarck & de la Pologne jusqu'à la fin du dix-septieme siecle.

Pag. 489.

Passion de Christine pour l'étude, & pour les savants. Cette passion lui fit desirer le repos, & hâta la conclusion du traité de Westphalie. Ses profusions. Ses peuples se lassent de son gouvernement, & elle se dégoûte de regner. Voulant vivre dans le célibat, elle désigne pour son successeur Charles-Gustave. Cependant on la presse de choisir un époux. Alors elle déclare qu'elle veut abdiquer & Gustave l'invite à conserver la couronne. Le senat lui fait la même invitation & elle s'y rend à condition qu'on ne lui parlera plus de mariage. Michon, son médecin, la dégoûte des sciences. Sa prévention pour cet homme. Pimentel, envoyé d'Espagne, supplante Michon, &

rend à Chriſtine ſon goût pour les ſciences. Il l'engage à rompre avec le Portugal; & le ſénat, qui
déſapprouve cette démarche, attend avec impatience l'abdication de cette princeſſe. Elle abdique.
Élle enleve toutes les richeſſes des palais. Elle
abjure le luthéraniſme & ſe retire à Rome. Etat
où Charles X trouve les finances. Charles enleve
la Pologne à Caſimir V qui avoit proteſté contre
les diſpoſitions de Chriſtine. Il la reperd auſſitôt
Il tourne ſes armes contre le Danemarck & menace Copenhague. Il l'aſſiege. La Hollande donne
des ſecours au roi de Danemarck.   La mort de
Charles met fin à cette guerre que les négociations de pluſieurs puiſſances n'avoient pu terminer. Traité d'Oliva entre ces deux couronnes.
Les nobles Danois refuſoient de contribuer aux
charges de l'etat. Pour ſe ſouſtraire à leur tyrannie, le clergé & le peuple accordent au roi
une autorité abſolue, & déclarent la couronne
héréditaire.   Abdication de Jean Caſimir.   La
guerre fut funeſte à la Suede, lorſqu'en 1667
elle s'allia de Louis XIV. Charles XI qui rendit ſon autorité abſolue, mourut, lorſque les conférences de Riſwyck avoient commencé ſous ſa
médiation. Puiſſance de Charles XII à ſon avénement. Cette puiſſance ne paroiſſoit pas devoir
inquiéter. Les états de Danemarck avoient réuni
à la couronne les duchés de Sleſwick & de Holſ-
tein.   Chriſtian III les cede à ſes deux freres,
malgré les proteſtations des états. Cette diſpo-

sition est une source de guerre. C'est à cette oc-
casion que Frédéric IV se ligue avec la Pologne
& la Russie contre Charles XII allié du duc de
Holstein. Frédéric-Auguste étoit entré dans
cette ligue, afin d'avoir un prétexte pour ne pas
licencier ses troupes saxones.

FIN de la Table du Tom. XIV.

INTRODUCTION
A L'ÉTUDE DE L'HISTOIRE.

HISTOIRE MODERNE.

LIVRE TREIZIEME.

CHAPITRE PREMIER.

De la France jusqu'au ministère du cardinal de Richelieu.

JE vais continuer l'histoire de France, Monseigneur, parce qu'elle nous fournira assez d'occasions de jeter un coup d'œil sur les principales puissances de l'Europe.

Le même jour de la mort de Henri IV, le duc d'Epernon, ayant fait prendre les armes aux

Marie de Medicis est déclarée régente par un arrêt du parlement qui est confirmé dans un lit de justice.

Tom. XIV. A

gardes françoises & aux gardes suisses, se rendit au parlement pour assurer la régence à Marie de Medicis. *Elle est encore dans le fourreau, dit-il en montrant son épée; mais il faudra qu'elle en sorte, si on n'accorde pas dans l'instant à la reine mere, un titre qui lui est dû selon l'ordre de la nature & de la justice.*

On auroit pu demander par quelle loi, sept présidents & cinquante-cinq conseillers, qui composoient cette assemblée, pouvoient être autorisés à disposer de la régence. Jusqu'alors le parlement n'avoit point joui d'un pareil droit. Pouvoit-il le refuser, lorsque l'épée du duc d'Épernon le forçoit à l'accepter? Il donna donc, sans délibérer, un arrêt, par lequel la reine fut déclarée régente. Pour donner plus de poids à cette premiere démarche, Louis XIII, qui n'avoit pas encore neuf ans accomplis, vint le lendemain au parlement, accompagné des princes, des pairs & des grands du royaume, & l'arrêt de la veille fut confirmé dans un lit de justice. On ne s'étoit si fort pressé, qu'afin de profiter de l'absence du prince de Condé, & du comte de Soissons, qui auroient pu prétendre à la régence, ou entreprendre au moins de partager l'autorité avec la reine.

L'esprit de faction, qui avoit été contenu, va reprendre un nouvel essor, & les troubles

font renaître. Car les factieux ont survécu à
Henri.

De crainte de faire des mécontents, la régente admit dans le conseil presque tous les
grands qui prétendoient y devoir entrer ; de
forte qu'elle en fit une cohue plutôt qu'une af-
semblée. Ce conseil, au reste, n'étoit que pour
la forme : on n'y portoit aucune affaire importante, ou du moins on se mettoit peu en peine des résolutions qui s'y prenoient. Tout étoit
décidé dans le travail particulier, que la reine
faisoit avec chacun des ministres.

Elle ne laisse aucune auto-rité au con-seil, où elle admet tous ceux qu'elle n'ose refuser.

Concini avoit la plus grande part à sa confiance. Ambitieux, avide, il s'élève, il s'en-
richit, & se hâte de susciter contre lui la jalousie & la haine. Dès le commencement de
la régence, il acheta le marquisat d'Ancre, la
lieutenance-générale de Picardie, une charge
de premier gentil-homme de la chambre. Il
obtint le gouvernement de Péronne, de Mont-
didier & de Roye : trois ou quatre ans après, il
fut fait maréchal de France, quoiqu'il n'eût
jamais tiré l'épée.

Concini, à qui elle donne sa confiance, fait une fortune rapide.

Le faste regnoit à la cour. Les gratifications & les pensions étoient prodiguées aux
courtisans que la reine vouloit s'attacher. Les
trésors amassés par Henri se dissipoient. On
travailloit à remettre dans les finances les abus,

Elle ruine les finances.

A A

dont Sulli les avoit purgées: & le peuple applaudissoit à la magnificence de Marie, trop simple pour prévoir qu'il en porteroit tôt ou tard les frais.

On pouvoit licentier l'armée de Champagne: car Juliers étoit au moment de se rendre au comte Maurice & aux princes confédérés, qui en formoient le siege. C'étoit l'avis de Sulli. Il jugeoit inutile de continuer une dépense, d'où l'on ne tireroit ni gloire ni avantage : comme son avis ne devoit pas prévaloir, le maréchal de la Châtre eut ordre de marcher, & les troupes arriverent pour être témoins de la prise de Juliers.

Sulli conseilloit de donner des secours au duc de Savoie, qui s'étoit engagé sur la foi d'un traité. On n'eut encore aucun égard à cet avis, & le duc, abandonné, fut obligé d'envoyer son fils en Espagne, pour s'humilier aux pieds de Philippe III. Ce procédé de la France étoit d'autant plus odieux, que la régente avoit elle-même donné parole au duc de Savoie, de remplir les engagements que le feu roi avoit contractés avec lui.

Cette princesse avoit d'abord voulu persuader qu'elle conserveroit toutes les alliances, que Henri avoit faites: mais elle ne vouloit que se faire rechercher par l'Espagne, avec qui elle projetoit de s'allier par un double mariage. La négociation ayant souffert peu de difficultés, il fut arrêté que Louis épouseroit Anne d'Autriche, & qu'Elisabeth de France seroit donnée au fils de Philippe. Ces deux mariages furent déclarés en 1612. L'échange des deux princesses se fit en 1615, & le roi alla au devant de l'infante jusqu'à Bordeaux, où les deux époux reçurent la bénédiction nuptiale. Sulli, qui n'auroit pas conseillé cette alliance, n'étoit plus dans le ministère. Dès la seconde année de la régence, il avoit prévenu sa disgrace par sa retraite : on ne cherchoit qu'à l'éloigner.

Quoiqu'une des premieres démarches de la régente eût été de donner une déclaration, qui confirmoit l'édit de Nantes, les Huguenots prirent l'alarme aussitôt qu'ils apprirent qu'on négocioit avec l'Espagne. Ils ne douterent pas qu'une pareille alliance n'eût pour objet de les détruire. C'est pourquoi ayant obtenu la permission de s'assembler à Saumur pour la nomination des députés qu'ils tenoient à la cour, ils saisirent cette occasion de faire beaucoup de plaintes & de demandes. La reine qui ne pouvoit, ni ne vouloit les satisfaire sur tous les points, répandit de l'argent & des graces, afin de gagner les principaux. Cette politique, qui sema la division parmi eux, & qui par-là prépara leur ruine, n'est pas cependant

Les Huguenots en prennent l'alarme: mais Marie les divise en gagnant quelques-uns des chefs.

1611.

A 3

la plus fage: car en achetant des mécontents
qu'on craint, on en invite d'autres à fe faire
craindre pour fe faire acheter. Il en doit donc
néceffairement réfulter des troubles. Les Huguenots obtinrent qu'on leur laifferoit encore
les places de fureté pour cinq ans.

Les grands fe font des inté- rêts contraires & ne favent plus former des partis.

La cour étoit dans la plus grande confufion. Les grands ne s'accordoient que fur une
chofe, c'eft qu'ils étoient tous mécontents du
gouvernement, parce qu'à leur gré ils n'y
avoient point affez de part. D'ailleurs conduits chacun par des vues particulieres, ils ne
favoient point fe réunir. Les princes du fang
étoient contre les princes du fang, les Guifes
contre les Guifes: il fembloit qu'on eût perdu
le fecret de former des partis, & on ne faifoit
plus que des cabales. Comme ces divifions
affuroient le crédit du marquis d'Ancre, il
s'appliquoit à les fomenter; prenant toutes les
mefures poffibles, pour empêcher qu'une faction trop puiffante ne s'élevât contre lui.

Les Hugue- nots étoient divifés en deux partis.

Les Huguenots étoient divifés en deux
factions principales. L'une toujours prête à
prendre les armes, avoit pour chef le duc de
Rohan; l'autre plus tranquille ou moins re-
muante, fe laiffoit conduire par le maréchal
de Bouillon. Ces deux feigneurs s'étant trouvés à l'affemblée de Saumur, le premier avoit
appuyé les demandes de fon parti, tandis que

le second s'étoit prêté aux vues de la cour.

Le maréchal de Bouillon fut récompensé, & ne fut pas content. Il vouloit pour prix de ses services entrer dans le ministère & gouverner le royaume : chose à laquelle le marquis d'Ancre ne vouloit pas consentir , & que , par conséquent, la reine mere ne pouvoit accorder. Le maréchal, qui se repentit, s'attacha au prince de Condé, afin de faire un parti contre le gouvernement.

Bouillon se joint au prince de Condé.

Sur ces entrefaites le duc de Rohan se rendit maître de S. Jean d'Angeli , dont le commandant, quoique huguenot, étoit dévoué à la cour. La régente, au lieu d'armer , négocia ; parce qu'elle craignoit de faire prendre les armes aux Huguenots. Tout le fruit de la négociation fut d'abandonner S. Jean d'Angeli au duc de Rohan.

Marie négocie pour abandonner Saint-Jean d'Angeli au duc de Rohan qui s'en est rendu maître.
1612
1613

Cette affaire étoit à peine terminée, que le prince de Condé fit éclater son mécontentement, sur le refus qu'on lui fit du gouvernement de Château-Trompette , principale forteresse de Bordeaux. Il se retira de la cour, & fut suivi des ducs de Nevers, gouverneur de Champagne ; de Mayenne, fils du chef de la ligue, gouverneur de l'île de France ; de Longueville, gouverneur de Picardie ; de Ven-

Condé arme.
1614

A 4

dôme, fils naturel de Henri IV, gouverneur de Bretagne; d'Alexandre, grand-prieur de France, autre fils naturel de Henri; de Luxembourg, de la Tremouille & des plusieurs autres seigneurs. Le maréchal de Bouillon étoit le premier mobile de tous ces mouvements : mais ayant eu l'adresse de ne pas paroître suspect à la cour, il devint le médiateur entre les deux partis, dans l'espérance de les sacrifier l'un & l'autre à ses intérêts.

Marie propose un accommodement.

Le duc d'Épernon conseilloit de faire marcher le roi à la tête de sa maison, & de se hâter, avant que les princes eussent rassemblé leurs troupes. Si l'on eût suivi ce conseil, le parti des rebelles eût été dissipé : le gouvernement, toujours foible, envoya des députés, & proposa un accommodement.

Condé avoit publié un manifeste.

Cependant le prince de Condé avoit publié un manifeste, par lequel il déclaroit n'avoir d'autre dessein que de procurer le bien de l'état. Ses plaintes rouloient sur la dissipation des trésors de Henri, sur la mauvaise administration des finances, sur l'abandon des anciens alliés du royaume, sur l'alliance de l'Espagne, & en général sur ce que la reine, préoccupée par deux ou trois personnes, régloit tout sans consulter les princes, ni même le conseil qu'on n'assembloit que pour la forme.

Il voulut enfuite attirer les Huguenots dans fon parti : mais le duc de Rohan, qui regardoit cette ligue comme une émeute dont les parties étoient mal liées, prévit l'événement, & fe refufa à toutes les follicitations. Il écrivit même à la reine, que, fi elle vouloit contenter les Huguenots, dont il ne fe fépareroit jamais, elle auroit bientôt réduit les princes mécontents.

Le duc de Rohan refufe de fe joindre à cette ligue.

On négocia. Le bien public donc on s'étoit fait un prétexte, fut bientôt oublié, & chacun ne fongea qu'à fes intérêts. Les mécontents demandoient la convocation des états-généraux, & qu'on défarmât de part & d'autre. On leur accorda ces deux articles. Ils demandoient encore que le double mariage avec l'Efpagne fût furfis ; & la reine l'accorda à condition que cette furféance ne dureroit que jufqu'à la majorité du roi. Venant enfuite aux articles, qui concernoient les intérêts de chacun en particulier, la ville d'Amboife fut mife en dépôt entre les mains du prince de Condé, jufqu'après la tenue des états-généraux ; on donna S.te Menehould au duc de Nevers, ou du moins on l'affura de la furvivance du gouvernement de Champagne pour fon fils ; on accorda à ceux de ce parti quatre cents cinquante mille francs, afin de les indemnifer des frais qu'ils pouvoient avoir faits ; le roi promit de déclarer que le prince de

Les mécontents obtiennent ce qu'ils demandent.

Condé & ceux qui l'avoient suivi, n'avoient eu aucun mauvais deſſein , & qu'il étoit convaincu de leur innocence. En un mot, par ce traité, qui fut ſigné à S.te Menehould , les mécontents obtinrent tout ce qu'ils demanderent. Le gouvernement les traita , comme s'il en avoit reçu de grands ſervices. On peut donc juger qu'il y aura des révoltes, tant qu'il y aura de l'argent , des villes & des charges à donner.

1614
Louis XIII déclaré majeur. Le 28 ſeptembre, le roi, étant entré dans ſa quatorzieme année , tint ſon lit de juſtice, & fut déclaré majeur. Il pria cependant ſa mere de continuer ſes ſoins au gouvernement; & la confiance entiere qu'il lui témoigna , parut donner une nouvelle puiſſance à cette princeſſe & au maréchal d'Ancre.

1614
Derniers é-tats-généraux. Les états - généraux s'ouvrirent à Paris le 2 octobre. Les trois ordres ne s'accorderent point. Chacun fit ſéparément des demandes oppoſées aux intérêts des autres, & il y eut de longues conteſtations. Le clergé & la nobleſſe demanderent la publication du concile de Trente, l'entier rétabliſſement de la religion catholique dans le Béarn, la ſuppreſſion de la vénalité & de l'hérédité des charges, tant civiles que militaires, & l'accompliſſement des mariages conclus entre la France & l'Eſpagne. Ce dernier article fut ajouté,

malgré le prince de Condé, qui s'étoit flatté que les états-généraux s'opposeroient à cette alliance : mais les follicitations de la reine avoient prévalu sur les députés. Armand-Jean du Pleffis de Richelieu, évêque de Luçon, affura, pour faire fa cour & vraifemblablement contre fa penfée, que ces mariages établiroient à jamais la paix entre les deux royaumes.

Le tiers état demanda une diminution des tailles, le retranchement des penfions & des gratifications, & la fuppreffion de quelques droits, qui nuifoient beaucoup au commerce intérieur du royaume. Les trois ordres de concert propoferent la création d'une chambre de juftice, pour rechercher les malverfations des financiers. Enfin ils préfenterent de gros cahiers, qui contenoient beaucoup d'autres articles.

Le roi difant n'avoir pas le temps d'examiner toutes les demandes, promit de fatisfaire du moins aux principales ; entre autres d'abolir la vénalité & l'hérédité des charges, de fupprimer les penfions, & de créer une chambre de juftice. Là deffus il rompit les états, & oublia toutes fes promeffes. Cette affemblée ne produifit donc aucun effet. Ces états-généraux ont été les derniers. *Le roi oublie ce qu'il leur a promis.*

Le prince de Condé auroit bien pu prévoir qu'il auroit peu de crédit dans les états, *Condé met le parlemen* dans son parti.

puifqu'il n'avoit pas la diſtribution des graces. Il fit auprès du parlement une autre
tentative, dont il crut d'abord ſe promettre
plus de ſuccès, & qui pourtant n'en eut pas
davantage.

1615
Arrêté du
parlement.

Le 28 mars ce corps arrêta que, *ſous le
bon plaiſir du roi, les princes, ducs, pairs &
officiers de la couronne ayant ſéance, & voix de
délibération en la cour, & qui ſe trouveroient
alors à Paris, ſeroient invités de venir en la di-
te cour, pour, avec monſieur le chancelier, toutes les chambres aſſemblées, aviſer ſur les propoſitions qui ſeroient faites pour le ſervice du
roi, le ſoulagement de ſes ſujets & le bien de
l'état.*

Le roi lui dé-
fend de paſſer
outre.

Cet arrêté ſouleva le conſeil: on en parla
comme d'un attentat contre l'autorité royale:
la reine qui le regardoit comme une critique
de ſon adminiſtration, en fut offenſée. On
défendit donc au parlement de paſſer outre, &
aux grands de ſe rendre à l'invitation qui leur
avoit été faite.

Remontran-
ces du parle-
ment.

Cependant le parlement fit des remontrances, dans leſquelles après avoir entrepris
de prouver qu'il avoit droit de prendre connoiſſance des affaires d'état, il propoſoit des
réformes dans toutes les parties du gouvernement, parce qu'il voyoit des abus dans toutes. Il diſoit au roi qu'il ne devoit pas com-

mencer la premiere année de fa majorité par
des commandements abfolus, dont les bons
rois, comme lui, n'ufoient que fort rarement.
Il proteftoit, que dans le cas où fa majefté,
mal confeillée, recevroit mal fes remontrances, il nommeroit les auteurs des défordres,
& feroit connoître au public leurs malverfations, afin qu'il y fût pourvu en temps &
lieu. Il indiquoit d'ailleurs affez clairement
le maréchal d'Ancre; & il appuyoit entre autres chofes fur la néceflité d'entretenir les alliances faites par le feu roi, par où il condamnoit indirectement le double mariage
conclu avec l'Efpagne.

Cette affaire dura plus de deux mois. Enfin le roi impofa filence au parlement par un
je le veux & la reine auffi. Bien loin donc de
produire un bon effet, ces remontrances en-
tretinrent ou augmenterent le mécontentement
du peuple, qu'elles éclairoient davantage fur
quantité d'abus. On parla plus hardiment
contre l'adminiftration, dès qu'on la vit con-
damnée par des magiftrats qu'on refpectoit.
C'eft pourquoi le prince de Condé fe hâta de
prendre les armes. Il parut défendre la caufe
du parlement, & il compta d'avoir pour lui
ce corps, que la cour venoit d'aliéner.

*Elles en-
tretiennent le
mécontente-
ment du peu-
ple.*

Les Huguenots qui auroient voulu empêcher le double mariage, entrerent dans les

*Les Hugue-
nots fe joi-*

vues du prince de Condé. Rohan & Soubise,

gnent à Condé.

son frere, parurent chacun à la tête d'un corps
de troupes, pendant que Vendôme armoit aussi en Bretagne. Le roi eut besoin d'une armée pour aller à Bordeaux, & il en fallut une
autre pour conduire Elisabeth de France jusqu'aux frontieres, & pour amener Anne d'Autriche.

Les mécontents font la loi.

Les forces des rebelles n'étoient pas encore bien considérables, mais elles le pouvoient
devenir : car les Huguenots tenoient alors une
assemblée générale qui fut transportée à la Rochelle. La reine mere jugea donc à propos
d'entamer une négociation. Il fallut traiter avec
des sujets que le roi venoit de déclarer criminels de lese-majesté, & on en reçut la loi.
Il étoit d'autant plus facile de conclure la paix
en cédant, que toutes les parties de cette ligue étoient fort mal assorties.

Quoique le maréchal de Bouillon fût, par
ses intrigues, le principal auteur de la guerre
civile, il ne s'étoit joint au prince de Condé,
que pour se faire rechercher par la cour; &
il n'attendoit que l'occasion de sacrifier à ses
intérêts le parti qu'il paroissoit avoir embrassé.
Le duc de Mayenne étoit dans les mêmes dispositions. Nevers avoit armé sans se déclarer, comptant, dit-on, se porter pour médiateur, & menaçant de ses armes celui des

deux partis qui refuseroit sa médiation : deffein ridicule pour un gouverneur de Champagne. Vendôme ne se déclara que lorsqu'on eut fait une treve pour faciliter la négociation; de sorte qu'il rendit meilleure la condition du prince de Condé, sans en tirer aucun avantage pour lui. Enfin Rohan, Soubise & l'assemblée de la Rochelle comptoient trop peu sur de pareils confédérés, pour desirer la continuation de la guerre. Par le traité conclu à Loudun, le prince de Condé fut fait chef du conseil : on lui donna quinze cents mille livres pour les frais de la guerre : on confirma tous les édits donnés en faveur des Huguenots: on accorda une amnistie générale, & plusieurs autres choses que les mécontents exigerent.

1616

Des rebelles qu'on récompense, ne sont jamais satisfaits. Les uns n'ont pas obtenu tout ce qu'ils demandoient: ceux à qui l'on n'a rien refusé, veulent demander encore; & tous s'accordent à causer de nouveaux troubles. Le traité de Loudun ne fit qu'accroître le mécontentement.

Les récompenses que Marie donna aux rebelles, invitent à de nouvelles révoltes.

Bouillon, sur-tout, ne pouvoir rester tranquille. Son plan étoit d'exciter des troubles pour avoir le mérite de les appaiser. Il se flattoit de se rendre par-là nécessaire à la cour, & d'entrer dans le ministère.

Bouillon ne songe qu'à troubler.

Le maréchal d'Ancre, toujours en butte aux mécontents, découvrit une conspiration contre sa vie. Il sut ceux qui la tramoient, il en fit part à la reine mere, & l'ordre fut donné d'arrêter le prince de Condé. Les ducs de Bouillon, de Mayenne, de Vendôme, de Guise, de Longueville, & d'autres qui avoient conspiré, ou qui craignoient d'en être soupçonnés, échapperent par la fuite. Thémines, qui avoit arrêté le prince, eut pour récompense cent mille écus & le bâton de maréchal. La Grange-Montigni, ayant dit par tout qu'il méritoit mieux le bâton, on le lui donna pour le contenter. On ne savoit pas qu'il avoit donné ses chevaux pour hâter la fuite du duc de Vendôme. On promit encore le même honneur à S. Géran, qui crioit contre l'ingratitude de la cour, voyant qu'il n'y avoit qu'à crier pour obtenir des graces. C'est ainsi qu'on prodiguoit les plus grandes faveurs.

Le maréchal d'Ancre, se croyant plus affermi que jamais, changea tout le ministère. Le chancelier Silleri avoit déja été disgracié, le garde des sceaux du Vair, Jeannin & Villeroi le furent encore. L'évêque de Luçon fut fait secrétaire d'état avec les départements de la guerre & des affaires étrangéres. Il dut sa fortune au maréchal, qui bientôt
après

après voulut le perdre, & qui n'en eut pas
le temps.

Cependant le duc de Nevers avoit armé
pour le prince de Condé, & la guerre civile
recommençoit. Mais le gouvernement paroiffoit déja plus ferme, depuis que l'évêque de
Luçon étoit dans le miniftère. Les opérations, mieux concertées & mieux conduites,
rompoient toutes les mefures des mécontents.
On ne fongeoit plus à négocier avec eux, &
ils étoient preffés de toutes parts, lorfque tout
changea par une révolution qu'on n'avoit pas
prévue.

Les mécontents arment encore : mais l'évêque de Luçon donne de la fermeté au gouvrnement.

Charles d'Albert de Luines, qui avoit été
placé de bonne heure auprès de Louis dauphin, s'étoit fait une étude d'amufer ce prince, &, par conféquent, il en avoit gagné la
confiance. Sa faveur s'accrut, lorfque Louis
monta fur le trône. Elle s'accrut encore,
lorfqu'il fut majeur : le maréchal d'Ancre prit
ombrage d'un favori, dont l'ambition pouvoit confeiller au roi de gouverner ; & la
reine mere, qui partageoit ces inquiétudes,
tenta de fe l'attacher par des bienfaits. Luines en attendoit de plus grands du roi.

Faveur d'Albert de Luines qui eft d'intelligence avec les mécontents.

Ce favori avoit depuis long-temps prépa-
ré l'efprit du roi à fecouer l'autorité de fa
mere. La nouvelle guerre civile lui parut
une occafion propre à porter les derniers coups.

Il fonge à éloigner Marie de Medicis.

Tom. XIV, B

Il y étoit excité par les mécontents, avec qui il étoit d'intelligence : mais naturellement timide & foupçonneux, il n'ofoit rien précipiter ; & cependant les princes ligués fe voyoient dans la néceffité de fortir du royaume, ou de fe foumettre à la difcrétion de la reine mere.

Il obtient l'ordre d'arrêter le maréchal d'Ancre. Luines obtint enfin un ordre d'arrêter le maréchal d'Ancre, & même de le tuer en cas de réfiftance. Son deffein n'étoit pas de laiffer vivre un ennemi auffi puiffant : mais il craignoit qu'après la mort du maréchal, la reine n'eût affez d'empire fur fon fils pour punir les auteurs du meurtre : il falloit donc l'éloigner de la cour ; & on employa toute forte de moyens pour vaincre la répugnance du roi. On rejeta les malheurs de l'état fur l'incapacité de cette princeffe, & fur fa prévention pour la maréchale d'Ancre. On alla jufqu'à dire qu'elle feroit capable de faire empoifonner le roi, pour mettre la couronne fur la tête du duc d'Anjou, fon fecond fils, qu'elle aimoit davantage.

D'Ancre eft tué. Marie eft reléguée à Blois. Les mécontents reviennent à la cour. Le maréchal fut arrêté & tué par Vitri capitaine des gardes, auquel on donna le bâton de maréchal. Le chancelier Silleri, du Vair, Jeannin & Villeroi furent rappellés. La reine mere fut reléguée à Blois, où l'évêque de Luçon la fuivit : & le roi paroiffant

vouloir remédier aux abus, fit tenir à Rouen
une affemblée des Notables. Il lui demanda
des confeils, elle en donna de bons, & il ne
les fuivit pas. Cette révolution dans le gouvernement termina la guerre civile. On po-
fa les armes de part & d'autre, fans faire
aucun traité. Vendôme, Nevers & Mayenne, quoiqu'ils euffent été déclarés criminels
de lefe-majefté, vinrent à la cour, avant d'a-
voir pris des lettres d'abolition: & le roi donna une déclaration qui parut l'apologie de
leur conduite.

On fit le procès à la mémoire de Concini & à la Galigaï. Il parut plus d'animofité
que d'équité dans cette pourfuite, & plus de
fottife encore : on accufa la Galigaï d'être
forciere. Lorfqu'on lui demanda de quel
charme elle s'étoit fervie pour conduire à fon
gré la reine; on prétend qu'elle répondit, que
fon charme étoit le pouvoir des ames fortes
fur les efprits foibles. Elle eut la tête tranchée ; Luines eut la confifcation des biens du
maréchal & de la maréchale ; & peu de temps
après, la terre de Maillé fut érigée en duché-
pairie, fous le nom de Luines.

*On fait le pro-
cès à la mé-
moire de Con-
cini & à la Ga-
ligaï.*

Marie de Medicis, qui cherchoit à s'échapper de fa prifon de Blois, eut recours au duc
d'Epernon, alors mécontent de la cour, & ce
feigneur la conduifit à Angoulême. A cette
nouvelle, on fe crut encore menacé d'une guer-

*Marie échap-
pée de fa pri-
fon, menace,
& puis fe prête
à un accom-
modement.*

re civile : car la reine ne vouloit fe prêter à aucun accommodement. Toutes les tentativus de la cour furent inutiles, jufqu'à ce qu'on eût rappellé d'Avignon l'évêque de Luçon, qui eut feul affez de crédit fur elle pour la réfoudre à la paix. Par le traité, elle obtint le gouvernement d'Anjou, de la ville & du château d'Angers, de Chinon & du pont de Cé, & la liberté de fe retirer où elle jugeroit à propos. Son entrevue, en Touraine, avec fon fils fut fort tendre : mais elle fe fépara, bien déterminée à fe venger du duc de Luines, qui empêcha fon retour à la cour.

La même année, Luines fit rendre la liberté au Prince de Condé, dont il vouloit fe faire un appui ; & le roi publia une déclaration, par laquelle il juftifioit ce prince, & le louoit même de s'être élevé contre ceux qui avoient abufé de fon nom & de fon autorité. Cette apologie injurieufe à la reine mere, fut pour elle un nouveau motif de vengeance. Elle ne fongea plus qu'à fe faire un parti, & elle le trouva tout formé dans les ennemis qu'une fortune trop rapide avoit faits au duc de Luines. Les ducs de Vendôme, de Mayenne, de Longueville & d'Épernon prirent les armes pour elle. Le duc de Rohan entra auffi dans cette ligue, & les Huguenots parurent la vouloir foutenir de toutes leurs forces. Lorf que Henri IV avoit permis dans le Béarn l'exercice de la religion catholique, il avoit laissé aux prétendus réformés tous les biens qu'ils avoient enlevés aux églises de cette province. Or, Louis XIII venoit de leur ordonner de les restituer: c'est ce qui fit le sujet de leur mécontentement.

Cette guerre ne fut pas longue. Louis marcha, & la reine mere fut bientôt obligée de négocier. Le raccommodement se fit encore par l'entremise de l'évêque de Luçon, pour qui le roi promit de demander le chapeau de cardinal. Cette ligue avoit été mal concertée : car les différentes parties ne purent pas se réunir, & les places se trouverent dépourvues de munitions. Marie de Medicis revint à la cour. Elle revient à la cour.

Louis se transporta ensuite dans le Béarn, où il soumit les Huguenots qui étoient déchirés par des factions. Cette époque est le commencement d'une guerre qui durera jusqu'à leur ruine. Guerre avec les Huguenots.

Dès l'année suivante, ils reprirent les armes dans le Béarn, le Poitou, la Saintonge & la Guienne. Ils en revenoient encore au projet de leur république; projet plus chimérique que jamais, parce qu'ils n'avoient jamais été moins unis. Cependant la premiere campagne fut heureuse pour eux; car si Louis eut d'abord des succès, il échoua de- 1621 vant Montauban : ou plutôt Luines, à qui il avoit donné le commandement, parce qu'il l'avoit fait connétable, fut obligé de lever le fiege, après avoir perdu bien du monde ; & les Huguenots reprirent Montpellier & plufieurs autres places. Le duc de Luines étant mort peu de temps après, le fameux Lefdiguieres fut fait connétable, & fit abjuration.

1622

Les fuccès furent variés la campagne fuivante, quoique plus grands du côté du roi, qui donna plufieurs fois des preuves de valeur. Plufieurs feigneurs fe foumirent les uns après les autres, & furent récompenfés. Le marquis de la Force obtint le bâton de maréchal avec deux cents mille écus, & on lui conferva fes charges & fes gouvernements. Les Huguenots, fe voyant infenfiblement abandonnés par leurs chefs, demanderent la paix : on la leur accorda, en confirmant l'édit de Nantes. Il fe commit bien des cruautés pendant cette guerre.

Marie entre au confeil.

Après la mort du connétable de Luines, toute l'autorité fe trouva entre les mains du cardinal de Retz, du comte de Schomberg, & du marquis de Puifieux, fils du chancelier Silleri. Ces miniftres, qui craignoient que la reine mere ne rentrât dans le confeil, firent l'impoffible pour l'exclure : mais cette princeffe, confeillée par l'évêque de Luçon, eut

une converfation avec le roi, & obtint la
place qu'elle demandoit. Elle fe conduifit
d'abord avec beaucoup de circonfpection,
cherchant moins à dominer, qu'à fe conformer à ce qu'elle jugeoit agréable à fon
fils.

Quelques miniftres moururent, d'autres
furent difgraciés, & les factions de la cour
produifoient fouvent des changements dans le
confeil. Le chancelier Silleri & le marquis
de Puifieux vouloient éloigner la reine mere,
en la rendant fufpecte; & ils furent chaffés
par cette princeffe, qui fit entrer dans fes
vues le marquis de la Vieuville, alors furintendant des finances. Elle trouva de plus
grandes difficultés, lorfqu'elle voulut mettre
dans le miniftère l'évêque de Luçon qui venoit d'être fait cardinal. Elle croyoit affurer
fon crédit en donnant de l'autorité à un homme en qui elle mettoit toute fa confiance:
mais le roi étoit fort prévenu contre lui. Je
le connois mieux que vous, difoit-il à fa mere, c'eft un homme d'une ambition démefu-
rée. Le marquis de la Vieuville, qui avoit
alors toute la faveur, le redoutoit comme
un rival dangereux, qui n'entreroit dans le
confeil que pour l'en chaffer. Cependant il
eut la complaifance de céder aux preffantes
follicitations de la reine. Richelieu entra
donc enfin au confeil, à la fin d'avril, &

Elle y fait en-
trer l'évêque
de Luçon, qui
fe faifit bien-
tôt de toute
l'autorité.

1622

B 4

la Vieuville en fortit au mois d'août de la même année.

La Vieuville étoit le feul qui pût balancer le crédit du cardinal. Les autres miniftres, fans ambition, fans génie ou fans fermeté, n'étoient pas redoutables. Richelieu réunit donc bientôt en lui feul toute l'autorité du ministère.

CHAPITRE II.

*De la France & de l'Angleterre juf-
qu'à la prife de la Rochelle.*

Depuis que Louis XIII eft fur le trône, les grands n'ont fongé qu'à fe relever de l'abaiffement où Henri IV les avoit réduits, & les Huguenots qui prévoyoient combien le gouvernement leur feroit contraire, ont tenté de fe foutenir par eux-mêmes & de fe faire redouter. Mais comme, d'un côté, les grands avoient été plufieurs années fans ofer remuer, & que de l'autre les Huguenots avoient vécu dans une fécurité entiere, tout le monde fut pris au dépourvu par la mort fubite de Henri, & il ne fe trouva point de parti formé. Dans cette conjoncture, chacun ne fongea qu'à foi : les factions, à peine ébauchées, furent diffipées par les tréfors que Marie prodigua ; & il ne put jamais y avoir affez d'union parmi les grands ni parmi les Huguenots. Voilà tout le bien que produifit la conduite de la régente.

La conduite de la régente divifoit les partis, & les faifoit renaître.

Une pareille politique ne peut pas être employée long-temps : car les tréfors s'épuisent, les factieux restent, & on ne peut plus diviser, parce qu'on craint davantage. Richelieu jugea donc qu'il étoit temps d'user de fermeté.

Ce ministre prévit bien qu'on seroit jaloux de son crédit, comme on l'avoit été de la faveur de ceux qui l'avoient précédé. Les cabales alloient renaître, & les désordres auroient continué, s'il eût été d'un caractère foible, ou s'il eût manqué de vues & de prudence. Mais il ne fera pas des traités honteux : il n'achetera pas l'obéissance des rebelles : c'est par le supplice des chefs qu'il terminera les guerres civiles. Cette sévérité, devenue nécessaire, ne laissera plus aux grands le pouvoir ni même l'envie de troubler le royaume.

Vous voyez qu'un de ses desseins est de réduire les grands : or, pour l'exécuter, il faut absolument ruiner les Huguenots, qui peuvent les soutenir, ou qui par des diversions, peuvent partager les forces du gouvernement. La guerre est ouverte avec eux. Il les faut pousser avec vigueur. Si on peut tolérer leur religion, on ne leur doit plus laisser de place de sûreté, ni le pouvoir de reprendre les armes.

A ces deux deſſeins, le cardinal en joignoit un troiſieme ; il vouloit diminuer la puiſſance de la maiſon d'Autriche : mais avant d'entreprendre une guerre au dehors, il falloit que tout fût tranquille au dedans. Ce projet devoit donc être tenté le dernier. Telles ont été les vues de ce miniſtre.

Il ſe propoſoit encore d'humilier la maiſon d'Autriche.

Pour concevoir de pareils deſſeins, il ſemble qu'il falloit être maître abſolu, ou gouverner ſous un prince capable par ſa fermeté de ſoutenir les entrepriſes de ſon miniſtre. Or, Louis, jaloux de ſon autorité, la vouloit toujours ôter à ceux à qui il l'avoit donnée ; & cependant il la laiſſoit toujours aller à d'autres, parce qu'il ne la ſavoit jamais garder. Quand on réfléchit ſur le caractère du roi & ſur les intrigues des grands, on croiroit que Richelieu ne pouvoit former que des deſirs. En effet, il n'étoit pas poſſible de rencontrer plus d'obſtacles. C'eſt dans la cour qu'il trouvoit les plus grands. C'eſt là qu'il aura pour ennemis, non-ſeulement les courtiſans jaloux, mais les princes du ſang, mais les deux reines, mais le roi même. Il appeſantira ſon joug ſur tous.

Obſtacles à ſes deſſeins.

La Valteline étoit entre la France & l'Eſpagne le ſujet d'une guerre, dont je parlerai, quand je traiterai des affaires étrangeres : car je continue, comme j'ai fait juſqu'ici, à préfé-

Guerre avec les Huguenots

rer l'ordre des chofes à celui des temps. Les Huguenots qui jugeoient cette circonftance favorable pour une révolte, prirent les armes, fous prétexte de l'inexécution du dernier traité. Rohan & Soubife étoient toujours leurs chefs, & les Rochellois qui formoient une efpece de république, les favorifoient fans ofer encore fe déclarer.

Le roi fit de nouvelles recrues & entretint cette année foixante-fix mille hommes de troupes réglées : c'étoient des forces confidérables dans ce temps-là. Plufieurs villes des Huguenots en eurent de la frayeur, & défavouerent Soubife, qui avoit fait les premieres hoftilités. *Cependant comme l'Italie faifoit une diverfion, la guerre s'alluma dans le Vivarais, dans la Guienne, dans le Languedoc, & la Rochelle ne balança plus à prendre les armes. Les religionnaires eurent des fuccès : mais les généraux du roi remporterent de plus grands avantages ; Thémines fur Rohan, & Thoiras fur Soubife, qui fe retira en Angleterre.

Le roi d'Angleterre, follicité par Soubife, engagea les Etats-Généraux à redemander les vaiffeaux qu'ils avoient prêtés au roi de France, & il redemanda lui-même les fiens, prenant la Rochelle fous fa protection. Il falloit donc renoncer au deffein de forcer cette ville, qui étoit la principale du parti, & songer à donner la paix aux Huguenots. Richelieu sentoit combien cette démarche paroîtroit scandaleuse de la part d'un cardinal ; mais enfin il falloit une marine pour forcer la Rochelle, & on n'en avoit point.

Lorsque tous les articles furent arrêtés, & qu'il ne s'agissoit plus que de les signer, les cardinaux de la Rochefoucault & de Richelieu sortirent du conseil, pour avoir l'air de désapprouver qu'on fît la paix avec des hérétiques. Le zele des Catholiques ne se laissa pas tromper à cet artifice ; & il courut bientôt des libelles, dans lesquels Richelieu étoit appellé *le cardinal de la Rochelle, le patriarche des Athées, le pontife des Calvinistes.* La jalousie qu'on avoit de ce ministre contribuoit beaucoup à ce zele & à ces injures.

Richelieu avoit alors toute la confiance du roi & de la reine. Tout se faisoit par lui, & il s'affermissoit d'autant plus qu'il cachoit son ambition, ne paroissant point impatient d'obtenir des graces, ni d'avancer sa famille. Il faisoit assez la cour à la reine mere pour la ménager, & pas assez pour donner de l'ombrage au roi, auquel il avoit l'adresse de persuader qu'il ne vouloit dépendre d'aucun autre, & pour lequel il montroit beaucoup

Richelieu se ménage tout-à-la fois dans l'esprit du roi & dans l'esprit de la reine mere.

de complaifance. Dans ces circonftances, il s'éleva un orage contre lui.

Marie de Medicis propofa de marier Gaf- ton, duc d'Anjou, avec l'héritiere de Montpen- fier. Elle follicitoit vivement ce mariage, & le roi ne s'y prêtoit pas. Comme il n'avoit point d'enfants, & qu'il craignoit de n'en pas avoir, il appréhendoit que fon frere n'en eût, & n'attirât dès-lors tous les refpects. Le car- dinal qui ne vouloit déplaire ni à l'un ni à l'autre, paroiffoit n'avoir point d'avis : il fe contentoit de montrer les avantages & les in- convénients. Mais lorfque la reine mere eut enfin déterminé le roi, il fe déclara, & pref- fa la conclufion de ce mariage.

Marie propo- fe le mariage de Gafton a- vec l'héritiere de Montpen- fier.

Ce deffein partagea toute la cour. Cha- cun cabala fuivant fes intérêts : la maifon de Condé ne defiroit pas qu'on fe hâtât fi fort de marier le frere du roi. Le duc de Ven- dôme vouloit lui donner fa fœur, & la rei- ne Anne fongeoit avec jaloufie à une belle- fœur, qui pourroit donner un héritier au trô- ne. La princeffe de Condé gagna le maré- chal d'Ornano, gouverneur du duc d'Anjou, & ce prince fit voir un éloignement marqué pour ce mariage.

Ce projet par- tage toute la cour.

Les grands, croyant avoir trouvé un chef dans le duc d'Anjou, fe réunirent pour per-

Complot des grands contre

dre le cardinal : ils voyoient les deffeins de ce miniftre, ils vouloient prévenir leur chûte. On parla de le faire chaffer, de l'affaffiner. On parla même d'enfermer le roi dans un cloître, & de mettre le duc d'Anjou fur le trône. On vouloit au moins que ce duc époufât une princeffe étrangere, afin de devenir plus indépendant.

Richelieu, inftruit de ces complots, fit ar- rêter d'Ornano, fes deux freres, Chaudebonne, Modene & Deagent. Les uns furent conduits à Vincennes, les autres à la Baftille. Mais afin de ne pas donner l'épouvante au refte des conjurés, le roi écrivit à tous les gouverneurs que cette affaire n'auroit point de fuite, parce qu'il favoit que d'Ornano n'avoit pour complice, que les perfonnes qu'on avoit arrêtées : il s'agiffoit d'attirer à la cour le duc de Vendôme, qui étoit alors dans fon gouvernement de Bretagne.

Les conjurés ne furent pas raffurés. On commençoit à craindre une fermeté, qui n'étoit pas naturelle au roi ; & on voulut fe défaire de celui qui la lui infpiroit. Le deffein fut pris de fe faifir du cardinal, lorfqu'il feroit à fa campagne. Le duc d'Anjou devoit même autorifer cette entreprife par fa préfence. Mais le bonheur de Richelieu ayant permis qu'une indifcrétion fît éventer ce complot,

le roi fe hâta d'envoyer trente gendarmes &
trente chevaux-légers pour mettre fon miniftre en fureté, & la reine mere lui envoya
tous les gentils-hommes qu'elle avoit auprès
d'elle.

Richelieu
feint de vou-
loir fe retirer,
& obtient une
garde.

Le cardinal faifit cette occafion pour demander fa retraite, bien affuré de ne pas l'obtenir, & de s'affermir au contraire davantage.
Il fupplia la reine mere d'appuyer fa demande
auprès du roi. C'étoit encore un moyen d'obtenir plus furement un refus: car cette princeffe, qui comptoit fur lui, & qui en avoit befoin, n'avoit garde de confentir à fon éloignement. On lui répondit que l'état ne pouvoit
fe paffer de fes fervices, & qu'on vouloit qu'il
eût déformais une garde. Il en eut une. Il fit
cependant de nouvelles inftances ; foit pour
montrer que fa démarche avoit eté fincere,
foit pour fe faire rechercher d'autant plus, qu'il
paroiffoit davantage vouloir s'éloigner. Il donnoit pour prétexte fa mauvaife fanté, le befoin
de s'abfenter fouvent de la cour pour prendre
du repos, & les calomnies auxquelles il étoit
expofé pendant fon abfence. Il eut une réponfe telle qu'il l'avoit prévue, & qu'il la defiroit.

Fin des intri-
gues occafion-
nées par le
projet du ma-

Le roi étoit allé à Blois, où il fe propofoit
de faire arrêter le duc de Vendôme & le grand-
prieur fon frere ; ce qu'il exécuta. Ces deux
princes

princes furent conduits au château d'Amboife.
Le cardinal avoit affecté de ne pas fuivre la
cour, craignant que dans les premiers moments d'un coup d'autorité de cette efpece, fa
préfence n'excitât encore davantage les murmures des grands. Il s'y rendit bientôt
après.

Le duc d'Anjou, follicité par fa mere, confentit enfin à fe foumettre aux volontés du
roi, & à fe réconcilier avec Richelieu. Si cette démarche fut d'abord fincere, on lui fit bientôt prendre d'autres fentiments : car il voulut
quitter la cour, & fit fonder des gouverneurs
pour avoir une retraite. Le comte de Chalais,
qui conduifoit cette intrigue, & qui avoit été
des autres confpirations, fut arrêté. Alors le
prince ceffa de réfifter, & fon mariage fe fit à
Nantes, où le roi étoit allé pour affifter aux
états de Bretagne. Mademoifelle de Mont-
penfier lui apporta les principautés de Dom-
bes & de la Roche-fur-Yon, les duchés de
Montargis, de Châtellerault & de S. Fargeau.
Il eut lui-même pour apanage les duchés d'Orléans & de Chartres, & le comté de Blois.
Ayant alors renoncé à fes premiers projets, il
découvrit tout ce qu'il favoit des intrigues de
Chalais, à qui on fit fon procès, & qui eut la
tête tranchée. Bien des perfonnes fe trouverent impliquées dans toutes ces confpirations.
La reine regnante fut elle-même du nombre.

On alloit faire le procès à d'Ornano, lorſqu'il mourut : alors toute cette faction fut éteinte : mais on répandit bien des calomnies ſur le cardinal.

Aſſuré de ſon crédit, Richelieu écarte tous ce qui peut faire obſtacle à ſon ambition. Le crédit de ce miniſtre croiſſoit néanmoins. Il fut fait chef & ſurintendant de la navigation & du commerce. Il fit ſupprimer la charge de grand amiral & celle de conétable, parce qu'elles donnoient une autorité, qui pouvoit être un obſtacle à ſes deſſeins. Enfin pour s'autoriſer à faire d'autres changements, il fit tenir aux Thuilleries une aſſemblée de Notables dont la plupart des députés lui étoient dévoués. Il y fut arrêté, entre autres choſes, qu'on diminueroit les penſions & qu'on démoliroit les places fortes de l'intérieur du royaume, parce qu'elles coutoient beaucoup à l'état, & qu'elles ſervoient de retraite aux rebelles. C'eſt ainſi qu'il écartoit peu-à-peu tout ce qui pouvoit faire obſtacle à l'autorité qu'il vouloit s'arroger.

1627 Les Anglois prennent part à la guerre des Huguenots. La guerre recommença l'année ſuivante avec les Calviniſtes. Mais comme les Anglois y prirent part, il eſt à propos, pour ſe rendre raiſon des évenements, de ſavoir comment l'Angleterre étoit alors gouvernée.

Jacques I s'imaginoit que Eliſabeth étoit morte en 1603, après avoir fait plier les Anglois ſous une autorité abſolue, que les circonſtances rendoient néceſſaire, que ſa fermeté fit reſpecter, & que ſes autres ver- tus firent aimer. Jacques qui lui ſuccéda, crut que la prérogative royale donnoit par ſa na- ture une puiſſance auſſi étendue, & que ſi les peuples avoient quelques privileges, ils n'en jouiſſoient que par la faveur des rois. N'ima- ginant pas ſeulement qu'on pût lui conteſter de pareilles maximes, il laiſſoit voir ſans précau- tion cette façon de penſer dans ſes diſcours par- ticuliers & juſques dans ſes harangues au par- lement. C'étoit plus ſimplicité que tyrannie de ſa part : car autant il tendoit au deſpotiſme dans la ſpéculation, autant ſon caractère l'en écartoit dans la pratique.

Il n'eſt pas étonnant qu'un roi d'Angleterre ſe fût fait cette idée de la monarchie, puiſ- qu'en général le peuple même ne s'en faiſoit pas d'autres. Comme l'uſage eſt la régle des jugements de la multitude, cette opinion s'é- toit inſenſiblement établie ſous les rois de la maiſon de Tudor, & le regne d'Eliſabeth y avoit mis le ſceau. Depuis long-temps les parlements, toujours ſoumis, paroiſſoient n'ê- tre convoqués que pour impoſer des ſubſides. Ils n'oſoient ſe mêler d'aucune affaire d'état : ils appréhendoient continuellement de toucher à la prérogative, & ils s'en tenoient d'autant plus éloignés, qu'ils n'en appercevoient pas les limites. Les ſouverains, de leur ſeule au-

C 2

torité, exigeoient des prêts forcés, des bienveillances ou dons gratuits : ils levoient des
droits d'entrée : ils donnoient des privileges ex-
clufifs : ils puniffoient par la prifon, comme rebelles, les membres même du parlement, qui
n'avoient pas été affez dociles : ils envoyoient
leurs ordres à ce corps, ils le menaçoient, ils
le châtioient par des réprimandes féveres. Cependant le parlement refpectoit, comme partie
de la prérogative, tous les droits que le monarque s'arrogeoit ; il ofoit à peine faire des remontrances. Vous avez vu l'autorité que la
cour de haute commiffion donnoit à la reine
Elifabeth dans les affaires eccléfiaftiques. Une
autre jurifdiction, qui étoit fort ancienne, ne
lui en donnoit pas moins en matiere civile. On
la nommoit la chambre étoilée. Au deffus de
toutes les loix, cette cour n'avoit de regles que
la volonté du prince.

& ne contef-
toient rien. L'Angleterre fe foumit infenfiblement à
cette puiffance illimitée ; parce que, depuis Henri VII, les arts de paix, tous les jours plus cul-
tivés & plus goûtés, ne permettoient pas de
reprendre les armes qu'on avoit quittées par
épuifement. Les Anglois s'adonnerent à
l'agriculture ; les manufactures s'établirent
parmi eux : ils devinrent commerçants,
& ils commencerent à s'appliquer aux fciences.

Ainſi, bien loin de conteſter l'autorité, dont le monarque étoit en poſſeſſion, les peuples, ſans remonter plus haut, jugeoient qu'il avoit droit d'en jouir, par la ſeule raiſon qu'il en jouiſſoit. On ignoroit trop l'hiſtoire pour combattre les exemples qu'on voyoit, par des exemples plus anciens. Tout paroiſſoit donc favorable à l'idée que Jacques I ſe faiſoit de ſa prérogative. Mais remarquez que ce prince n'a ni argent ni troupes. Toute ſa puiſſance eſt donc appuyée ſur l'opinion. Elle s'évanouira, par conſéquent, ſi le peuple s'éclaire, & ſi quelque intérêt l'invite à ſecouer le joug.

Suppoſons donc qu'une faction ſoit intereſſée à diminuer l'autorité du roi; elle formera d'abord des doutes, & elle acquerra bientôt des lumieres qu'elle répandra. Si dans de pareilles conjonctures, le monarque laiſſe échapper adroitement quelques parties de ſa prérogative, il en conſervera plus ſurement les autres. En cédant les droits qui effarouchent davantage la liberté, il écartera toute inquiétude; il gagnera la confiance, il obtiendra des ſubſides: il donnera le temps de s'éteindre aux factions, qui s'allument par la réſiſtance; & il pourra recouvrer un jour tout ce qu'il a cédé. Il faut, ſurtout, qu'il paroiſſe d'autant plus reſpecter les privileges du peuple, qu'on s'appliquera davantage à vouloir limiter ſa prérogative. Voi-

Conduite qu'-auroient dû tenir les rois d'Angleterre, pour conſerver cette puiſſance, qui n'étoit fondée que ſur l'opinion.

C 3

là l'histoire de ce que les Stuarts n'ont pas fait.

Comment une conduite différente la ruineta tout-à-fait.

Jacques & son fils, Charles I, ne se contenteront pas de défendre opiniâtrément la prérogative. Plus on voudra la limiter, plus ils voudront l'étendre. Si le parlement refuse des subsides, ils mettront des impôts de leur seule autorité : ils châtieront si on leur résiste, ou si on crie à la tyrannie : en un mot, ils parleront & ils agiront toujours plus en maîtres. Cependant l'opinion, qui faisoit l'appui du trône, passera peu-à-peu : la violence, sans armées, trouvera tous les jours plus de résistance : ce sera une nécessité d'avoir recours au parlement, qu'on projetoit de ne plus convoquer : ce corps se plaindra & refusera des subsides, Il faudra donc revenir à des moyens violents, avec aussi peu de succès que la première fois, pour revenir ensuite au parlement qui sera plus fondé que jamais à se plaindre & à refuser. Ainsi les rois, montrant tour-à-tour de la fermeté & de la foiblesse, éleveront insensiblement un parti contre eux ; & enfin ils se verront à la discretion des sujets armés. Cette conduite, qu'on ne conçoit pas dans un souverain, qui n'a point de troupes, & qui même n'a point de gardes, causera de grandes guerres & d'étranges révolutions.

Après avoir indiqué les causes des principaux événements des deux premiers regnes de la maison de Stuart, je me dispenserai de m'arrêter sur des détails que vous trouverez parfaitement développés dans la nouvelle histoire d'Angleterre. (*)

Le gouvernement féodal pénétra en Écosse pour y devenir plus absurde qu'ailleurs. Il en fut de même du calvinisme. Vous avez vu les troubles qu'il produisit pendant le regne de Marie. Les Écossois, parce qu'ils étoient ignorants, ont toujours été fort attachés à leurs anciens usages; & par cette même raison, ils ne devoient point changer, ou ils devoient devenir pires. Fanatiques par stupidité, ils devoient se porter aux derniers excès, aussitôt qu'ils seroient persécutés, ou qu'ils s'en croiroient menacés.

Combien le fanatisme des Écossois étoit à redouter.

Jacques cependant avoit maintenu la paix parmi ces peuples indociles, & son autorité en étoit mieux affermie. Connoissant combien il étoit chancelant sur ce trône, il s'étoit conduit d'après son caractère, plutôt que d'après ses préjugés, & il en avoit montré plus de prudence. Mais en devenant roi d'Angleterre, il crut succéder à toute l'autorité d'Elisabeth; il prit donc pour regle unique, les droits qu'il jugeoit appartenir à la royauté.

Jacques cependant se croit absolu en Écosse, depuis qu'il est roi d'Angleterre.

(*) Par Mr. Hume.

C 4

Comme il se piquoit d'être théologien, il en fut plus jaloux de sa suprématie. Il se flatta de faire servir la religion à sa puissance, parce qu'il en connoissoit l'influence sur l'esprit humain.

Trois sectes dans la Grande-Bretagne.

Il y avoit trois sectes principales dans la Grande-Bretagne : la religion anglicane, c'est-à-dire, la réforme que Henri VIII avoit introduite. Ceux qui la professent, se nomment Épiscopaux, parce qu'ils ont conservé la hiérarchie de l'église. Les deux autres sectes étoient les Calvinistes d'Écosse & les Puritains d'Angleterre. Ils rejetoient toute hiérarchie, & ne reconnoissoient point d'évêques. On les nomme par cette raison Presbitériens.

Autant les Épiscopaux étoient favorables aux prétentions de Jacques, autant les Calvinistes d'Écosse & les Puritains d'Angleterre y étoient contraires.

Vous avez vu combien ces deux dernieres sectes étoient portées à se soulever contre toute autorité. Les Épiscopaux, au contraire, adoptoient toutes les maximes de Jacques, & donnoient la même étendue à la prérogative royale. Aussi leur religion étoit elle l'ouvrage des rois. Jacques projeta de l'établir dans ses trois royaumes. Ce dessein demandoit beaucoup de prudence : parce que les moyens violents allumeroient le fanatisme, qui s'éteindroit de lui-même, si on ne le persécutoit pas. Il est, sur-tout, à craindre que ces deux sectes fanatiques ne raisonnent. Car, avec des raisonnemens bons ou mauvais, elles doivent à la longue vaincre une puissance qui n'est fondée

qu'en opinion. Si l'opinion perd tous les jours
de ses partisans, les raisonnements en auront
tous les jours plus de force. Alors on arme-
ra pour les soutenir. Jacques n'ignoroit pas
que les Presbitériens d'Écosse, ennemis de la
monarchie par inclination, l'étoient encore
par principes; & il connoissoit leur pouvoir
sur le peuple. Forcé néanmoins à dissimuler
avec eux, il ne les avoit pas persécutés : au
contraire, il avoit recherché leur faveur, en
paroissant adopter leur doctrine: les Puritains
qui jugeoient de ses sentiments par sa conduite passée, se féliciterent en le voyant monter
sur le trône d'Angleterre. Persuadés qu'ayant
été favorables à leurs freres d'Écosse, il les
traiteroit eux-mêmes avec bonté, ils se hâterent de lui présenter un mémoire que sept
cents cinquante ecclésiastiques de leur secte
avoient signé, & dont beaucoup d'autres appuyoient encore les demandes ; mais Jacques
ne croyoit plus devoir dissimuler.

Il ne suffisoit pas de méditer la ruine des
Puritains d'Angleterre & des Presbitériens d'É-
cosse, il falloit savoir choisir les moyens. Jacques se flattant de concilier les Puritains avec
les Anglicans, se pressa de convoquer des doc-
teurs des deux partis. Il se crut fait pour les
éclairer; car étant un docteur lui-même, il
mettoit toute sa confiance dans l'étude qu'il
avoit faite de la theologie : étude au moins in-

Jacques sou-
leve les partis
en croyant les
concilier.

utile à un roi, qui ne doit apprendre la religion qu'en étudiant le catéchisme & l'histoire. Vous compterez peu fur la théologie de Jacques, si vous considérez que depuis Constantin, tous les princes, qui se font cru théologiens, on fait du mal à l'état & à la religion. En effet, il ne fit que donner de l'importance à des questions frivoles, qui seroient tombées dans l'oubli, s'il les avoit su méprifer. On raisonna, mal à la vérité; mais il ne falloit pas donner lieu à ces raisonnements, parce qu'ils attaquoient indirectement la puiffance royale. Le grand principe que Jacques répéta souvent, étoit *point d'évêques, point de roi.* C'étoit dire aux Puritains : soumettez-vous aux évêques, ou détrônez moi. Les Puritains se plaignirent qu'il y avoit de la partialité dans la difpute; il y en avoit en effet, parce qu'en pareil cas, il n'eft pas poffible que la chose foit autrement, puifque ceux qui difputent font parties. Pour exclure toute partialité, il faudroit n'affembler que des gens neutres, & des gens neutres ne difputeroient pas. Le malheur de ces difputes, c'eft que chacun eft néceffairement juge & partie.

1604
Les parlemens timides
& refpectueux cherchoient à

Il se tint un parlement bientôt après cette affemblée eccléfiaftique. Il étoit naturel, que fous un nouveau regne, ce corps tentât d'acquérir quelque autorité : c'étoit une conjoncture favorable, qu'un roi étranger, qu'on préfumoit ignorer une partie des ufages. Mais d'un côté, le temps qui avoit confondu tous les droits, ne permettoit pas au parlement de connoître fes privileges; & de l'autre, l'obéiffance dont il s'étoit fait une habitude, lui laiffoit à peine la hardieffe de former des prétentions. Cependant le roi parloit, comme un monarque abfolu, qui peut demander des confeils, mais qui ne veut pas recevoir la loi. Vous jugez par-là que le parlement dut d'abord être timide & refpectueux. Il le fut en effet pendant la plus grande partie du regne de Jacques I. Ordinairement il ne paroiffoit faire que des remontrances; & lorfqu'il demandoit que le roi cédât quelques parties de fa prérogative, c'étoit moins pour lui contefter fes droits, que pour remédier à des abus; & il offroit volontiers des dédommagements.

compofer avec le roi pour mettre des bornes à la prérogative.

Dans cette difpofition des efprits, il eût été facile de compofer avec le peuple & de conferver encore la plus grande autorité. On pouvoit fe relâcher fur les chofes raifonnables, fans montrer de foibleffe; & défendre les autres avec une fermeté qui auroit maintenu la timidité & le refpect. Mais il falloit renoncer à tous les principes du defpotifme. Jacques n'en étoit pas capable. Quoiqu'il ne voulût pas abufer du pouvoir abfolu, fon imagination ne fouffroit pas qu'on le lui conteftât. Il n'a pas

Mais Jacques & Charles I ne penfoient pas que la prérogative pût être limitée.

été tyran : son fils ne l'a pas été non plus : ils ont ufé l'un & l'autre de leur prérogative avec plus de modération, que les princes de la maifon de Tudor : les peuples ont été moins foulés fous leur gouvernement, que fous celui d'Elifabeth ; mais tous deux ont dit, *je fuis abfolu :* le parlement a répondu, *vous ne l'êtes pas ;* & cette difpute de pure fpéculation produira des guerres civiles.

Les Puritains combattront le defpotifme de ces deux rois. Si l'amour feul de la liberté eût animé les Anglois, il n'y auroit rien eu à craindre pour ces deux rois : car ces peuples avoient fi peu d'idée de liberté, qu'ils croyoient avoir été libres fous Elifabeth. À plus forte raifon, auroient-ils cru l'être fous un gouvernement plus doux ; mais les Puritains que ce gouvernement perfécutoit, ne pouvoient pas fe faire la même illufion. Intéreffés à limiter la prérogative, ils ouvriront les yeux à leurs concitoyens : ils acquerront tous les jours de nouveaux partifans, leur fanatifme deviendra contagieux, & tiendra lieu d'amour de la liberté.

Les communes avoient acquis beaucoup d'autorité. Lorfque les grands appellerent les communes au parlement, vous jugez bien qu'ils leur donnerent d'abord fort peu d'autorité. Ils avoient eu peu de puiffance eux-mêmes fous les premiers princes Normands. Ils en acquirent enfuite, & principalement fous les Plantagenets. Ils s'épuiferent dans les guerres

civiles des maifons d'Yorck & de Lancaftre;
& ils fe trouverent fans forces & fans autorité
fous Henri VII, premier roi de la maifon de
Tudor. Voilà l'époque où ia chambre des
communes étant plus nombreufe, & conttri-
buant davantage aux charges de l'état, acquit
infenfiblement affez de puiffance pour dominer
enfin fur la chambre-haute. Elle accordoit,
régloit ou refufoit les fubfides; & cela feul lui
donnoit un grand poids. Cependant fes privileges, ouvrage du temps, n'étoient point dé-
terminés; & les rois, profitant de cette confufion, avoient introduit un ufage, qui pouvoit
les rendre maîttes de cette chambre.

Lorfque les parlements étoient prolongés
au de-là du terme ordinaire, le chancelier pouvoit appeller de nouveaux membres, pour remplacer ceux qu'il jugeoit incapables de fervice,
ou parce que leurs emplois les appelloient ailleurs, ou parce qu'ils étoient indifpofés, ou par
d'autres raifons. Elifabeth regardoit cet ufage
comme une partie de fa prérogative, & à peine
a-t-on réclamé quelquefois. Elle pouvoit donc
compofer la chambre des communes à fon
gré.

Mais un ufage donnoit au roi le pouvoir de changer à fon choix les membres de cette cham-bre.

Dans le premier parlement que Jacques
convoqua, les communes s'éleverent contre
une pareille entreprife du chancelier. Le roi
parla d'abord en monarque abfolu, les com-

Cet ufage eft aboli.

munes infifterent avec refpect. Il examina. Il parut reconnoître que fon droit n'étoit pas fondé, & il céda. Les communes conftaterent donc un privilege, qui jufques alors avoit été incertain, & qui étoit bien effentiel pour elles.

Les communes ſe refuſent à la réunion des deux royaumes.

Elles tenterent enfuite inutilement d'abolir des droits d'entrée & d'autres, onéreux au peuple & nuifibles au commerce. Elles refuferent les fubfides, que quelques membres, attachés à la cour, propofoient comme néceffaires aux befoins de l'état; & ce qui chagrina davantage le roi, c'eft qu'elles ne voulurent pas confentir à la réunion des deux royaumes: chofe qu'il defiroit vivement, & qui étoit avantageufe à l'Angleterre encore plus qu'à l'Ecoffe. Il ne put s'empêcher de témoigner quelque mécontentement, & de fe plaindre de la mauvaife volonté, que l'efprit puritain communiquoit aux communes.

1605
Conſpiration des poudres.
Effet qu'elle produit ſur les eſprits.

L'année fuivante on découvrit une confpiration, dont on accufa les Catholiques. Les conjurés avoient réfolu de faire fauter avec de la poudre la falle où le parlement s'affembloit, & d'exterminer tout-à-la fois les grands, les communes, le roi & la famille royale. Les auteurs de cet horrible complot ayant été faifis, avouerent leur attentat, & furent punis. Cet événement fit croire que Jacques étoit haï

des Catholiques ; & cette haine étant un mérité aux yeux des Anglois, le parlement lui
accorda des fubfides pour quatre cents mille
livres fterling. Les communes montrerent du
refpect & même de la condefcendance : mais
elles parurent donner beaucoup d'attention à
tout ce qui concernoit la liberté nationale.
Elles porterent quelque atteinte à la jurifdiction eccléfiaftique du roi, & elles fe refuferent obftinément à la réunion des deux royaumes.

1606

Les revenus de la couronne ne fuffifoient
pas aux charges de l'état. Ils n'étoient pas plus
grands que fous les regnes précédents ; cependant l'argent devenu plus commun, portoit les
denrées à un plus haut prix. Le luxe, qui s'in-
troduifoit, jetoit dans de nouvelles dépenfes :
& Jacques, pour vouloir être généreux, fe dérangeoit par des profufions. Il fut donc dans
la néceffité d'avoir encore recours au parlement :
mais bien loin d'accorder des fubfides, les communes firent un bill pour abolir quelques-uns
des impôts que le roi levoit, & un autre pour
lui ôter le pouvoir de porter aucune loi eccléfiaftique fans le confentement des deux chambres. Ces deux bills ne pafferent pas, parce
que la chambre haute, qui étoit dans les interêts de la cour, les rejeta. Les communes
firent enfuite des remontrances contre les procédures de la haute commiffion. En un mot,

Jacques caffe le parlement qui tentoit de mettre des bornes à la prérogative.

1610

elles attaquerent la prérogative plus vivement
qu'elles n'avoient encore fait; & elles parurent vouloir, fur-tout, porter les derniers coups
à la fuprématie. Le roi, offenfé de ces entreprifes, caffa ce parlement, le premier qu'il eût
convoqué. Il duroit depuis fept ans.

1614
Autre par-
lement, moins
docile que le
premier, &
que le roi caf-
fe encore.

Quelques années après, il en raffembla un
autre, qu'il ne trouva pas plus docile. L'efprit
de liberté parut même faire des progrès, car
pendant que quelques membres s'échappoient
en propos hardis & violents, les communes paroiffoient applaudir en filence. Ce parlement
ne dura pas: le roi le caffa, & fit mettre en
prifon les membres qui lui avoient été les
plus oppofés. Violence autorifée par l'exemple
d'Elifabeth, & qu'on blâmoit alors, comme
étant contraire à la liberté du parlement & de
la nation.

On n'avoit
que des idées
confufes de la
prérogative
royale & des
privilèges du
parlement.

Jacques préoccupé de fon pouvoir abfolu,
ne fe faifoit qu'une idée fort confufe de l'autorité qui devoit appartenir au parlement. Il
le convoquoit, il lui faifoit des demandes, il
ne lui refufoit pas, comme Elifabeth, la liberté
de délibérer. Il reconnoiffoit donc que ce corps
pouvoit s'arroger quelque part dans le gouvernement. Dans le fait cependant; il ne lui vouloit accorder aucune influence, & il fouffroit impatiemment que le parlement eût une volonté
qui contrarioit fon pouvoir abfolu. Mais le parlement

lement ne fouffroit pas moins impatiemment un pouvoir abfolu, qui ne lui laiffoit aucune liberté. Or, les chofes ne peuvent pas toujours fubfifter dans un état auffi contradictoire: il faut néceffairement qu'il naiffe des difputes. Elles feront fanglantes, & il en coûtera beaucoup à l'Angleterre, avant que le parlement & le fouverain fe foient fait une idée nette de la conftitution du gouvernement.

Lorfqu'Elifabeth donna des fecours d'argent aux Provinces-Unies, les États-Généraux lui donnèrent en garantie les villes de la Brille, de Fleffingue & le fort de Rammekins. Les garnifons que Jacques tenoit dans ces places, achevoient d'épuifer fon revenu modique: elles lui coûtoient plus de trois cents mille livres fterling, depuis fon avénement au trône d'Angleterre. Il les remit aux Hollandois pour un peu plus du tiers de la fomme qu'ils lui devoient. Il gagnoit à ce marché. Il eft vrai qu'il perdoit l'avantage de fe rendre redoutable aux États-Généraux, puifqu'il abandonnoit des villes avec lefquelles il pouvoit les tenir dans quelque fujétion. C'étoit peut-être encore un gain: mais les Anglois n'en jugerent pas ainfi: ils ne virent que de la honte à céder des places, qui les rendoient puiffants au dehors.

Malgré ces contradictions, l'autorité de Jacques fe foutenoit encore en Angleterre. Les

Jacques rend aux États-Généraux des places qu'ils avoient cédées en garantie.

1616

Il conferve encore de

Tom. XIV. D

communes ne s'échappoient pas jufqu'à manquer ouvertement de refpect : la chambre-haute embraffoit d'ordinaire fes intérêts : & il
jouiffoit d'une confidération, qu'il devoit à fes
connoiffances, à fon efprit & même à fes profufions, que fes courtifans nommoient généro-
fité. Son autorité étoit plus grande en Ecoffe:
elle s'étoit accrue depuis fon abfence; car on
le craignoit, parce qu'on le jugeoit puiffant;
& on l'aimoit, parce qu'il montroit une affection finguliere pour fes anciens fujets. Il avoit
déja pris des mefures pour réconcilier les Écoffois avec les évêques, pour les préparer à recevoir les rites de l'églife anglicane, & pour leur
faire reconnoître fa fuprématie. Il avoit même créé une cour de haute-commiffion. Si tous
les changements qu'il avoit faits, n'étoient pas
agréables à la nation, elle paroiffoit au moins
les tolérer. Ayant commencé cet ouvrage
qu'il avoit fi fort à cœur, il voulut y mettre
la derniere main. Il fit donc un voyage en
Écoffe, dans le deffein d'y régler en pontife toutes les cérémonies religieufes.

Le parlement donna fon confentement à
toutes les cérémonies qu'il propofa; mais avec
une répugnance, qui ne permettoit pas de
compter fur la durée de ces innovations. On
pouvoit juger au contraire, que plus le fanatifme étoit d'abord contenu par la force, plus il
s'échapperoit enfuite avec violence.

Cependant les Puritains regarderent, comme autant de pas vers l'idolâtrie, ces changements introduits en Écosse, & les soins du roi pour établir en Angleterre l'église anglicane à l'exclusion de toute autre. On lui fit un crime d'avoir adouci la rigueur des loix contre les Catholiques, & de leur donner quelque part à sa confiance & à ses bienfaits: on le soupçonna de vouloir se réunir à l'église romaine ; & ce soupçon que les Puritains affectoient de répandre, étoit seul capable de le rendre odieux. Telle étoit la disposition des esprits, lorsqu'un nouveau parlement fut convoqué.

En Angleterre les Puritains le rendirent suspect & odieux

1621

Dans les temps du gouvernement féodal, le parlement n'étoit qu'une assemblée tumultueuse, où la liberté n'étoit pas connue, & où l'autorité luttoit continuellement contre l'anarchie. Si un prince se faisoit aimer, tous les suffrages étoient pour lui: quelques membres n'auroient osé lui résister; parce qu'après la dissolution du parlement, ils se seroient vus sans protection, livrés à la vengeance du souverain. Quand au contraire, un roi étoit généralement haï ou méprisé, il se trouvoit bientôt abandonné, & il succomboit sous l'audace d'un chef de parti. Enfin lorsque la nation paroissoit se partager, les dissentions ne finissoient plus qu'après des guerres longues & sanglantes. Il seroit inutile d'entreprendre de déterminer quels pouvoient être dans ces temps les droits

Avant Henri VII le gouvernement de l'Angleterre tendoit à l'anarchie.

D 2

du parlement & ceux du monarque. La force régloit tout, & les ufages varioient au gré des hazards. Chercher des loix dans ces fiecles barbares, c'eft fuppofer que les peuples avoient quelques idées exactes d'adminiftration; qu'ils s'affembloient, parce qu'ils vouloient le bien public; qu'ils le cherchoient, parce qu'ils avoient affez de lumieres pour le trouver ou pour en approcher; & qu'enfin ils étoient capables de fe propofer un but, & de fe conduire avec quelque méthode.

La monarchie commence fous ce prince & les Anglois fe familiarifent avec l'idée d'une autorité abfolue & fans bornes.

Or, le défaut de loix eft la principale caufe des révolutions de l'Angleterre jufqu'à l'avénement de la maifon de Tudor. Alors l'anarchie ceffa par l'affoibliffement des grands & par la laffitude des peuples. La monarchie qui trouva tous les jours moins d'obftacles, s'établit peu-à-peu; & les chofes vinrent au point qu'on fe familiarifa avec les idées d'un pouvoir abfolu d'une part, & de l'autre d'une foumiffion entiere. C'eft le dernier période de la monarchie. Elle s'y eft élevée fous Elifabeth: par conféquent, il faut qu'après cette reine elle commence à tomber.

Sous Jacques les communes commencent à raifonner fur cette autorité.

Si fous Jacques I le parlement eût été compofé de barons puiffants, il eût foutenu fes prétentions par les armes, & l'anarchie eût recommencé. Mais les communes ne pouvoient armer: accoutumées d'ailleurs au refpect & à l'obéiffance, elles ne formoient pas encore le projet d'une révolte : elles ne prévoyoient pas même les troubles qu'elles préparoient. Elles furent donc obligées de raifonner, lorfqu'elles voulurent revendiquer des droits & limiter la prérogative royale. Or, voilà l'époque, où la nation angloife commence à fe faire des idées d'adminiftration.

Les jurifconfultes raifonnerent fuivant leur ufage d'après des exemples. Ils en trouverent fous les derniers regnes : ils en trouverent dans d'autres monarchies de l'Europe : ils en trouverent dans le bas-empire, &c., & concluant le droit du fait, ils ne virent plus de bornes dans la prérogative royale. Le clergé anglican tira la même conféquence. Il avoit pour principe que les rois font l'image de Dieu ; & que, comme David, ils tiennent immédiatement de lui toute leur puiffance. Enfin les courtifans par flatterie & par intérêt groffirent ce parti, parce qu'il falloit que le roi pût tout, afin qu'il pût donner davantage.

Les Puritains, voulant oppofer des exemples à des exemples, fouillerent dans des temps d'anarchie ; & ils en trouverent qui ne prouvoient pas plus que ceux qu'on avoit remarqués dans des temps de defpotifme. Ils triomphoient fur-tout, lorfqu'ils remontoient aux peuples libres de l'antiquité. Jufques-là on

D 3

raisonnoit assez mal de part & d'autre: mais si on ne prouvoit pas, on persuadoit, & on faisoit des partisans.

Quelles idées on se fera à ce sujet.

Il n'est pas naturel qu'on ne fasse jamais que des raisonnements, qui ne concluent rien. On considéra donc que le gouvernement par sa constitution avoit un roi & un parlement, qui devoient concourir l'un & l'autre au bien public. Or, si le parlement est dans la servitude, il n'est plus rien, & la monarchie pourra devenir arbitraire ou même tyrannique. Ce principe conduit à chercher quelle est l'autorité nécessaire à ce corps, pour empêcher ou prévenir les abus du pouvoir absolu. Cette autorité, connue, détermine les privileges du parlement & du peuple; & ces privileges une fois fixés, renferment la prérogative royale dans certaines limites. Ce sont à peu-près là les idées qu'on se fera parmi beaucoup de mauvais raisonnements & beaucoup de sang répandu.

Par des complaisances forcées, Jacques enhardit les communes & voit commencer le parti des Whigs opposé à celui des Torys.

Il se formoit donc deux partis, auxquels on donnera dans la suite les noms de Torys, parti de la cour, & de Whigs, parti de la patrie. On les voit commencer dans le parlement qui s'assembla en 1621.

Cependant les communes montrerent d'abord du respect & de la soumission. Elles se hâterent d'accorder des subsides: elles ne permirent pas de parler des matieres, qui avoient aigri le roi contre le dernier parlement: elles voulurent laisser tomber dans l'oubli l'emprisonnement des membres, & elles se contenterent de faire des remontrances sur quelques abus. Le roi y mit ordre, après les avoir remerciées de les lui avoir fait connoître.

Enhardies par cette condescendance, & se regardant comme les protectrices du peuple, elles prêterent l'oreille à toutes les plaintes; & rechercherent jusqu'aux désordres les plus légers. De la sorte elles entroient insensiblement dans toutes les parties de l'administration. Jacques, qui vit ses pérogatives attaquées de toutes parts, suspendit les assemblées jusqu'à l'hiver suivant. En attendant, il se rendit populaire, & remédia à la plupart des choses dont on se plaignoit. Tant de complaisance n'appaisa pas les communes, que la séparation de l'assemblée avoit offensées. Comme elles n'ignoroient pas la persuasion où il étoit de son pouvoir absolu, elles ne lui tenoient point compte d'une condescendance forcée; & elles jugeoient que plus il les ménageoit, plus il falloit le mettre dans la nécessité de les ménager encore.

L'année précédente l'électeur Palatin, gendre du roi d'Angleterre, avoit été dépouillé de ses états par l'empereur. A cette nouvelle, tous les Anglois auroient voulu prendre les

1620
Sujets de mécontentement qu'il donne aux commu-

D 4

nes.

armes, pour rétablir un prince proteſtant. Cette entrepriſe eût été fort diſpendieuſe & ſans eſpérance de ſuccès. Cependant ils blâmoient hautement l'inaction de Jacques. Ils avoient encore un autre grief contre lui : c'eſt qu'il négocioit le mariage du prince de Galles avec l'infante d'Eſpagne. Enfin il avoit fait arrêter deux membres de la chambre-baſſe. Les mécontentements éclaterent à l'ouverture de la nouvelle aſſemblée.

Elles font des remontrances

Les communes firent des remontrances ſur l'accroiſſement de la maiſon d'Autriche, ſur les progrès des Catholiques en Angleterre, ſur l'indulgence du roi pour eux, & ſur le mariage de ſon fils avec l'infante ; le ſuppliant de prendre la défenſe de l'électeur Palatin, de tourner ſes armes contre l'Eſpagne, de marier ſon fils avec une princeſſe proteſtante & de ſévir contre les Catholiques.

Jacques qui en eſt offenſé, raiſonne, menace & caſſe le parlement.

Jacques, offenſé de cette démarche, qui étoit ſans exemple, défendit à la chambre de prendre connoiſſance des choſes de cette eſpece ; & menaça de châtier tout membre, qui auroit l'inſolence de les mettre en délibération. Les communes repliquerent, quoiqu'avec un ton reſpectueux, qu'elles avoient droit d'entrer par leurs conſeils dans toutes les affaires du gouvernement, & que ſi quelqu'un des membres abuſoit de cette liberté, il n'appartenoit qu'à la chambre de le punir : à quoi le roi ré-

partit, que dans les points qui concernoient
ſes prérogatives, le parlement ne devoit donner des avis, que quand il lui plaiſoit d'en demander; que les privileges des communes
étoient des graces des rois ſes prédéceſſeurs, &
qu'il ne les leur conſerveroit qu'autant qu'elles
ſe contiendroient dans les bornes du devoir.
Les communes proteſterent, en ſoutenant tout
ce qu'elles avoient avancé. Le roi ſe fit apporter leurs regiſtres, arracha lui-même la pro-
teſtation, & congédia le parlement.

Cet événement devint le ſujet de toutes les
converſations. Tout le monde raiſonna ſur les
prérogatives royales & ſur les privileges du
peuple. Les deux partis, qui s'étoient formés dans le parlement, ſe répandirent, & partagerent tout le royaume. Le roi défendit à ſes
ſujets de parler des affaires d'état: ils en parlé-
rent un peu plus.

On raiſonne dans tout le royaume ſur cet événe-ment, & cha-cun devient Whigs ou To-rys.

Jacques s'attachoit quelquefois à de jeunes
gens, ſi ſimples & ſi ignorants, qu'il y avoit
tout à créer dans leur ame comme dans leur
fortune. Il devenoit leur précepteur, & lorſqu'il leur apprenoit des éléments de la gram-
maire, il penſoit avec une ſorte de complai-
ſance qu'il alloit former des miniſtres profonds
dans l'art de gouvener. Malheureuſement les
progrès du diſciple ne pouvoient pas répondre
aux progrès de la confiance du maître. Les péni-

Eleves que Jacques ſor-moit.

tences étoient rares, les bienfaits s'accumuloient, & l'éleve tournoit fort mal. Robert
Carre, fur qui le roi fit le premier effai de fa
méthode, fut fait chevalier, vicomte de Ro-
chefter, comte de Sommerfet, reçut l'ordre de
la Jarretiere, fut admis au confeil privé, eut la
principale direction des affaires d'état, & devint un monftre. Cette éducation fut l'ouvrage de peu d'années.

Après ce premier effai, Jacques en fit un
fecond fur George Villiers. Il le créa fucceffivement & rapidement vicomte, comte, marquis & duc de Buckingham, chevalier de la
Jarretiere, grand-écuyer, gouverneur des cinq
ports, préfident de la cour du banc du roi,
grand-maître de Weftminfter, connétable de
Windfor & grand-amiral d'Angleterre : mais en
le chargeant d'honneurs, il le rendit préfomp-
tueux, téméraire, infolent, & lui laiffa cependant toute fon ignorance & toute fon incapacité.

Buckingham
conduit en Ef-
pagne Charles
qui époufe en-
fuite Henriet-
te, fœur de
Louis XIII.

La négociation pour le mariage du prince
de Galles réuffiffoit au gré du roi, lorfque Buckingham, abufant de l'empire qu'il avoit fur
fon précepteur, le fit confentir à une démarche romanefque, prife dans l'efprit de l'ancienne chevalerie. Il emmena le prince Charles en
Efpagne; perfuadé que cette galanterie inat-
tendue feroit tout-à fait du goût des Efpagnols;

& que l'infante seroit tout-à-coup éprise à la
vue du brave aventurier à qui l'impatience de
l'amour n'avoit pas permis d'attendre au de-là
des mers. Tout réussit d'abord : la modestie
du prince Charles, sa douceur & sa confiance
enchanterent les Espagnols. Mais Buckingham se rendit si méprisable & si odieux, que
la négociation fut bientôt rompue. Il s'occupa
même à dessein des moyens de rompre ce mariage ; parce qu'il prévit que l'infante, devenue reine d'Angleterre, ne lui seroit pas favorable : & Charles, peu après son retour, épousa Henriette, sœur de Louis XIII.

La rupture avec l'Espagne paroissoit devoir
rendre les communes moins difficiles ; & Jacques avoit besoin de subsides, parce qu'il avoit
donné des secours d'argent à l'électeur Palatin.
Il convoqua donc un parlement. Bien loin de
soutenir ses prérogatives avec hauteur, il demanda des conseils sur la conduite qu'il devoit
tenir avec l'Espagne. Il eût même l'imprudence d'offrir, que les sommes qui lui seroient
accordées, fussent délivrées à des commissai-
res du parlement, qui seroient chargés d'en
faire l'emploi. Les communes lui accorderent
près de trois cents mille livres sterling. Elles
firent ensuite passer un bill contre les monopo-
les ; & par cet acte elles supposoient que chaque particulier avoit une entiere liberté de disposer de ses actions, pourvu qu'elles ne fissent

Un nouveau parlement que le roi veut gagner par des complaisances fait un bill qui sera le fondement de la liberté.

tort à perſonne ; & que ni les prérogatives royales ni le pouvoir d'aucun magiſtrat, en un
mot, nulle autre autorité que celle des loix ne
pouvoit donner atteinte à ce droit. Cette
loi ſera le fondement de la liberté. Vous voyez
que les communes entreprennent davantage,
à meſure que le roi mollit.

Intrigues de
Buckingham,
qui fait décla-
rer la guerre à
l'Eſpagne.

Jacques fut encore entraîné malgré lui dans
une démarche, qu'il n'approuvoit pas, & qui
en effet n'étoit pas prudente. Buckingham,
voulant ſe venger du mépris des Eſpagnols,
fit des cabales dans le parlement. Après s'ê-
tre attaché les Puritains, en favoriſant des projets qui tendoient à l'abolition de l'épiſcopat,
il engagea les communes à propoſer la guerre
contre l'Eſpagne', & à lever des troupes pour
reconquérir les états du Palatin. Il entraîna
même le prince de Galles dans ſes vues.

Expédition
mal concer-
tée. Mort de
Jacques.

Jacques ne put réſiſter à une ligue auſſi
puiſſante. Six mille hommes furent levés pour
ſervir en Hollande ſous les ordres du comte
Maurice ; & douze mille furent embarqués
pour la conquête du Palatinat. Comme on
avoit compté trop légérement que la France
accorderoit le paſſage aux troupes angloiſes,
elles firent voile vers Calais, où le gouverneur ne les reçut pas, parce qu'il n'avoit point
d'ordre. Obligées de prendre une autre route,
elles arriverent ſur les côtes de Zélande : mais

elles n'y étoient pas attendues, & les États-Généraux, faute de provisions, faisoient difficulté
de les recevoir. Dans cet intervalle, elles furent attaquées d'un mal contagieux qui en fit
périr la moitié, & le reste regagna l'Angleterre.
Jacques survécut peu à cette expédition mal
concertée. Il mourut après vingt-deux ans
de regne sur l'Angleterre & dans la cinquante-
neuvieme année de son âge.

1625

Charles I avoit vû que plus son pere vouloit étendre la prérogative royale, plus les
communes faisoient d'effort pour la limiter. Il
semble donc qu'on devroit attendre de lui une
conduite différente. Mais l'éducation lui avoit
donné les mêmes idées: la flatterie les entretenoit, & le clergé anglican les lui représen-
toit comme autant de vérités reconnues. Il étoit
si convaincu de la plénitude de sa puissance,
que bien loin de prévoir une conspiration, il
n'imaginoit pas seulement qu'elle fût possible.
Cependant il auroit pû remarquer que la nation commençoit à former des doutes, & cela
seul demandoit beaucoup de précaution. Il
falloit ou beaucoup de soldats pour convaincre,
ou beaucoup de prudence pour empêcher
de raisonner. Il manqua de l'un & de l'autre.

Charles I dans les mêmes préjugés que son pere n'i-
magine pas qu'on puisse résister à son pouvoir absolu.

Persuadé qu'il étoit agréable au peuple,
parce qu'il avoit conseillé la guerre contre l'Espagne, & en effet, il avoit paru lui être cher;

Il demande avec confian-
ce les subsides

nécessaires, pour soutenir la guerre contre l'Espagne.

il convoqua le parlement dans l'espérance d'obtenir de gros subsides. La circonstance paroissoit favorable, puisque c'étoit la guerre de la nation, & que les revenus de la couronne ne suffisoient seulement pas au courant des dépenses.

Mais les communes veulent profiter d'une circonstance, qui le mette dans la dépendance du parlement.

Mais il étoit difficile que les Anglois, alors peu accoutumés à porter des taxes, voulussent donner assez pour soutenir une entreprise aussi dispendieuse. D'ailleurs la secte des Puritains avoit, depuis quelque temps, fait de nouveaux progrès. Ennemie de la monarchie, elle vouloit humilier le monarque. Enfin il y avoit dans les communes des membres, capables de se faire un plan & de le suivre. Un pouvoir sans bornes les choquoit. Bien loin d'entrer dans les besoins du prince, ils le voyoient avec joie engagé dans une guerre, qui le mettoit plus que jamais dans la dépendance du parlement ; & ils projetoient de n'accorder des subsides, qu'en échange de quelques parties de la prérogative.

Il n'obtient que 112000 livres sterling.

Charles n'obtint que cent douze mille livres sterling. C'étoit se moquer cruellement que de lui offrir une somme aussi modique dans la circonstance où il se trouvoit. Il en fut d'autant plus étonné que comptant sur d'autres preuves de l'amour de ses sujets, il s'é-

toit défendu toute démarche, qui auroit pu
être prife pour une marque de défiance : il fallut
renoncer à tant de délicateffe. Il entra donc
dans le détail de fes revenus, de fes dettes,
de fes alliances, des opérations qu'il méditoit,
& il conclut qu'il ne pouvoit foutenir la guerre à moins de fept cents mille livres fterling.
Les communes furent inexorables. Elles n'a-
voient garde de céder : car elles venoient de
faire une découverte qui les irritoit contre
Buckingham & contre Charles.

Dans la négociation du mariage de Charles avec Henriette, ce miniftre avoit promis
des vaiffeaux à Louis XIII pour être employés
contre la Rochelle. L'efcadre étoit partie :
mais lorfque les matelots connurent où on les
menoit, ils refuferent d'obéir, & le commandant lui-même déclara qu'il aimoit mieux fe
faire pendre en Angleterre, que de combattre contre fes freres les proteftants de France.
Les communes applaudirent à cette défobéif-
fance religieufe, & s'abandonnant à leur fanatifme, elles faifoient des plaintes & des
demandes, lorfque Charles caffa le parlement.

Il caffe le parlement lorfque fes communes défapprouvoient les fecours qu'il a- voit voulu donner à Louis XIII contre les Hu- guenots.

Un emprunt, qui fit murmurer, ne fuppléa pas au refus des communes. A peine
put il fuffire à mettre en mer une flotte, qui
revint fans fuccès, & qui fit murmurer en-

Autre parle- ment plus hardi que les précédents. Il eft encore caf-

fe, & on écrit
de part &
d'autre pour
fe juftifier.
1626

core. Cependant le roi, fans reffource, fut contraint de convoquer un nouveau parlement.

Les communes promirent une fomme double de la précédente. Mais c'étoit peu pour les entreprifes qu'on méditoit, & il y avoit encore une circonftance défagréable: c'eft que le bill pour le payement des fubfides ne devoit paffer en loi qu'à la fin de la feffion. Ainfi Charles-fe voyoit obligé de fatisfaire les communes fur leurs demandes, ou de renoncer aux fubfides.

Leur première démarche fut d'accufer de haute trahifon le duc de Buckingham. Le roi perfuadé que fa faveur faifoit tout le crime de ce miniftre, leur ordonna de ceffer cette pourfuite; & les menaça, fi elles ne terminoient l'article des fubfides, de prendre d'autres mefures. C'étoit leur faire entendre qu'il leveroit des impôts fans leur aveu; & les communes comprirent qu'il vouloit leur en faire la peur. Cependant bien loin de s'effrayer, elles commencerent à faire des recherches fur différentes parties de l'adminiftration. Charles fe hâta de rompre le parlement: on voulut enfuite fe juftifier des deux côtés, & on répandit des écrits dans le public. Ainfi l'imprudence du roi invita tout le royaume à prendre part dans des difputes qu'il falloit étouffer.

N'ayant

N'ayant plus pour reſſource que des moyens violents qui ſoulevoient la nation, & embarraſſé dans la guerre d'Eſpagne ſans eſpérance de ſuccès, Charles prit encore les armes contre la France. On attribue cette guerre à Buckingham. On prétend que lorſqu'il vint à Paris pour conduire la princeſſe Henriette en Angleterre, il ſe jeta dans des intrigues, qui occaſionnerent ſon reſſentiment contre la France. Il ſemble que ſi ce miniſtre eût voyagé davantage, il auroit armé ſon maître contre toutes les puiſſances de l'Europe.

Charles déclare la guerre à la France. 1627.

Contre un article formel du traité de mariage, on chaſſa tous les François qui étoient auprès de la reine d'Angleterre : les armateurs anglois enleverent pluſieurs navires aux marchands de France ; & à la ſollicitation particuliere de Soubiſe, on équipa une flotte qui portoit aux Rochellois, à leur inſu, ſept à huit mille hommes de troupes réglées. Buckingham, qui ne connoiſſoit le ſervice militaire ni ſur terre ni ſur mer, prit le commandement de ces forces. Il parut à la vue de la Rochelle, qui ne l'attendoit pas ; & il offrit aux habitants de les ſoutenir dans une révolte à laquelle ils n'étoient pas encore réſolus. Ainſi ſes meſures avoient été ſi mal priſes, que la premiere difficulté fut de

Buckingham part & à la vue de la Rochelle & invite les Rochellois à la révolte.

faire agréer des secours, qu'on n'avoit pas demandés.

Au lieu de s'établir d'abord dans l'île d'O-leron, dont il pouvoit facilement se rendre maître, il débarqua dans celle de Ré, qui étoit bien fortifiée & défendue par une bonne garnison. Son irrésolution donna le temps à Thoiras de se fournir des provisions qui lui manquoient ; & il fit tant de fautes, que quoique la France pût à peine ramasser quelques bateaux & quelques chaloupes pour porter des secours dans l'île, il fut forcé de renoncer à ses desseins, & fit une retraite qui pouvoit passer pour une vraie déroute. Cependant les Rochellois, qui avoient enfin pris les armes à la sollicitation des Anglois, se voyoient assiégés par Louis XIII.

Charles avoit exigé des prêts forcés, des bienveillances & d'autres taxes arbitraires. La résistance avoit été punie par la prison ; & on avoit commis toutes ces violences pour soutenir deux guerres, qui déshonoroient, & qui ruinoient le commerce. On gémissoit, sur-tout, de se voir sacrifié aux caprices de Buckingham ; & les esprits se soulevoient contre l'usage que le roi prétendoit faire de sa prérogative. Cependant les sommes levées ou extorquées étoient dissipées, & le mécontentement général ne permettoit pas

de recourir aux mêmes moyens. Dans des
circonstances aussi critiques, le roi voulut se
persuader que les besoins de l'état feroient
oublier les injures passées; & qu'ayant éprouvé les fâcheux effets de l'obstination, les
communes montreroient plus de complaisance. Il convoqua donc le parlement. Mais
comment pouvoit-on compter sur des complaisances? Il auroit fallu choisir une bonne
fois entre l'autorité absolue & l'autorité limitée par les privileges de la nation: car le
passage alternatif de l'une à l'autre n'étoit
propre qu'à faire connoître l'impuissance du
despotisme, & enhardissoit par conséquent
les communes.

Les membres de la chambre-basse représentoient les bourgs & les comtés, qui avoient
été vexés par des impositions arbitraires. Au
ressentiment des provinces ils joignoient encore le leur: car plusieurs avoient été jetés dans
les prisons. Cependant les communes montrerent d'abord de la modération & du respect.
On voit qu'elles étoient conduites par des
hommes sages, qui sans se trop hâter & sans
se désister, suivoient un plan qu'ils s'étoient
fait.

Le roi ne faisoit pas voir la même prudence: la convocation du parlement paroissoit un aveu tacite de son impuissance à lever
des impôts sans le consentement de cette as-

1628

Le nouveau parlement se conduit avec plus de prudence que le roi.

semblée ; & cependant il menaçoit de fe paſſer de ce conſentement , ſi elle refuſoit de
contribuer aux beſoins de l'état. Par cette
contradiction de ſon langage avec ſa conduite , il laiſſoit voir tout-à-la fois ſa foibleſſe
& ſes prétentions , & il avertiſſoit de prendre des meſures contre le pouvoir qu'il vouloit s'arroger. On ſe propoſa donc d'aſſurer la liberté , en faiſant une nouvelle loi.

Pétition de
droit qui aſſu-
re la liberté
des citoyens.

　　Ceux qui conduiſoient cette entrepriſe, af-
fectèrent autant de décence que de fermeté,
afin d'ôter au roi tout prétexte de déſapprou-
ver leur démarche. Ils parurent, ſur-tout,
reſpecter la prérogative. Ils ne vouloient pas
empiéter ſur les droits du trône, en faiſant
de nouvelles loix: ils vouloient ſeulement
conſerver les droits de la nation, en réclamant
des loix anciennes, qui pouvoient être tombées dans l'oubli par abus, mais qui ne pouvoient jamais être abrogées. Le titre même de *pétition* ou *requête de droit* qu'ils donnerent à leur acte, annonçoit ce deſſein, &
faiſoit connoître que la loi qu'ils propoſoient,
n'étoit qu'une confirmation de l'ancienne
conſtitution, ſans aucun préjudice de la prérogative, & ſans aucun projet d'acquérir de
nouvelles libertés. Tous les articles, qu'elle renfermoit, étoient des loix, qui avoient
été faites & reconnues ſous d'autres regnes,

Malgré tous les efforts de Charles pour éluder la pétition de droit, le bill, ayant été arrêté par les communes, fut envoyé, & il n'y manquoit plus que le consentement du roi, pour lui donner force de loi. Il falloit ou le rejeter courageusement, ou le confirmer sans montrer de répugnance. Charles eut recours à l'artifice ; & au lieu d'employer la forme ordinaire, il se servit de termes vagues, qui ne l'obligeoient à rien.

Charles est forcé à confirmer ce bill.

Les communes, offensées de cette mauvaise foi, firent tomber leur indignation sur un docteur, & le condamnerent à une prison, à une amende & à d'autres peines, pour avoir dit dans un sermon, que si la propriété des biens réside ordinairement dans le sujet, elle passe néanmoins toute entiére au monarque, lorsque les conjonctures exigent des subsides ; que l'aveu du parlement n'est pas nécessaire pour l'imposition des taxes ; & que la loi divine oblige à la soumission pour toutes les demandes même irréguliéres, que le souverain peut faire.

L'humeur, aigrie par ce premiere acte de vengeance, voulut s'assouvir sur Buckingham. Le roi défendit toute pourfuite à ce sujet : on n'y eut point d'égard, & pour écarter l'orage prêt à fondre sur la tête de son ministre, Charles fut obligé de se rendre au parlement & de confirmer le bill, en prononçant la formule uſitée. La chambre retentit d'acclamations, qui ſe répéterent dans tout le royaume. Les principaux articles de cette loi portoient que perſonne ne pourroit être forcé d'accorder aucun don, prêt, bienveillance, taxe ou autres charges ſemblables ſans le conſentement du parlement, ni être empriſonné ou autrement moleſté pour cauſe de refus.

En reconnoiſſance, les communes lui accordent des ſubſides.

Pour montrer leur contentement, les communes paſſerent alors le bill des ſubſides, qu'elles avoient déja dreſſé, mais qu'elles avoient ſuſpendu à deſſein. Cependant un conſentement arraché leur laiſſoit un reſte d'humeur, & bientôt elles revinrent encore au miniſtre qu'elles haïſſoient : alors le roi rompit toutes ces délibérations, en prorogeant le parlement.

1628

La flotte angloiſe eſt témoin de la priſe de la Rochelle qu'elle veut ſecourir.

Les ſubſides furent prodigués inutilement pour ſecourir la Rochelle. Une premiere flotte alla & revint ſans avoir rien entrepris. Une ſeconde étoit prête à mettre à la voile ſous les ordres de Buckingham, lorſque ce miniſtre fut aſſaſſiné par un fanatique, qui crut ſervir la patrie ; & le comte de Lindeſey ayant eu le commandement de la flotte arriva pour être témoin de la priſe de la Rochelle.

Comment cette ville fut priſe.

Le cardinal de Richelieu, conſidérant que cette ville étoit l'aſyle des mécontents, jugea que le roi pourroit être mal ſervi, ſi

on l'affiégeoit dans les formes : car il y avoit
dans l'armée bien des grands, qui ne défi-
roient pas la ruine des Huguenots. Il réfolut
donc de prendre cette place par famine ; mais
s'il étoit facile de la bloquer du côté de terre,
étoit-il poffible d'en fermer le port aux Anglois ? avoit-on affez de vaiffeaux ? & quand
on en auroit eu davantage , des coups de vent
ne pouvoient-ils pas favorifer l'entrée & la
fortie , fans qu'on pût l'empêcher ? Il ofa
donc tenter de jeter une digue de plus fept
cents toifes de long , d'un côté à l'autre du ca-
nal qui communique dans le port. L'ouvrage réuffit , & fut affez folide pour réfifter
à la violence des flots & des plus fortes
marées.

Les Rochellois fe rendirent après avoir ⸺
fouffert une famine , qui fit périr plus de   **1628**
quinze mille perfonnes. Le roi leur accorda
l'exercice de leur religion. On démolit les
fortifications de leur ville ; celles de plufieurs
autres places furent encore rafées , & cet
événement, qui fut la ruine des Huguenots,
avança celle des grands du royaume.

Charles montra plus de modération, de- ⸺
puis qu'il ceffoit d'être pouffé par le violent   Charles caffe
caractère de Buckingham : mais les commu-   le parlement,
nes devinrent plus entreprenantes que jamais.   qui tendoit à
Attentives à tirer des conféquences de la pé-   de fes reve-
tition de droit, elles faifoient des recherches   nus. Il fait la
                                                 paix avec la
                                                 France & avec

E 4

sur tous les impôrs que le roi levoit à l'e-
xemple de ses prédécesseurs ; & elles alloient
peu à-peu le dépouiller de la plus grande partie de ses revenus, lorsqu'il cassa le parlement,
bien résolu de n'en plus convoquer, s'il ne
voyoit la nation mieux disposée à son égard.
Alors il fit la paix avec la France & avec
l'Espagne : la raison le lui conseilloit, & son
impuissance lui en faisoit une nécessité.

LIVRE QUATORZIEME.

CHAPITRE PREMIER.

Expofition préliminaire à la guerre qui fut terminée par le traité de Weſt-phalie.

Voici, Monfeigneur, une époque, où il eſt néceſſaire de porter en même temps votre vue ſur toutes les parties de l'Europe. Je voudrois pouvoir vous donner le coup d'œil de Richelieu: car la ſcene eſt bien vaſte pour vos yeux & pour les miens. C'eſt une guerre où toutes les puiſſances de l'Europe ſont armées. La religion, l'ambition, la politique, mille intérêts, en un mot, les diviſent, les uniſſent & les font mouvoir. Les incidents naiſſent continuellement les uns des autres. Ils ſont préparés & tout-à-la fois

Scene compliquée qui ſe prépare.

inattendus. L'intrigue fe renoue à chaque inſ-
tant, & le dénouement s'éloigne, au momen;
qu'on croit y toucher.

Quels en ſont
les acteurs. Les acteurs qui paroiſſent d'abord ſur la
ſcene ſont les plus grands capitaines. La fortune, rarement capricieuſe avec eux, les ſuit:
elle paſſe & repaſſe d'un parti dans un autre,
toujours fidele aux généraux les plus habiles.
Cependant les puiſſances changent inſenſiblement de vues, abandonnant ou formant
des prétentions, ſuivant les craintes ou les
eſpérances, qui naiſſent des revers ou des
ſuccès : mais l'objet général de l'Europe reſte
toujours le même, & l'action en quelque ſorte paroît une.

De grands négociateurs ſurviennent, &
les négociations ſe mêlent avec les armes. Toutes les cours intriguent. De nouveaux mouvements agitent toutes les puiſſances. Les
intérêts ſe rapprochent & ſe ſéparent tour-à-
tour. Les vues ſe croiſent de mille manieres.
On deſire, on projette, on eſpere, on craint,
on ſe raſſure. Cependant la politique déploie
peu-à-peu toutes ſes reſſources, & la paix eſt
enfin rendue à l'Europe.

Il faut com-
mencer par u-
ne expoſition
générale. Ce tableau eſt auſſi inſtructif qu'il eſt vaſte & curieux. Quelles leçons ne vous donneroit pas un Polybe, qui vous feroit l'hiſtoi-

se de ces guerres ; & un Tacite qui fouille-
roit dans le sein de la politique, pour vous
montrer tous les reflorts qu'elle a fait jouer
(*)? Mais, Monseigneur, vous savez que
l'exposition est la partie essentielle d'une bonne tragédie. Quand elle est bien faite, l'action se développe d'elle-même, & avance
sans obstacle jusqu'au dénouement. C'est donc
par une exposition que je vais commencer. Je
ferai ensuite l'esquisse des scenes principales;
& ce sera assez pour moi, si je puis vous préparer à faire un jour avec fruit l'étude de cette
partie de l'histoire. Obligé de remonter au
de-là du seizieme siecle, je passerai rapidement
sur les choses que j'ai déja dites, & je me
contenterai de vous les rappeller.

L'ambition exorbitante des papes, enhar-
die par l'aveuglement des peuples, avoit troublé l'Europe pendant plusieurs siecles. Le
grand schisme ouvrit enfin les yeux, lorfqu'on vit ces pontifes, qui s'excommu-
nioient, mendier la protection des princes,

L'ambition des papes a-voit troublé l'Europe.

***

(*) Le pere Bougeant n'est pas un Tacite : cependant
son ouvrage, dont je me suis beaucoup servi, est bon à quelques endroits près qui sentent la robe que ce Jésuite portoit. Par exemple, il dit dès le commencement : *plusieurs*
princes que de prétendues exactions de la cour de Rome irri-
toient depuis long - temps . . . . prétendues :

qu'ils avoient voulu voir à leurs pieds. On osa mettre en question leurs prétentions & leurs droits: l'église s'assembla pour les juger: & s'ils ne se soumirent pas, ils purent prévoir leur décadence, puisqu'on pensoit à leur résister.

De-là les sectes luthériennes.

Comme les disputes naissent des passion plus que de l'amour du vrai, on va d'une extrêmité à l'autre; & on est long-temps avant de saisir le milieu, où la vérité se trouve. Ainsi naquit le luthéranisme & toutes les sectes qu'il a produites.

L'Europe commençoit à s'éclairer. Si personne n'en savoit encore assez pour démontrer son sentiment; chacun en savoit assez au moins pour combattre celui des autres. Foibles, lorsqu'il falloit se défendre, tous les partis étoient forts, lorsqu'ils osoient attaquer: mais malheureusement pour Rome, elle ne pouvoit combattre sans perdre.

L'imprimerie rendoit les erreurs contagieuses.

On cultivoit les lettres. Les papes, ces grands politiques, formoient des bibliotheques, protégeoient les arts, accueilloient les savants; & l'imprimerie, inventée depuis plus d'un demi-siecle, répandoit les connoissances & plus encore les opinions & les disputes. Les erreurs en étoient donc plus contagieuses.

Progrès rapide du luthé-

A peine Luther écrit, que toute l'Europe raisonne. L'opinion, ce fondement de la puis-

fance ufurpée des papes, s'ébranle. L'intérêt tient lieu d'arguments. Les peuples fe par-
tagent, & l'églife perd des provinces entieres.

Le Luthéranifme, par fes progrès rapides,
fe dérobe aux feux de de l'inquifition, & fe
défend contre les armées que les indulgences
ou l'ambition font marcher. Des villes, des
princes, des rois, des nations entieres l'em-
braffent. Ici, les peuples veulent fe fouftraire
aux fouverains qui les oppriment : là, les fouverains eux-mêmes veulent s'affermir par la
ruine d'un clergé, dont ils redoutent la puiffance. Par-tout enfin, on veut fecouer le joug
de la cour de Rome, & s'enrichir des dépouilles des eccléfiaftiques. Ainfi le luthéranifme s'é-
tablit prefque en même temps en Suede fous
Guftave Wafa, en Danemarck & en Norwege fous Frédéric I ; dans les états d'Albert de
Brandebourg, grand-maître de l'ordre Teuto-
nique ; dans ceux de Frédéric, électeur de Saxe, de Philippe landgrave de Heffe-Caffel,
des ducs de Poméranie, de Lunebourg, de
Mecklenbourg, des princes d'Anhalt, des comtes de Mansfeld, dans plufieurs villes impériales & dans une partie des cantons Suiffes.

Charles-Quint, qui voit commencer l'orage, le laiffe groffir à deffein. Il femble attendre que l'héréfie fe répande encore & pré-

lui préparoît des conquê-tes.

pare de plus grandes conquêtes aux armes qu'il doit prendre fous le prétexte de la religion: mais les princes proteftants ont fait une ligue à Smalcalde. Cependant l'empereur, partagé entre fes deffeins comme entre fes états, ne fait faire ni fuivre aucun plan. Il combat, il négocie, il commande, il mollit, & l'héréfie fait tous les jours de nouveaux progrès.

Premiere caufe de jaloufie entre la maifon d'Autriche & la maifon de France.

Les Anglois avoient été chaffés de France vers le milieu du quinzieme fiecle; & le royaume, affermi au dedans, n'avoit point d'ennemis redoutables au dehors, lorfque Louis XI monta fur le trône. Il accrut fa puiffance, en abaiffant les grands, & en acquérant de nouvelles provinces. Mais le mariage de Marie héritiere des ducs de Bourgogne, porte à Maximilien des droits qui feront une fource de guerres entre la maifon d'Autriche & la maifon de France.

Leur rivalité ne produit que des projets mal concertés.

Il femble que la rivalité commence entre ces deux maifons, lorfque Charles VIII alarme l'Italie par des projets mal concertés, la trouble & la laiffe. Bientôt on voit fous Louis XII que ces deux maifons ne favent pas ce qu'elles doivent être l'une à l'autre. Elles croient former des ligues, lorfqu'elles mêlent confufément les puiffances. Elles ignorent leurs vrais intérêts, & elles ne connoiffent ni la politique ni l'art de négocier.

Le règne de François I eſt l'époque de leur rivalité : rivalité de courage, d'ambition & d'imprudence. Ou elles manquent de vues, ou elles ne ſavent pas préparer les moyens : elles ne montrent que de l'inquiétude : & ſi l'empereur paſſe pour politique, parce qu'il étoit faux & diſſimulé ; le roi de France, en cela plus eſtimable, étoit bien éloigné de l'être. Son courage fut du moins un grand obſtacle à l'ambition de Charles - Quint.

Henri VIII gouvernoit alors l'Angleterre en maître abſolu. Recherché par François I & par Charles - Quint, il étoit dans la poſi-tion la plus avantageuſe pour tenir la balan-ce entre ces deux princes ; & il eût joui en Europe de la conſidération la plus grande, ſi jugeant mieux de ſes intérêts, il eût ſu rap-porter toutes ſes démarches à un but déter-miné. Mais l'autorité abſolue, qui lui per-mit de ſe conduire dans ſes états au gré de ſes paſſions, le rendit d'autant plus capricieux que ſon caractère étoit plus mêlé de quali-tés contraires. Il pouvoit être un grand roi, & il fut théologien, hérétique, pontife, dé-fenſeur de la foi. Il laiſſa du moins ce der-nier titre à ſon ſucceſſeur, & c'eſt la ſeule choſe qu'il ait acquiſe à la couronne d'An-gleterre.

Henri VIII étoit entre el-les dans une poſition, dont il ne ſavoit pas tirer avantage

Tout le fruit de la politique de ces temps-là a été de connoître, qu'il falloit tenir la

On ſentoit qu'il falloit

tenir la balan-
ce entre elles. balance entre la France & l'Autriche : mais
ceux qui étoient affez puiffants, comme Henri
VIII, ne la favoient pas manier ; & ceux qui
étoient trop foibles, comme le pape, la laiffoient continuellement échapper. On fe con-
duira moins mal dans la fuite. Pendant que
chacune de ces deux puiffances tentera de s'é-
lever fur les ruines de fa rivale, l'intérêt général de l'Europe donnera des alliés à la plus
foible. Mais il arrivera quelquefois que jugeant mal du moment de leur élévation & de
celui de leur déclin, on chargera trop le baf-
fin qu'on avoit jugé trop vuide. La puiffance qu'on craignoit, ceffera donc d'être à redouter : cependant on la redoutera par habitude, & on fera long-temps avant de s'appercevoir que fa rivale eft devenue plus redoutable. Cette méprife caufera des guerres
qui épuiferont l'Europe, & cependant aucune
puiffance n'en retirera d'avantages.

Elifabeth eft
la première
qui ait connu
la politique. Elifabeth eft la première tête couronnée
qui ait connu la politique. Ferme au dedans,
prudente au dehors, elle ne fait point de démarches inconfidérées. Elle fait choifir fes
alliés ; elle les foutient fans fe compromet-
tre ; elle a de grands fuccès avec de petits
moyens : & fon royaume devient floriffant,
pendant que toute l'Europe s'épuife.

Les Provin-
ces-Unies a- Les Provinces-Unies fecouent des fers,
qu'elles ne paroiffent pas devoir jamais brifer.

La

La haine de la domination espagnole les arme: leur unique vue est de s'y soustraire.
D'ailleurs sans objet fixé; elles se conduisent
encore au hazard. Cependant le courage les
soutient: les succès leur font des alliés: de
nouvelles circonstances leur donnent de nouvelles vues: tous leurs efforts tendent vers
un but mieux déterminé. Mais le gouvernement qui s'acheve parmi les alarmes d'une
guerre de quarante ans, se ressent de cette inquiétude qui faisoit toujours craindre pour la
liberté: cependant elles sont libres. Ces provinces autrefois pauvres, & dont une partie
étoit noyée dans les eaux, vous les avez vues
traiter, comme puissance indépendante, avec
le roi d'Espagne: vous les verrez encore s'accroître, jusqu'à pouvoir altérer ou maintenir
l'équilibre de l'Europe. La défiance, qu'on remarque dans sa politique, est un défaut dont
les républiques se garantissent difficilement,
tant qu'elles ont des ennemis qu'elles redoutent: comme aussi elles s'endorment dans une
sécurité dangereuse, aussitôt qu'elles cessent
de craindre.

voient secoué le joug de l'Es- pagne, & se gouvernoient avec défiance.

C'est la franchise éclairée, ferme & gé-
néreuse de Henri IV qui porta la politique à
sa perfection. La politique de Philippe II ne
fût qu'ambition, orgueil, ignorance, bigo-
terie, hypocrisie, fausseté. Ses successeurs

Henri IV avoit porté la politique à sa perfection.

l'adopterent , & acheverent la ruine de leur monarchie.

Charles-Quint avoit tenté de détruire les Protestants par les Catholiques , dans l'espérance de changer le gouvernement de l'empire en une monarchie ; & il vouloit exécuter ce projet , dans un temps où François I & Henri II pouvoient donner des secours aux Protestants , comme en effet ils leur en donnerent. Tous ses grands desseins s'évanouirent. Il se vit à chaque diete forcé de céder des avantages , qui sans satisfaire entiérement ses ennemis , les autorisoient à demander encore , & leur faisoient tous les jours craindre moins ses refus. Cependant il se crut maître , lorsque la victoire & la mauvaise foi eurent mis dans ses fers l'électeur de Saxe & le landgrave de Hesse. En effet , tout s'humilia devant lui : mais sa puissance ne fit que passer. Echappé au duc Maurice par une fuite précipitée , il traite à Passaw d'égal à égal avec ceux qu'il avoit crus ses sujets ; & quelque temps après la diete d'Augsbourg conclut la paix de religion : traité par lequel les Protestants furent confirmés dans le libre exercice du luthéranisme. Par ce traité , les Catholiques obtinrent que les bénéficiers , qui renon- ceroient à la communion de l'église , seroient privés de tous leurs bénéfices. Cet article qu'on nomma *le réfervat eccléfiaftique*, étant mal obfervé, fera une des caufes de la guerre.

Il femble que toute la politique de Charles-Quint fût paffée en Efpagne avec Philippe II. Ferdinand I fuivit d'autres principes. Quoique les Proteftants ne puffent plus recevoir aucun fecours, il ne fongea point à les inquiéter ; & la religion permit à l'Allemagne de goûter la paix, lorfqu'elle déchiroit cruellement la France. Ce prince fit quelques tentatives pour engager les Luthériens à reconnoître le concile de Trente : il les abandonna bientôt, voyant des obftacles qu'il n'étoit pas poffible de vaincre. Il travailloit cependant à réunir les deux religions, lorfqu'il mourut en 1564.

Maximilien II, fon fils, entreprit d'exécuter le même projet. Dans cette vue, il preffa le faint fiege de permettre le mariage des prêtres. Pie V le menaça de fes anathêmes, s'il fe mêloit davantage des affaires de religion. Il ne s'en mêla plus que pour accorder aux Proteftants d'Autriche le libre exercice du luthéranifme. Cette conduite modérée de Ferdinand & de Maximilien les a rendus fort fufpects : car c'eft l'ufage de foupçonner d'héréfie les princes, qui ne perfécutent pas les hérétiques. Maximilien mourut en 1576, & eut pour fucceffeur à l'empire Rodolphe II, fon fils aîné.

Ferdinand I fe déclara pour la tolérance,

ainfi que Maximilien II.

F 2

Les Proteſtants ſe plaignoient de la chambre impériale, du conſeil aulique & des déſordres que commettoient les troupes eſpagno-
les : ils montroient de l'inquiétude aux moin-
dres mouvemens que les Catholiques pouvoient faire : ils rènouvelloient ſouvent leur
ligue : en un mot, leur mécontentement croiſſoit & ſe manifeſtoit tous les jours davantage, lorſque la ſucceſſion du duc de Cleves
acheva de le faire éclater, & menaça l'Allemagne d'une guerre générale. Mais la mort
de Henri IV rompit les meſures du parti qui
s'étoit formé contre la maiſon d'Autriche:
les Proteſtants & les Catholiques parurent ſe
craindre réciproquement, & les hoſtilités ceſ-
ſerent après la priſe de Juliers.

L'Allemagne cependant reſta diviſée en
deux partis. Le premier, qu'on nommoit *l'u-
nion évangélique*, avoit pour chef l'électeur
Palatin, & réuniſſoit preſque tous les princes
proteſtants & la plupart des villes impériales.
Le duc de Baviere fut le chef du ſecond,
qu'on nomma la *ligue catholique*, & auquel
le pape & le roi d'Eſpagne ſe joignirent.
L'électeur de Saxe & le landgrave de Heſ-
ſe - Darmſtadt le fortifierent encore : le premier, parce qu'il étoit jaloux de l'électeur
Palatin, & que Rodolphe lui faiſoit eſpérer les duchés de Cleves & de Juliers ; le
ſecond avoit auſſi des raiſons particulieres pour

ménager l'empereur. L'électeur de Brandebourg resta neutre.

Cependant ces troubles n'étoient pas les
seuls: car la Hongrie, la Boheme & l'Autriche se soulevoient contre Rodolphe; & son
frere, l'archiduc Mathias, le même que nous
avons vu passer dans les Pays Bas, lui enlevoit ces provinces, & lui laissoit à peine de
quoi subsister.

Rodolphe II avoit été dépouillé par Mathias,

Rodolphe étant mort en 1612, les électeurs, après quelques mois d'interregne, donnerent encore l'empire à Mathias. Ce prince étoit monté sur les trônes de Hongrie &
de Boheme, parce qu'il avoit paru protéger les Protestants contre son frere. Cessant
de dissimuler aussitôt qu'il fut empereur, il
recueillit bientôt les fruits de sa fausseté :
car lorsqu'il demanda des secours contre les
Turcs ou contre le prince de Transilvanie,
qui faisoit des irruptions fréquentes dans la
Hongrie; les Protestants les lui firent refuser, & ne répondirent que par des plaintes
sur les entreprises du conseil aulique, & sur
la partialité de la chambre impériale, où les
Catholiques étoient en plus grand nombre
qu'eux.

qui souleve les Protestants.

Cependant n'ayant point d'enfants, il songe à se nommer un successeur. Il choisit à

La Boheme se révolte contre

E 5

Mathias.

la recommandation de l'Efpagne, Ferdinand, fils de Charles, duc de Stirie & petit-fils de Ferdinand I, & il le fait fucceffivement couronner roi de Boheme & roi de Hongrie. Mais les troubles commencent dans le premier de ces deux royaumes. Les Proteftants fe foulevent: le comte de la Tour eft à leur tête: la Moravie, la Siléfie & la haute-Autriche fe joignent aux Bohémiens: & l'union envoie à leur fecours le comte de Mansfeld avec un corps de troupes. Cette révolte, qui éclata l'année 1618, fut le commencement d'une guerre à laquelle toute l'Europe prendra part, & qui durera trente ans.

Les duchés de Cleves & de Juliers avoient déja armé l'union évangelique & la ligue catholique. La guerre avoit déja commencé dans un coin de l'Allemagne. L'électeur de Brandebourg & le duc de Neubourg étoient convenus de gouverner conjointement les duchés de Cleves & de Juliers: mais cet accord ne dura pas long-temps, & bientôt leurs hoftilités engagerent d'autres puiffances dans leur querelle. Les Provinces-Unies, qui fe joignirent à l'union évangélique, fe déclarerent pour l'électeur de Brandebourg; voulant fe faifir des places fortes des duchés de Cleves & de Juliers, afin d'élever de ce côté là une barriere contre la maifon d'Autriche. Mais le duc de Neubourg s'affura les fecours de l'Efpagne & de la ligue catholique, en ren-

trant dans la communion de l'églife. Alors
le marquis de Spinola d'un côté à la tête des
troupes efpagnoles, & de l'autre le prince
d'Orange avec les forces de la république,
fe faifirent de plufieurs places. Les deux princes fe virent donc dépouillés par les puiffances, dont ils avoient imploré la protection.

Cependant les troubles de Boheme atti-
roient la principale attention : car les Proteftants ayant armé pour les rebelles, les Catholiques armerent pour l'empereur. Mathias
eût vraifemblablement diffipé cette révolte,
s'il fe fût hâté d'affembler toutes fes troupes : il fe contenta d'exhorter, de menacer,
& il donna le temps au comte de la Tour
de fe mettre en état de défenfe. Lorfque fes
armées marcherent fous les ordres du comte
de Dompierre & du comte de Bucquoi, les
ennemis étoient maîtres des principales places, & pouvoient tenir la campagne. La
Tour fit même une irruption dans l'Autriche,
& portant fes armes jufqu'à neuf milles de
Vienne, il y répandit la terreur. Telle étoit
la fituation des chofes en 1619, lorfque Mathias mourut.

Mathias meurt, & ne laiffe prefque que des titres à Ferdinand II.

Il fembloit que Ferdinand ne fuccédât qu'à
des titres : car l'efprit de révolte s'étoit répandu dans tous les états héréditaires. La Boheme, la Siléfie, la Moravie, la Luface, la

F 4

Hongrie & l'Autriche étoient à conquérir, du moins à peu de chose près. Dans cette position, Ferdinand brigua l'empire, & l'obtint malgré l'électeur Palatin qui n'osa pas s'y opposer ouvertement. Tout lui fut favorable. L'état de foiblesse, où on le voyoit, le faisoit peu redouter: la cour de Rome & Philippe III intriguoient pour lui; & la France incapable alors de connoître ses vrais intérêts, s'occupoit uniquement des querelles du duc de Luines avec Marie de Medicis, ou du raccommodement de cette reine avec Louis XIII.

Alors les électeurs s'étoient rendus les législateurs de l'empire.   Vous vous souvenez que les électeurs prescrivirent une capitulation à Charles - Quint, afin de mettre quelques bornes à la puissance qui menaçoit le corps germanique. Ils ont aussi soumis à la même capitulation les empereurs suivants, & même quelquefois ils y ont ajouté de nouveaux articles, afin de lier davantage le chef de l'empire. La capitulation de Maximilien II renferma quelques articles de plus que celle de Charles - Quint. On en inséra encore quelques-uns dans celle de Mathias: & on en ajouta un plus grand nombre à celle de Ferdinand II. Par-là, les électeurs étoient devenus les législateurs de l'empire; ils n'oublioient pas d'acquérir, lorsqu'ils le pouvoient, quelques nouvelles prérogatives. Dans la suite, toutes les puissances de l'Europe contribueront à former le droit public du corps germanique.

Vous voyez que Ferdinand II, déja affoibli par la révolte des états héréditaires, l'est encore par les nouvelles loix qu'on lui a preſcrites : mais quand il aura ſonmis les rebelles, il ne ſe mettra plus en peine de ſa capitulation.

CHAPITRE II.

Etat des principales puissances au commencement de la guerre.

La puissance du luthéranisme & l'avénement de Charles-Quint sont une époque où commence un nouvel ordre de choses.

Si on veut remonter de cause en cause jusqu'au premier principe des guerres du dix-septieme siecle, il faut comme je viens de faire, reprendre les choses au commencement du seizieme : car la naissance du luthéranisme & l'avénement de Charles-Quint à l'empire sont une époque où commence une nouvelle révolution. Les principaux événements qui la précédent, doivent être connus pour la faire connoître : d'ailleurs ils cessent d'avoir une influence sensible sur ceux qui la suivent. L'état où se trouve alors l'Europe, est un nouveau germe, qui vient de se former après un long chaos, & qui va se développer pour produire un nouvel ordre de choses.

A cette époque, les différentes parties de l'Europe commencent à se combiner. Il semble qu'elles cherchent chacune à se mettre à

leur place ; & que prenant peu-à-peu de plus
justes proportions, elles tendent à former un
seul tout. Mais elles ont éprouvé de terribles
convulsions, elles en éprouveront encore, &
après de violentes secousses, elles conserveront
une inquiétude, qui les agitera sans qu'elles
sachent pourquoi, & qui ne leur permettra le
repos que par intervalles.

Puisque la guerre, qui vient de s'allumer
dans la Boheme, embrasera toute l'Allemagne,
vous prévoyez que l'incendie s'étendra encore plus loin. Il est donc nécessaire de connoître quel étoit au commencement du dix-septieme siecle, l'état des puissances voisines de
l'empire.

DES ROYAUMES DU NORD.

L'ÉPOQUE pour les royaumes de Suede & de
Danemarck est la révolution arrivée en 1523,
lorsque Gustave Wasa & Frédéric I dépouille-
rent Christian II. Nous avons déja vu qu'ils
établirent le luthéranisme, afin de s'enrichir
des biens du clergé, dont ils redoutoient la
puissance.

Guftave vécut jufqu'en 1560; & Chriftian III , ayant fuccédé en 1535 à Frédéric , fon pere , mourut en 1559. Dans tout cet intervalle , les rois de Suede & de Danemarck veillerent à leur défenfe réciproque , parce qu'il étoit de leur intérêt de fe foutenir contre Chriftian II , qui demandoit des fecours à Charles-Quint fon beau-frere , & contre la république de Lubeck qui prétendoit à l'empire du nord. D'ailleurs Guftave & Chriftian III , quoique tous deux braves & bons capitaines , préférerent le bonheur des peuples à la gloire des armes.

Guftave avoit été lui-même fon miniftre & fon général. Eric XIV, fon fils, ne fut qu'un furieux, qui fe livrant à des flatteurs, & fe laiffant gouverner par un fcélérat, commit des cruautés, fouleva les peuples, & fut détrôné par fon frere Jean III.

Jean fut un prince foible, foupçonneux & diffimulé. Il voulut rétablir la religion catholique, parce que c'étoit celle de fa femme ; & fe flattant d'y parvenir en faifant adopter peu-à-peu de nouveaux articles, il fit dreffer un formulaire qui ne contenta pas les Proteftants, & que le pape Grégoire XIII défapprouva. Il employa la violence pour le faire recevoir : il caufa des troubles dans fon royaume : fa femme mourut : il époufa une proteftante ; & pa-

roiſſant alors changer de ſentiment , il ceſſa de
protéger les Catholiques. Mais il vouloit toujours qu'on reçût ſon formulaire.

En Danemarck , Frédéric II avoit ſuccédé à
ſon pere Chriſtian III. Pendant ſon regne, les
deux royaumes ſe firent la guerre : mais je n'en-
trerai à ce ſujet dans aucun détail. Pour vous
faire juger de quel côté furent les avantages ,
il ſuffit de vous dire , que Frédéric avoit les
qualités qui font les bons capitaines & les
bons rois. Il mourut en 1588 , laiſſant la
couronne à Chriſtian IV ſon fils , dont nous,
aurons occaſion de parler.

& eut la guer-
re avec Frédé-
ric II fils de
Chriſtian III &
pere de Chriſ-
tian IV.

Jean III, roi de Suede, vivoit encore, &
ſon fils, Sigiſmond, venoit d'être élu roi de
Pologne. Les diſputes de religion continuoient
encore, parce que Jean les entretenoit. Ce
prince mourut en 1592.

Sigiſmond,
ſon fils, fut &
lu roi de Po-
logne.

Sigiſmond, déja roi de Pologne, fut encore roi de Suede. Il en eut le titre au moins :
mais le duc Charles, ſon oncle, & frere de
Jean, eut toute l'autorité, & quelques années
après, il enleva juſqu'au titre. Les états lui
donnerent la couronne de Suede en 1604. Ils
craignoient que Sigiſmond ne voulût rétablir
la religion catholique, dans laquelle il avoit
été élevé. D'ailleurs avant que ce prince par-
tît pour la Pologne, ils lui avoient preſcrit

Mais les états
de Suede don-
nerent la cou-
ronne au duc
Charles, ſon
frere.

une capitulation pour la sûreté de leurs privileges ; & ils lui avoient déclaré que s'il n'en remplissoit pas tous les articles, ils se tenoient déliés du serment de fidélité.

& l'assurerent à Gustave A-dolphe, fils de Charles.

Charles IX s'éleva sur le trône en dissimulant son ambition, en maniant les esprits avec adresse, &, sur-tout, en ne précipitant point ses démarches. Il mourut en 1611, & laissa pour fils & pour successeur un héros, Gustave-Adolphe. Les états en donnant la couronne à Charles l'avoient assurée à son fils.

Les royau-mes du nord étoient élec-tifs.

Les royaumes de Suede & de Danemarck étoient électifs. De tous temps les états s'étoient conservé une grande partie de l'autorité souveraine, & ne laissoient au roi qu'un pouvoir limité. Ils le choisissoient d'ordinaire dans la famille qui occupoit le trône ; ils avoient même quelque égard au droit d'aînesse : mais ils se croyoient autorisés à lui faire rendre compte de sa conduite, & à le déposer, lorsqu'il ne respectoit pas les privileges de la nation. Cette forme de gouvernement entretenoit cet esprit de liberté ou de licence, que donne au peuple le pouvoir de choisir ses maîtres.

Peuplades qui en sont sorties

C'est du Danemarck que sont sortis les Cimbres & les Teutons. La Suede est l'ancienne Scandinavie, la patrie des Goths, qui, donnant leur nom à plusieurs autres peuples, se répandirent dans l'empire d'occident. La Norwege a principalement produit les peuplades qui, depuis le neuvieme siecle, ont fait des irruptions si fréquentes, & se sont établies en France, en Angleterre, en Allemagne & en Italie. L'histoire de ces peuples n'offre qu'une longue suite de guerres. Sobres, robustes, accoutumés à la fatigue, ils sont naturellement soldats; ils ne connoissent que la gloire des armes; & le plus grand roi est pour eux le général qui les conduit à des conquêtes. Tel étoit Gustave - Aldolphe. Sous ce prince par conséquent, la Suede, déja féconde en soldats, doit produire encore de grands capitaines.

Des Provinces-Unies.

Ces provinces sont la Gueldre, la Hollande, la Zélande, Utrecht, la Frise, l'Over-Issel & Groningue.

Par l'union d'Utrecht, conclue en 1579, ces provinces forment moins une seule république, qu'une association de plusieurs républiques, qui conservent chacune sa souveraineté. Jalouses de leurs anciens usages, si

Les Provinces - Unies sont une association de plusieurs républiques indépendantes.

elles fe font unies pour l'intérêt commun , elles
ont voulu dans tout le refte être indépendantes les unes des autres.　Chacune affemble fes
états particuliers , fait fes loix , difpofe de fes
finances , eft feul juge en matiere de religion,
& fe gouverne.　Elles ne peuvent fe contraindre mutuellement fur aucune de ces
chofes.

Bien plus : il y a encore la même indépendance entre toutes les villes qui ont droit de
députer aux états de leur province , & chacu-
cune fe gouverne par les loix qu'elle fe fait.
Voilà , par conféquent , bien des républiques
fouveraines.

Ce gouvernement a fans doute des défauts.
Mais les circonftances , où les provinces fe
font unies , ne leur ont pas permis de choifir
un plan plus régulier.　Si on eût entrepris de
ne former qu'une feule fouveraineté , chaque
province & chaque ville auroient cru perdre
dans la révolution ; & dès-lors la jaloufie, &
la méfiance les auroient mis hors d'état de fe
défendre contre l'Efpagne.

Il y a dans
chaque pro-
vince un con-
feil toujours
fubfiftant.

Mais parce que l'indépendance , dont chaque ville eft jaloufe , feroit auffi par elle-même
un obftacle à la réunion des forces & un principe continuel de divifions , il y a dans chaque province un confeil toujours fubfiftant,

qui

qui veillant aux intérêts de toutes les villes, fert de lien à leur confédération. C'eft ce confeil qui propofe aux États-Provinciaux les matieres, fur lefquelles il eft à propos de délibérer.

Les affaires générales, qui intéreffent toutes les provinces, font traitées & arrêtées dans les États-Généraux, qui font compofés des députés des états particuliers. Ainfi les États-Généraux ne font pas fouverains : ils ne font que le corps des députés de fept fouverains confédérés. Il en eft de même des États-Provinciaux. La fouveraineté réfide toujours dans les villes ; & leurs députés aux états ne font que leurs miniftres. Depuis la fin du feizieme fiecle les États Généraux font toujours affemblés à la Haye. Auparavant ils ne s'affembloient que par intervalles, & lorfqu'ils étoient convoqués par le confeil d'état, qui veilloit alors aux intérêts des fept provinces.

Chaque province y peut envoyer autant de députés qu'elle en veut entretenir ; & l'affemblée eft ordinairement compofée d'environ cinquante perfonnes : mais il n'y a jamais que fept voix ; parce que le nombre des fuffrages eft comme celui des provinces, & non pas comme celui des députés.

Les députés ne peuvent rien prendre fur eux : il faut que chacun fe conforme dans les

Tom. XIV.   G

instructions qu'il a reçues. Ce qui borne encore l'autorité des États-Généraux, c'est qu'ils
ne peuvent ni faire la paix, ni déclarer la
guerre, ni contracter des alliances, ni lever
des troupes, ni mettre des impositions, ni faire des loix, ni rien changer aux anciens réglements, sans le consentement unanime des
sept provinces.

rien prendre
sur eux, & l'unanimité est nécessaire en affaires majeures.

Si sur quelques-uns de ces articles les députés n'ont pas d'instructions, les États - Généraux ne peuvent rien décider, qu'après avoir
reçu les ordres des provinces. Il faut même
encore, avant de pouvoir arrêter quelque chose, que les états particuliers soient assemblés
dans chacune, & que l'unanimité des suffrages concoure à la même résolution. Enfin,
dans ces assemblées particulieres, comme dans
l'assemblée générale, les députés ne peuvent
opiner que conformément à leurs instructions;
& s'il survient quelque difficulté, qui n'air
pas été prévue, tout est suspendu jusqu'à ce
qu'ils aient pris les ordres de leur
souverain.

Ils prennent les ordres des Etats Provin-ciaux où l'u-nanimité est encore une condition es-sentielle.

Au reste le consentement unanime n'est
nécessaire que dans les affaires majeures dont
je viens de parler. Les autres se décident à
la pluralité des suffrages.

Députés pré-posés à l'ar-

En temps de guerre les États - Généraux
& le conseil d'état envoient des députés à l'ar-

mée ; & le général ne peut fans leur confentement ni livrer une bataille, ni former un
fiege, ni faire aucune entreprife confidérable.

Il y a, fans compter les corps de la nobleffe, cinquante-fix villes, dont le confentement eft néceffaire en affaires majeures. On
délibere d'abord dans les états particuliers: le
réfultat des délibérations eft enfuite communiqué aux villes & aux nobles : & ceux-ci après
avoir débattu féparément la queftion propo-
fée, envoient leurs ordres aux états de la province, qui les font paffer aux Etats Généraux.
Ce n'eft qu'après ce long circuit qu'on par-
vient à prendre une réfolution. Vous voyez par là combien toutes ces petites républiques craignent de perdre leur liberté ; &
vous voyez auffi qu'en voulant prendre trop
de précautions pour la conferver, elles ne
tendent qu'à s'embarraffer mutuellement. Il
femble qu'elles aient cherché à fe mettre des
entraves. En, effet cette forme de gouvernement ralentit toutes les opérations. Elle peut
même arrêter tout-à-fait le mouvement : car
fi une puiffance ennemie s'affure d'un fuffra-
ge, elle mettra la république hors d'état
d'agir.

Combien
ce gouverne-
ment ralentit
les opérations
de toutes ces
républiques.

L'union de ces provinces & de ces villes
n'auroit pas fubfifté long-temps, fi elles n'a-

voient trouvé dans le ſtadhoudérat un principe qui leur a donné de l'activité, & qui les
a fait mouvoir de concert malgré elles.

Le ſtadhouder commande toutes les forces
de terre & de mer. Il diſpoſe de tous les emplois militaires. Il préſide dans toutes les
cours de juſtice. Les ſentences y ſont rendues en ſon nom. Il nomme les magiſtrats
des villes ſur la préſentation qu'elles lui font
d'un certain nombre de ſujets. Il donne au-
dience aux miniſtres étrangers. Il eſt chargé de l'exécution des décrets que portent les
Etats-Provinciaux. Enfin il eſt l'arbitre des
différents qui ſurviennent entre les provinces,
entre les villes & les autres membres de l'é-
tat ; or, un arbitre, qui commande les armées, eſt proprement un juge ſans appel.

Cette puiſſan-
ce a ſauvé la
république,&
peut lui être
funeſte.

Cette puiſſance illimitée a été le ſalut des
Provinces-Unies, parce qu'elle a été confiée
ſucceſſivement à Guillaume & à Maurice de
Naſſau. Il falloit les talents de ces deux grands
hommes, & il falloit encore qu'ils fuſſent
moins ambitieux que citoyens, ou que du
moins cachant leur ambition, les coups d'autorité même qu'ils ſe permettoient, ne laiſ-
ſaſſent pas ſoupçonner qu'ils penſoient à la
ſouveraineté. Heureuſement ils étoient trop
éclairés pour ſonger à devenir les tyrans de
leur patrie, &, ſur-tout, pour y aſpirer ou-

vertement. Ils ont vu qu'en formant un pareil projet, ils ferviroient l'Efpagne, fans en tirer aucun avantage : car il eft bien évident qu'ils n'auroient fait que mettre la divifion dans la république, qui, encore mal affermie, avoit bien de la peine à fe défendre contre l'ennemi commun. L'ufage le plus prudent qu'ils pouvoient faire de leur autorité, étoit donc de maintenir l'union, de ne faire qu'un corps de tous ces membres mal affortis, & de les faire agir de concert. C'eft ainfi que dans ces premiers temps le ftadhouder, n'ayant d'autres intérêts que ceux des Provinces-Unies, en eft devenu le lien & le principal reffort. Mais fi les circonftances changent, la république fe trouvera entre l'anarchie, qui peut naître des différentes vues d'une multitude de fouverains, & le defpotifme, dont elle fera menacée, fi le ftadhoudérat perpétuel tombe dans une famille ambitieufe.

Vous trouverez ailleurs de plus grands détails fur le gouvernement des Provinces-Unies: mais ce que je viens de dire vous le fait affez connoître pour l'objet que je me propofe. Il nous refte feulement à voir ce qui s'y eft paffé depuis la treve de 1609.

Ces peuples, qui s'étoient fi fort foulevés contre l'inquifition, jouiffoient à peine de la

G

A peine les Province

Univers goûtent la paix qu'el-les font trou-blées par des disputes de re-ligion.

paix, que la religion suscita des disputes, & fit couler le sang. La controverse avoit pour objet la prédestination, la grace & la liberté: grandes questions, agitées depuis long-temps, & sur lesquelles les sentiments paroissent se multiplier d'autant plus, qu'on s'entend moins.

On agitoit des questions sur des choses dont nous ne pouvons pas même parler.

Dieu a tout prévu, il a tout arrêté, il a destiné chaque chose à sa fin. Or, on deman-de s'il prédestine à la vie éternelle, parce qu'il a prévu les actions méritoires; ou si faisant abstraction de ce qu'il prévoit, il prédestine gratuitement, & par la seule raison qu'il le veut. Pour résoudre cette question, il fau-droit pouvoir nous faire une idée de la pen-sée de Dieu. Car si nous jugeons comment il pense, en considérant comment nous pensons nous-mêmes, nous serons des aveugles qui parlent des couleurs. Les théologiens veu-lent toujours faire raisonner Dieu, & cepen-dant il est certain que Dieu ne raisonne pas, puisqu'il ne peut pas aller d'une idée à une autre. Parce qu'ils font des abstractions, ils veulent lui en faire faire, comme s'il étoit possible à Dieu de ne pas tout voir à la fois, & qu'abstraire ne fût pas en nous une imper-fection. Les jugements divins sont justes: voilà ce que nous savons: mais nous ne pou-vons pas comprendre comment ils se forment. Pouvons-nous dire même qu'ils se forment?

pouvons-nous dire que Dieu juge, lui qui n'a pas besoin de comparer les choses pour les connoître? Voilà certainement des expressions bien impropres. Nous ne pouvons donc pas seulement parler de ces choses, & c'est précisément pourquoi nous en disputons davantage.

Une autre question aussi difficile que la prédestination, c'est de savoir comment la grace agit, & comment elle se concilie avec la liberté. Or, on pourroit encore demander aux théologiens de se faire des idées, ou de se taire, s'il n'en ont pas, & de s'en tenir au dogme. Mais ils veulent disputer.

En 1608 Arminius, professeur dans l'université de Leyde, enseigna publiquement que la grace est de telle nature que non-seulement, nous pouvons résister, mais que même nous résistons souvent; & que Dieu ne nous a prédestinés ou réprouvés, que parce qu'il a prévu si nous serions dociles ou rebelles à sa grace.

Arminius dit que nous pouvons résister à la grace.

Comme cette doctrine étoit contraire à celle de Calvin, Gomar, autre professeur, la dénonça au synode de Roterdam, & soutint, que Dieu a predestiné les uns à la vie éternelle & les autres à la mort éternelle sans avoir égard à leurs actions; & que la grace, donnée aux élus, est si puissante qu'ils n'y peuvent pas résister.

Gomar le dénonce au synode de Roterdam.

G 4

Arminius
prend pour
juge le grand-
conseil.

Arminius, jugeant que les magistrats lui seroient plus favorables, présenta une requête aux états de Hollande, pour demander que le grand-conseil prît connoissance de cette dispute. La requête fut admise : le grand conseil jugea, que toutes ces questions étoient bien obscures, & les disputes continuerent.

Les deux
partis dispu-
tent en pré-
sence des é-
tats de Hol-
lande.

Peu de temps après, en 1611, les états de Hollande ordonnerent aux Arminiens & aux Gomaristes de comparoître devant eux ; & après les avoir entendu disputer, sans y rien comprendre, ils les inviterent à se tolérer mutuellement. Il ne falloit donc pas les faire disputer sur un aussi grand théâtre : que ne les laissoit-on dans leurs écoles !

Ils se calom-
nient.

Les deux partis s'échaufferent, comme on auroit pu le prévoir : ils se calomnierent, ils se reprocherent des sentiments qu'ils n'avoient pas. Pour se justifier, les Arminiens firent des remontrances aux états de Hollande, & les Gomaristes des contre-remontrances. Mais tout ce que cela produisit, c'est qu'on donna aux uns le nom de remontrants & aux autres celui de contre-remontrants.

Les états de
Hollande er-
donnent la to-
érance.

Plus les disputes s'allumoient, plus les états s'en occupoient ; & elles s'allumoient encore davantage. Ils demanderent aux théologiens, comment il seroit possible de les fai

re finir. Les remontrants proposerent la tolérance, parce qu'ils étoient les plus foibles ;
& les contre-remontrants un synode national,
parce qu'ils savoient qu'ils y seroient les plus
forts. Les états de Hollande ordonnerent la
tolérance : c'étoit se déclarer pour les Arminiens.

Alors une nouvelle dispute s'éleve, & on
demande : si c'est aux magistrats, ou aux éc-
clésiastiques, à se porter pour juges dans les
controverses de religion. Cette question anime
encore plus les deux partis. Les Arminiens
ont pour eux les états, les Gomaristes ont le
peuple. Ils s'excommunient réciproquement :
ils s'enlevent les églises avec violence ;
& les séditions commencent avec le schisme.
Pour ajouter encore au désordre, Dordrech,
Amsterdam & quelques autres villes désapprouvoient les états de leur province, & fa-
vorisoient les contre-remontrants.

Les deux par-
tis s'excom-
munient &
les séditions
commencent.

Les états de Hollande ayant, en 1617,
ordonné aux magistrats de lever des troupes
pour réprimer les séditieux, le comte Maurice regarda cette résolution comme une entreprise sur ses droits. Il condamna tout ce que
les états avoient fait jusqu'alors : il se déclara
publiquement pour les Gomaristes : & il défendit aux soldats nouvellement levés d'obéir
aux magistrats. Voilà donc une dispute

Les états de
Hollande sont
pour les Armi-
niens ou Re-
montrants, &
le stadhoude
Maurice est
pour les Go-
maristes ou
Contre-te-
montrants.

de religion, qui produit deux factions dans
la république. Il est à craindre que le stadhouder, devenant chef de parti, ne fasse
sentir aux provinces, qu'elles ne sont pas
aussi souveraines qu'elles le pensent. Dans
une affaire purement politique, il n'eût osé
agir, ni parler en maître. Il est plus hardi,
lorsqu'il s'éleve une dispute sur la religion,
parce qu'il sait bien que le fanatisme lui fera
des partisans; & que son ambition, qu'il
voilera d'un faux zele, passera pour amour
de la vérité.

Maurice prin-
ce d'Orange,
médite la per-
te de Barne-
velt.

Barnevelt étoit depuis près de quarante ans
grand-pensionnaire de Hollande. Cette place lui donnoit beaucoup de crédit dans les
états : il en étoit l'ame en quelque sorte, &
il méritoit de l'être par ses lumieres autant
que par son amour pour la patrie. Si les
princes de Nassau avoient servi la république
par leurs armes, il ne l'avoit pas moins ser-
vie par ses conseils.

Le comte Maurice jura la perte de ce grand
homme, qu'il regarda comme l'auteur des résolutions qui avoient été prises. Il lui devoit
le stadhoudérat : mais son ame ingrate ne pardonnoit pas à Barnevelt d'avoir fait conclure
la treve de 1609, & peut-être encore d'être
un obstacle à son ambition.

Il arme.

Les États-Généraux, qui lui étoient dévoués, convoquerent un synode national. En-

vain plufieurs provinces protesterent contre cette convocation. Les états firent plus : ils ordonnerent aux magistrats de casser les nouvelles milices. On n'eut aucun égard à ces ordres, parce qu'en effet, les États Généraux s'arrogeoient une autorité qu'ils n'avoient pas, & qui étoit contraire aux privileges des états particuliers. Maurice, traitant cette désobéissance de rebellion, arma & marcha contre les villes. Il se montra par-tout en souverain, chassant les remontrants, cassant les soldats, emprisonnant les magistrats, les déposant ou les bannissant.

Cette premiere démarche n'étoit qu'un essai de son pouvoir. Ne trouvant point de résistance, il fit arrêter Barnevelt & deux autres citoyens zélés, amis du grand-pensionnaire. C'étoient le savant Grotius pensionnaire de Roterdam, & Hoogerbetz pensionnaire de Leyde. Il s'étoit fait autoriser par un décret des États-Généraux, ou plutôt de quelques personnes qui en avoient pris le nom. Aucun de ces magistrats vendus n'avoit même osé signer le placard qui fut affiché.

Il fait arrêter Barnevelt & deux autres pensionnaires.

Cependant le synode national s'ouvrit à Dordrech au mois de novembre 1618. Les remontrants récuserent un tribunal, où leurs parties étoient leurs juges ; & on remarque qu'ils se servirent précisément des mêmes

Il fait condamner les Remontrants dans le synode de Dordrech.

raifons, dont les Proteftants s'étoient fervi
contre le concile de Trente : c'eft qu'en effet
ils n'en avoient pas d'autres. Ils furent con-
damnés. On dépofa leurs miniftres : on con-
fifqua les biens de plufieurs ; on en mit en
prifon, on en bannit.

Barnevel à la tête tranchée. Le prince d'Orange, c'eft ainfi qu'on nommoit alors le comte Maurice, voulut enfin af-
fouvir fa vengeance fur les trois penfionnaires.
Leur emprifonnement étoit un attentat contre
la fouveraineté des etats de Hollande. Cette
province les réclama : elle repréfenta que s'ils
étoient coupables, elle pouvoit feule les juger
& elle protefta contre tout ce qui pourroit
être fait. Les États-Généraux, fans être arrêtés par ces oppofitions, nommerent vingt-fix
commiffaires pour faire les procès aux criminels prétendus. Barnevelt, âgé de quatre-
vingt-dix ans, eut la tête tranchée à la Haye,
en 1619. Ce fut la récompenfe des fervices
qu'il avoit rendus à la république & au prince d'Orange même. Le cruel duc d'Albe n'a-
voit rien fait de plus odieux, ni de plus ini-
que. Grotius & Hoogerberz furent condam-
nés à une prifon perpétuelle : environ dix-huit
mois après, le premier s'échappa de fa prifon
par l'adreffe de fa femme, & fe retira en
France.

La treve de 1609 étant expirée en 1621,
la guerre qui recommença dans les Pays-Bas,

fit ceffer les difputes de religion. Le prince d'Orange eut à fe défendre contre un grand capitaine, Spinola, général des troupes d'Efpagne: ce n'étoit pas une conjonéture favorable pour ufurper fur la fouveraineté des provinces.

C'eft fur le commerce qu'eft principalement fondée la puiffance des Provinces-Unies. lorfque les républiques d'Italie faifoient celui du midi, les villes anféatiques, fituées fur la mer Baltique, ou fur les rivieres qui s'y rendent, faifoient feules celui du nord. Les villes de Flandre s'enrichiffoient alors par leurs manufaétures. Au commencement du quinzieme fiecle, l'art de faler le hareng pour le conferver, ayant été découvert, elles s'adonnerent à cette pêche; & la navigation, qu'elles cultiverent, les rendit tous les jours plus commerçantes.

Les villes de Flandre avoient été floriffantes par le commerce.

Les Pays-Bas furent très-floriffants fous les ducs de Bourgogne. Ils le furent encore davantage pendant la plus grande partie du regne de Charles-Quint, parce qu'ils devinrent l'afyle de ceux que cet empereur perfécutoit en Allemagne, Henri II en France, & Marie en Angleterre. Anvers étoit alors un des grands magafins de l'Europe.

Le defpotifme, qui fit perdre fept provinces à Philippe II, ruina les dix qu'il avoit con-

Les Provinces-Unies &

fervées. Les artifans & les commerçants, qui portent les richeffes par-tout où ils trouvent la liberté, fe réfugient dans des marais, qui juf-qu'alors n'avoient été habités que par de mife-rables pêcheurs. Les guerres civiles de France, & les troubles qui recommencerent après la mort de Henri IV, contribuerent encore à peupler davantage cette république naiffante; & vous verrez que le dix-feptieme fiecle ne fera pas moins favorable à fa population: car elle fera feule le commerce, pendant que l'Angle-terre, la France & l'Allemagne feront le théâ-tre d'une longue guerre.

toient deve-nues l'afyle de ceux qui fuyoient la perfécution.

Dès les commencements, les habitants fe trouverent en trop grand nombre pour un pays peu étendu, & naturellement peu fertile. Le fol ne fuffifoit pas à leur fubfiftance, & cepen-dant il falloit fournir aux frais d'une guerre dif-pendieufe. L'induftrie, leur unique reffource, fuppléa à tout. Leur commerce, qui s'étoit éta-bli pendant la guerre même, s'accrut pendant la paix. En 1611 il s'étendoit dans le nord, dans la mer Méditerranée, dans les Indes orien-tales, en un mot, dans tout le vieux-mon-de, excepté la Chine. Les Hollandois com-mençoient même à commercer en Amérique. Alors ils étoient puiffants, parce qu'ils étoient fobres, libres & induftrieux. Cependant vous jugerez qu'ils ne pouvoient pas être encore bien riches, fi vous confidérez les dépenfes im-

L'induftrie les avoit rendues puiffantes.

menées qu'ils ont dû faire pour affermir la république : mais la fobriété & l'induftrie font
un Pérou qui les enrichira néceffairement.

DE LA FRANCE.

Lorsque les entreprifes excédent les forces,
on fait de vains efforts; ou fi on réuffit; on s'é-
puife avec des fuccès. Or, les forces d'un état ne
confiftent pas feulement dans l'étendue des terres & dans le nombre des habitants; mais bien
plus dans la culture des terres & dans l'induftrie des habitants. La puiffance ou la foibleffe
eft donc principalement dans le gouvernement,
fuivant que dirigeant bien ou mal toutes les
forces, il les augmente ou les diminue.

Un prince n'eft pas puiffant parce qu'il peut
mettre tous les jours de nouvelles impofitions;
car cette méthode aura néceffairement un terme dans la pauvreté des peuples. Afin d'augmenter les revenus du fouverain, il faut donc
commencer par augmenter ceux des fujets; c'eft-
à-dire, qu'il faut faire fleurir l'agriculture, les
arts & le commerce. C'eft fous ce point de vue
qu'il nous refte à confidérer la France depuis la
mort de Henri IV. Pour juger de ce qu'elle

*Sous quel
point de vue il
faut confidé-
rer la France*

peut entreprendre au dehors, il faut savoir quelles étoient ses forces au dedans.

Or, depuis 1610 jusqu'en 1629, l'agriculture, les arts & le commerce ont dépéri, bien loin de faire des progrès. Néanmoins sans acquérir de nouvelles forces, le royaume est devenu plus puissant au dehors, lorsque les factions des grands & des Huguenots ont été minées. Mais il seroit difficile de se faire une idée de l'épuisement où il avoit été réduit par les dissipations de Marie de Medicis & par la mauvaise administration des finances.

Toutes les pensions avoient été triplées; & cette générosité ne se borna pas aux princes & aux grands de la cour, elle se répandit encore dans les provinces sur les gentils-hommes les plus qualifiés. Cette augmentation de dépense fut pour l'état une nouvelle charge de quatre millions: somme considérable, puisque les revenus du roi ne passoient pas vingt-six, desquels encore il en falloit retrancher six d'anciennes charges. Il ne lui en restoit donc plus que seize; & cependant vingt suffisoient à peine à la dépense courante.

On avoit cru s'assurer de l'obéissance par des bienfaits, & dans sept ans il y eut trois guerres civiles. Alors les dépenses de l'état montèrent tout-à-coup de vingt-millions à cinquante. On ne fait pas ce que ces troubles coûterent aux peuples : mais on fait que les rebelles leverent des tailles & des fubfides pour faire fubfifter leurs armées ; qu'ils obtinrent à différentes re- prifes près de dix-fept millions de gratifications extraordinaires, que Concini en retira onze ou douze du tréfor public, pour lui ou pour fa fem- me ; & qu'il créa plufieurs offices à fon profit. Ajoutons à cela, le dégât que les troupes fai- foient dans les campagnes.

A la mort de Concini, c'eft-à-dire, en 1617, l'augmentation des impôts avoit porté les reve- nus à trente-un millions : mais en même temps on avoit augmenté de plus de trois les charges qui étoient déja de dix au commencement du regne de Louis XIII. Le roi n'avoit donc que dix-huit millions de rente & il dépenfoit au de-là.

Un miniftre aufli avide que Concini n'étoit pas capable d'arrêter l'avidité des autres. Si les directeurs des finances ne pillerent pas, ils n'eu- rent pas le courage d'empêcher de piller. Tous les trafics en ufage avant Sulli recommence- rent ; & la Galigaï vendoit fa protection à qui en avoit befoin. Quelques gens d'affaires étant pourfuivis pour leurs malverfations, elle s'engagea par contrat public à les faire dé- clarer innocents moyennant trois cents mille livres.

Tom. XIV. **H**

Les finances resterent dans ce désordre jusqu'en 1626, qu'elles furent confiées au marquis d'Effiat. Ce surintendant joignoit les lumieres à l'intégrité : mais les malheurs des temps ne lui permirent pas de faire tout le bien dont il étoit capable. Il comparoit les trésoriers à la seche, qui trouble l'eau pour tromper les yeux des pêcheurs ; & il leur reprochoit d'avoir tout brouillé, au point qu'il n'étoit plus possible de se faire une idée de la dépense, ni même de la recette.

Les nouveaux offices, qu'on créoit à l'exemple de François I, y avoient contribué.

Depuis que François I imagina de créer de nouveaux offices, cette méthode a paru si commode qu'elle a été la grande ressource des surintendants. Il n'y en a pas de plus ruineuse.

On n'achete pas des offices pour le seul honneur de les posséder : on en veut retirer à peu-près l'intérêt de son argent. Le roi est donc obligé pour se procurer un secours passager d'aliéner à perpétuité une partie de ses revenus. Il faut qu'il assigne les gages des officiers sur les tailles, sur les gabelles ou sur d'autres impôts.

Il vend des offices, parce que les revenus ne suffisent pas à la dépense : l'année d'après ils suffiroient encore moins, s'il ne remplaçoit pas les fonds aliénés, en augmentant les impôts

tions. Le peuple en payera donc une taille plus forte.

Mais ces officiers font exemptés de la taille. Ce qu'ils ne payent plus, il faut donc que le peuple le paye. Accroissement d'impôts.

Ce n'est pas tout : il est nécessaire d'attribuer des fonctions à ces offices. Or, ces fonctions ont des droits que le peuple paye encore. En les multipliant, on met donc charges sur charges, & cependant le roi n'en retire pas tout le secours momentané qu'il en attendoit. Supposons qu'il en crée pour trente millions, il ne peut pas les vendre lui-même en détail : il les vendra donc à une compagnie de financiers, qui lui en donnera vingt-cinq, ou moins encore. Je pourrois ajouter à ces réflexions que les officiers qui font utiles, ont été trop multipliés ; & que ceux qui font inutiles, ont encore l'inconvénient de mettre des entraves à l'industrie : mais ces détails nous meneroient trop loin. Il suffit de remarquer qu'en créant continuellement de nouveaux offices, on aliéne continuellement les revenus de l'état ; & qu'il doit arriver un temps, où on ne pourra pas remplacer les aliénations, parce que le peuple ne pourra pas porter une augmentation d'impôts.

Sous Louis XIII cependant ces créations d'offices étoient l'unique ressource des sutin-

H 4

tendants. Les effets de cette mauvaise adminiftration ne tarderent pas à se faire sentir: on le
voit par le compte que le marquis d'Effiat rendit de l'état des finances à l'assemblée des Notables en 1626. Le roi ne retiroit plus rien de
ses domaines: de dix-neuf millions de tailles
qu'on levoit sur les peuples, il n'en venoit que
six au trésor de l'épargne: tout le reste se trouvoit aliéné. La ferme générale des gabelles
étoit de sept millions quatre cents mille livres,
en rabattant les frais des fermiers qui revenoient
à deux millions; & de ces sept millions quatre
cents mille livres, il y en avoit six millions trois
cents mille livres d'aliénés, de sorte qu'il ne
restoit au roi que onze cents mille livres qu'on
venoit d'engager encore. La perte étoit à peu-
près la même sur tous les autres revenus de
l'état.

Ce qui contribuoit encore à la ruine du royaume, c'est la multitude de personnes qu'on
employoit pour la recette & pour la dépense.
Les tailles passoient par les mains de vingt-
deux mille collecteurs, qui les portoient à cent
soixante receveurs particuliers, d'où elles paf-
soient à vingt-un receveurs généraux pour les
voiturer à l'épargne. L'argent étoit-il tiré de
l'épargne pour être employé à sa destination?
il n'y arrivoit pas, ou du moins des millions
se réduisoient à peu de chose; parce que les

tréforiers & les autres officiers, par les mains
de qui on les faifoit paffer, prélevoient des
gages, des taxations, des droits, des ports &
des voitures. Les revenus des rois font grands
comme le Rhin, & fe perdent de même.

Quand le marquis d'Effiat fut chargé des
finances au commencement de juin 1626, il
voulut favoir quelle étoit la recette fur laquelle il pouvoit compter pendant le refte de l'année, & quelles étoient les dépenfes auxquelles
il feroit obligé de faire face. Je trouvai, dit-
il, toute la recette faite, & toute la dépenfe
à faire : c'eft qu'on avoit diffipé d'avance tous
les revenus de 1626, & même une partie de
ceux de 1627. Cependant le roi devoit vingt-
deux millions de paye aux troupes, trois millions de gratifications, & plus de deux millions de penfions & d'appointements. Il s'en
falloit donc de vingt-fept à vingt-huit millions,
qu'il eût quelque chofe, & il falloit fournir au
courant fans rien recevoir de dix à douze
mois.

La guerre de la Valteline continuoit, &
celle des Huguenots, qui recommença en
1627, fut un nouveau furcroît de dépenfes. Le
fiege de la Rochelle coûta feul quarante millions. Les armées néanmoins ne manquerent
jamais de rien. Le bon ordre du furintendant
fut la reffource de l'état. Il gagna la confian-

H 5.

Les revenus
fe trouvoient
diffipés d'a-
vance.

Cependant la
guerre de la
Valteline & le
fiege de la Ro-
chelle coû-
toient encore
plufieurs mil-
lions.

ce, & il rétablit si bien le crédit, que les finan‑
ciers lui prêterent à dix pour cent, quoique jus‑
qu'alors ils eussent toujours retiré vingt ou
vingt-cinq pour cent de leurs avances. Mais
ce ministre, qui mourut en 1632, ne put pas
corriger les abus: c'étoit assez, dans les con‑
jonctures où il se trouvoit, d'en suspendre les
progrès.

Enfin pour anticiper sur l'avenir comme les
surintendants, je mettrai ici l'état des revenus
de l'année 1639; celui des charges & celui de
la recette au trésor de l'épargne.

Augmenta‑
tion des impo‑
sitions, des
charges & de
la recette
dans l'espace
de 30 ans.

Revenus . . . . 80, 210, 185.
Charges . . . . 46, 819, 665.
Parties de l'épargne . . 33, 390, 520.

En comparant cet état à celui de 1609, on
trouve que dans l'espace de trente ans, les im‑
positions ont été augmentées de cinquante-qua‑
tre millions, les charges de quarante & la re‑
cette seulement de treize. Les abus s'étoient
accrus depuis la mort du marquis d'Effiat, &
le royaume s'épuisoit tous les jours davantage.
Mais les temps n'étoient pas favorables à une
réforme.

DE L'ESPAGNE.

Quelles sont
les vraies ri‑

JE veux qu'un jour, disoit Henri IV, mes
paysans puissent mettre la poule au pot tous les

dimanches. C'étoit-là un des defirs de ce pere chesses d'un du peuple ; & je ne doute pas qu'avec le temps état. ce defir n'eût été un deffein exécuté.

Repréfentez-vous donc, Monfeigneur, un royaume peuplé de laboureurs aifés : il fe peuplera tous les jours davantage. Car plus le payfan peut nourrir d'enfants, moins il craint d'en avoir : au contraire plus il en a, plus il fe trouve riche, parce qu'ils font valoir fon champ. D'ailleurs fa famille ne fouffrant pas de la mifere, en fera plus faine & plus féconde. La poule au pot tous les dimanches doit donc augmenter la population.

Une grande population fera fleurir l'agriculture. Toutes les campagnes feront cultivées, & le feront bien, parce qu'elles feront habitées par des payfans à leur aife.

A mefure que les terres feront mieux cultivées, les denrées feront plus abondantes. Le royaume, déja riche par lui-même, s'enrichira encore par l'échange de fon fuperflu, & le commerce croîtra tous les jours.

Lorfque le travail fait l'aifance d'un peuple nombreux, tout le monde travaille à l'envi, l'induftrie naît de l'émulation, tous les arts fleuriffent.

Voilà donc dans le royaume une grande population, une grande culture, un grand com-

H 4

merce, une grande induſtrie. Ce ſont là les vraies richeſſes d'un état.

Vous demanderez peut-être, quels ſeront les revenus du ſouverain: immenſes, Monſeigneur, ſans fouler le peuple. Plus les ſujets ſeront riches, plus ils pourront donner. Il ſuffira ſeulement de mettre les impôts de maniere qu'ils ne nuiſent ni à l'agriculture ni à la conſommation. C'eſt l'unique regle à ſuivre: ſi on ne s'en écarte pas, les impôts ne ſeront point onéreux.

Elles ne ſe trouvent pas dans une plus grande quantité d'argent.

Dans un royaume qui ſeroit auſſi floriſſant, une grande quantité d'argent ne ſeroit pas un avantage, mais bien plutôt un embarras. En effet, à quoi ſert l'argent? à rendre les échanges plus faciles. Or, il ne les rend plus faciles qu'autant qu'il circule plus facilement. Lycurgue ne donna qu'une monnoie de fer aux Spartiates, parce qu'il vouloit qu'ils fuſſent pauvres; & nous qui voulons être riches, nous voudrions que l'argent fût commun comme le fer. Si cependant nous en avions cent fois moins, nous ne porterions qu'un écu où nous ſommes obligés d'en porter aujourd'hui cent. Moins d'argent rendroit donc le commerce plus facile, & nous enrichiroit par conſéquent; comme plus d'argent détruiroit tout le commerce, & nous rendroit auſſi pauvre que les Spartiates. L'Eſpagne a été gouvernée ſur

d'autres principes : vóyons le fruit qu'elle en a
retiré.

Lorſque les Eſpagnols ſe ſont vus en poſſeſſion des tréſors du nouveau-monde, ils ont
eu la ſimplicité de ſe croire devenus riches:
mais ils ne le furent qu'un moment.

Les denrées ſe balancent naturellement avec
la quantité de l'argent, & ſe mettent à peu près
au niveau : en ſorte que , s'il eſt rare, avec peu
on achete beaucoup ; & s'il eſt commun, avec
beaucoup on achete peu. Or, il étoit rare par-
tout, lorſque les Eſpagnols ſe trouverent tout-
à-coup des millions. Ils parurent donc d'abord
aſſez riches , pour acheter en quelque ſorte
l'Europe entiere. Mais à meſure qu'ils ver-
ſoient l'argent au dehors , ils faiſoient hauſſer
par-tout le prix des denrées ; & il falloit qu'elles deviñſent enfin auſſi cheres pour eux que
pour les autres peuples. Cette révolution fut
hâtée par les entrepriſes de Charles-Quint &
de Philippe, ſon fils; car elles leur firent certainement répandre plus de deux mille millions (*). Auſſi le prix des denrées paroît-

Les tréſors
de l'Améri-
que s'enri-
chiſſent l'Eſ-
pagne que
pour un me-
ment.

(*) Philippe II dit dans ſon teſtament que ſes deſſeins
lui ont coûté plus de ſix cents millions de ducats en dépenſes extraordinaires. Ce teſtament eſt dans les mémoires
de Sulli. Je ne ſais cependant ſi c'eſt une pieçe bien au-
thentique. Mais je ne crois pas hazarder en diſant que

il avoir quadruplé dans l'espace environ d'un siecle.

Ils y paffent pour ruiner l'induftrie.

Les tréfors du nouveau-monde, tranfportés en Efpagne, accrurent le luxe. Ils firent encore un plus grand mal, ils ruinerent l'induftrie. La raifon en eft fimple. Puifque l'argent y étoit plus commun qu'ailleurs, tout y étoit à plus haut prix. On achetoit donc par préférence de l'étranger. Les artifans par conféquent ne pouvoient plus vivre de leurs métiers; ils fortoient du royaume, & les manufactures tomboient.

Ils n'y reftent pas.

L'or & l'argent ne faifoient donc que paffer en Efpagne. En effet, on a remarqué qu'il y étoit entré plus de quatre mille millions depuis la découverte de l'Amérique en 1492 jufqu'en 1595; & cependant il n'y reftoit pas deux cents millions, en y comprenant la vaiffelle, & tout ce qui étoit fait avec de l'or ou avec de l'argent.

A la fin du feizieme fiecle, le royaume d'Efpagne étoit donc un des moins riches. Il eft vrai qu'il y arrivoit toujours de nouveaux tré-

---

Charles-Quint & Philippe II ont dépenfé deux mille millions, fomme qui eft bien au deffous de fix cents millions de ducats. Il faut remarquer que Charles-Quint eft parvenu à l'empire en 1519, & que Philippe II n'eft mort qu'en 1598.

fors: mais ils continuoient aussi toujours à en sortir; parce que l'argent va nécessairement où sont
les vraies richesses, c'est-à-dire, les choses qui
se consomment & se reproduisent pour se con-
sommer encore. Il devoit même sortir d'une
année à l'autre en plus grande abondance : car
à mesure que les Espagnols le rendoient plus
commun, ils faisoient eux-mêmes renchérir
les denrées. En effet, quoique depuis 1595, il
soit arrivé en Espagne chaque année l'une dans
l'autre, au moins douze à quinze millions ; il
n'y en restoit pas cent en 1724, & encore pour
les trouver falloit-il compter toutes les richesses des églises (*).

Voici donc l'état de l'Espagne au commencement du dix-septieme siecle. Les peuples
étoient pauvres, parce qu'il n'y avoit plus ni
commerce ni manufactures, & que l'agriculture dépérissoit. Cependant on continuoit de
mettre les mêmes impôts, parce qu'on les avoit
toujours mis : le recouvrement se faisoit avec
d'autant plus de violence, qu'il étoit plus difficile de faire payer; & la misere croissoit tous
les jours. On voyoit dans les campagnes quantité de paysans, qui sans vêtements, sans lits,

*Etat de l'Espa-
gne au com-
mencement
du dix-septie-
me siecle.*

(*) Théorie & pratique du commerce & de la marine de D. Geronymo de Ustariz. C. 3.

exposés à toutes les injures de l'air, n'avoient
pour toute nourriture que de l'eau & de mauvais pain.

Ceux qui avoient encore quelque industrie,
& qui pouvoient gagner quelque chose, portoient seuls tout le poids des impositions, & se
dégoûtoient insensiblement d'un travail dont
on leur enlevoit tous les profits. La mendicité
devenoit un état. On trouvoit doux de vivre
aux dépens du public, & de n'avoir rien à faire,
ni rien à payer. Enfin les moines invitoient à
la fainéantise, en distribuant de la soupe à tous
les gueux.

La misere dépleuploit insensiblement les
campagnes : car les familles pauvres s'étei-
gnoient, & d'autres s'appauvrissoient pour s'é-
teindre encore.

Pendant que le gouvernement permettoit
à peine de vivre, l'inquisition ôtoit le pouvoir
de penser. Ceux qui avoient encore une ame,
sortoient du royaume pour échapper à cette
double tyrannie. Les inquisiteurs soulevoient
ceux qui étoient restés, & le roi les chassoit de
ses états. En 1610, Philippe III bannit plus
de neuf cents mille Morisques, & on employa les moyens les plus violents pour exécuter ses ordres.

Tout contribuoit donc à dépeupler
l'Espagne: cependant les impôts qu'on s'obsti-

noit à vouloir toujours lever fur le même
pied, augmentoient encore la mifere & la dépopulation.

Si on vouloit fortir dans l'efpérance de vivre & de penfer ailleurs, des ordonnances le
défendoient. Mais elles ne donnoient pas
de pain. Les Efpagnols s'échappoient donc.
Ils alloient fur tout en Amérique, où ils croyoient trouver de l'or; & la plupart trouvoient
leur tombeau dans un pays, où le climât n'é-
toit pas fait pour eux, & où leurs peres
avoient égorgé tous les habitants.

C'eft ainfi que les Indes occidentales, fans
enrichir l'Europe, ont appauvri l'Efpagne; parce qu'elles ont ruiné l'agriculture, les manufactures & le commerce, & qu'elles ont encore contribué à la dépopulation, par les nom-
breufes colonies qui s'y font tranfportées.

Des nations entieres chaffées par Ferdinand le Catholique & par Philippe III, des
colonies fréquentes envoyées en Amérique,
& des millions d'hommes que Philippe II a
fait périr pour donner la liberté aux Provinces-Unies, font de grandes pertes qu'un bon
gouvernement auroit pu réparer, parce qu'a-
près quelques générations un pays fe repeuple,
quand il eft bien gouverné: mais le mal étoit
fans remedes. En effet, lorfque les peuples

Combien il eft difficile à cette monarchie de fe relever.

ont une fois perdu toute émulation & toute induſtrie, ils ſe font une habitude de leur
ignorance & de leur miſere; alors rien ne les
encourage: les pertes qu'a faites l'état ne ſe
réparent plus: au contraire, tout s'oppoſe aux
progrès de la population; & il ſemble que le
pays ſe repeupleroit plus facilement, s'il étoit
réduit à un ſeul homme & à une ſeule femme.
Les choſes en étoient donc au point que la
multitude des familles paroiſſoit un obſtacle
à la population.

Vous voyez que Philippe II & Philippe III
penſoient bien différemment de Henri IV : ils
ſembloient ne pas vouloir que leurs payſans
euſſent du pain. Vous conclurez, ſans-doute
que, malgré les tréſors de l'Amérique, ces
deux rois devoient être bien pauvres. Vous
aurez raiſon. Je veux cependant vous en
donner une preuve, qui levera tous les doutes, & qui vous fera voir que juſqu'ici je n'ai
rien exagéré. Ce ſont les états généraux d'Eſpagne, tenus en 1719. Les cahiers en furent
imprimés. On y voit, que tous les revenus
de la couronne étoient aliénés, que le labou-
rage étoit déſerté, que l'induſtrie étoit anéantie, que la maiſon du roi ne ſubſiſtoit qu'au
moyen de ſix millions quatre cents mille livres qu'on levoit ſur le clergé, & qu'il ne
reſtoit pas la plus petite ſomme pour les dépenſes du gouvernement.

DE L'ALLEMAGNE.

JUSQ'UAU seizieme siecle, l'empire d'Allemagne se ressent des vices du gouvernement féodal. La Bulle d'or & d'autres réglements ne sont que des monuments, qui prouvent combien il étoit difficile de remédier aux désordres. Que pouvoient les loix contre des princes toujours armés, lorsqu'elles n'étoient pas protégées par une puissance capable de les faire respecter ?

Les loix de l'empire étoient sans force.

Mille intérêts divisoient l'Allemagne, & la remuoient confusément; lorsque à la naissance du luthéranisme, deux religions ennemies parurent faire oublier tout autre intérêt. Alors deux partis se forment : ils ont l'un & l'autre un but mieux déterminé ; & ils commencent à concerter leurs desseins.

Deux religions ennemies donnoient au corps germanique des vues mieux déterminées.

Charles-Quint étoit assez puissant pour faire regner les loix, s'il eût voulu regner par elles. Mais il se flatte de dominer en ruinant les deux partis : en effet, il est un moment le despote de l'empire.

Charles-Quint avoit accru leur haine réciproque.

Les deux religions n'en deviennent que plus ennemies. Les Catholiques, qui sont en

plus grand nombre dans la chambre impériale, saisissent toutes-les occasions d'humilier
les Proteftants, qui de leur côté forment des
ligues, & font toujours au moment de prendre les armes.

L'union é-
vangélique é-
toit formée de
deux fectes en-
nemies.

Mais les Proteftants fe divifent eux - mêmes. Fideles à la confeffion d'Augsbourg, leur
haine eft égale contre les Calviniftes & contre les Catholiques. Cependant l'électeur Palatin, pour fe faire un parti en France, avoit
embraffé le calvinifme. Ainfi l'union évangélique étoit formée de deux fectes ennemies.
La méfintelligence affoiblira donc fes forces.

L'électeur de
Saxe étoit peu
fait pour for-
tifier le parti
auquel il s'at-
tachoit.

Jean-George, électeur de Saxe, joignoit à
peu de talents une ame mercenaire. L'intérêt
momentané, qui le regloit, le rendoit incertain dans fes démarches. Il en faifoit trop ou
pas affez. Moins fait pour fortifier le parti
qu'il embraffoit, que pour affoiblir le parti
contraire, il n'étoit propre qu'à faire durer les
troubles. Tel étoit l'état de l'Allemagne,
lorfque Ferdinand II parvint à l'empire.

Les peuples
de l'empire
étoient moins
foulés que les
autres.

Vous connoiffez fuffifamment les vices
généraux du corps germanique. Quant à ceux
qui font particuliers aux différentes parties,
ils demanderoient des recherches que je n'ai
pas faites; & je n'imagine pas que nous y
trouvaffions des chofes bien néceffaires à favoir, pour rendre raifon des guerres & des
négo-

négociations. Il faut feulement remarquer
que les princes d'Allemagne étant moins
puiffants que les rois de France ou d'Efpagne,
les abus du gouvernement étoient auffi moins
grands chez eux. En général, le fouverain
d'un grand état fe permet d'autant plus qu'il
peut davantage : il n'imagine pas que fes reffources puiffent jamais s'épuifer ; & il eft tenté d'abufer de fon autorité , parce qu'il trouve peu de réfiftance dans un peuple accoutumé à une plus grande dépendance. Au contraire , le fouverain d'un petit état eft obligé
de fe conduire avec plus de prudence ou plus
de timidité. S'il veut fe livrer à toutes fes fan-
taifies , il s'apperçoit bientôt que les reffources vont lui manquer ; & il fent le befoin de
ménager des fujets , qui peuvent fe foulever
plus facilement, & auxquels un voifin pourroit donner des fecours.

Le corps germanique a une lenteur & une
pefanteur, qui fe communiquent naturellement à toutes fes parties. Les peuples s'en
font fait une habitude, que le climat entre-
tient ; & le phyfique y contribue, comme le
moral. Forts & robuftes, ils font bons foldats & bons laboureurs: mais ils font peu propres aux arts, qui ne fleuriffent guere que
dans les grandes capitales. Le gouvernement
ne permet pas à l'induftrie de prendre un grand
effor, & le commerce fe fait difficilement

*Mais ils é-
toient pauvres
parce qu'ils
avoient peu
d'induftrie.*

Tom. XIV.   I.

dans un pays où il faut à tout moment paſſer
d'une domination dans une autre. L'or &
l'argent ſont donc rares en Allemagne. Vous
voyez que l'Europe étoit bien pauvre, dans
un temps où toutes les puiſſances alloient
prendre les armes , & où l'argent étoit le nerf
de la guerre. Les calamités en ſeront plus
grandes & plus longues.

***

Objets
DES PRINCIPALES PUISSANCES
DE L'EUROPE.

***

**Ambition
de la maiſon
d'Autriche.**
PHILIPPE II prit peu de part aux affaires
d'Allemagne. Occupé à troubler le reſte de
l'Europe , il abandonna ſon oncle Ferdinand,
à qui vraiſemblablement il ne pardonnoit pas
de n'avoir pas voulu lui céder l'empire. D'ailleurs il ne pouvoit guere faire entrer dans
ſes vues la modération de Ferdinand, celle
de Maximilien II , & l'incapacité de Rodolphe II : mais lorſque Ferdinand II parvint à
l'empire , les deux branches de la maiſon
d'Autriche s'étoient déja unies , & elles fondoient ſur leur union le ſuccès des projets
qu'elles méditoient. Cet empereur vouloit

comme Charles-Quint, élever une monarchie, en ruinant les Proteftants & les Catholiques les uns par les autres ; & le confeil de Madrid concouroit à fes vues, dans l'efpérance de recouvrer les Pays-Bas, & de faire encore d'autres conquêtes.

Les Provinces-Unies vouloient acquérir de nouvelles places, afin de couvrir leurs frontieres. La France ambitionnoit d'étendre fa domination jufqu'au Rhin, jufqu'aux Pyrénées & dans les Pays-Bas. Le roi de Danemarck, celui de Suede & tous les princes d'Allemagne eurent chacun différents deffeins fuivant les conjonctures. Mais les projet général de toute l'Europe fut enfin de diminuer la puiffance de la maifon d'Autriche, & d'affurer la liberté & les privileges du corps germanique.

L'Europe veut l'humilier.

CHAPITRE III.

De la guerre de l'empire jusqu'à l'année 1635.

1619
Frédéric V,
Électeur Pala-
tin, accepte la
couronne de
Boheme.

LES états de Boheme offrirent la couronne à Frédéric V, électeur Palatin. Comme il étoit chef de l'union évangélique, gendre du roi d'Angleterre & neveu du comte Maurice, ils crurent trouver en lui un prince assez puissant pour les défendre contre l'empereur. Il auroit pu lui-même juger mieux de ses forces, & compter moins sur des titres, qui trompoient un peuple ignorant. Il parut d'abord hésiter : bientôt l'ambition le rassura, & il accepta malgré les remontrances du roi d'Angleterre, du prince d'Orange & de tous les électeurs. Ces remontrances néanmoins ne paroissoient pas promettre de grands secours.

Le prince
de Transilva-
nie faisoit une
diversion en
sa faveur.

Alors Betlem Gabor, prince de Transilvanie, allié des états de Boheme, venoit de faire une irruption dans les états héréditaires. Il étoit maître de la haute Hongrie, il menaçoit la basse & l'Autriche même.

Ces premiers mouvements, qui ébran-
loient toute l'Allemagne, commençoient à
donner une impulsion aux princes de l'union
& à ceux de la ligue. Cependant Ferdinand
faifoit ses préparatifs. Sigifmond roi de Pologne, l'électeur de Saxe & Maximilien duc
de Baviere armoient pour lui. Le pape lui
avoit accordé de grandes fommes fur le clergé : l'Efpagne lui promettoit onze mille hommes pour la guerre d'Autriche & de Boheme,
& s'engageoit à faire une diverfion dans le
Palatinat. Quoique fon parti fût déja beaucoup plus fort, il demanda encore des fecours
à la France.

Ferdinand II avoit pour lui le roi de Po-logne, l'élec-teur de Saxe & le duc de Ba-viere.

Le duc de Luines, qui gouvernoit alors
Louis XIII, envoya des ambaffadeurs en Allemagne pour ménager un accommodement
entre les deux partis. Ils fe rendirent à Ulm,
où les princes proteftants étoient affemblés,
& où le duc de Baviere envoya fes députés.
Cette ambaffade valut des armées à Ferdinand :
car on conclut un traité, par lequel l'union &
la ligue promirent de pofer les armes, & de
laiffer Ferdinand & Frédéric terminer leur querelle avec leurs propres forces. Or, les princes proteftants licencierent en conféquence
leurs troupes : mais le duc de Baviere & les
autres princes du même parti continuerent
de donner des fecours à l'empereur. C'eft
ainfi que la France, alors foible, négocioit

Frédéric eft abandonné par l'union évangélique. 1620.

L. 1.

pour l'agrandiſſement de la maiſon d'Autriche.

Pendant que le nord de la Boheme étoit
menacé par l'électeur de Saxe, l'armée impériale, compoſée de cinquante mille hommes,
entroit dans ce royaume par le côté méridio-
nal. Le duc de Baviere & le comte de Bucquoi la commandoient en chefs, & avoient
ſous eux les comtes de Tilly & Walſtein:
noms qui deviendront célebres.

Frédéric n'avoit que trente mille hommes.
Avec de pareilles forces, il ne pouvoit pas
défendre ſes frontieres, & l'intérieur du royaume lui donnoit d'autres ſoins & d'autres
inquiétudes. Un peuple qui ſe révolte, n'eſt
jamais auſſi puiſſant qu'on l'imagine. Jouet
des ambitieux, qui entretiennent les troubles, il ſe diviſe en factions: il ſe conduit
au hazard, toujours mécontent du chef qu'il
a choiſi, & toujours incertain du parti qu'il
doit prendre. De pareilles conjonctures demandoient que Frédéric eût eu de grands talents. Il n'en avoit point. Il aliéna les Luthériens par une préférence marquée pour le
calviniſme. Il ſe rendit mépriſable, en abandonnant les affaires à ſes généraux, tandis
qu'il ſe livroit lui-même aux plaiſirs, ou même à la crapule. Il ne monta donc ſur le trône que pour en deſcendre; & il s'enfuit après

avoir perdu la bataille de Prague. L'année
fuivante Betlem Gabor fit la paix.

Ferdinand avoit reconquis les états héréditaires. Il pouvoit donner la paix à l'empire :
il voulut encore le conquérir, ou fe rendre
affez puiffant pour le gouverner en monarque.
Croyant déja l'être, il profcrit l'électeur Palatin, & ceux qui l'ont foutenu, & le déclare
déchu de fes états & de la dignité électorale.
On demandoit de quel droit, fans confulter
les électeurs, il portoit de fon chef une pareille fentence ; & fi un prince mérite d'être
mis au ban de l'empire pour un démêlé avec
la maifon d'Autriche. Car enfin Frédéric n'é-
toit coupable qu'envers le roi de Boheme : il
ne l'étoit point envers l'empire, ni même
envers Ferdinand, comme empereur. Mais
Spinola exécutoit cette fentence de profcrip-
tion dans le bas Palatinat : il s'en rendoit maître, tandis que les princes de l'union fati-
guoient leurs troupes qu'ils ne favoient pas
conduire ; & que fe faifant des reproches les
uns aux autres, ils abandonnoient le pays après
l'avoir ruiné.

Le haut Palatinat étoit défendu par le comte de Mansfeld : grand capitaine, plein de courage, de reffources & d'activité, il étoit en-
durci au travail, aux veilles, au froid, à la
faim. Il faifoit la guerre avec avantage contre

I 4

une armée supérieure, commandée par le duc de Baviere & le comte de Tilly. Mais les villes ayant prêté serment de fidélité à l'empereur, il se vit sans secours, sans vivres, sans retraite, dans un pays devenu tout à coup ennemi. Il feignit de vouloir traiter; & il donna une si grande sécurité aux Impériaux, qu'il en obtint de l'argent & des vivres, & il leur échappa. Il porta ses armes dans le bas Palatinat, mettant à contribution & pillant tous les lieux par où il passoit: car il n'avoit pas d'autre paye à donner à ses troupes. Spinola étoit alors en Flandre, où la guerre venoit de recommencer entre l'Espagne & les Provinces-Unies.

1622
Les Impériaux achevoient la conquête du Palatinat.

Frédéric, qui s'étoit retiré à la Haye, reparoît & vient joindre Mansfeld. Christian, duc de Brunswick & le marquis de Bade-Durlach arment pour sa défense, & sont défaits l'un après l'autre par Tilly: mais Mansfeld, met en déroute l'armée de l'archiduc Léopold. Cependant Frédéric, forcé de céder, se retire dans la basse Alsace avec Mansfeld & le duc Christian; & les impériaux achevent la conquête du Palatinat.

Frédéric congédie Mansfeld & le duc de Brunswick.

Alors les rois d'Angleterre & de Danemarck, qui négocioient pour l'électeur, lui conseillerent de congédier ces deux généraux, sur la promesse que Ferdinand leur avoit faite, de le rétablir à cette condition; Frédéric, trop crédule, fut sans armées comme sans états.

Vous verrez dans l'hiftoire les ravages que faifoient cinq ou fix armées, mal payées, qui parcouroient l'Allemagne pour s'enlever tour-à-tour les mêmes provinces. On n'imagine pas les horreurs que commettoient les troupes du duc de Brunfwick, enhardies par l'impunité & par l'exemple de leur chef.

Les provinces de l'empire font dévaſtées.

Il prit fa route par la Lorraine avec Mansfeld. Ces deux capitaines avoient alors dix mille hommes de pied, huit mille chevaux, quatorze pieces d'artillerie, & point d'argent. Ils marchoient fans trop favoir où ils alloient, paroiffant n'avoir d'autre deſſein que de changer de lieu pour fubfifter par le pillage. Cette horde, conduite par un grand capitaine & par un brigand, car Brunfwick n'étoit rien autre, répandoit au loin une épouvante générale. Elle menaçoit la Champagne, elle pouvoit errer librement dans la France qui lui étoit ouverte, & le duc de Bouillon invitoit Mansfeld à marcher au fecours des Huguenots, qui occupoient alors dans le bas Languedoc Louis XIII avec toutes fes forces,

Mansfeld & le duc de Brunf-wick menacent la Champagne.

Toutes les puiffances vouloient acquérir un général auffi habile que Mansfeld. L'empereur, l'Efpagne & la république de Venife lui faifoient des offres à l'envi, pendant que la cour de France négocioit pour le gagner, ou pour l'éloigner de fes frontieres. Ainfi ce

Mansfeld préfere le fervice des Etats-Généraux aux offres des autres puiſſances.

capitaine, qui n'avoit ni feu ni lieu, se faisoit tout-à-la fois redouter & rechercher. Au
reste, il paroît que son dessein étoit d'entrer au
service des États Généraux ; & il feignoit de
goûter les propositions du maréchal de Bouillon, afin de forcer Louis XIII à lui donner
de quoi payer ses troupes & les mener en
Hollande.

Il joint le
prince d'O-
range, & fait
lever le siege
de Berg-op-
zoom.

Le duc de Nevers, qui s'étoit rendu dans
son gouvernement de Champagne, lui envoya
un gentilhomme nommé Montereau, & lui
fit offrir de servir dans les armées du roi, ou de
se contenter de l'argent dont il pouvoit avoir
besoin pour se rendre dans les Provinces-Unies.
Mansfeld suspendit sa marche : mais pendant que la négociation traînoit, on fortifioit
les garnisons, on ramassoit des troupes, & son
armée diminuoit de jour en jour par les maladies & par la désertion. Il fut donc obligé
de se retirer après avoir reçu beaucoup moins
d'argent qu'on ne lui en avoit promis, si même on lui en donna. Il fit une longue marche au travers d'un pays ennemi : il s'ouvrit
un passage en livrant bataille à D. Gonzales,
qui vint au devant de lui à Fleurus dans le
comté de Namur : & ayant joint ses forces à
celles du prince d'Orange, il fit lever le siege de Berg-op-zoom, que Spinola poussoit
vivement. Cependant les Hollandois ne s'ac-
commodant point de la licence de ses troupes, il repassa bientôt en Allemagne.

L'union évangelique ne subsistoit plus. Cette ligue, qui avoit paru formidable, s'étoit dissipée par la mésintelligence des chefs. Mansfeld & Christian de Brunswick continuoient seuls la guerre, pour le Palatin ; ou plutôt ils la continuoient, parce qu'ils n'avoient pas d'autres moyens de faire subsister leurs troupes. Ils ravageoient ensemble la Frise & la Westphalie, lorsque les états de la basse Saxe, ayant pris les armes, inviterent Christian à prendre le commandement de leurs troupes. Mais bientôt intimidés à l'approche de l'armée impériale, ils congédierent ce général. Forcé à se retirer, il traversa la Westphalie, où il fut entiérement défait par Tilly, & il perdit plus de huit mille hommes. Alors n'étant plus en état de tenir la campagne, il s'enfuit dans les Provinces-Unies avec le reste de ses troupes. Cette perte réduisit Mansfeld à se cantonner dans la Frise, & peu après, à se retirer aussi en Hollande.

L'empereur ne trouvoit donc plus d'opposition à ses ordres absolus. Il venoit de tenir la diete de Ratisbonne, où il avoit déclaré qu'étant maître de disposer des états & des dignités de Frédéric, il les transportoit à Maximilien duc de Baviere. Cette diete n'étoit pas générale. Ferdinand n'y avoit appellé que les électeurs & quelques princes dévoués à ses volontés. Les électeurs de Saxe & de Bran-

L'union évangélique ne subsistoit plus. Le duc de Brunswick avoit été défait & Mansfeld étoit hors d'état de rien entreprendre.
1623

1623
Ferdinand II ne trouvant plus d'obstacles, donne le Palatinat à Maximilien de Baviere.

debourg qui commençoient à être mécontents, refuserent même de s'y rendre. Cependant Maximilien fut solemnellement investi de la dignité électorale, malgré les vaines repréfentations des princes proteftants.

Ferdinand s'applaudiffoit d'avoir mis un fujet éternel de divifion dans la maifon Palatine, dont celle de Baviere étoit un branche. Il regardoit ce coup comme un rafinement de politique, fur le grand principe, qu'il faut divifer pour commander. Cependant s'il eût réfléchi fur les circonftances où il fe trouvoit, il auroit pu voir que ce n'étoit pas le principe qu'il devoit fuivre. Il n'étoit point prudent de femer de nouveaux fujets de divifion dans un temps où les principales puiffances de l'Europe prenoient part à tous les mouvements de l'empire: car c'étoit les inviter à prendre la défenfe du parti qu'il vouloit opprimer.

Ferdinand, ainfi que Charles-Quint, fe hâta trop de montrer fa toute puiffance. Qu'avoit-il befoin d'agir en maître, puifqu'il l'étoit? Il devoit, au contraire, paroître ignorer l'autorité qu'il avoit acquife, & penfer qu'elle n'étoit pas encore affez affermie pour braver des princes, qui pouvoient former une nouvelle ligue. L'exemple de Charles-Quint eût été une leçon pour lui, s'il eût étudié l'hiftoire pour prendre des leçons.

Plus les princes de l'empire paroiſſoient aſſervis, plus la puiſſance de Ferdinand donnoit d'ombrage à toute l'Europe. Le Danemarck, les Provinces-Unies, la France, l'Angleterre, la Savoie & la république de Veniſe connurent qu'il étoit temps de ſe réunir, & on forma le projet d'une ligue générale, dont l'objet étoit l'abaiſſement de la maiſon d'Autriche, le rétabliſſement du Palatin & la reſtitution de la Valteline. Si vous vous rappellez quel étoit alors l'état de l'Europe, vous jugerez que cette union n'étoit pas encore bien redoutable.

1624
Ligue qui ſe
forme contre
lui.

Le cardinal de Richelieu venoit d'entrer dans le miniſtère. L'épuiſement de la France, les factions des grands & les guerres des Huguenots ne lui permettoient pas de faire encore de grandes entrepriſes au dehors. Il borna ſes vues à la reſtitution de la Valteline. C'étoit un objet important, qui préparoit à de nouveaux ſuccès, & qui étoit plus proportionné aux efforts qu'il pouvoit faire.

Richelieu
ſe borna à faire reſtituer la
Valteline aux
Griſons.

En 1620, les Valtelins s'étoient révoltés contre les Griſons, dont ils étoient les ſujets; & le duc de Féria, gouverneur de Milan, feignant de leur donner des ſecours, les avoit fait paſſer ſous la domination eſpagnole : divers forts qu'il avoit fait conſtruire, le rendoient maître du pays. La maiſon d'Autriche s'allu-

roit par-là une communication libre entre l'I-
talie & les pays héréditaires, & les deux branches pouvoient facilement réunir leurs forces
pour affujettir l'Allemagne & l'Italie.

On avoit inu-
tilement né-
gocié à cet ef-
fet.

Cette ufurpation fur les Grifons alarma la
république de Venife, la Savoie & la France.
Louis XIII négocia. En 1621, le maréchal
de Baffompierre conclut à Madrid un traité par
lequel Philippe IV, fils & fucceffeur de Philippe III qui venoit de mourir, promit de retirer toutes les troupes qu'il avoit dans la Valteline, & de rafer tous les forts que Féria avoit
fait conftruire. Il n'en fit rien. Cette conduite
devoit certainement dégoûter de négocier avec
l'Efpagne. On entama néanmoins une nouvelle négociation à Rome, croyant que le pape pourroit porter Philippe à remplir fes engagements : mais après être convenu que les
forts feroient remis à fa Sainteté pour être ra-
fés, & après qu'elle eut envoyé fur les lieux
un commiffaire, auquel elle parut donner des
ordres à cet effet, on fut fort étonné de voir
qu'elle confervoit la Valteline pour les Efpagnols.

Il s'arma, & la
Valteline fut
enlevée aux
Efpagnols.

Richelieu qui n'approuvoit pas qu'on em-
ployât les négociations, lorfqu'on pouvoit agir
par la voie des armes, fit une ligue avec la république de Venife & le duc de Savoie. Le
marquis de Cœuvres leva des troupes en Suiffe,

entra dans la Valteline à la tête de dix mille
hommes & s'en rendit maître. Cette affaire
fut enfin terminée en 1626 par un traité qui
contenta les Valtelins & les Grifons. Mais
les Hollandois, qui venoient de perdre Bréda,
auroient voulu que la France eût continué de
faire une diverfion en Italie : les troubles
que caufoient les Huguenots, ne le permettoient pas.

Une nouvelle ligue fe forme contre l'empereur. Dès l'année 1623, lorfque le Palatinat fut conféré au duc de Baviere, Chriftian
IV, roi de Danemarck, qui avoit des griefs
particuliers, forma le deffein de prendre les
armes pour la défenfe de la religion proteftante & pour le rétabliffement de l'électeur Palatin. Il étoit brave, actif, entreprenant : mais
plus foldat que capitaine, il ne favoit pas profiter de fes avantages, ni des fautes de fes ennemis. C'eft ce dont on avoit déja pu s'appercevoir dans une guerre qu'il avoit faite à la
Suede, & dans laquelle il avoit eu contre
Charles IX, des fuccès qu'il ne foutint pas contre Guftave-Adolphe.

1625
Chriftian IV
forme une li-
gue contre
l'empereur.

Trop foible par lui-même, il fit naître des
troubles dans la baffe Saxe; & comme il étoit
membre de ce cercle, en qualité de duc de
Holftein, il fut déclaré général de toutes les
troupes. Il s'allia encore de la Hollande, de

l'Angleterre & de la France qui lui promirent des secours d'hommes & d'argent. Pour peu qu'il eût pris la précaution d'étudier l'état de ces puissances, il auroit vu qu'il hazardoit beaucoup de compter alors sur tout ce qu'elles lui promettoient. Vous voyez qu'il n'étoit pas grand politique. Il avoit cependant de l'esprit, des connoissances, des dispositions heureuses pour tout, & cultivées de bonne heure par des hommes célebres, qu'on avoit fait venir de France, d'Angleterre & des Pays-Bas. Mais, Monseigneur, il faut tant de choses pour faire un grand prince. Ce fut à l'occasion de cette guerre, que Jacques I fit embarquer ces quinze mille hommes, qui virent le port de Calais & les côtes de Zélande.

Après de mauvais succès les circonstances lui procurent des conditions de paix plus avantageuses, qu'il ne devoit espérer. Mansfeld fut un des généraux du roi de Danemarck: mais ce prince eut toujours à combattre contre des forces supérieures, & contre Tilly & Walstein, deux grands capitaines. Après beaucoup de mauvais succès & bien des pertes, il se crut encore heureux de trouver ses ennemis disposés à un accommodement. La paix étoit à desirer pour l'empereur, qui vouloit employer ses forces en Italie, où commençoit une nouvelle guerre; pour toute l'Allemagne, qui souffroit impatiemment les désordres des troupes impériales; pour Walstein qui ne savoit plus comment contenir dans la discipline des soldats, à qui la licence servoit souvent

de

de paye; & qui d'ailleurs croyoit que le roi
de Danemarck pouvoit contribuer à le maintenir dans le duché de Mecklenbourg, que
l'empereur lui avoit donné. Toutes ces circonſtances procurerent à ce prince des conditions plus avantageuſes, qu'il ne devoit eſpérer
dans le mauvais état de ſes affaires. Mansfeld
& le duc de Brunſwick moururent la ſeconde
année de cette guerre.

La ſucceſſion de Vincent II, dernier duc
de Mantoue, étoit la cauſe de la guerre d'Italie. Le duc de Nevers, que Vincent avoit déclaré ſon héritier, & dont le fils avoit épouſé
ſa niece, joignoit à ces titres celui d'être encore le plus proche parent; & il avoit pris poſſeſſion de Mantoue au commencement de
1628. La maiſon d'Autriche, ne voulant point
en Italie d'un prince dévoué à la cour de France, ſoutenoit les droits du duc de Guaſtalle,
qui étoit auſſi de la maiſon de Gonzague, &
les prétentions que le duc de Savoie formoit
ſur le Montferrat.

La guerre des Huguenots n'avoit pas permis à la France de donner des ſecours au duc
de Nevers: mais auſſitôt après la priſe de la
Rochelle, le cardinal tourna tous ſes ſoins de
ce côté-là. Ce fut à cette occaſion qu'il aliéna la reine mere, avec laquelle il avoit paru
vivre juſqu'alors dans la plus grande intelligen-

Tom. XIV. K

1629

Alors la mai-
ſon d'Autri-
che vouloit
enlever Man-
toue au duc
de Nevers.

Le cardinal
vouloir mal-
gré Marie de
Medicis, le
maintenir
dans la poſ-
ſion de ce du-
ché.

ce. Cette princeſſe ne pouvoit approuver une guerre, qui rompoit l'alliance qu'elle s'applaudiſſoit d'avoir faite avec l'Eſpagne; & d'ailleurs elle croyoit qu'on devoit ſacrifier toute raiſon d'état à la haine qu'elle portoit au duc de Nevers.

Ligue en faveur du duc de Nevers.

Richelieu n'étoit plus cet évêque de Luçon, qui avoit donné des louanges au double mariage : c'étoit un miniſtre éclairé & affermi par ſes derniers ſuccès. Il ne penſoit pas qu'il fallût abandonner le duc de Nevers, pour contribuer à l'agrandiſſement du roi d'Eſpagne. Il

1629

réſolut donc la guerre. A la fin de février, Louis XIII partit de Grenoble avec lui pour paſſer les Alpes. Il força le pas de Suſe, fit lever aux Eſpagnols le ſiege de Caſal, & obligea le duc de Savoie à entrer dans une ligue, qui s'engageoit à maintenir le duc de Mantoue dans la poſſeſſion de ſes états. Les autres puiſſances étoient la république de Veniſe & le pape. Dès le mois de mai, le roi reparut dans le Languedoc à la tête de ſes troupes, & acheva de dompter les Huguenots. Il faut convenir que s'il n'étoit pas capable de prendre des réſolutions par lui même, ſon courage ſecondoit au beſoin l'activité du cardinal.

Le cardinal prend dans cette guerre

Cependant on apprit que l'empereur faiſoit marcher une armée en Italie, que les Eſpagnols avoient repris les armes, & que le duc de Savoie étoit d'intelligence avec eux. Il fallut donc repasser les Alpes. Le cardinal, chargé du soin de cette guerre, partit de Paris au mois de décembre, avec le titre *de lieutenant-général repréſentant la perſonne du roi.* Louis XIII retarda ſon départ, parce qu'il travailloit à faire revenir le duc d'Orléans, qui s'étoit retiré en Lorraine, mécontent de ce qu'on ne lui donnoit pas tous les gouvernements qu'il demandoit. Il partit aussitôt que ce prince fut de retour.

la qualité de lieutenant-général.

· Cette campagne mit fin à la guerre. Le duc de Mantoue fut reconnu, les Eſpagnols & les Impériaux évacuetent toutes les places, & Ferdinand promit de donner l'inveſtiture. Le traité, qui fut conclu, fut ſur-tout l'ouvrage de l'adreſſe de Mazarini, que le pape avoit chargé de cette négociation.

1630 Mazarini négocie la paix, & la fait.

Le roi ne put pas paſſer en Italie, parce qu'une maladie dangereuſe dont il fut attaqué, lorſqu'il faiſoit la conquête de la Savoie, l'obligea de ſe faire tranſporter à Lyon. Les deux reines, qui étoient auprès de lui, ſaiſirent les momens où il s'attendriſſoit pour elles, & lui firent promettre de renvoyer le cardinal, aussitôt que l'affaire de Mantoue ſeroit finie. Mais dès que ce miniſtre eut vu le roi, il recouvra tout ſon crédit, & n'en fut même que plus puiſſant. Marie de Medicis arrêtée à Com-

Richelieu diſſipe une intrigue qui ſe tramoit contre lui.

piegne pour avoir confpiré contre le cardinal, entraîna dans fa difgrace tous ceux qui lui étoient attachés. Le maréchal de Marillac eut la tête tranchée, le duc de Guife fut obligé de fortir du royaume, & le maréchal de Baffom- pierre fut mis à la Baftille. On prétend qu'ils fubirent chacun la peine, qu'ils avoient pro- jeté de faire fouffrir au cardinal. Quelque temps après, la reine mere s'échappa de fa pri- fon, pour fe retirer à Bruxelles. Elle n'eut plus la permiffion de revenir en France. Elle manqua fouvent du néceffaire, & mourut dans l'indigence en 1642.

Combien il étoit néceffai- re à Louis XIII. Louis XIII n'aimoit pas le cardinal. Il lui avoit à la vérité de grandes obligations, il le fentoit: mais ce motif eût peut-être été foible contre les cris d'une mere, s'il n'eût pas connu l'impuiffance où il étoit de remplacer ce minif- tre. Il ne pouvoit pas prendre fur lui de s'en rapporter au choix de Marie de Medicis: l'ex- périence du paffé ne lui permettoit pas d'avoir tant de confiance pour elle; & il ne voyoit que de l'incapacité dans ceux qu'elle lui pro- pofoit, quand il les comparoit à Richelieu toujours plein de reffources. Cependant la France venoit de s'engager dans une ligue con- tre Ferdinand. Une pareille entreprife contre un prince devenu fi puiffant, pouvoit avoir les fuites les plus funeftes, fi elle n'étoit pas con-

duite par celui qui avoit le fecret de la négociation ; & qui ayant médité les avantages &
les inconvéniens, connoiffoit feul les moyens
de réuffir, ou pouvoit feul par fon génie parer
aux accidents qu'on n'avoit pas prévus. Ainfi
le cardinal affuroit fon autorité fur le befoin
qu'on avoit de lui : les grands reftoient abattus,
quand ils penfoient à la reine mere, qui 'toit
bannie, à qui on refufoit le néceffaire, & dont
les partifans étoient traités en criminels d'état ;
& le roi, lui-même dans la dépendance, s'y
trouvoit tous les jours engagé de plus en plus
par la fuite des événemens.

Depuis la paix faite avec le Danemarck,
Ferdinand, plus puiffant que n'avoit jamais été
Charles-Quint, ne trouvoit plus à fes ordres abfolus que de foibles oppofitions qu'il méprifoit.
La paix fe négocioit encore, & le traité n'é-
toit pas figné, lorfqu'il publia un édit, par lequel il ordonnoit aux Proteftants de reftituer
tous les biens eccléfiaftiques, qu'ils s'étoient
appropriés depuis la tranfaction de Paffaw de
1552, condamnant au ban de l'empire ceux
qui défobéiroient, & permettant aux princes
catholiques de chaffer de leurs terres tous les
Proteftants. Il fondoit la juftice de cet édit
fur ce que plufieurs laïques avoient ufurpé des
évêches, des abbayes, des monafteres ; & fur
ce que, contre un article que j'ai rapporté du
traité de Paffaw, les Catholiques, qui avoient

Edit de refti-
tution donné
par Ferdinand

K 3

embraſſé le luthéraniſme, n'avoient pas abandonné les biens eccléſiaſtiques qu'ils poſſédoient.

Tous les Proteſtants obéiſſent, excepté les électeurs de Saxe & de Brandebourg.

Cependant l'empereur ne pouvoit pas de ſa ſeule autorité dépoſſéder des princes. Une pareille ſentence devoit être portée par une diete générale; & on lui reprochoit encore qu'en prenant le prétexte de la religion, il n'oublioit pas les intérêts de ſa famille: en effet, il avoit fait nommer ſon fils l'archiduc Léopold à l'archevêché de Magdebourg, au préjudice du fils de l'électeur de Saxe, qui étoit pourvu du titre de coadjuteur. Mais ce n'étoient-là que des plaintes. Des commiſſaires porterent les ordres impériaux; & tous les Proteſtants obéirent; excepté les électeurs de Saxe & de Brandebourg.

Ferdinand ſe conduit en deſpote.

Ferdinand impoſoit des taxes à volonté ſur les états de l'empire. En moins de quatre ans, le ſeul margraviat de Brandebourg avoit payé plus de ſoixante millions. Ses troupes, qui montoient à plus de cent ſoixante mille hommes, étoient diſperſées dans toute l'Allemagne. Elles l'épuiſoient par des exactions infinies: & Walſtein, qui en autoriſoit la licence, diſoit hautement qu'il falloit mettre les électeurs ſur le pied des grands d'Eſpagne, & réduire les évêques à n'être que les chapelains de la cour impériale.

Ce defpotifme ouvroit les yeux aux Catholiques même. On murmuroit; & les plaintes, qui n'ofoient encore s'élever contre l'empereur, tomboient fans ménagement fur les troupes & fur Walftein. Telle étoit la fituation des chofes, lorfque la diete fut affemblée à Ratisbonne. Avant de répondre aux demandes de Ferdinand, on exigea de lui le licenciement d'une partie des armées, & fur tout la dépofition de Walftein. Il fe foumit à ces conditions, dans l'efpérance d'obtenir plus facilement ce qu'il demandoit. Il fe trompa. Le facrifice de Walftein rendit la diete plus hardie. Elle commençoit d'ailleurs à voir des mouvements qui pouvoient amener une révolution; & les ambaffadeurs de France l'invitoient à des refus. L'empereur ne put ni faire élire roi des Romains fon fils Ferdinand, ni obtenir des fecours contre le duc de Mantoue, contre les Hollandois & contre le roi de Suede, qui venoit de commencer la guerre. Cependant fi ces affemblées paroiffoient mettre quelques limites à fon pouvoir, il pouvoit tout, lorfqu'elles s'étoient féparées.

L'électeur de Saxe, à qui les proteftants reprochoient depuis long-temps de trahir la caufe commune, fentit qu'il devenoit en effet la victime du parti qu'il avoit fuivi. L'édit de reftitution tendoit à le dépouiller lui-même de plufieurs terres, & il le voyoit déja exécuté fur

[marginal notes:]

Mais la diete de Ratisbonne qui le force à licencier une partie de fes troupes, & a dépofer Walftein, ne lui accorde aucune de fes demandes.

1630

Les Proteftants affemblés à Leipfick demandent l'abolition de l'édit de reftitution & la liberté des

...ñ's, auquel on enlevoit l'archevêché de ...gdebourg. Il convoqua donc une affem-blée générale à Leipfick, où tous les Proteftants convinrent de demander, les armes à la main, l'abolition de l'édit & la liberté des princes de l'empire.

1631

Mais ils avoient befoin de trouver des fecours dans les puiffances étrangeres.

Cette nouvelle ligue ne paroiffoit pas bien effrayante. L'électeur, qui en étoit le chef, pouvoit difficilement gagner la confiance d'un parti, qu'il avoit jufqu'alors facrifié à fes intérêts, & qu'il pouvoit facrifier encore; & l'empereur, qui fe flatta de femer la division parmi des chefs méfiants & jaloux, s'applaudit d'avoir un prétexte pour achever d'abattre les Proteftants. L'empire paroiffoit donc fubjugué; mais Richelieu gouvernoit la France, qui commençoit à pouvoir agir au dehors; & nous avons laiffé un héros en Suede.

Guftave Adolphe fatisfit fes états.

Après avoir fait la paix avec le Danemarck, Guftave - Adolphe voulant remédier aux défordres qu'une longue fuite de troubles avoit caufés, convoqua les états, & fit des loix pour affurer la tranquillité publique, pour protéger le commerce, & pour faire fleurir tout ce qui contribue à la profpérité d'un royaume. La Suede lui doit en partie fes meilleurs réglements.

Il avoit fait une paix glo-

Dans le même temps qu'il montroit à fes fujets les talents d'un roi pacifique, fes ennemis éprouvoient ce que peut le courage d'un général éclairé.   Il étoit alors en guerre avec les Moſcovites.   Cependant l'épuiſement de ſes finances lui faiſant deſirer la paix, il la né- gocioit à la tête de ſes armées.   Ses ſuccès la lui procurerent en 1617, & elle fut glorieu- ſe. La Ruſſie ne conſerva rien ſur la mer Bal- tique.

Sigiſmond, roi de Pologne, ne pouvoit re- noncer à la couronne de Suede.   Il y avoit alors un treve entre les deux royaumes : elle étoit prête d'expirer ; & Guſtave demandoit qu'elle fût renouvellée.   Ce fut inutilement. Il eut donc recours aux armes.   La guerre re- commença en 1610, & la même année le roi de Pologne fut obligé de demander lui-même une nouvelle treve de deux ans. Elle lui fut accordée, & on convint que pendant cet inter- valle on travailleroit à la paix.

Sigiſmond ayant rejeté tout accommode- ment, Guſtave porta ſes armes dans la Livo- nie, dans la Lithuanie & dans la Pruſſe, par- tout vainqueur ſans ceſſer néanmoins de né- gocier & d'offrir la paix. Le roi de Pologne la refuſoit, parce qu'il comptoit ſur des ſecours que Ferdinand lui promettoit, & qui n'arri- voient pas. Il en reçut enfin en 1629, & la guerre continuoit depuis 1625. Son armée alors bien ſupérieure, fut battue près de

Stum, & il fallut accepter une treve de fix
ans.

Sollicité à
déclarer la
guerre à Fer-
dinand, il a-
voit plufieurs
motifs pour
s'y détermi-
ner.

Cette treve avoit été l'ouvrage des miniftres de France, d'Angleterre, de Hollande &
de Brandebourg. Toutes ces puiffances, qui
fondoient fur Guftave l'abaiffement de la maifon d'Autriche, vouloient l'engager à déclarer
la guerre à l'empereur. Il en avoit déja fans
doute formé le projet : car il ne voyoit pas fans
inquiétude ou fans jaloufie, que la domination
de Ferdinand commençoit à menacer la mer
Baltique. Il avoit plufiéurs griefs, qui pouvoient lui fervir de prétexte : d'ailleurs la gloire de rendre la liberté à l'empire, ou peut-être
l'ambition de le conquérir étoient des motifs
affez puiffants pour le déterminer.

Caractère de
ce héros, que
Ferdinand o-
foit méprifer.

A l'intrépidité avec laquelle Guftave-Adolphe cherchoit le danger, on eût cru qu'il n'é-
toit que foldat : mais fi fa valeur l'expofoit trop
lui-même, fa prudence veilloit toujours pour
fes troupes. Rien n'étoit hazardé, tous les
mouvements étoient médités, toutes les mefures étoient prifes d'avance, & jufqu'aux accidents tout paroiffoit prévu. Il femble que
cette fageffe auroit dû ralentir fes opérations ; &
cependant elle donnoit plus d'effor à l'activité
qu'elle régloit. Au génie ce héros joignoit toutes les qualites du corps. Infatigable dans les
travaux, il les partageoit avec le foldat, ainfi

que les dangers. Il commandoit à la tête de
ses armées, comme il donnoit des loix à son
peuple assemblé, c'est-à-dire, en inspirant la
confiance, l'amour & le respect. Aussi ses troupes affrontoient les périls avec l'intrépidité de
leur chef : observant cependant une exacte discipline, & ne commettant jamais de violences. Les Allemands étoient tout étonnés, en
voyant Gustave conduire ses armées dans l'empire, comme un roi qui ménage ses provinces & ses sujets, tandis que les armées impériales paroissoient toujours marcher dans des
pays ennemis. Tel est le héros qui menaçoit
Ferdinand, & que cet empereur, dans la prospérité qui l'aveugloit, osoit mépriser.

Le roi de Suede connoissoit toute la difficulté
de son entreprise. Il savoit qu'il alloit combattre des troupes aguerries, enhardies par une
longue suite de succès, & commandées par de
grands généraux. Elles étoient encore bien supérieures en nombre à toutes celles qu'il pouvoit armer : mais un grand capitaine compte
toujours le nombre pour peu de chose. Les
autres considérations étoient celles qui demandoient sur-tout de la prudence ; & il ne négli-
gea aucune des mesures qui lui pouvoient assurer des succès. Il prit à son service les troupes que les rois de Danemarck & de Pologne
venoient de licencier ; il en fit lever d'autres
en Angleterre, en Hollande & dans l'empire ;

Il prend ses mesures pour surmonter les difficultés qu'il prévoit.

& il négocia avec toutes les puissances, qui s'intéressoient à la liberté germanique.

Il commence la guerre avec quinze mille hommes.

Connoissant le vœu général de l'Europe, il ne douta pas qu'il ne fît bientôt des alliés: il savoit aussi que la crainte, qu'inspiroit la maison d'Autriche, pouvoit empêcher plusieurs princes de se déclarer pour lui. Afin donc de hâter ses négociations, il jugea devoir se rendre formidable lui-même; & il commença la guerre, quoiqu'il n'eût encore que quinze mille hommes.

1630
Succès de sa première campagne.

Au mois de juin il s'assura de l'île de Ruden, lorsqu'un de ses lieutenants venoit de s'emparer de celle de Rugen. Il entra dans l'embouchure de l'Oder, il débarqua dans l'île d'Usedom, & se saisit ensuite de celle de Wollin & de la ville de Camin, que les Impériaux lui abandonnerent. Comme il avoit déjà la ville de Stralsund, il se trouvoit maître de l'embouchure de l'Oder; & il commençoit à s'ouvrir l'Allemagne, en se conservant une communication avec la Suede. Alors il fit alliance avec le duc de Poméranie, qui reçut garnison dans Stetin, place importante, qui, étant plus avancée dans les terres, facilitoit de nouvelles conquêtes.

Au bruit de ces premiers succès, la ville de Magdebourg, qui ne vouloit point pour arche-

vêque l'archiduc Léopold, fe mit fous la protection du roi de Suede. Bientôt après Guftave
rétablit dans Mecklenbourg les princes que
l'empereur avoit dépouillés, lorfqu'il donna ce
duché à Walftein ; & il les mit en état de chaffer entiérement les Impériaux l'année fuivante.
Voulant attirer les Proteftants dans fon parti,
il n'oublia pas de publier qu'il n'avoit pris les
armes que pour la défenfe de la religion & de
l'empire ; & il fe conduifit comme s'ils étoient
fes alliés, quoiqu'ils ne fe fuffent pas encore
déclarés pour lui. Enfin il pouffa les armées
de l'empereur jufqu'à Francfort fur l'Oder, &
fe rendit maître de la Poméranie. Tels furent
les fuccès de fa premiere campagne, pendant
que Ferdinand effuyoit des refus à la diete de
Ratisbonne, & fe voyoit contraint de donner
la paix à l'Italie pour raffembler toutes fes forces en Allemagne.

Guftave jugeoit bien qu'il ne pourroit pas
porter feul le poids de la guerre contre tout
l'empire. Il s'agiffoit d'armer les uns contre les
autres les membres déja divifés. Il avoit compté fur les princes mécontents: mais fi tous faifoient des vœux pour lui, la plupart n'ofoient
fe déclarer encore. L'incertitude des événements les arrêtoit. Un député, qu'il avoit envoyé à l'affemblée de Leipfick pour conclure
une alliance avec les Proteftants, ne lui avoit
rapporté que les réponfes vagues de gens qui

1631
Il a befoin
de quelque
action d'éclat,
pour enhardir
les ennemis
de Ferdinand
à s'unir à lui.

flottent entre le defir & la crainte. D'ailleuts l'électeur de Saxe confeilloit aux Proteftants de refter neutres, dans l'efpérance de donner la loi, lorfque les deux partis fe feroient ruinés. Guftave fentit donc qu'il avoit befoin de quel-que action d'éclat pour forcer de s'unir à lui ceux-mêmes qui defiroient l'humiliation de Ferdinand. Sa fituation vous rappelle celle d'Annibal après le paffage des Alpes.

Il fait alliance avec la France.

Richelieu, jugeant que le moment étoit vé-nu d'abattre la puiffance de la maifon d'Autri-che, fit alliance avec le roi de Suede. Le traité fut conclu au mois de janvier. On s'y propo-foit de faire ceffer l'oppreffion des états de l'empire, de rendre aux Proteftants leurs an-ciens privileges, & de rétablir la liberté du commerce dans l'Océan & dans la mer Balti-que. Pour cela Louis XIII promit de payer tous les ans douze cents mille livres à Guftave, qui s'engageoit à entretenir en Allemagne une armée de trente-fix mille hommes.

1631

Par le traité il offroit la neu-tralité aux princes catho-liques & s'en-gageoit à ne rien changer à la religion.

Le cardinal regardoit avec raifon cette guer-re comme purement politique. Le préjugé gé-néral ne l'envifageoit pas de même, & la re-ligion fembloit faire un reproche à la France de s'allier avec un prince proteftant contre l'em-pereur. Afin d'écarter de pareils fcrupules, il fut arrêté que Guftave accorderoit la neutralité aux princes Catholiques, pourvu qu'ils vou-

luſſent auſſi la garder eux-mêmes ; & qu'il ne
feroit aucun changement à la la religion dans
les villes dont il ſe rendroit maître. Cet article
étoit d'autant plus adroit, qu'il pouvoit enlever
à l'empereur les ſecours des princes qui craindroient pour leurs états ; ou du moins ſi les
Catholiques ſ'obſtinoient à le défendre, on ne
pouvoit pas reprocher au cardinal de les avoir
voulu ſacrifier aux Proteſtants. Voilà la négociation qui rendit Richelieu néceſſaire, dans
le temps que Marie de Medicis ſe flattoit de le
perdre.

L'empereur s'étoit imaginé que le défaut
d'argent feroit repaſſer la mer aux Suédois:
cette alliance lui donna d'autres penſées. En
effet, Guſtave paya ſes troupes, en leva de nouvelles, & ouvrit la campagne par la priſe de
pluſieurs places.

Il étoit temps d'oppoſer à ce prince un des
meilleurs généraux. Tilly, qui prit alors le
commandement de l'armée, commença par le
ſiege de Neu - Brandebourg, où la fortune le
ſervit ſi bien, qu'il s'en rendit maître, lorſqu'il ſongeoit à ſe retirer. Mais Guſtave em-
porta d'aſſaut Francfort ſur l'Oder, quoique la
garniſon fût de ſept mille hommes; & bientôt
après Landsberg capitula. Cependant il avoit
marché avec moins de troupes, qu'il n'y en
avoit dans la place. Alors la Siléſie lui étoit
ouverte.

Au commen-
cement de la
campagne
Guſtave s'ou-
vre la Siléſie.

Tilly prend & ruine Magde- bourg.

Pour empêcher par une diversion les Suédois d'entrer dans cette province, Tilly mit
le siege devant Magdebourg. Il importoit à
l'électeur de Saxe de conserver à son fils cet
archevêché, & néanmoins il n'osoit encore se
déclarer ouvertement. Cependant Gustave ne
pouvoit sans imprudence marcher contre Tilly, & laisser derriere lui l'électeur de Brandebourg, qui pouvoit lui couper la retraite. Il
négocia avec ce prince, & ayant chassé tous
les Impériaux de ses états, il l'obligea de recevoir garnison suédoise: mais pendant cette
négociation, Magdebourg succomba. Cette
ville, une des plus belles d'Allemagne, fut
ruinée par le fer & par le feu. Il n'en resta
presque que les cendres. Trente mille habitants de tout sexe & de tout âge y perdirent la
vie; & Tilly en devint odieux aux Catholiques mêmes. Cette perte pouvoit faire tort à
la réputation de Gustave. Il se justifia en reje-
tant la faute sur les électeurs de Saxe & de
Brandebourg: bientôt ses armes le justifie-
ront encore mieux.

Ferdinand pour forcer les Protestans à prendre les ar- mes pour lui, porte la guer- re dans leurs états.

Les princes de la ligue de Leipsick, toujours irrésolus, observoient encore, sans oser
se déclarer. Le cercle de Franconie, les villes
de Suabe & le duc de Wirtemberg s'étoient
soumis aux armées de l'empereur, parce que
l'éloignement où ils étoient des Suédois ne permettoit pas d'en recevoir des secours. Mais Ferdinand

dinand n'étoit pas fans inquiétude, lorfqu'il
confidéroit que cette foumiffion n'étoit pas vo-
lontaire, & que les chefs de la confédération
affectoient toujours la neutralité. Il craignoit
qu'ils ne priffent ouvertement le parti du roi
de Suede, ou qu'ils ne s'y laiffaffent engager,
en apparence malgré eux, comme l'électeur de
Brandebourg. Il voulut donc les forcer à renoncer à leur union, & à prendre les armes pour
lui. Or, le moyen qu'il employa eft tout-à-
fait extraordinaire : car il ordonna à Tilly de
porter la guerre dans leurs états. Il étoit cependant facile de prévoir qu'il les forçoit à devenir fes ennemis, dès que lui-même il déclaroit être le leur.

Le landgrave de Heffe fe joignit le premier
au roi de Suede, à qui le duc de Saxe demanda bientôt des fecours. Tilly s'étoit emparé
de Leipfick, & faifoit le dégât dans les campagnes. C'étoit la fin de fes exploits, & l'a-
baiffement de la maifon d'Autriche alloit commencer.

*Guftave forti-
fié de plu-
fieurs alliés,
marche con-
tre Tilly.*

Jufqu'alors, Guftave s'étoit conduit avec beaucoup de circonfpection. Sa prudence modé-
roit fon courage; & malgré les progrès qu'il
avoit faits, fouvent il paroiffoit n'être que fur
la défenfive. Alors maître en quelque forte du
Brandebourg, comme il l'étoit déja de la Poméranie, appellé dans la Saxe, & fortifié des

troupes de plufieurs alliés, il ne regardoit plus l'armée impériale que comme une foible digue, qu'il alloit rompre pour fe répandre dans le cœur de l'Allemagne, & jufques dans les états héréditaires. Il marcha contre Tilly.

Bataille de Leipfick. 1631

Ce général pouvoit attendre l'ennemi dans fes retranchements. Il balança d'abord : enfin entraîné, comme malgré lui, par Pappenheim & d'autres officiers pleins de confiance, il avança dans une grande plaine, à un mille de Leipfick. Arrivé le premier, il fe ménagea les avantages du lieu, du foleil, du vent, de la pouffiere. Il pâlit cependant à l'approche des troupes fuédoifes, qui s'avançoient avec l'intrépidité de Guftave.

Les deux armées étoient chacune à peu-près de quarante mille hommes de troupes toutes aguerries, excepté celles de l'électeur de Saxe, qui n'étoit pas trop aguerri lui-même. Le roi de Suede commandoit fon aîle droite avec Banier ; Guftave Horn commandoit le corps de bataille ; & l'électeur, l'aîle gauche, compofée de fes troupes. Tilly qui étoit au centre de fon armée, avoit donné fes deux aîles aux comtes de Furftemberg & de Pappenheim.

Le roi de Suede ayant fait un mouvement vers fa gauche, pour n'avoir pas la pouffiere & la fumée dans les yeux, Tilly, qui vouloit

conferver fon avantage, s'étendit fur la droite,
& fe fépara de fa gauche, qui refta dégarnie.
Guftave, faififfant ce moment, tomba fur cette aîle, & la diffipa. C'eft Pappenheim qui la
commandoit.

Dans le même temps Tilly, paroiffant d'a-
bord marcher au corps de bataille des Suédois,
tourna tout-à coup & tomba fur les Saxons
qui ne réfifterent pas. L'électeur s'enfuit, jugeant que tout étoit perdu, parce que l'aîle
qu'il commandoit, avoit été défaite. Tilly, qui
en jugea de même, avoit déja dépêché des
couriers, pour porter à l'empereur la nouvelle
d'une victoire. Cette erreur parut même gagner
généralement toute l'armée impériale: car au
lieu de tomber fur le corps de bataille des Suédois, qui fe trouvoit dégarni de fes aîles, la
cavalerie fe débanda, croyant n'avoir plus qu'à
pourfuivre les fuyards & qu'à piller les bagages.
Cependant Guftave, alors vainqueur de Pappenheim, ayant joint fon aîle victorieufe au
corps de bataille, qui n'avoit pas encore donné, chargea les Impériaux, & les défit entiérement. La réfiftance fut grande. Ce dernier
combat dura cinq heures. Tilly, bleffé, fut fur
le point d'être fait prifonnier. Les Impériaux
perdirent huit mille hommes, avec leur artillerie; l'électeur de Saxe trois mille; les Suédois
deux mille, & plufieurs officiers de marque.

La renommée porte cette victoire & la terreur jufqu'aux extrémités de l'Allemagne, & Guftave, qu'elle devance à peine, eft déja maître de la Franconie, du Palatinat, de tout le pays, en un mot, depuis l'Elbe jufqu'au Rhin, qu'il paffe à la vue des troupes efpagnoles, pour pouffer fes conquêtes dans l'Alface. Cependant ces provinces étoient remplies de places fortes : mais Guftave acquiert des forces en avançant, les Proteftants fe joignent à lui, & fes armées font accrues du double.

Guftave foumet tout de puis l'Elbe jufqu'au Rhin qu'il paffe.

D'un autre côté, l'électeur de Saxe avoit conquis la Luface ; & ayant pénétré dans la Bohême, pris Prague, Egra, il pouvoit achever d'envahir ce royaume dénué de troupes, & marcher jufqu'à Vienne, lorfqu'il s'arrêta. On ne fait s'il commençoit à craindre la trop grande puiffance de Guftave, ou s'il étoit trahi par fon général Arnheim, qu'on difoit être d'intelligence avec l'empereur. Tel étoit l'état des chofes, trois mois après la bataille de Leipfick.

L'électeur de Saxe au lieu de le féconder s'arrête tout-à-coup.

Les Suédois menaçoient la Baviere, Tilly, qui appartenoit à Maximilien, alloit être occupé à la défendre, & ne pouvoit plus fe porter ailleurs. Walftein devenoit donc l'unique reffource de Ferdinand. Ce général, retiré dans la Moravie, voyoit avec quelque plaifir des revers qui le vengeoient de fa difgrace. Il ne

Walftein fait la loi à l'empereur qui le recherche.

répondit que par des reproches aux premieres
propofitions qu'on lui fit. L'empereur réitéra,
s'humilia, reçut la loi ; & Walftein accepta le
commandement des armées, à condition qu'a-
yant feul la direction de la guerre, il formeroit les entreprifes qu'il jugeroit à propos ;
qu'il pourroit établir par-tout des contributions
à fon choix ; qu'on lui garantiroit le Mecklenbourg, ou qu'on lui donneroit un établiffement femblable dans les états héréditaires. Il
obtint tout ce qu'il exigeoit, & il leva quarante mille hommes.

Pendant cette campagne du roi de Suede,
la cour de France étoit troublée par les factions,
qui confpiroient la ruine du cardinal, & qui
auroient pu caufer une guerre civile, fi ce miniftre eût été moins habile, ou moins ferme.
Les deux reines, comme je l'ai dit, s'étoient
vainement flattées fur la promeffe que Louis
XIII avoit faite de le renvoyer. Marie de Medicis ne diffimula plus. Quoi que pût faire fon
fils pour la réconcilier avec Richelieu, elle voulut abfolument qu'il fût facrifié à fa haine.
Elle forma des liaifons fecretes avec l'ambaffadeur d'Efpagne, avec Gafton duc d'Orléans,
& avec tous ceux qui partageoient fes reffenti-
mens, ou qui croyoient trouver quelque avantage dans un changement de miniftre. Le réfultat de toutes ces intrigues fut que Gafton fe
retira dans fon apanage. On lui faifoit croire

Alors Marie
de Medicis,
d'abord pri-
fonniere à
Compiegne,
pour avoir
médité la per-
te du cardinal

L 2

qu'étant l'héritier préfomptif de la couronne,
les peuples prendroient les armes pour fa défenfe; & que pour prévenir une guerre civile,
le roi feroit forcé d'abandonner le cardinal.
L'ambaffadeur d'Efpagne offroit de l'argent
pour lever des troupes. Ce fut à cette occafion
que Marie de Medicis fut arrêtée: le roi qu'elle avoit fuivi à Compiegne en partit tout-à-
coup, & laiffa une garde pour l'y retenir. Ces
chofes fe pafferent dans les mois de janvier &
de février, lorfqu'on venoit de conclure une
ligue avec le roi de Suede.

1631

s'étoit enfuite
retirée dans
les Pays-Bas,
où Gafton
d'Orléans la
fuivit.

Cependant Gafton invitoit les feigneurs mécontents à fe joindre à lui, refufant de revenir
à la cour, tant que fa mere feroit prifonniere
& que le cardinal feroit miniftre. Mais à l'approche du roi, qui marchoit à la tête de fes
troupes, il fe retira en Lorraine. Tous ceux
de fon parti furent déclarés criminels de lefe-
majefté, & de ce nombre étoit le comte de
Moret, fils naturel de Henri IV. Peu de temps
après, le cardinal facilita lui-même l'évafion
de la reine mere. Le royaume, comme il le
difoit, s'étoit purgé par la fortie de cette princeffe & de Gafton. Le duc de Lorraine, à qui
le roi déclara la guerre, parce qu'il avoit donné retraite au duc d'Orléans, négocia bientôt
pour avoir la paix; & par le traité qui fut conclu au mois de janvier de l'année fuivante,
Gafton fut obligé d'aller chercher un afyle

1632

dans les Pays-Bas auprès de sa mere. Comme ils entretenoient l'un & l'autre des intelligences avec l'Espagne, qui leur faisoit espérer des secours, le cardinal fit ses préparatifs pour faire échouer leurs entreprises, & publia qu'il armoit contre les Protestants. Il faisoit courir ce bruit, parce qu'on ne cessoit de dire, qu'il conspiroit avec Gustave la ruine de la religion catholique en Allemagne; & parce qu'un pareil artifice ne pouvoit pas tromper long-temps, il ne cessoit d'offrir la neutralité aux princes catholiques. S'il réussissoit à la leur faire accepter, il avançoit l'abaissement de la maison d'Autriche; & cependant les ambassadeurs faisoient valoir dans toutes les cours le zele de la France pour la religion.

Lorsque les Suédois menaçoient la Baviere, Maximilien parut vouloir se prêter à la neutralité. Les électeurs de Mayence, de Cologne, de Treves, & le duc de Neubourg la demanderent aussi. C'étoit un peu tard, puisque l'ennemi étoit déja dans leurs états; cependant la France sollicita pour la leur obtenir. Elle ne fut accordée qu'à l'électeur de Treves, qui seul la demandoit sincérement. Les autres ne vouloient qu'avoir du temps devant eux, pour être plus en état de se défendre. Ces petits artifices ne pouvoient pas tromper Gustave: car sa maniere de traiter ne permettoit pas aux négociations de tirer en longueur.

Gustave accorde la neutralité à l'électeur de Treves, & la refuse à d'autres princes, qui ne la demandoient pas sincérement.

1632
Gustave se
rend maître
de la Baviere:
mais les Impé-
riaux repren-
nent la Bohe-
me, & font
des progrès
dans la basse
Saxe.

Quoiqu'on fût encore au milieu de l'hiver, il marcha pour entrer dans la Baviere. Le Lech, riviere large, profonde, & défendue par une armée retranchée à l'autre bord & par Tilly, ne l'arrêta pas. Ce général bavarois fut blessé & mourut peu de jours après à Ingolstadt. Rien ne resista plus. La Baviere, jusqu'alors en paix, fut conquise; & Gustave vengea les Protestants des maux, que Maximilien leur avoit faits. Pendant ce temps-là, Banier, Horn, Bernard, duc de Saxe-Weimar, & le landgrave de Hesse, faisoient la guerre dans d'autres provinces. Mais Walstein chassoit de la Boheme les Saxons, qui se jeterent sur la Silésie, & Pappenheim faisoit des progrès dans la basse Saxe. Ainsi les armées se répandoient de toutes parts, & se poussoient comme des vagues.

Walstein marchoit au secours de Maximilien. Gustave n'ayant pu empêcher la jonction de leurs armées, se retrancha sous le canon de Nuremberg, où son armée souffrit une grande disette. Lorsqu'elle eut été renforcée par l'arrivée de Banier, du landgrave & de Bernard, il présenta la bataille aux Impériaux, qui se trouverent alors trop foibles pour l'accepter. Il tenta de les forcer dans leur camp: mais n'ayant fait que de vains efforts, il se retira, honteux de n'avoir pu vaincre. Walstein s'applau-

dit comme d'une victoire, & n'osa cependant
le suivre.

La guerre se faisoit dans plusieurs provinces,
lorsque l'électeur de Saxe appella le roi de
Suede à son secours. Gustave quitte la Baviere, joint Walstein dans la haute Saxe, & l'attaque le 16 novembre près de Lutzen. Il est tué
dès le commencement du combat. On ne sait
si ce fut en trahison : il est certain qu'il s'expo-
sa trop. Si cette mort répandit la consterna-
tion parmi les Suédois, elle ne les découragea
pas : elle les anima au contraire à la vengeance,
& ils vainquirent. Bernard de Saxe-Weimar,
lieutenant - général du roi de Suede, eut tout
l'honneur de cette victoire. Il fallut vaincre
deux fois : car lorsque les Impériaux plioient
de toutes parts, & commençoient à fuir, le
comte de Pappenheim survint avec un renfort
de cavalerie. Ce capitaine, un des plus vail-
lants hommes de son temps, rétablit le combat, & faisoit balancer la victoire, lorsqu'une
blessure mortelle l'arrêta tout-à-coup. Les Suédois resterent maîtres du champ de bataille,
couvert de plus de neuf mille morts. La perte
fut à peu-près égale des deux côtés. Walstein se
retira dans la Boheme : Bernard chassa les Impériaux de toute la Saxe. D'ailleurs la saison
trop avancée & l'affoiblissement où se trouvoient les deux armées, suspendirent quelque
temps les opérations militaires.

Bataille de
Lutzen, où il
perd la vie.

1632

En France les troubles continuoient toujours. Le duc de Lorraine qui n'avoit point défarmé, foutenoit le duc d'Orléans, qui fe préparoit à rentrer dans le royaume avec un petit corps de troupes. Mais après avoir perdu Pont-à-Mouffon, Bar-le-Duc & S. Michel, il fut obligé de fe foumettre une feconde fois; & il conclut le traité de Liverdun, le 26 juin, par lequel il remit en dépôt à Louis XIII Jamets & Stenay, céda en propriété la fortereffe de Clermont, & promit de rendre hommage pour le duché de Bar.

1632

Pendant que la guerre de Lorraine occupoit le roi, Gafton, qui traverfoit la France fans obftacles, pénétra jufqu'en Languedoc, où le duc de Montmorenci, gouverneur de cette province, s'étoit déclaré pour lui. Il avoit d'abord publié un manifefte dans l'efpérance de foulever les peuples contre le gouvernement: il ne fentoit pas combien il eft difficile d'exciter des révoltes, quand l'autorité fe fait refpecter. Toutes les villes fermierent leurs portes à Gafton; & dans fon paffage, il n'eut d'autre moyen de faire fubfifter fa petite armée, que de piller les campagnes d'un royaume, dont il étoit l'héritier préfomtif. Il n'avoit pris aucune mefure. Il étoit même arrivé beaucoup plutôt qu'on ne l'avoit attendu: & Montmorenci, qui n'avoit pas eu le temps de former un parti, fe repent

Pendant ce temps-là, le duc de Montmorenci qui avoit armé pour Gafton, tit plus d'une fois de s'être engagé avec un prince aussi imprudent.

Cette guerre ne fut pas longue. Gaston, obligé d'avoir recours à la clémence du roi, fit son accommodement, & Montmorenci, qui avoit été fait prisonnier, perdit la tête sur un échafaud. Le duc d'Orléans s'étoit flatté d'obtenir la grace de ce duc : il ne devoit pas croire cependant d'avoir, sous le cardinal, assez de crédit, pour sauver la vie à un homme qui s'étoit révolté pour lui : mécontent, il sortit pour la troisieme fois du royaume, & se retira encore auprès de sa mere.

laissoit la tête sur un échafaud & Gaston se retiroit dans les Pays-Bas.

La mort de Gustave fut une source de divisions dans le parti, qu'il avoit soutenu par ses victoires. Les Protestants, qui prétendoient avoir désormais la direction des affaires, ne vouloient plus reconnoître les Suédois que comme alliés. Tous s'accordoient sur ce point : d'ailleurs peu d'accord entre eux, le duc de Brunfwick commençoit à lever en son nom des troupes dans le cercle de la basse Saxe, & l'électeur de Saxe aspiroit à se rendre chef de la confédération, pendant que d'autres princes plus foibles demandoient la paix.

1633
La mort du roi de Suede divisoit les ennemis de Ferdinand.

Cependant les Suédois songeoient à garder la supériorité, qu'ils avoient eue jusqu'alors : projet qui paroissoit tout-à-fait impossible. Abandonnés à leurs propres forces, comment pouvoient-ils conserver les conquêtes qu'ils

Il ne paroissoit pas que la Suede pût conserver la supériorité.

avoient faites dans l'empire, & contraindre les Proteſtants à reſter dans leur dépendance ? n'étoit-il pas déja aſſez difficile d'empêcher les membres de la ligue de ſe ſéparer ? Il y plus : ils n'avoient alors pour ſouverain qu'un enfant de ſix ans, Chriſtine fille de Guſtave ; & Ladislas, fils de Sigiſmond roi de Pologne, penſoit à faire valoir ſes droits ſur la Suède ; il avoit des partiſans dans ce royaume, il pouvoit au moins y ſuſciter des factions.

L'empereur n'attendoit plus que le moment de ſe venger.

Toutes ces conſidérations rendoient la con-fiance à l'empereur. Sa hauteur s'étoit accrue par ſes humiliations : il méditoit les moyens de ſe venger : il en attendoit le moment avec impatience ; & la mort de Guſtave lui paroiſ-ſoit une victoire, qui ne lui promettoit plus que d'heureux ſuccès. On en fit des réjouiſ-ſances à Vienne & à Madrid : jeux funebres bien glorieux pour le roi de Suède.

Il ſemble que la Suede ne pouvoit pen-ſer qu'à fai-re une paix moins déſa-vantageuſe.

Si les Suédois n'avoient penſé qu'à faire une paix moins déſavantageuſe, pendant qu'ils conſervoient la principale autorité, perſonne n'oſeroit les blâmer. Ils oſerent aſpirer à don-ner encore la loi à l'Allemagne, & ils la don-nerent. S'ils avoient échoué, nous ne ſaurions comment juſtifier leur témérité : c'eſt que nous jugeons ſouvent mal de la poſſibilité des cho-ſes.

Après avoir nommé des régents pour gouverner pendant la minorité de Christine, les
états de Suede chargerent le chancelier Oxenstiern des intérêts de la couronne en Allemagne, & le génie de ce grand homme maintint
la supériorité des Suédois. Son premier soin
fut de rompre les mesures du duc de Brunswick & de l'électeur dans les cercles de la haute & de la basse Saxe. Il tint ensuite à Hailbron une assemblée des Protestants des cercles
de Suabe , de Franconie , du haut & du bas
Rhin. Il rassura les plus timides, en faisant
connoître toutes les forces de la ligue : il rap-
procha les plus jaloux, en montrant le danger
de se désunir pour traiter séparément avec
l'empereur; il indiqua des expédients pour concilier les intérêts, & pour prévenir les défec-
tions: il applanit les difficultés qu'on avoit à
traiter avec la Suede , & il ménagea cependant
les avantages de cette couronne : en un mot,
il resserra les nœuds qui se relâchoient. On
convint que la guerre seroit continuée jusqu'à
ce qu'on eût assuré la liberté du corps germanique ; que les confédérés se donneroient tous
les secours nécessaires ; qu'aucun ne pourroit
traiter de la paix, sans le consentement des
autres ; que tout prince protestant qui ne se
joindroit pas à eux, seroit regardé comme ennemi ; que la Suede conserveroit les places
qu'elle occupoit , jusqu'à ce qu'on lui eût ac-

cordé une satisfaction suffisante ; & qu'Oxenstiern auroit la direction générale des affaires.

Oxenstiern restitue aux enfants de Frédéric les conquêtes, que Gustave avoit faites dans le Palatinat.

Dans le dessein de faire voir que la Suede s'intéressoit sincérement au rétablissement des princes de l'empire, & qu'elle préféroit la cause commune à ses avantages particuliers, le chancelier restitua aux enfants de Frédéric, mort depuis peu, tout ce que Gustave avoit conquis dans le Palatinat, & leur promit toutes les conquêtes qu'on y feroit encore. Ce procédé attachoit à la couronne de Suede la maison Palatine, le duc de Brandebourg, le roi d'Angleterre & les États-Généraux.

Il renouvelle l'alliance avec la France, & on offre encore la neutralité aux princes catholiques.

On renouvella dans cette assemblée le traité avec la France, sans oublier d'offrir la neutralité aux princes catholiques. Plusieurs des Protestants, qui n'y vinrent pas, ratifierent tout ce qui s'y étoit fait. L'électeur de Saxe protesta seul contre l'autorité donnée à Oxenstiern, & contre la restitution faite aux enfants de Frédéric. Il promit cependant de ne pas abandonner la cause commune : mais il négocioit secrétement avec l'empereur. Il est vrai qu'il lui faisoit des propositions qu'on jugeoit bien ne devoir pas être acceptées.

Les provinces de l'empire sont dévastées par les armées.

Les succès, à peu-près égaux des deux côtés, rendirent la guerre encore plus ruineuse pour l'empire. Peu de provinces furent à l'abri des ravages, & elles achevoient de s'épuiser par les contributions que levoier tour-à-tour les Impériaux & les Proteſtants.

Walſtein balançoit les avantages des Suédois, & paroiſſoit le ſeul boulevard de l'empire : mais ſa hauteur faiſoit oublier ſes ſervices, ou les rendoit même odieux au prince qu'ils humilioient. Il paroiſſoit ignorer qu'il eût un maître, diſpenſant en ſouverain les emplois, les graces, les peines, & permettant tout au plus à l'empereur de lui donner des conſeils. Il les mépriſoit quelquefois : il dédaignoit de lui donner avis des projets qu'il méditoit : & ſans le conſulter, il faiſoit des traités de ſuſpenſion d'armes avec les ennemis.

Ferdinand, honteux de ſa ſervitude, cédoit à la néceſſité : mais ſon ame humiliée s'ouvroit aux ſoupçons, que ſouffloit la jalouſie adroite des courtiſans. Walſtein voulut prévenir une ſeconde diſgrace par une trahiſon. Il tenta de corrompre les troupes : il négocia avec les Suédois : il vouloit, dit-on, mettre la couronne de Boheme ſur ſa tête. L'empereur, averti de ſes complots, le fit aſſaſſiner dans Égra.

Les Suédois ſe ſoutenoient, & faiſoient même encore des conquêtes, lorſque l'armée impériale enleva Ratisbonne, chaſſa de la Baviere les garniſons ſuédoiſes, & mit le ſiege devant Nordlingue. L'empereur en avoit don-

(marginalia)

Cependant Walſtein humilioit Ferdinand autant par ſes ſervices que par ſes hauteurs.

Il ſe rend ſuſpect. & Ferdinand le fait aſſaſſiner.

1634

Les Impériaux chaſſent les Suédois de la Baviere, & mettent le ſiege devant Nordlingue.

né le commandement à Ferdinand son fils aîné, roi de Boheme & de Hongrie: compofée d'abord de vingt - cinq mille hommes,
elle venoit d'être prefque doublée par la jonction de vingt mille Éfpagnols, qui alloient
dans les Pays-Bas: enfin elle étoit conduite par
quatre habiles généraux, Picolomini, Léganez, Gallas & Jean de Werth.

Les Suédois, quoiqu'inférieurs, tenterent
de faire lever le fiege de Nordlingue, & furent
entiérement défaits. Ce fut la faute du duc
Bernard, qui contre l'avis du maréchal Horn,
engagea le combat dans un lieu défavanta-
geux. Des accidents, qu'on ne pouvoit pas
prévoir, contribuerent encore à la p . de
la bataille. Horn fut fait prifonnier, & les
Impériaux reprirent la plupart des villes de
Suabe & de Franconie. De fi grandes pertes
ne furent pas réparées par les avantages que
les Suédois & leurs alliés remporterent prefque en même temps dans la Weftphalie &
dans d'autres provinces. Elles eurent des fuites encore plus funeftes pour la Suede: car les
forces de l'empereur commençant à paroître
redoutables, on crut prévoir la ruine des
Suédois, & on la hâtoit par la crainte d'y
être enveloppé. On ne les regardoit plus
comme les vengeurs, mais plutôt comme les
ennemis de l'empire: on fe reprochoit d'etre
entré dans leur alliance: plufieurs fongeoient
à trai-

à traiter féparément : l'électeur de Saxe négocioit lui-même ; & les articles de fon traité
préliminaire avec l'empereur furent fignés à Pirna le 13 novembre. Cependant Oxenftiern
travailloit à relever fon parti. Il traitoit avec
la France ; & pour s'attacher les Proteftants,
il avoit nommé le duc Bernard général en
chef de toutes les troupes. Il eft vrai que ce
choix aliénoit encore davantage l'électeur de
Saxe, qui ne voyoit pas fans inquiétude ce
commandement dans un prince de fa maifon
& de la branche dépouillée par Charles-
Quint. Mais il étoit inutile de ménager un
homme, fur lequel on avoit toujours peu
compté, & qu'il n'étoit plus poffible de retenir.

CHAPITRE IV.

Depuis que la France prit les armes contre la maison d'Autriche jufqu'à la mort du cardinal de Richelieu.

Pourquoi la France n'avoit donné que peu de fe-cours aux Sué-dois.

Louis XIII avoit donné des fubfides aux États-Généraux & au roi de Suede. L'épuife-ment & les troubles de la France ne permet-toient pas de faire davantage. C'étoit affez dans cette fituation d'occuper la maifon d'Au-triche, & de l'empêcher d'envoyer des fecours aux rebelles. On crut devoir faire encore moins d'efforts, pendant les conquêtes tapides de Guftave : car l'ambition de ce prince com-mençoit à donner de l'ombrage à fes alliés qu'il étonnoit ; & on l'eût redouté plus que Ferdinand, s'il fût devenu chef de l'empire.

Il importoit à la France que la Suede eût des fuccès : mais il n'étoit pas moins de fon intérêt, qu'une nouvelle puiffance ne prît pas la place de la maifon d'Autriche. Elle parut donc plus réfervée, elle paya les fubfides avec

moins d'exactitude, & Gustave s'en plaignit
plus d'une fois. En effet, trop de circonspec-
tion de la part de la France pouvoit faire
échouer le roi de Suede.

Tout changea par la mort de ce conquérant. On devoit craindre alors pour les Suédois. S'ils succomboient, l'empereur pouvoit
se venger sur la France des secours qu'elle
avoit donnés. C'est pourquoi l'alliance fut
renouvellée à Hailbron. Louis, à la vérité, ne
promettoit qu'un million par an, au lieu
de douze cents mille livres : mais il paya plus
exactement , & il entretint dans l'électorat de
Treves une armée, qui inquiétoit les Impériaux de ce côté-là.

Après la mort du roi de Sue-de, elle se pro-pose de faire de plus grands efforts.

Le cardinal ne vouloit s'engager qu'à propos. Il lui suffisoit, pour affoiblir la maison
d'Autriche, de soutenir les Suédois & les Hollandois. Cependant la France prenoit des
forces : il ne s'agissoit plus que d'observer , &
de saisir le moment d'agir.

Mais Riche-lieu attend le moment d'a-gir à propos.

Un des objets de ce ministre étoit de reculer les frontieres de la France. Il formoit
des projets de conquêtes sur les Pays-Bas : il
pensoit à repousser les Espagnols au de-là des
Pyrénées, en leur enlevant le Roussillon : &
il se proposoit d'acquérir Philisbourg, l'Alsace & toutes les places que les Suédois

Objets que ce ministre se proposoit.

M i

avoient sur le Rhin. Il auroit élevé par-là
une barriere contre l'empire, & il se seroit
ouvert l'Allemagne : position d'autant plus
avantageuse, que Pignerol, dont Louis XIII
étoit alors maître, donnoit une entrée libre
en Italie. *D'autant plus avantageuse*, dis-je,
si en effet, il est avantageux pour un peuple,
que son roi puisse porter facilement la guerre
chez ses voisins.

Dès le temps de l'assemblée d'Hailbron,
le cardinal avoit fait proposer à Oxenstiern
de mettre les places du Rhin en dépôt entre
les mains du roi, sous prétexte que la Suede
n'ayant plus à les garder, pourroit agir ailleurs avec plus de forces. Le chancelier vit
où tendoit cette proposition ; & le cardinal
attendit le moment où les Suédois, plus af-
foiblis, seroient moins difficiles. Il ne vouloit pas les laisser tomber : mais en les soute-
nant, il vouloit tout-à-la fois élever la maison de Bourbon, & abaisser la maison d'Autriche. Il s'y prenoit parfaitement bien pour
parvenir à ses vues : mais en louant sa politique, il faut gémir sur le sang qu'elle va faire
couler, sur les malheurs des peuples, sur
l'ambition des souverains, & sur les projets
mêmes des grands ministres.

Après la bataille de Nordlingue, il étoit
temps que la France donnât de plus grands se-

cours à la Suede , & que la Suede cédât davantage à la France. On se hâta de conclure.
Les Suédois remirent Philisbourg & l'Alsace ,
pour être occupés par des garnisons françoises
jusqu'à la paix , & Louis promit de continuer
les anciens subsides , & d'envoyer une armée
en Allemagne.

Suede.

Jugeant les conquêtes plus faciles dans les
Pays-Bas , le cardinal en fit un traité de partage avec les Provinces-Unies, & la guerre fut
déclarée à l'Espagne. Cette diversion fut utile
aux Suédois , parce qu'elle ne permit plus à
Philippe IV de donner les mêmes secours à
Ferdinand. Cependant les États - Généraux
n'entrerent pas dans toutes les vues de Richelieu: la seule idée d'être un jour frontiere
de France, les fit renoncer au projet de conquérir ; & ils ne regarderent l'alliance de
cette couronne , que comme un moyen de se
défendre avec plus de succès contre les Espagnols. Ils n'agiront donc pas de concert
avec la France puisqu'ils ont des intérêts contraires. C'est une occasion où le cardinal se
trompa.

La France par-
tage les Pays-
Bas avec les
Provinces-U-
nies.

1635

La France étoit alors dans un état assez
tranquille. Elle s'étoit emparée de la Lorraine en 1639; & peu de temps après , le duc
d'Orléans s'étoit réconcilié avec le roi. Il n'é-
toit donc plus aussi facile à la cour de Madrid

Raisonne-
mens de ceux
qui blâmoient
le cardinal de
s'être engagé
dans a guerre

M 3

de caufer des troubles dans le royaume. Cependant on blâmoit le cardinal d'avoir déclaré la guerre au roi d'Efpagne, & de l'avoir entreprife contre l'empereur, auquel il ne la déclaroit pas encore : on jugeoit qu'il n'étoit pas poffible de choifir une conjonĉture moins favorable Lorfque les Suédois étoient puiffants, difoit-on, nous les avons à peine fecourus ; & nous avons attendu le moment de leur décadence pour nous joindre à eux. Eft-ce donc fur la foibleffe de nos alliés, que nous comptons affurer nos fuccès? Ceux qui faifoient ce raifonnement, eurent lieu de s'applaudir : car la Suede s'affoiblit encore. L'électeur de Saxe, qui chanceloit depuis longtemps, fe déclara contre elle ; & conclut à Prague le 30 mai le traité, dont les préliminaires avoient été fignés à Pirna. Cette défection en entraîna d'autres. Il eft vrai que les Proteftants fe fouleverent d'abord contre les articles de cette pacification; parce que, fans les confulter, on y décidoit de leurs intérêts, de ceux de leurs alliés, de ceux de la religion & de ceux de l'empire : il n'y eut qu'un cri contre l'électeur de Saxe, qui prenant fur lui de traiter au nom de tous les confédérés, difpofoit des biens eccléfiaftiques, du Palatinat & des enfants de Frédéric. Enfin on fut offenfé du ton defpotique de l'empereur, qui parloit de pardonner, de châtier, & d'ar-

mer tout l'empire pour chasser d'Allemagne les
Suédois & les François. Mais quoique cet acte irrégulier parût un attentat contre la liberté du corps germanique, les Protestants, dé-
couragés, se détacherent de la confédération
les uns après les autres, & accéderent successi-
vement à ce traité, qu'on nomma la paix de
Prague. Il n'y eut que le landgrave de Hesse-
Cassel, qui resta constamment attaché à la
Suede. Cette puissance se trouvoit donc affoiblie doublement ; puisque les troupes,
dont elle étoit abandonnée, grossissoient les
armées de l'empereur.

Comme ceux qui blâmoient le cardinal ne
manquoient pas d'exagérer les secours que la
paix de Prague paroissoit donner à Ferdinand,
ils représentoient encore la puissance de Philippe IV avec de semblables exagérations. L'Espagne, disoient-ils, est la monarchie la plus
florissante. Elle possede des terres immenses
& des trésors inépuisables dans le nouveau
monde, & nulle autre domination n'est aussi
étendue en Europe. Les Pyrénées, l'Océan
& la Méditerranée ne la bornent pas : elle
compte parmi ses provinces, le royaume de
Naples, le Milanès, la Sicile, la Sardaigne : &
maîtresse du Roussillon, de la Franche - Comté
& de la plus grande partie des Pays-Bas, elle
presse la France de toutes parts, & semble à
peine lui laisser la liberté de quelques mouve-

ments. Voilà donc les ennemis que nous allons combattre ; & nous avons pour alliés, d'un côté, le Suédois, défaits à Nordlingue, & abandonnés des Proteftants ; & de l'autre, une république épuifée par une longue guerre, & qui ne s'eft défendue jufqu'ici qu'avec les fecours de nos fubfides.   Cependant nous fentons encore les plaies que les guerres civiles nous ont faites : l'héréfie, qui a caufé nos troubles, n'eft pas éteinte : & les factions continuent à divifer la cour.

Philippe & Ferdinand penfoient comme les cenfeurs de Richelieu.   La guerre avec la France ne leur offroit que de nouveaux triomphes.   Ils faifoient avec confiance les derniers efforts pour accabler à la fois tous leurs ennemis ; & ils s'attendoient à voir arriver le moment, où ils les réduiroient à demander la paix à telles conditions qu'ils voudroient impofer.

Raifons, qui faifoient augurer des fuccès pour la France & pour fes alliés.

Cependant, à confidérer les chofes de plus près, les avantages devoient être pour la France.   Ce royaume, il eft vrai, n'étoit pas auffi floriffant qu'à la mort de Henri IV : mais, depuis le miniftère du cardinal, l'autorité étoit refpectée ; & fi l'efprit de faction fubfiftoit encore, il ne pouvoit plus caufer de grands troubles.   La France commençoit à fe rétablir, peu par rapport à elle-même, mais beaucoup par rapport aux autres puissances qui s'affoiblissoient continuellement. Si vous con-considérez l'état où vous avez vu l'Espagne en 1629, & les guerres dispendieuses qu'elle a soutenues depuis cette époque, vous ne jugerez pas de sa puissance par le nombre de ses provinces, ni par les trésors de l'Amérique.

Quant à l'Allemagne, elle est épuisée; & les forces de l'empereur ne se sont pas accrues, comme le nombre de ses alliés. Il ne faut pas craindre que des princes, qui n'ont cédé qu'à la nécessité, combattent pour lui, comme ils combattoient pour les Suédois; ils craindroient de se donner un maître, & auparavant ils défendoient leur liberté. Cette ligue n'est donc pas ce qu'elle paroît: elle est peut-être moins forte, depuis qu'elle est composée de Protestants & de Catholiques; car les membres agiront avec des intérêts contraires.

La force d'un état est, sur-tout, dans ceux qui le gouvernent: point de vue sous lequel il nous reste à considérer les puissances belligérantes.

Philippe IV, qui n'étoit rien par lui-même, abandonnoit toute l'autorité au comte duc d'Olivarez, homme plein de confiance &

dépourvu de talents. Ferdinand II avoit de grandes qualités, mais il étoit peu propre à faire un seul corps de toutes les puissances dont il croyoit devoir disposer : son ambition, qu'il ne cachoit pas, faisoit redouter son despotisme aux Catholiques mêmes.

La France, au contraire, étoit gouvernée par Richelieu, & Louis XIII avoit assez de fermeté pour soutenir un ministre, dont il sentoit le besoin. Oxenstiern dirigeoit les affaires des Suédois en Allemagne ; & les Provinces-Unies avoient un grand homme dans Frédéric-Henri, qui avoit succédé à Maurice, son frere, en 1626. Ces trois puissances peuvent donc compter sur des succès ; autant du moins que la prudence humaine, qui ne prévoit pas tout, permet de juger de l'avenir. Mais parce qu'elles se trouvent affoiblies par des troubles antérieurs, les progrès seront lents, & la guerre sera longue.

La treve est renouvellée entre la Suede & la Pologne.

Cependant la treve, que Gustave avoit faite avec la Pologne, alloit expirer ; & la Suede, menacée d'un nouvel ennemi, se voyoit dans la nécessité d'abandonner l'Allemagne. Dans cette conjoncture, la nouvelle confédération auroit été rompue aussitôt que formée, & tout le poids de la guerre seroit retombé sur la France. On eût donc été fondé à taxer d'imprudence la conduite de Richelieu : il sut pré-

venir ce contretemps. Il s'agissoit de ménager une continuation de treve entre la Suede
& la Pologne : négociation d'autant plus difficile, que les Polonois, qui avoient bien des
raisons pour reprendre les armes, y étoient vivement follicités par le pape & par l'empereur,
qui leur faisoient les offres les plus spécieuses.
Mais Oxenstiern, soutenu par l'habileté du
comte d'Avaux, ministre de France, sur-
monta toutes les difficultés, & la treve fut
conclue pour vingt-six ans. La confédération
resta donc dans toute sa force : cependant les
succès ne répondirent pas d'abord aux espérances qu'elle paroissoit donner : car les deux
premieres campagnes furent malheureuses,
sur-tout pour la France.

Le cardinal avoit fait les plus grands préparatifs. Pendant qu'il se tenoit sur la défensive du côté des Pyrénées, & que deux flottes
croisoient sur les deux mers ; une armée, commandée par les maréchaux de Châtillon & de
Brezé, marchoit dans les Pays-Bas. Deux autres passoient les Alpes : l'une, sous le maréchal de Créqui, portoit la guerre dans le
Milanès ; & l'autre, sous le duc de Rohan, la
portoit dans la Valteline, afin d'empêcher la
communication de l'Allemagne avec l'Italie.
Enfin le cardinal de la Valette, fils du duc
d'Épernon, en conduisoit une quatrieme sur
les bords du Rhin. Alors les Impériaux s'é-

Préparatifs de la France.

toient rendus maîtres de Philisbourg, & les
Espagnols avoient surpris Treves, & emmené l'électeur prisonnier. Comme cet électorat qui avoit accepté la neutralité, étoit sous
la protection de la France, cet acte d'hostilité fut le prétexte qu'elle prit pour déclarer à
l'Espagne la guerre, qu'elle avoit déja résolue.

Dans les Pays-Bas, les François commencerent la campagne par la victoire d'Avein. Ayant
ensuite réuni leurs forces à celles des Etats Généraux, les deux armées, qui faisoient plus
de cinquante mille hommes, paroissoient pouvoir se promettre les plus grands succès. Elles
mirent le siege devant Louvain. Mais bientôt le prince d'Orange fut obligé de se retirer,
pour aller reprendre le fort de Skenck, que
les Espagnols avoient surpris; & les François
en proie à la famine & aux maladies, furent
réduits en si petit nombre, qu'ils n'oserent
revenir par terre. Après s'être embarqués
dans un port de Hollande, ils débarquerent à
Calais, d'où ils revinrent en demandant l'aumône.

Le cardinal de la Valette & le duc Bernard, s'étant réunis, firent lever le siege des
Deux-Ponts & celui de Mayence, passerent le
Rhin, s'avancerent jusqu'à Francfort, & parurent maîtres de la campagne. Gallas, qui ne

vouloit pas hazarder une bataille, leur coupa
les vivres pour les forcer à se retirer. Harcelés
dans leur retraite par ce général habile, qui se
campoit toujours avantageusement, ils furent
réduits à une disette, qui faisoit périr l'armée
sans combattre. Ils n'eurent plus d'autres ressources pour échapper à la faim & à l'ennemi,
que de laisser tout ce qui retardoit leur marche. Il brûlerent donc leurs équipages, &
enterrerent leur canon. Cette résolution sauva l'armée. Après treize jours d'une marche
forcée, sans vivres & sans bagage, elle arriva en lieu de sûreté, avec la gloire d'avoir
battu deux fois la cavalerie ennemie, qui
la poursuivoit. Cette retraite fit honneur au
duc Bernard. Les François en furent pour les
frais de cette expédition ; & les Impériaux prirent Franckendal & Mayence.

Le maréchal de Créqui, soutenu du duc de
Savoie & du duc de Parme, alors alliés de la
France, ne réussit pas mieux en Italie, parce
que la mésintelligence des chefs nuisit à toutes
les opérations. en Italie.

Enfin le duc de Rohan eut seul des succès.
Avec un petit corps de troupes, il se maintint
dans la Valteline, & fit face tout-à-la fois aux
armées qu'on envoyoit contre lui d'Italie &
d'Allemagne. Cette seule campagne le fit regarder comme un des plus grands capitaines
de son siecle. Le duc de Ro-
han se main-
tient dans la
Valteline.

Les Espagnols
ferment la
Méditerranée
aux François.

Les Espagnols se rendirent maîtres des îles de S.te Marguerite, & de S. Honorat, & firent une descente en Provence, d'où ils furent repoussés. Mais ayant conservé ces deux îles, ils fermoient presque la Méditerranée aux François.

1636
La maison
d'Autriche
faisoit ses efforts pour diviser ses ennemis, & traiter
de la paix séparément avec chacun
d'eux.

Le pape Urbain VIII, qui pressoit la France de se réconcilier avec la maison d'Autriche, offrit sa médiation, & nomma Cologne pour le lieu du congrès. Philippe & Ferdinand se hâterent d'y envoyer leurs plénipotentiaires, afin de faire voir que si la paix ne se faisoit pas, c'étoit uniquement la faute de la France. Voyant que les peuples étoient las de la guerre, ils mettoient toute leur politique à persuader qu'il ne tenoit pas à eux de la faire cesser : la Hollande cependant & la Suede ne vouloient ni de la médiation du pape, ni de la ville de Cologne, qui étoit ennemie déclarée des Protestants. En acceptant l'une & l'autre, Louis XIII se fût donc séparé de ses alliés, & les eût mis dans la nécessité de traiter aussi séparément. C'est ce que demandoit la maison d'Autriche, bien assurée qu'elle négocieroit avec plus d'avantages, si elle réussissoit à diviser ses ennemis. Aussi l'empereur essayoit-il de détacher la Suede de la France, tandis que le roi d'Espagne faisoit dans la même vue des tentatives auprès des États-Généraux. Vous voyez qu'ils avoient

le même principe que Henri IV : mais il falloit
favoir employer les mêmes moyens, & avoir
comme lui la réputation de traiter de bonne
foi. Cette politique ne leur réuffira pas, parce que les Hollandois & les Suédois ont une
méfiance dont Richelieu faura profiter.

Ce miniftre ne montroit pas d'éloignement
pour la paix. Il paroiffoit la defirer : mais il
vouloit qu'elle fe fît par un traité général.
Tous fes efforts tendoient à faire adopter ce
plan aux alliés de la France. Affuré des États-
Généraux, il ne l'étoit pas de même de la Suede. Cette couronne, craignant que les François ne devinffent trop puiffants dans l'empire,
négocioit fecrétement avec l'empereur, & fongeoit à faire la paix, fi elle y trouvoit fon
avantage ; ou à s'unir plus étroitement avec
la France, fi la négociation ne réuffiffoit pas.
Elle étoit donc incertaine fur le parti qu'elle
devoit prendre. Quelquefois elle fe flattoit
de la paix, parce qu'elle la defiroit, & bientôt elle ne trouvoit pas de fureté à traiter féparément avec la maifon d'Autriche. Cette
incertitude la conduifit jufqu'à l'ouverture de
la campagne, & la guerre recommença en
Allemagne, en Italie & en France.

A la fin de l'année précédente, Louis XIII,
voulant s'attacher le duc Bernard, qui fe plaignoit des Suédois, & qui auroit pu fe joindre

Richelieu vouloit que la paix fe fît par un traité gé- néral : mais la Suede paroif- foit fe prêter aux vues de la maifon d'Au- triche.

La France a- voit cédé l'Al- face au duc

à l'empereur, lui avoir cédé l'Alsace, & s'étoit engagé par un traité à lui payer nne penfion de quinze cents mille livres, & quatre millions par an pour l'entretien d'une armée de dix-huit mille hommes. C'étoit un moyen de plus de faire la guerre à Ferdinand, à qui on ne l'a-voit pas encore déclarée.

Le cardinal, croyant pouvoir fe rendre fa-cilement maître de la Franche-Comté, voulut que l'armée, deftinée pour l'Italie, prît Dole en paffant. Il ne comptoit pas que cette pla-ce tînt plus de huit jours; & il n'avoit fait de provifions que pour quinze, le mauvais état des finances n'ayant pas permis de faire des dépenfes fuperflues. Cette entreprife échoua, parce que les Comtois, qui en avoient eu quelque foupçon, fe préparerent à une vigou-reufe réfiftance; pendant que d'un autre côté les ennemis fe difpofoient à pénétrer dans le royaume. Le prince de Condé affiégeoit Do-le depuis quinze jours, & la poudre commen-çoit à lui manquer, lorfqu'il fallut lever le fiege, pour voler à la défenfe de Paris.

Les Efpagnols, fous les ordres du prince Thomas de Savoie, de Jean de Werth & de Picolomini, avoient fait une irruption en Pi-cardie; c'eft-à-dire, dans une province, dont les places, n'ayant que des gouverneurs fans expérience, étoient encore dépourvues de trou-pes

pes & de munitions. On peut conjecturer qu'elles étoient si degarnies, moins par l'imprudence du cardinal, que par l'impuissance où il
étoit de faire mieux. Quoi qu'il en soit, les
ennemis prirent la Capelle, le Catelet, passerent la Somme, enleverent Roye, ensuite
Corbie, & firent des courses jusqu'à Pontoise.
Dans le même temps, Gallas entroit dans la
Bourgogne.

L'alarme étoit dans la capitale. Une par- Ils se reti-
tie des habitants fuyoit, pour se réfugier dans rent.
les provinces ; l'autre partie s'agitoit en tumulte & au hazard, & tous maudissoient le cardinal. On s'attendoit à un soulevement contre
lui, s'il osoit y paroître. Il y vint. Sa fermeté le fit respecter, sa présence rassura le
peuple : il fit travailler aux fortifications : il
appella toute la noblesse du royaume : il arma les bourgeois, qui oubliant leur mécontent-
tement & leur terreur, s'ornerent de plumes
& de rubans ; & le roi s'avança jusqu'à Compiegne à la tête d'une armée de cinquante
mille hommes. Les ennemis se retirerent,
& on reprit Roye & Corbie.

S. Jean-de-Lône, petite place mal forti- L'armée, que
fiée, arrêta Gallas, qui comptoit venir à Pa- Gallas avoit
ris partager le pillage de cette capitale avec les conduite en Bourgogne,
Espagnols. Une tempête furieuse, suivie du est ruinée.
débordement de la Saone, le força de lever Victoire de Wittock.

Tom. XIV.   N

le fiege, en abandonnant fon artillerie & une partie de fes bagages. Quantité de foldats fe noyerent dans les chemins: quantité furent affommés par les payfans: l'arriere-garde fut défaite par le comte de Rantzau: de trente mille hommes qu'étoit compofée fon armée, il en ramena douze mille aux environs de Befançon; & le duc Bernard le repouffa au de-là du Rhin. Pendant ce temps-là, l'empereur faifoit de grandes pertes en Allemagne, & le parti des Suédois fe relevoit. Leurs armes reprirent leur premier éclat par une victoire célebre, que Banier, leur général, remporta dans la haute Saxe à Wiftock.

1637
La France refufe de reconnoître Ferdinand III.

L'empereur mourut au mois de février de l'année fuivante, & laiffa l'empire à Ferdinand, fon fils, qui avoit été élu roi des Romains quelques mois auparavant. Cependant l'électeur Palatin & l'électeur de Treves proteftoient contre une élection, à laquelle ils n'avoient pas été appellés, & qui étoit encore irréguliere pour plufieurs autres raifons. C'eft pourquoi la France refufa de reconnoître Ferdinand III.

La maifon d'Autriche feint de vouloir la paix.

L'hiver fut encore un temps de négociation. Mais la Suede montroit toujours la même incertitude, & la France qui ne vouloit s'engager que de concert avec fes alliés, prenoit fes mefures afin qu'ils ne concluffent rien fans elle. Alors la principale difficulté étoit de choifir pour le congrès un lieu, qui convînt également à toutes les puiſſances; & cette difficulté faiſoit preſque une néceſſité de traiter féparément. La maiſon d'Autriche, qui s'en prévaloit, ne ceſſoit de ſolliciter la France d'envoyer des plénipotentiaires à Cologne.

Se refuſer à ces ſollicitations, c'étoit s'expoſer aux reproches de toute l'Europe qui demandoit la paix : y céder, c'étoit donner dans un piege; puiſque la France, en traitant ſans ſes alliés, les eût invités à traiter ſans elle, à quoi la Suede ne paroiſſoit que trop portée. Il importoit donc tout-à-la fois à Louis XIII de paroître vouloir la paix, & néanmoins de ne pas faire partir ſes plénipotentiaires. Cette poſition étoit aſſez embarraſſante.

La France ne veut pas paroître s'y refuſer.

Dès le mois de mars de l'année précédente 1636, le marquis de S. Chaumont & le chancelier Oxenſtiern avoient fait un traité, par lequel les deux couronnes s'engageoient à ne traiter que conjointement; & parce que la ville propoſée n'agréoit pas à la Suede, on lui offroit d'en choiſir une autre, où ſes plénipotentiaires agiroient de concert avec ceux que la France enverroit à Cologne. Mais comme l'empereur faiſoit eſpérer de meilleures conditions aux Suédois, s'ils traitoient féparément, la régence du royaume n'avoit pas encore ra-

Elle demande des ſauf-conduits.

N 2

tifié le traité ; & ce retardement qui empêchoit
Louis XIII de prendre un parti , lui faisoit
chercher des prétextes pour gagner du temps.
Néanmoins comme il importoit de feindre au
moins de l'empreffement pour la paix , le cardinal fit demander des fauf-conduits pour les
plénipotentiaires de France, de Suede, des états
d'Allemagne & des Provinces-Unies.

L'épuifement
général ren-
doit la paix
néceffaire.

Tout paroiffoit donc d'accord entre les principales puiffances ; puifque , fi la cour de Vienne invitoit les plénipotentiaires à fe rendre à
Cologne , la cour de Paris y confentoit , &
n'attendoit plus que les fauf-conduits.   Le public , qui juge toujours fur les apparences , crut
toucher au moment de la paix.   Il femble en
effet que l'épuifement général , où fe trouvoit
l'Europe , ne permettoit pas de douter que ces
premieres démarches ne fuffent finceres.   Les
reffources commençoient à manquer en France,
où il y en avoit plus que par tout ailleurs : on
avoit créé de nouveaux offices ; on avoit fait
de l'argent par toute forte de moyens , & cependant les troupes étoient mal payées.   Comment donc continuer la guerre , fur-tout , dans
la néceffité où étoit Louis XIII de donner des
fubfides à fes alliés ?

Mais chaque
puiffance l'é-
loignoit, par-

Mais , fi chaque puiffance connoiffoit fa
foibleffe , elle s'exageroit celle de fes ennemis;
& parce qu'aucune n'avoit alors des avantages

affez marqués pour fe promettre des conditions avantageufes, aucune auffi ne vouloit fincére- ment la paix. Richelieu, qui n'ignoroit pas le peu de fincérité des avances de la cour de Vienne, prévoyoit fans doute qu'elle n'accor- deroit pas les fauf-conduits, fans faire quel- ques difficultés; & au pis aller, il étoit toujours le maître d'en faire lui-même fur la forme qu'il conviendroit de donner à ces actes.

ce qu'aucune ne pouvoit s'affurer en- core des con- ditions affez avantageufes.

La chofe arriva, comme il l'avoit prévu. Le roi d'Efpagne, qui offroit un fauf-conduit aux Suédois, refufoit d'en donner aux Hollan- dois; l'empereur, au contraire, en offroit aux Hollandois, & en refufoit aux Suédois, & fur- tout, aux alliés que la France avoit en Alle- magne. Il n'étoit donc plus poffible de réunir les plénipotentiaires de toutes les puiffances belligérantes, & c'étoit une néceffité de traiter féparément, ou de renoncer à la paix.

Difficultés de la maifon d'Autriche fur les fauf- conduits.

Richelieu fut charmé de ce refus, foit par ce qu'il lui permettroit d'attendre la ratification du traité fait avec la Suede, foit parce qu'il faifoit retomber fur la maifon d'Autriche les reproches qu'elle faifoit à la France de mettre obftacle à la paix. Il s'en prévalut d'autant plus que les motifs de Ferdinand & de Philip- pe n'étoient que des prétextes frivoles. Il les réfuta folidement, bien affuré qu'il ne perfua- deroit ni à l'un ni à l'autre de donner des fauf-

Ces difficul- tés font tom- ber fur elle le reproche qu'- elle faifoit à. la France de s'oppofer à la paix.

N 2

conduits, tels qu'on les demandoit. Ces diffi-
ficultés durerent plusieurs années. Dans l'espérance de suspendre au moins les hostilités, le
pape proposa une treve, en attendant qu'on
terminât ces contestations: les conditions de
cette treve ne furent pas plus faciles que celles
d'une paix, & la guerre continua.

Evénemens
des campa-
gnes de 1637
& 1638.
Cette campagne fut heureuse pour la France. Elle fit des conquêtes dans les Pays-Bas,
enleva quelques places dans la Franche-Comté,
reprit les îles de S.te Marguerite & de S. Honorat, défit les Espagnols en Languedoc, & les
chassa de cette province, où ils avoient porté
leurs armes. Mais elle perdit la Valteline,
parce que le cardinal cessa de payer aux Grisons
les subsides qui leur avoient été promis; & cependant il n'étoit pas possible au duc de Rohan de s'y maintenir sans leur secours.

Les Espagnols perdirent Bréda, qu'ils
avoient enlevé au prince Maurice: ils se dé-
dommagerent par la prise de Ruremonde & de
Venlo. Banier, forcé de lever le siege de
Leipsick, fit à la vue de plus de quarante mille Impériaux, une retraite admirable, n'ayant
que quatorze mille hommes.

1638
Le duc Bernard ne se signala pas cette année: il commença même l'année suivante par
être défait, ou du moins par une action où

les Impériaux eurent quelque avantage : mais
enfuite il les vainquit huit fois. Il fe rendit
maître des villes foreftieres dans la Suabe, &
de Brifach, qui affuroit la poffeffion de l'Alface,
& qui donnoit un paffage fur le Rhin. Ce que
la feconde victoire eut de fingulier, c'eft qu'il
fit prifonnier, non-feulement un grand nombre d'officiers de marque, mais encore quatre généraux, du nombre defquels étoit le fameux Jean de Werth. Tant de fuccès étoient
néceffaires : car par-tout ailleurs, les ennemis
de la maifon d'Autriche échouerent dans leurs
entreprifes.

Au mois de mars de cette année, le comte d'Avaux, miniftre de France, & Adler Salvius, miniftre de Suede, conclurent à Hambourg une nouvelle alliance par laquelle les
deux couronnes s'engagerent à ne traiter avec
l'empereur que d'un commun confentement ;
& on prit toutes les mefures néceffaires pour
maintenir cette union, foit que les deux puiffances traitaffent avec la maifon d'Autriche
dans un même lieu, foit, comme on le préfumoit, qu'elles duffent traiter dans des lieux
différents.

1638
La France &
la Suede s'en-
gagent à ne
pas traiter fé-
parément.

Voilà ce que le cardinal defiroit depuis
long-temps : mais les Suédois, qui comptoient
obtenir féparément des conditions avantageufes,
amufoient la France, pendant qu'ils négo-

Cependant la
Suede négo-
cioit fecrete-
ment : mais
trompée par

N 4

l'empereur
elle cesse de
tromper la
France, &
s'unit sincére-
ment à cette
couronne.

cioient secrétement avec la cour de Vienne. Ils trompoient, & ils étoient trompés : car l'empereur, qui les amusoit aussi par des propositions frivoles, rassembloit toutes ses forces; & ils auroient été chassés d'Allemagne, si Banier eût été moins habile. Cependant en agissant plus sincérement avec eux, la maison d'Autriche les eût détachés de leurs alliés. Elle devoit leur accorder quelque avantage, afin de pouvoir tourner toutes ses forces contre la France & la Hollande : elle devoit, en un mot, savoir perdre d'un côté, pour ne pas se mettre au hazard de perdre des deux. C'est une politique qu'elle ne connoissoit pas. Si elle a senti le besoin de diviser ses ennemis, elle en a si peu connu les moyens, qu'elle paroît n'avoir négocié, que pour les unir davantage. Les Suédois, après avoir été trompés pendant deux ans, ouvrirent enfin les yeux; & ne pouvant plus compter sur les promesses de la cour de Vienne, ils s'unirent sincérement avec la France. Pour contraindre l'empereur à une paix générale, ces deux puissances résolurent de porter leurs armes dans les états héréditaires; & la France déclara nommément la guerre à Ferdinand, formalité superflue que la Suede exigea.

Charles I, roi d'Angleterre, voulut prendre part aux grands intérêts, qui remuoient l'Europe, & les deux partis parurent d'abord rechercher ſon alliance à l'envi. Son objet étoit de rétablir l'électeur Palatin. Sans argent, ſans troupes, ſans autorité dans ſes états, & menacé d'une guerre civile, il ſe flatta de réuſſir par la voie des négociations. Il recherchoit à la fois toutes les puiſſances, la France, l'Eſpagne, la cour de Vienne, la Suede, le Danemarck & les États-Généraux. Par cette conduite, il ne gagna la confiance d'aucune; il fit ſeulement connoître toute ſon impuiſſance. On le mépriſa, & le cardinal de Richelieu, qui vouloit l'éloigner tout-à-fait des affaires d'Allemagne, fomenta ſecrétement les troubles qui commençóient en Écoſſe.

gociation avec les puiſſances de l'Europe, & Richelieu fomente les troubles de l'Écoſſe.

Dans le même temps, Ragotski, prince de Tranſilvanie, offrit de s'unir avec les deux couronnes. Cette alliance leur étoit avantageuſe par la diverſion que ce prince pouvoit faire dans la Hongrie. Mais elles vouloient que les États-Généraux entraſſent dans le traité, & payaſſent une partie des ſubſides. Richelieu le deſiroit ſur tout; parce que la Hollande, par une pareille démarche, auroit rompu la neutralité qu'elle obſervoit avec l'empereur; & qu'en s'uniſſant par un traité à la France & à la Suede, elle auroit ſervi de lien à ces deux puiſſances. Cette république ſe refuſa à toutes les ſollicitations, parce qu'elle n'avoit beſoin ni de déclarer la guerre à Ferdinand, ni de payer des ſubſides au prince de Tranſilvanie. Cette négociation demeura donc ſans effet.

Négociation ſans effet avec le prince de Tranſilvanie.

On fut plus heureux dans une autre négociation : car les ducs de Brunfwick & de Lunebourg avec les états de la baffe Saxe, qui
avoient tous accédé à la paix de Prague, prirent le parti de la neutralité, malgré les me-
naces de l'empereur.

La perte de ces alliés inquiéta moins Ferdinand, que la nouvelle alliance entre la France & la Suede. Comme il avoit tout tenté pour
la faire échouer, il tenta tout pour la rompre:
Ses miniftres firent des propofitions féduifan-
tes aux Suédois: ils effayerent de leur donner
de la méfiance, en répandant que Louis XIII
négocioit en fecret pour traiter féparément:
& ils leur reprocherent d'avoir mis un obftacle à la paix, au moment que l'empereur étoit
prêt à les fatisfaire. Tous ces artifices furent
inutiles.

Cependant les miniftres, qui étoient à
Hambourg, travailloient aux préliminaires
d'un traité de paix. Leur objet étoit de nommer le lieu où il s'ouvriroit, & de convenir
de la forme des fauf-conduits. Ce dernier article fuffifoit feul pour fufpendre un événement
que toute l'Europe attendoit avec impatience.
La maifon d'Autriche continuoit de faire des
difficultés, & le cardinal, qui les combattoit,
eût été fâché qu'elle ne les eût pas faites, car
aucun des deux partis ne vouloit encore fin-

eérement la paix. Si l'un fe relâchoit fur quelque point, l'autre en devenoit plus difficile.
Ils ne fongeoient qu'à fe reprocher mutuellement leur obftination, & à rejeter l'un fur l'autre la continuation de la guerre. Mais la France fe conduifit avec plus d'adreffe: elle fit des
propofitions fi raifonnables, que le pape, le roi
de Pologne, la république de Venife & le
grand duc de Tofcane joignirent leurs inftances, pour engager la maifon d'Autriche à les
accepter. Ce fut inutilement. On ne fe prêta
pas davantage à une nouvelle treve, que le
pape propofa. Ferdinand & Philippe la refuferent abfolument. Le cardinal y confentoir,
parce qu'elle le rendoit prefque auffi néceffaire
que la guerre; & que, par conféquent, elle le
défendoit contre les intrigues d'une cour, où
l'on travailloit continuellement à le perdre. Il
étoit d'ailleurs preffé par les befoins de l'état,
par les murmures du peuple & par les cris du
clergé. Enfin il y trouvoit un avantage pour
la France, parce que pendant la treve, le roi auroit joui de la Lorraine, de l'Alface & de toutes les places conquifes.

Pendant ces négociations, la guerre continuoit. La France avoit fix armées fur pied.
Celle du marquis de Feuquieres, qui faifoit le
fiege de Thionville, fut entièrement défaite
par Picolomini. D'ailleurs le roi eut des fuccès dans les Pays-Bas & en Italie. Banier re-

1639
Evénemens
de la guerre
pendant les
négociations.

prit la Poméranie, ravagea la Misnie, conquit
une partie de la Boheme, & porta ses armes
dans la Silésie, battant par-tout les Saxons &
les Impériaux.   Une grande flotte espagnole
fut défaite dans la Manche par Martin Tromp,
célebre amiral hollandois.   Une partie se réfugia dans les ports d'Angleterre, une autre
s'échoua sur les côtes de France, & le reste fut
pris, brûlé, ou coulé à fond.   Le comte-duc
d'Olivarez l'avoit équipée, comptant porter la
guerre dans la Suede, & s'emparer de tout le
commerce des mers du nord.

La France
acquiert les
places qu'oc-
cupoit le duc
Bernard.

La mort du duc Bernard donna lieu à une
négociation, qui valut à la France des victoires & des conquêtes: car elle traita avec les
troupes, qui entrerent à son service, & qui
lui remirent toutes les places. Elle eut cependant pour concurrents les ducs de Baviere, de
Lavembourg, & de Lunebourg, le duc de Saxe, frere de Bernard, le prince Palatin &
l'empereur: mais elle étoit seule en état d'a-
cheter.

1640
Elle a de
grands succès
pendant que
les Suédois se
maintiennent

La campagne suivante fut plus heureuse
pour la France, qu'aucune autre n'avoit encore été. Le duc d'Harcourt fit des prodiges en
Italie, pendant qu'Arras, ville imprenable &
secourue par des armées, auxquelles il falloit
continuellement livrer des combats, succomboit, sous les efforts des maréchaux de Châ-

tillon, de Chaulnes & de la Meilleraie. Le
premier de ces généraux étoit un éleve de
Maurice & de Frédéric-Henri. En Allemagne, les armées furent toujours en mouvement.
Cependant il ne se fit rien de considérable de
part ni d'autre, & les Suédois se maintinrent
dans les provinces, où ils avoient pénétré l'année précédente. Enfin le roi d'Espagne, qui
s'affoiblissoit par les troubles qu'il entretenoit
au dehors de son royaume, s'affoiblit encore
par ceux qu'il fit naître au dedans.

Le comte-duc d'Olivarez gouvernoit l'Es-
pagne en despote qui pense que l'autorité du *Politique du duc d'Oliva-rez.*
souverain croît à proportion de la foiblesse des
provinces, jugeant que la misere rend les peuples impuissants, & que l'impuissance les soumet. Comme il n'étoit pas l'auteur de ces
grands principes, il n'est pas non plus le seul
qui les ait suivis. On voit encore des restes
de cette cruelle politique dans plusieurs
Etats de l'Europe. Si on a dit si souvent, *divisez & commandez ;* il semble qu'on
ait dit aussi, *exterminez, faites des deserts,
& commandez.*

Les Catalans avoient porté plusieurs fois
leurs plaintes à la cour: c'étoit se plaindre à *Elle force les Catalans à la révolte,*
l'auteur des maux qu'ils souffroient impatiem-
ment. D'Olivarez les opprima davantage. Il
leur retrancha leurs privileges: il envoya chez

eux des troupes : le pays fut livré à la licence
des foldats : on ne vit que meurtres, que violences, que facrileges: & on eût dit que l'impunité avoit été affurée à qui commettroit
ces horreurs.

L'évêque de Gironne excommunia les miniftres de la politique d'Olivarez : ce fut le
fignal de la révolte. Barcelone fe fouleva la
premiere: toutes les autres villes fuivirent cet
exemple : les foldats caftillans furent affommés,
& ce qui put échapper fe retira dans le Rouf-
fillon.

& fait perdre
le Portugal à
la couronne
d'Efpagne.
Peu après, le Portugal fut le théâtre d'une
autre révolution. Philippe II, après avoir
ufurpé ce royaume fur la maifon de Bragance
en 1580, tenta d'y affurer fon autorité par la
douceur de fon gouvernement. Comme il
connoiffoit la haine des Portugais pour les Caftillans, il fentit la néceffité de les ménager;
& cette conduite lui réuffit. Ses fucceffeurs,
qui paroiffoient l'avoir pris pour modele en
tout, ne l'imiterent pas dans la feule chofe où
il étoit à imiter. Ils virent avec jaloufie que les
privileges de la nation mettoient des bornes
à leur puiffance. Ils entreprirent de les abolir,
& afin d'écarter tout obftacle, ils imaginerent d'épuifer peu-à-peu le royaume d'hommes
& d'argent, c'eft à-dire, d'exterminer pour
commander. D'Olivarez, qui connoiffoit tous

les reſſorts uſés de la politique, adopta ce
projet, & ſe flatta d'en rendre encore l'exécution plus facile, en ſemant la diviſion parmi
les grands. Un plan, ſi bien conçu, produiſit
l'effet, qu'on en devoit attendre. Les Portugais ſe ſouleverent, & mirent le duc de Bragance ſur le trône. Cette conjuration, méditée depuis long-temps, fut conduite avec tant
d'art & de ſecret, qu'en huit jours tous les
Caſtillans furent chaſſés du Portugal, & cependant on ne fit périr que deux ou trois per-
ſonnes. Le nouveau roi, nommé Jean IV,
envoya des ambaſſadeurs en France, en Angleterre, en Hollande, en Suede, & s'allia l'année ſuivante avec toutes ces puiſſances, qui
avoient un intérêt ſenſible à le ſoutenir. Le
23 janvier de la même année, les Catalans s'é-
toient donnés à Louis XIII. Jean ne pouvoit
donc pas deſirer des circonſtances plus favorables; puiſque les ennemis de la maiſon d'Autriche en occupoient alors toutes les forces dans
les Pays-Bas, en Allemagne, en Italie, & en
Catalogne. Ce fut un royaume perdu pour la
monarchie d'Eſpagne.

Tels ont été les principaux événements de
la guerre pendant l'année 1640, lorſque l'on
continuoit de négocier à Hambourg. Le temps
marqué pour la durée du dernier traité entre la
France & la Suede, devoit expirer le 15 mars
1641. Une alliance qu'il falloit renouveller

Il s'agiſſoit
alors de re-
nouveller le
traité entre la
France & la
Suede.

si souvent, laissoit toujours aux Impériaux l'espérance de diviser les alliés, & c'étoient chaque fois les mêmes difficultés à vaincre. Il eût été plus avantageux de n'y mettre d'autre terme que la paix générale : car alors, sans craindre d'être abandonnée de la Suede, la France pouvoit prolonger les négociations avec la maison d'Autriche, jusqu'à ce qu'elle eût obtenu tout ce qu'elle souhaitoit.

Instructions que ces deux couronnes donnent à leurs ministres.

Les instructions, envoyées au comte d'Avaux, furent faites dans cet esprit. Mais de peur que les Suédois ne se prévaluffent de l'empressement de Louis XIII, ce ministre avoit ordre de paroître indifférent à renouveller le dernier traité ; & néanmoins on vouloit qu'il fît les premieres avances, parce qu'on étoit pressé de se rassurer de ce côté-là. Il falloit négocier de maniere que la Suede n'eût pas occasion d'insister sur de nouvelles demandes, ou que du moins la France pût s'y refuser, sans nuire au projet de prolonger l'alliance jusqu'à la paix générale.

Le comte d'Avaux devoit donc être empressé, sans le paroître. Salvius avoit un rôle plus facile à jouer. La régence de Suede lui recommandoit de traîner la négociation, afin que se faisant rechercher pendant l'intervalle par la cour de France & par la cour de Vienne, il les mît dans la nécessité d'offrir à l'envi de

meilleu-

meilleures conditions, & qu'on pût se décider pour celle des deux, qui feroit des offres
plus avantageuses. Il avoit ordre d'obliger la
France à porter les armes dans la Suabe, la
Baviere, & l'Autriche ; de se plaindre qu'elle
ne l'eût pas encore fait, quoiqu'elle l'eût promis ; d'exiger de plus grands subsides, parce
que la guerre devenoit tous les jours plus dispendieuse dans des pays ruinés, qui ne pouvoient plus payer les mêmes contributions ; de
demander une satisfaction au sujet des conquêtes & des troupes du duc Bernard, que la
France s'étoit appropriées, sans aucun égard
pour les intérêts de la Suede ; d'obtenir d'elle
qu'elle déclareroit, sous le secret, les demandes
qu'elle se proposoit de faire dans le traité de la
paix générale ; enfin de lui faire promettre
qu'elle ne feroit aucune treve ni avec l'empereur, ni avec le roi d'Espagne, soit en Italie,
soit en Flandre, ainsi qu'en Allemagne.

La Suede vouloit donc faire la loi. Quoiqu'elle eût dans le fond le même intérêt que la
France à renouveller le traité, elle exigeoit
de nouvelles conditions ; & cependant elle ne
prétendoit s'engager à rien de plus qu'à ce
qu'elle avoit fait jusqu'alors. Elle étoit jalouse
de la supériorité que prenoient les François,
& elle songeoit à trouver de nouveaux dédommagements dans une guerre qui l'épuisoit ; ou

à faire une paix particuliere, fi l'empereur lui offroit des avantages folides.

Telles étoient les difpofitions de la Suede. Si la cour de Vienne en eût fu profiter, elle eût divifé fes ennemis. Elle faifoit des propofitions dans cette vue, elle les renouvelloit fans ceffe : mais fes négociations échouoient toujours, par le peu de fureté que la Suede trouvoit à traiter féparément. Ne pouvant compter fur la foi d'un traité particulier, les Suédois avoient befoin de la garantie de la France & de celle des états proteftants d'Allemagne; ce qu'ils ne pouvoient obtenir que par un traité général. Ils le reconnoiffoient eux-mêmes. Cependant ils étoient toujours prêts à écouter les propofitions de la maifon d'Autriche, dont tout l'artifice confiftoit à leur donner de l'inquiétude, en leur perfuadant que la France les trahiffoit. Ce font là les caufes qui fufpendoient la négociation dont étoient chargés Salvius & le comte d'Avaux.

Pendant que ces chofes fe paffoient à Hambourg, tout parut promettre la paix à l'Europe : on eût dit qu'elle alloit fe faire, fi on en eût jugé par les apparences. Il fembloit que Ferdinand ne pût plus s'y refufer : car dans tout l'empire, les princes & les états la demandoient avec des cris redoublés. Forcé à ceder, il avoit confenti à réformer les fauf-conduits, qui

(marginal notes:)
Ferdinand qui les veut divifer, ne fait pas profiter des difpofitions où le trouve la Suede.

Artifices de Ferdinand pour perfuader qu'il ne s'oppofe pas à la paix que tout l'empire demande.

étoient le plus grand obſtacle aux négociations ;
& il avoit convoqué une diete générale à Ratisbonne, afin d'y délibérer ſur les moyens
de mettre fin à la guerre. Par cette conduite,
il ſongeoit moins à faire la paix, qu'à rendre
la France ſeule coupable des troubles de l'Europe ; & il ſe flattoit de ſoulever tous les peuples contre elle.

A ces artifices le cardinal en oppoſoit de
ſemblables. On louoit des maiſons à Cologne
pour les plénipotentiaires ; leurs équipages ſe
préparoient à Paris ; on marquoit le jour de
leur départ ; enfin on ne ſavoit point encore,
que l'empereur avoit réſolu de changer les
ſauf-conduits, & le comte d'Avaux avoit ordre
d'accepter ceux qui avoient été offerts, en ſe
contentant de proteſter pour mettre à couvert
les droits des puiſſances intéreſſées.

Artifices de Richelieu.

Les démarches des principales puiſſances
paroiſſoient donc s'accorder avec les vœux de
l'Europe. On n'ignoroit pas que Louis XIII
deſiroit ſur-tout la paix, parce que la guerre
le mettoit dans la dépendance d'un miniſtre,
dont ſon amour propre & les courtiſans le dégoûtoient. Par ces mêmes raiſons, Richelieu
vouloit la guerre. S'il faiſoit voir de l'empreſſement pour la paix, c'étoit afin que la cour
de Vienne ne pût pas ſe prévaloir des diſpoſitions qu'elle affectoit de montrer ; c'eſt qu'il

Les avances qu'ils ſe fai- ſoient l'un à l'autre n'é- toient que pour tromper le public.

O 2

penſoit à rendre les Suédois moins difficiles ;
en leur perſuadant qu'on pourroit ſe paſſer
d'eux ; enfin c'eſt que la paix, dont il flattoit
la France, faiſoit prévoir le moment où il de-
viendroit moins néceſſaire, & pouvoit, par
conſéquent, ſuſpendre les cabales qui ſe faiſoient contre lui.　Or, dès que Ferdinand &
Richelieu vouloient véritablement la guerre,
ils ne couroient aucun riſque à faire des avances pour la paix : car ils étoient toujours aſſu-
rés de trouver des prétextes pour mettre des
obſtacles aux négociations : le public ſeul étoit
trompé.　En effet, la diete de Ratisbonne ne
régla rien.　Elle parut entrer dans les vues de
l'empereur, parce que la plupart des membres
lui étoient dévoués.　Ceux qui lui étoient op-
poſés, proteſterent inutilement.　Tout ſe paſ-
ſa dans la plus grande confuſion ; & l'unique
démarche que cette aſſemblée fit pour la paix,
fut d'écrire au roi de France, au roi d'Eſpagne, à la reine Chriſtine, & de les inviter
à envoyer au plutôt leurs plénipotentiaires
à Cologne. Elle parut, ſur-tout, ſolliciter un
accommodement entre la Suede & l'empereur,
ce qui retarda la négociation du comte d'A-
vaux.

1641
L'empereur &
la diete de Ra-
tisbonne ſont
au moment Cependant Banier, qui n'étoit pas loin de
Ratisbonne, forma le projet de ſurprendre
cette place. Le comte de Guébriant, qui commandoit l'armée françoiſe, ſe joignit à lui. Ils

s'approcherent de la ville jusqu'à la portée du canon. Un corps de troupes passa le Danube sur la glace. Il enleva l'équipage de chasse de l'empereur, qui eût été pris lui même, s'il fût sorti un peu plutôt. D'autres troupes passerent encore. Les confédéres étoient maîtres de la campagne. Ratisbonne se trouvoit sans défense, sans provisions, remplie d'étrangers, de gens suspects ou mécontents. Les confédéres croyoient voir le moment, où ils alloient s'en rendre maîtres, & avoir pour prisonniers la diete & l'empereur. La guerre eût été finie : mais comme le temps commençoit à se radoucir, les généraux furent obligés de repasser le Danube, avant qu'il fût dégelé ; & ils se retirerent, après avoir salué Ferdinand de cinq cents volées de canon, qu'ils firent tirer contre la ville. Le comte de Guébriant se sépara des Suédois, pour se rapprocher du Rhin ; & Banier mourut peu de temps après. Ce général paroît avoir égalé Gustave, dont il étoit l'éleve. Une chose suffit à son éloge : c'est que par sa mort la Suede devint plus traitable : parce qu'elle sentit mieux que jamais combien elle avoit besoin des secours de la France. Elle fut cependant assez heureuse pour trouver bientôt un capitaine, digne de succéder à Banier. Mais dans l'intervalle, elle se vit au moment de n'avoir plus d'armée en Allemagne. Les troupes,

d'être surpris par Banier & Guébriant.

La Suede fait une grande perte dans Banier.

O 2

fans fubordination, faifoient éclater leur mécontentement : les officiers, comme les foldats, fongeoient à changer de parti: ils ne s'en
cachoient pas ; & la France eût pu facilement
les débaucher, comme le comte d'Avaux en fit
la peur à Salvius.

Une pareille conjonctnre mettoit les Suédois dans la néceffité de conclure : ils ne pouvoient plus attendre l'effet des difpofitions,
que l'empereur affectoit de montrer ; ni compter fur les propofitions qu'il leur avoit faites,
tant de fois & fi inutilement. Ils confentirent
donc au renouvellement du traité, & cette affaire fut enfin terminée à Hambourg, le 10
juin, un mois après la mort de Banier. Ce
traité n'eut d'autre terme que la conclufion de
la paix générale : Louis XIII promit douze
cents mille livres, au lieu d'un million: on
nomma les villes où fe tiendroit le congrès ;
& il fut réglé que la France enverroit fes plénipotentiaires à Munfter, & que la Suede enverroit les fiens à Ofnabruck.

George-Guillaume, électeur de Brandebourg, étoit mort l'année précédente. Entre les
Suédois & les Impériaux, qui dévaftoient tour-
à-tour fes états, il s'étoit vu dans une pofition
d'autant plus embarraffante, qu'il ne lui avoit
pas été poffible de fe déclarer pour l'un des
deux partis, fans agir contre lui-même. Quoiqu'il eût quitté l'alliance de la Suede pour ac-

Marginal notes:

Elle en devient plus traitable, & conclut le nouveau traité tel que la France le defiroit.

1641

Situation de l'électeur de Brandebourg entre les Suédois & les Impériaux. Il abandonne l'empereur, avec qui les ducs de Lunebourg font la

céder à la paix de Prague, il ne pouvoit pas s'intéresser vivement aux succès de l'empereur, dont il connoissoit l'ambition ; & il ne pouvoit pas non plus renouer avec la Suede, parce qu'elle formoit des prétentions sur la Poméranie, à laquelle il avoit lui-même des droits. Sa foiblesse ne lui permettroit pas même de délibérer sur le choix de ses alliés, & la fortune l'entraînoit, suivant qu'elle se déclaroit pour les Suédois ou pour les Impériaux. Vous pouvez juger par cet exemple quelle étoit la situation malheureuse de tous les princes, qui se trouvoient trop foibles pour faire pencher la balance. L'électorat de Brandebourg n'étoit qu'un désert, dont les Suedois occupoient une partie, lorsque Frédéric-Guillaume succéda à George-Guillaume son pere. Ce nouvel électeur parut vouloir se rapprocher des alliés. Il chassa le comte de Schwartzemberg, qui étoit vendu à la cour de Vienne, & auquel George-Guillaume avoit donné toute sa confiance. Il conclut une treve avec les Suédois, qui évacuerent la plus grande partie des Marches de Brandebourg. Il desira même que cette treve fût changée en une paix solide. Outre les avantages présens qu'il retiroit de cette conduite, il se flattoit d'épouser la jeune Christine, & de monter sur le trône de Suede : mais ce projet devoit trouver bien des obstacles. Pendant que l'électeur de Brandebourg abandonnoit l'em-

pereur, les ducs de Lunebourg cherchoient à
s'en rapprocher ; & quelque temps après, ils
firent une paix particuliere avec lui. C'est ainsi
que les deux partis s'affoiblissoient & se
fortifioient tour-à-tour, pour faire durer la
guerre.

La maison d'Autriche comptoit alors sur
une guerre civile qui menaçoit la France & le
cardinal de Richelieu. Le comte de Soissons,
ennemi déclaré de ce ministre, étoit le chef
de la révolte. Il avoit fait un traité avec l'Espagne ; le duc de Bouillon s'étoit joint à lui ;
Lamboi, général de l'empereur, lui avoit
amené des secours ; enfin il avoit défait près
de Sedan le maréchal de Châtillon : mais ayant
été tué sans qu'on ait su comment, son parti
fut bientôt dissipé. Le duc de Bouillon, assiégé
par le roi en personne, fut contraint de se soumettre, & de renoncer à toute intelligence
avec la maison d'Autriche.

La France avoit eu assez de succès pour se
promettre une paix glorieuse ; & la maison
d'Autriche, épuisée par tant de pertes, devoit
craindre d'en faire encore : car le traité renouvellé entre la France & la Suede, la menaçoit de toutes les forces de ses ennemis. A ces
dispositions, qui promettoient la paix, se joignoient les cris de l'Europe qui la demandoit, & les instances des alliés mêmes, qui
se plaignoient de la lenteur des négociations.

Aucune puiſſance n'oſoit donc s'y refuſer ou-
verrement.

Les obſtacles, qui avoient juſqu'alors retardé la concluſion du traité préliminaire, ſe ré-
duiſoient aux ſauf-conduits, au lieu du congrès, & au jour où les conférences devoient
commencer. Les deux premiers avoient été levés: car l'empereur acceptoit Munſter & Oſnabruck; il offroit des ſauf-conduits tels qu'on
les demandoit; & il en promettoit de ſemblables au nom du roi d'Eſpagne. Il ne s'agiſſoit
donc plus que de fixer un jour pour commencer le traité. C'étoit alors l'objet des conférences que tenoient à Hambourg le comte d'A-
vaux, Salvius & Lutzau, miniſtre de l'empereur. Un ſi foible obſtacle ne paroiſſoit pas
devoir apporter du retardement.

*Le traité pré-
liminaire pa-
roiſſoit au
moment d'ê-
tre conclu.*

Mais la cour de France ne vouloit pas s'arrêter au milieu de ſes conquêtes; le roi d'Eſpagne ſe flattoit toujours de recouvrer au moins
une partie de ce qu'il avoit perdu; & le cardinal ſe croyoit mieux aſſuré, ſi la guerre continuoit. Elle paroiſſoit même lui promettre la
régence du royaume: car il portoit ſes vues
juſques-là; & la ſanté du roi, qui s'affoiblif-
ſoit de plus en plus, devoit hâter ce moment,
que ſon ambition attendoit.

*Mais de part
& d'autre on
vouloit éloi-
gner la con-
cluſion, quoi-
qu'on feignît
de vouloir
conclure.*

Philippe & Ferdinand jugeoient auſſi devoir
ſuſpendre les négociations, parce qu'une minorité préſageoit des troubles dont ils pouvoient

profiter. Ainsi, quoique de part & d'autre, on
voulût paroître vouloir la paix, on ne la vouloit
point en effet. C'est dans cet esprit que Lutzau & le comte d'Avaux traitoient. Ils se proposoient, non de conclure, mais de retarder la
conclusion ; & chacun des deux mettoit toute
son habileté à ne pas paroître coupable des retardements, & à rejeter au contraire toute la
faute sur l'autre.

Cependant à force de feindre, Lutzau & le comte d'Avaux concluent malgré eux.

Dans une position aussi délicate, les négociateurs, qui se pénétroient mutuellement, ne
chercherent qu'à s'embarrasser. L'un, pour
montrer sa sincérité, faisoit des offres plausibles,
parce qu'il comptoit qu'elles ne seroient pas
acceptées : l'autre, qui ne vouloit pas paroître
moins sincere, les acceptoit; ou en faisoit de
plus plausibles encore, afin de forcer à un refus. C'étoit un combat plein d'artifices, où
des deux côtés on se montroit sans défense, &
où chacun portoit des coups sans pouvoir se
garantir. Il arriva qu'ils tomberent ensemble
dans les pieges qu'ils se tendoient mutuellement. Ils s'avancerent insensiblement, ils s'engagerent, ils ne purent plus reculer, & ils
conclurent malgré eux.

Conditions du traité préli-minaire qu'ils signent.

On convint que les alliés de la France & de
la Suede enverroient leurs députés au congrès,
ainsi que les alliés de l'empereur & du roi d'Espagne; que deux mois après la signature du
traité, on échangeroit à Hambourg les sauf-

conduits, qui devoient être livrés de part &
d'autre ; qu'un mois après cet échange , les
conférences commenceroient à Munster & à
Osnabruck ; & que les deux congrès seroient
regardés comme un seul , parce qu'on ne ré-
gleroit rien dans l'un , que de concert avec
l'autre. Le traité préliminaire ayant été signé le
25 décembre 1641 , le congrès devoit , par conséquent , s'ouvrir le 15 mars 1642.

La France approuva la conduite du comte
d'Avaux , & se hâta d'envoyer la ratification
du traité. L'empereur, au contraire, refusa de le
ratifier sous des prétextes , dont on montra le
peu de solidité. Il blâma hautement Lutzau, il
le rappella , & le remplaça par le comte d'A-
versberg , qui fit de vains efforts pour détacher
les Suédois de la France. Il fut donc prouvé
que la maison d'Autriche ne vouloit pas la
paix: reproche qu'on ne pouvoit plus faire à
la France. C'est tout le fruit , que le cardinal
avoit pretendu retirer de cette négociation.

L'empereur désavoue Lutzau , & s'expose aux reproches de toute l'Europe.

La paix ne dependoit plus que du sort des
armes. Il falloit , comme Gustave , vaincre
pour hâter les négociations. Or, la France &
la Suede vainquirent. Torstenson , alors général des Suédois , signala sa premiere campagne,
par la conquête d'une partie de la Silésie & de
la Moravie , par la prise de Leipsick , & par
deux victoires. Il remporta la premiere auprès
de Schweidnitz, sur le duc de Lawembourg ,

1642 Pertes que fait la maison d'Autriche qui compte sur une révolution en France.

qui ayant été fait prisonnier, mourut peu de temps après de ses blessures. Le théâtre de la seconde fut cette plaine de Leipsick, déja célebre par les armes de Gustave. L'Archiduc Léopold & Picolomini, qui commandoient les Impériaux, perdirent plus de dix mille hommes. D'un autre côté, le comte de Guébriant vainquit les Impériaux à Kempten, fit prisonniers les généraux Lamboi, Merci & Laudron, se rendit maître de tout le haut Rhin, & alla se joindre à Torstenson pour hâter la prise de Leipsick. A ces succès, joignons la conquête du Roussillon, plusieurs places prises en Italie, & la victoire de Lérida, remportée par le maréchal de la Mothe-Houdancourt sur le marquis de Léganez, dont l'armée étoit bien supérieure. Les François ne reçurent d'échec que dans les Pays-Bas. Le maréchal de la Guiche fut défait à Honnecourt. Les Espagnols se rendirent maîtres de Lens & de la Bassée; & si Francisco de Mello, leur général, avoit su profiter de la victoire, elle auroit encore eu d'autres suites. Ces avantages néanmoins ne balançoient pas les pertes que la maison d'Autriche avoit faites: elle n'en étoit même que plus affoiblie. Épuisée par ses succès comme par ses revers, il semble donc qu'elle auroit dû penser à la paix: mais elle croyoit prévoir une révolution en France.

Il falloit un favori à Louis XIII. Si ce prince se reposoit sur son ministre des soins du
gouvernement, c'est qu'il y étoit forcé; son
inclination ne l'y portoit pas. Incapable de les
partager, il étoit humilié de la dépendance où
il se voyoit ; cette humiliation ne lui permettoit pas de vivre familiérement avec Richelieu, comme Henri IV vivoit avec Sully. Il
n'auroit pas même trouvé le même agrément
dans le caractère impérieux du cardinal, dont
l'ambition étoit de conquérir, pour ainsi dire,
le royaume, & de faire du roi son premier sujet. Louis avoit donc besoin d'un confident,
qui lui dît du mal de Richelieu, & avec lequel il pût s'en plaindre. Cet épanchement faisoit une diversion à ses chagrins : c'étoit quelque chose pour lui de parler en secret & en liberté d'un maître, qu'il n'auroit pas voulu,
& dont il ne pouvoit se passer.

Il importoit au cardinal que le favori fût un
homme à lui. Il jeta les yeux sur Cinqmars,
second fils du maréchal d'Effiat, surintendant
des finances. L'amitié qu'il avoit eue pour le
pere, l'attachoit aux enfants ; & il comptoit sur
la reconnoissance d'un homme dont il auroit
fait la fortune. Il lui traça lui - même la conduite qu'il devoit tenir pour plaire.

Un favori, donné par le ministre, n'étoit
pas fait pour gagner la confiance. Le roi parut
froid, & persista dans sa froideur pendant une

Louis XIII ayant besoin d'un favori, le cardinal lui avoit donné Cinqmars.

Le favori réussit & donne de l'om-

année entiere, donnant pour prétexte de son
éloignement le goût que Cinqmars montroit
pour la dépense. Cependant il laissa peu à peu
vaincre sa répugnance. Le jeune courtisan réussit, moins sans doute par les éloges que Richelieu ne cessoit d'en faire, que par l'adresse avec
laquelle il sut se conduire. A la fin de 1639 il
étoit en faveur, au point qu'il donnoit de l'ombrage au cardinal. Il obtint la charge de grand-
écuyer malgré ce ministre, qui désapprouvant
intérieurement une élévation si subite, n'osa
pas s'y opposer ouvertement.

Il cherche à
le perdre dans
l'esprit du roi.

L'ambition de Cinqmars croissoit avec sa
faveur. La reconnoissance fit place à l'ingratitude ; & bientôt il voulut perdre le cardinal,
qui étoit un obstacle à ses projets. Il jetoit sur
lui des ridicules par des plaisanteries, que le
roi écoutoit, ou répétoit même avec complaisance. Il en critiquoit la conduite : il le rendoit odieux par les impôts dont il fouloit le
peuple, par la guerre qu'il entretenoit pour se
rendre nécessaire, & par la servitude dans laquelle il tenoit le roi. Cependant, lorsqu'il
parloit de le renvoyer, Louis prenoit son air
froid & réservé. Il l'avertissoit quelquefois de
ne pas se déclarer ouvertement l'ennemi du
cardinal : car, ajoutoit-il, je ne pourrois m'empêcher de vous abandonner.

Dans le cas où la disgrace du cardinal seroit impossible, Cinqmars avoit résolu de l'assassiner ; mais il vouloit auparavant former un

parti, & s'assurer une retraite. Il suivoit ces trois projets à la fois, se persuadant que si deux venoient à manquer, le troisieme, au moins réussiroit. Le duc d'Epernon, qui mourut pendant ces intrigues, n'attendoit rien de l'imprudence de ce jeune homme, & plaignoit ceux qui avoient la témérité de s'engager dans une pareille entreprise.

Le duc d'Orléans & le duc de Bouillon entrerent dans les desseins de Cinqmars, & Fontrailles se rendit à la cour de Madrid pour en obtenir des secours. Le 13 mars il conclut, au nom du duc d'Orléans, un traité par lequel le comte-duc promit douze mille hommes de pied, cinq mille chevaux, de l'artillerie, des munitions, de l'argent, en un mot, tout ce qu'on lui demandoit, ou à peu près. Mais il ne comptoit pas remplir ces engagements, puisqu'il n'étoit pas en état de défendre le Roussillon & la Catalogne. Il vouloit seulement ne pas laisser échapper l'occasion de susciter des factions en France. Comme le roi & le cardinal étoient alors mourants, la maison d'Autriche pouvoit tirer avantage d'une guerre civile, qui s'allumoit à la veille d'une minorité & d'un changement de ministre. Cependant les factieux étoient bien imprudents de compter sur l'Espagne.

La cour d'Espagne promet des secours. 1642.

Richelieu, alors malade à Narbonne, éprouvoit les plus vives inquiétudes; pendant que

Inquiétude de Richelieu.

constance in-
considérée de
Cinqmars.

Cinqmars, qui avoit suivi le roi au siege de Perpignan, jouissoit de toute la faveur. Il triomphoit : il ne cachoit plus ses desseins : toute l'armée se divisoit même ; & il se formoit deux partis sous les noms de cardinalistes & de royalistes. Le roi fomentoit cet esprit de faction ; car non-seulement il montroit combien il étoit dégoûté du cardinal, il témoignoit encore de l'aversion ou de la froideur à ceux qu'il savoit lui être attachés.

Mais Louis,
qui se repro-
che sa foiblef-
se, écrit au car-
dinal.

La perte de la bataille d'Honnecourt changea toutes ces dispositions. Louis se reprocha sa foiblesse pour un favori dont il sentoit toute l'incapacité ; il s'en éloigna, il le traita durement ; & connoissant combien il avoit besoin des conseils de Richelieu, il lui écrivit qu'il l'aimoit plus que jamais, quels que fussent les faux bruits qui avoient couru.

Il a cepen-
dant de la pei-
ne à se persua-
der que Cinq-
mars soit cou-
pable.

Le cardinal, rassuré par cette lettre, n'étoit pas tout à fait sans inquiétude. Il pensoit que les dégoûts du roi pour Cinqmars pourroient n'être que passagers, & il songeoit aux moyens de s'affermir, lorsqu'il fit la découverte du traité de Madrid. Le roi, auquel il se hâta d'en donner connoissance, crut d'abord voir dans cette occasion un artifice pour perdre un homme qu'il ne vouloit pas sacrifier. On eut bien de la peine à lui donner des soupçons : il fallut faire agir son confesseur pour le convaincre que cette affaire étoit de nature à devoir

voir être éclaircie ; & il montra bien de la répugnance, avant de donner des ordres pour arrêter Cinqmars, le duc de Bouillon, & de
Thou qui avoit été le confident de toute cette
intrigue. Il rendit ensuite une visite au cardinal, qui s'étoit retiré à Tarascon, soit pour
changer d'air, soit pour montrer son mécontene-
tement en s'éloignant de la cour, soit pour être
plus à l'abri des embuches du grand - écuyer.

Cependant le cardinal auroit eu de la peine
à trouver des preuves suffisantes, si le duc
d'Orléans, qui vouloit rentrer en grace, n'eût
tout révélé. Cinqmars eut la tête tranchée le 12
septembre: de Thou, fils de l'historien, subit
la même peine: le duc de Bouillon perdit la
souveraineté de Sedan, pour laquelle on lui
donna un dédommagement quelques années
après. Fontrailles & les autres complices se retirerent en pays étranger. Le cardinal survécut peu au grand-écuyer; il mourut le 4 décembre, & le roi dit froidement : *voilà un grand
politique mort.* Marie de Medicis étoit morte
à Cologne dans le mois de juillet.

A la première nouvelle de la mort du cardinal de Richelieu, toutes les puissances de
l'Europe furent agitées de nouveaux sentiments
de crainte ou d'espérance. Cet événement paroissoit devoir tout changer, ou du moins tout
suspendre. Les François ne pouvoient prévoir
quelle seroit la conduite du ministère, sous

*Punition
de Cinqmars ;
mort du car-
dinal.*

1642

*Cette mort
donne de la
confiance aux
ennemis de la
France & de
l'inquiétude à
ses alliés.*

un roi foible , mourant, qui ne pouvoit agir
par lui-même , & qui cessoit d'être mu par l'a-
me de Richelieu. La Suede ne savoit si désormais elle devoit compter sur la France ; & la
maison d'Autriche, qui mettoit ses ressources
dans la mort des hommes qu'elle redoutoit,
se livroit à la joie, & croyoit toucher à une révolution qui devoit diviser ses ennemis.

CHAPITRE V.

Jusqu'à l'ouverture du congrès pour la paix générale.

———————

Richelieu, qui avoit gouverné le royaume pendant dix-huit ans, le gouverna encore après sa mort. Quoique Louis XIII ne parût pas fâ- ché d'être délivré de ce ministre impérieux , il en suivit les conseils comme des ordres. Ces conseils étoient principalement de ne point faire de changement dans le ministère, de con- fier le soin des affaires au cardinal Mazarin , qui s'étoit attaché à la France , & de ne pas s'écarter du plan qu'on avoit suivi jusqu'alors. Le roi ayant eu la sagesse de se conformer à ces vues, tout continua au dedans & au dehors du royaume, comme si Richelieu eût encore vécu. La maison d'Autriche vit donc éva- nouir les espérances, qu'elle avoit fondées sur cette mort ; & il ne lui restoit plus de ressour- ces que dans une minorité. Elle avoit si bien compté sur une révolution, qu'elle cessa de sol- liciter la Suede ; bien persuadée que cette cour

Louis XIII se conforme au plan que le cardinal avoit laissé.

P 2

ronne feroit obligée de folliciter elle - même
pour obtenir la paix. Quand enfuite elle tenta de lui rendre la France fufpecte, & de l'engager à faire une paix particuliere, elle reconnut qu'il n'étoit plus temps. Un des premiers
foins de Louis XIII avoit été d'affurer les Suédois, qu'il obferveroit fidelement les traités:
ils fentoient eux-mêmes qu'ils devoient la profpérité de leurs armes à leur union avec la France; & que cette union pouvoit feule leur affurer de nouveaux fuccès & terminer la guerre
par une paix avantageufe & folide.

1643
L'ouverture
du congrès eft
fixée.

Alors l'empereur, défefpérant de divifer les
alliés, confentit à ratifier le dernier traité de
Hambourg, & à donner des fauf-conduits dans
la forme dont on étoit convenu. Mais les ir-
régularités, qu'on trouva dans la ratification,
& dans les fauf-conduits du roi d'Efpagne,
auroient encore retardé la négociation, fi Louis
XIII qui vouloit abfolument la paix, n'eût ordonné à fon miniftre de négliger les formali-
tés, & de fe contenter d'obtenir les points ef-
fentiels. On fit donc l'échange des fauf-conduits, & on fixa l'ouverture du congrès au
mois de juillet de la même année 1643.

Mort de Louis
XIII. Ses dif
pofitions. Le
parlement dé-
fere la régence
à la reine.

Le 14 mai, peu après la conclufion de ce
traité préliminaire, mourut Louis XIII, qui
languiffoit depuis long-temps. Il n'avoit pu
voir fans beaucoup d'inquiétude, qu'il laiffoit
le royaume fous une longue minorité. Son

fils aîné n'avoit pas encore cinq ans accomplis.
La reine qu'il jugeoit incapable de gouverner,
& qu'il croyoit attachée à l'Espagne, & le duc
d'Orléans qui s'étoit révolté tant de fois, &
qui avoit toujours eu des liaisons avec les ennemis de l'état, pouvoient seuls prétendre à la
régence, & Louis XIII auroit voulu ne la confier ni à l'un ni à l'autre. Le cardinal Mazarin lui fit espérer qu'il préviendroit les
inconvénients qu'on pouvoit craindre, si,
donnant à la reine le titre de régente, il
créoit un conseil auquel il confieroit l'autorité.
Il adopta ce projet, qui dissipoit au moins ses
inquiétudes; & il prit toutes les précautions
possibles, pour assurer l'exécution de ses dernieres volontés. La déclaration qu'il en fit, fut
enregistrée au parlement après avoir été signée
de la reine & du duc d'Orléans, avec sermens
d'en observer inviolablement tous les articles.
Mais le roi n'étoit pas encore mort, & on dé-
sapprouvoit déja universellement ses dispositions. Comme il n'y a point de loi, qui fixe les prérogatives de la qualité de régent,
chacun raisonna d'après ses passions, & se fit
des principes à son gré. Le 18 mai, le parlement, sans égard pour l'enregistrement de la
déclaration, déféra la régence à la reine avec
une autorité indépendante & absolue, & confirma à Gaston, duc d'Orléans, la qualité de
lieutenant-général du royaume.

P 3

Mazarin premier ministre. Le cardinal Mazarin, que la régente choisit pour premier ministre, avoit une grande connoissance des affaires, beaucoup de ressources dans l'esprit, de la netteté, des vues fines, de l'adresse, de la dissimulation & de l'artifice: mais il n'étoit ni aussi ferme que Richelieu, ni aussi vindicatif, ni aussi profond.

Victoire de Rocroi. La France confirme son alliance avec la Suede. Un premier ministre étranger & une régente de la maison d'Autriche donnoient autant d'inquiétude aux alliés de la France, que de confiance à ses ennemis. Salvius prompt à s'alarmer, vouloit se hâter de traiter avec l'empereur : heureusement les régents de Suede jugerent à propos de ne rien précipiter. Ils eurent bientôt lieu de s'affermir dans cette résolution; car les François ne tarderent pas à prouver qu'ils continuoient d'être amis des Suédois & ennemis de la maison d'Autriche. Le 19 mai, cinq jours après la mort de Louis XIII, le duc d'Enguien, ce prince de Condé que vous avez vu dans les lettres de M.me de Sévigné, remporta une victoire célebre sur Francisco de Méllo, qui assiégeoit Rocroi, & qui se flattoit de pénétrer dans le cœur du royaume. Les Espagnols perdirent quinze mille hommes, dont huit mille resterent sur la place, & sept mille furent faits prisonniers. Leur meilleure infanterie fut si fort ruinée, qu'ils n'ont jamais pu réparer cette perte. Cette bataille ne coûta que deux mille hommes

aux François. Elle fut suivie de la prise de
Thionville & de plusieurs autres places. Le
mois suivant la France & la Suede confirme-
rent leur alliance par un nouveau traité.

Cependant on faisoit à Munster & à Ofnabruck les préparatifs pour recevoir les plénipotentiaires qui se disposoient à partir. Ceux
de l'empereur arriverent les premiers, un mois
après le terme écoulé, & ceux du roi d'Espagne les suivirent de près. Ces deux puissances
ne s'étoient plus hâtées que les autres, que
parce qu'elles vouloient paroître plus disposées
à la paix : ce n'étoit qu'un jeu; car leurs ministres n'avoient encore ni instructions, ni pouvoirs. Salvius, ayant appris que les plénipotentiaires de France étoient partis de Paris, se
rendit à Osnabruck, afin de se mettre à l'abri
des reproches des Impériaux : mais le baron
Oxenstiern, fils du chancelier, & nommé premier plénipotentiaire de Suede, ne devoit s'y
rendre qu'avec les plénipotentiaires des autres
princes. Si les Suédois, qui desiroient sincérement la paix, vouloient montrer leur empressement, ils ne vouloient pas donner occasion
de penser, qu'ils fussent capables de traiter
sans la France,

Les plénipo-
tentiaires de
l'empereur &
du roi d'Espa-
gne arrivent à
Munster.

Les plénipotentiaires de Louis XIV ne pouvoient pas arriver si tôt. Avant de commencer
le congrès, le cardinal Mazarin vouloit s'assurer que tous les alliés de la France en soutien-

La Suede
avoit intérêt à
ne pas traiter
sans la France.
Il n'en étoit

pas de même des États-Généraux.

droient les prétentions, comme elle soutiendroit les leurs. Il comptoit sur la Suede, non-seulement par les traités faits avec elle ; mais encore parce qu'elle avoit besoin des François pour exécuter ses projets sur la Poméranie; comme les François avoient besoin d'elle, pour enlever l'Alsace à la maison d'Autriche. Il ne pouvoit pas également compter sur les États-Généraux, quoique le traité d'alliance eût été renouvellé en 1635, & confirmé depuis quelques mois. Car si la Suede ne devoit pas craindre de contribuer à l'agrandissement de la maison de Bourbon, il n'étoit pas naturel de porter le même jugement des Provinces-Unies. Le dessein de cette république, en s'alliant avec la France, avoit été de se défendre contre l'Espagne : cet objet une fois rempli, pouvoit-elle fermer les yeux sur le danger d'accroître une puissance voisine ? Il est certain que les conquêtes des François dans les Pays-Bas lui donnoient de la jalousie & de l'inquiétude.

C'est pourquoi les plénipotentiaires de la France passent par la Haye, pour s'assurer que la Hollande ne traitera de la paix que conjointe-

Il y avoit donc de nouvelles précautions à prendre avec les États-Généraux. C'est pourquoi le comte d'Avaux & Abel Servien, plénipotentiaires nommés pour Munster, eurent ordre de passer à la Haye, & de négocier un nouveau traité, conjointement avec M.r de la Thuillerie, ministre de France auprès de la république de Hollande. La négociation

fut longue, & souffrit bien des difficultés ; elle
ne finit qu'au mois de mars 1644. Mais enfin le traité d'alliance fut renouvellé dans la
forme que le cardinal desiroit. Les deux puis-
fances convinrent qu'elles soutiendroient également leurs intérêts réciproques ; qu'elles traiteroient ensemble avec l'Espagne, en sorte que
l'une ne se hâteroit pas plus que l'autre ; qu'elles ne concluroient que d'un commun consentement ; & qu'elles s'aideroient pour conferver chacune toutes les conquêtes qu'elles
avoient faites. Dès que ce traité eut été conclu, les plénipotentiaires se dispoferent à se
rendre à Munster.

ment avec la France.

Pendant cette négociation, la France, fit une
perte par la mort du maréchal de Guébriant.
Elle en ressentit même bientôt les effets : car
le lendemain, 25 novembre, l'armée fut entiérement défaite à Dutlingen par les Bavarois, qui resterent maîtres de la campagne.

Mort de Gué-
briant.Défaite
des François
à Dutlingen.
1643

Un autre événement donna plus d'inquiétude encore. Les Suédois déclarerent la guerre au roi de Danemarck, qui avoit fait arrêter quelques-uns de leurs vaisseaux, & qu'ils
accusoient depuis long-temps d'être leur ennemi secret, quoiqu'il eût été le médiateur du
traité préliminaire. En effet, ce prince ne
pouvoit pas s'intéresser à leur agrandissement.

Les Suédois
déclarent la
guerre au roi
de Dane-
marck.

Les Impériaux faisirent cette occasion d'accuser les alliés de mettre obstacle à la paix.
Mais parce qu'ils ne la vouloient pas eux-mêmes, ils regardoient cette nouvelle guerre comme une diversion en leur faveur: la déroute de Dutlingen augmentoit leurs espérances: ils s'attendoient à voir naître quelques
troubles pendant la minorité de Louis XIV;
& ils se croyoient dans des circonstances si
heureuses, que le comte d'Aversberg conseilloit à l'empereur de rompre la négociation,
en prenant pour prétexte le retardement des
plénipotentiaires françois.

Ces idées, qui flattoient Ferdinand, in-
quiétoient la reine & le cardinal Mazarin. Ils
craignoient que la Suede, dans l'impuissance de
résister à tous ses ennemis, ne négligeât la
guerre d'Allemagne, ou ne s'accommodât avec
l'empereur. Le comte d'Avaux en jugea tout
autrement. Il assura que cette guerre ne seroit pas longue; qu'elle n'auroit point de suites fâcheuses pour la France; qu'elle seroit au
contraire avantageuse à la cause commune,
parce que les Suédois seroient débarrassés d'un
médiateur, auquel ils n'avoient point de confiance; & que Torstenson, qui étoit entré
dans le Holstein, y rétabliroit son armée aux
dépens de Christian IV, & seroit plus en état
d'agir l'été suivant. Il ne se trompa point dans
ses conjectures.

Cependant le roi de Danemarck follicitoit les Polonois de fe joindre à lui, preffoit l'empereur de lui envoyer des fecours, & promettoit de ne pas quitter les armes que les Suédois n'euffent été chaffés d'Allemagne. La France de fon côté ne négligeoit rien pour éteindre cette guerre dès les commencements. Elle employoit fa médiation entre la Suede & le Danemarck : elle envoyoit un ambaffadeur à Ladiflas, roi de Pologne, pour l'empêcher de fe rendre aux follicitations de Chriftian : enfin elle faifoit de nouveaux efforts pour réparer l'échec reçu à Dutlingen. Tout lui réuffit. Le roi de Danemarck ne trouva pas, dans les états de fon royaume, des difpofitions à faire la guerre à la Suede. Ferdinand lui donna peu de fecours. Il ne lui fut pas même poffible de partager fes forces : les fuccès des François & des Suédois en Allemagne ne le lui permirent pas.

La guerre de la Suede avec le Danemarck n'a pas de fuite.

Le vicomte de Turenne, fecond fils du duc de Bouillon, fuccéda au maréchal de Guébriant : il venoit d'être fait maréchal lui-même, quoi qu'il n'eût que trente-deux ans. Après avoir raffemblé les débris de l'armée, & fait de nouvelles levées, il ouvrit la campagne par la défaite de deux régiments bavarois, qu'il furprit auprès de Hohentwiel. D'ailleurs trop foible contre les ennemis, il les laiffa maîtres de la campagne; fe propofant de les obferver,

Turenne ne peut empêcher que Fribourg ne foit pris par le général Merci. 1643

& de chercher l'occasion de les attaquer avec avantage, lorsqu'ils auroient formé quelque entreprise. Elle ne se présenta pas : car Merci, qui les commandoit, joignoit l'habileté à la supériorité des forces. Ce Général mit le siege devant Fribourg, & Turenne fit de vains efforts pour le faire lever. La place ouvrit ses portes.

Le duc d'Enguien, & ce maréchal ne peuvent forcer Merci dans ses lignes : mais ils se rendent maîtres du cours du Rhin depuis Bâle jusqu'à Cologne.

1644

Alors le duc d'Enguien arrivoit au secours du maréchal. Ces deux grands capitaines, supérieurs en forces, auroient pû se promettre une prompte victoire, si Merci eût été moins habile. Mais ce général avoit profité de tous les avantages du terrain ; il s'étoit fortifié avec toutes les ressources de l'art, & il paroissoit impossible de le forcer dans ses lignes. L'attaque fut cependant résolue. Le 3 du mois d'août, les François se rendirent maîtres d'une hauteur, & s'ouvrirent un passage par un vallon, après un combat opiniâtre que la nuit seule termina Le lendemain le duc vit que l'ennemi lui étoit échappé, Merci s'étant retiré au de-là de Fribourg sur une montagne, où il avoit fait de nouveaux retranchements. Il commanda une nouvelle attaque le cinq. Cette action plus longue, plus sanglante que la premiere, ne fut point décisive; & le prince voyant l'impossibilité de forcer les lignes de l'ennemi, forma le projet de l'affamer. Merci décampa. On ne put le couper dans sa

marche, & quoiqu'il eût perdu son artillerie
& son bagage, on admira sa retraite. Les
Bavarois, qui avoient perdu neuf mille hommes, n'oserent plus paroître; & les François
conquirent rapidement tout le cours du Rhin,
depuis Bâle jusqu'à Cologne.

Dans les Pays-Bas, le prince d'Orange enlevoit le Sas-de-Gand aux Espagnols; lorsque
le duc d'Orléans, qui avoit sous lui les maréchaux de la Meilleraie & de Gassion, s'étoit
rendu maître de Gravelines, place importante
qui préparoit la conquête de Dunkerque & de
plusieurs autres villes maritimes. Pendant le
cours de ces succès, on apprit que les Espagnols avoient battu le maréchal de la Mothe,
pris Lérida, & fait lever le siege de Tarrago-
ne. Mais les Portugais remporterent une
grande victoire sur les frontieres de Castille,
& l'empereur avoit fait de grandes pertes.

Gallas ayant marché contre les Suédois,
qui étoient encore dans le Holstein, entreprit
de les enfermer dans le Jutland, où il se proposoit de les affamer. Torstenson, plus habile, s'ouvrit un passage, & rentra dans la Saxe,
ne laissant après lui que des pays qu'il avoit
ruinés. Gallas, alors abandonné par les Danois, fut hors d'état de le poursuivre. Il se
vit au contraire obligé de fuir devant l'ennemi: son armée, après plusieurs pertes, fut tail-
lée en pieces à Niemech; & le peu de troupes,

Autres évé-
nemens de la
campagne de
1644.

qu'il avoit confervées , périt par la famine.
D'un autre côté Ragorski , devenu allié de la
France & de la Suede, avoit fait une irruption
en Hongrie; & l'armée de l'empereur, commandée par Gœtz , après s'être affoiblie à
pourfuivre les Tranfilvains dans un pays dépourvu de vivres, acheva de fe ruiner au fiege de Caffovie, fans pouvoir prendre cette
place.

1644
La diete de
Francfort eft
contraire aux
vues de l'em-
pereur.

Plus Ferdinand faifoit de pertes, plus le
corps de l'empire fe montroit contraire à fes
vues. Alors fe tenoit à Francfort une diere,
qui s'étoit affemblée en 1643 , & que les conteftations firent durer jufqu'en 1645. Sur ce
qu'elle demanda qu'on délibérât d'abord fur
les moyens de terminer la guerre, l'empereur
propofa de commencer par rétablir la paix au
dedans de l'empire : c'eft qu'il vouloit une paix,
qui , comme celle de Prague, tendît à réunir
tout le corps germanique contre les ennemis
de la maifon d'Autriche. Cette propofition
fut rejetée tout d'une voix. On reconnut
que la paix au dedans de l'empire devoit
être un effet de la paix affurée au dehors ;
& on conclut de délibérer fur la maniere de traiter avec les puiffances étrangeres.

Le college des
princes & ce-
lui des villes
prennent la

Le congrès pour la paix générale étoit
une occafion que toutes les puiffances d'Allemagne vouloient faifir pour recouvrer leurs

privileges, & faire valoir leurs droits : c'est
pourquoi, malgré l'empereur, le college des
princes & celui des villes résolurent d'y envoyer leurs députés. Le college électoral tenta vainement de leur faire abandonner cette
résolution. On agita même, s'il ne conviendroit pas de transporter la diete entiere au
lieu du congrès. Enfin l'empereur eut encore la mortification de ne pas obtenir les contributions qu'il demandoit pour soutenir la guerre. Ces contradictions, jointes aux mauvais
succès des armes, forcerent la maison d'Autriche à consentir que les plénipotentiaires,
qui s'étoient rendus à Munster & à Osnabruck, commençassent les conférences; & le
congrès s'ouvrit le premier décembre 1644.

résolution
d'envoyer
leurs députés
au congrès
qui s'ouvre.

LIVRE QUINZIEME.

CHAPITRE PREMIER.

Des intérêts & des vues des principales puissances.

Situation embarrassante de l'empereur. **L**A France occupoit les villes forestiéres, presque toute la haute & basse Alsace, plusieurs places dans les électorats de Cologne & de Treves, & dans le Luxembourg. La Suede, qui étoit maîtresse de la Poméranie, avoit encore des garnisons en Boheme, en Silésie, en Moravie, en Westphalie & dans la haute & basse Saxe. L'empereur, malgré la paix de Prague qui avoit paru lui donner des alliés, pouvoit difficilement réparer tant de pertes. Il tiroit peu de secours du duc de Lorraine, que la France avoit depouillé. Le duc de Baviere

viere étoit fon unique appui. Les Polonois perfiftoient à n'être que les fpectateurs de la guerre. Le roi de Danemarck, qui avoit pris les armes contre la Suede, étoit à la veille de faire fa paix. Les électeurs de Saxe & de Brandebourg, contents de garantir leurs états, croyoient faire affez, s'ils reftoient neutres; & les princes d'Italie obfervoient la même neutralité. Abandonné des états de l'empire, Ferdinand avoit encore contre lui le landgrave de Heffe-Caffel & l'électeur de Treves; & Ragoski faifoit de temps en temps des diverfions qui lui donnoient au moins de l'inquiétude.

Preffé de toutes parts, il n'avoit de ref-fources, que dans l'efpérance de divifer les deux couronnes alliées, & dans l'attente des troubles, que la minorité de Louis XIV pou-voit produire. Une pareille révolution le fau-voit: car dès que la France feroit déchirée par une guerre civile, elle ne pourroit plus agir au dehors; & les Suédois, abandonnés à eux-mêmes, feroient trop foibles pour fe maintenir en Allemagne. Alors les princes de l'empire ne les jugeant plus capables de pro-téger la liberté, & ne voyant en eux que des étrangers dont les fuccès leur donnoient de la jaloufie, devoient naturellement traiter avec l'empereur, & s'unir à lui pour les chaf-fer.

Il lui fal-loit divifer les deux couron-nes, ou atten-dre que la minorité de Louis XIV caufât des troubles.

Tom. XIV. Q

Il comptoit
sur l'un ou
l'autre de ces
événements,
& se refusoit
à la paix.

Mais plus l'empereur faisoit d'efforts pour diviser les deux couronnes, plus il resserroit les nœuds de leur alliance. Cet artifice étoit trop usé. Plusieurs années de succès prouvoient à la France & à la Suede, que si elles persistoient dans leur union, elles deviendroient les arbitres de la paix. D'un autre côté les troubles ne menaçoient pas encore la France. La guerre même paroissoit l'en garantir, parce que c'étoit une occasion d'éloigner ceux qui pourroient en causer. Cependant l'empereur comptant toujours sur l'un & l'autre de ces événements, ou sur tous deux ensemble, s'opiniâtroit à ne pas vouloir la paix; & la France, qui ne pouvoit pas encore obtenir tout ce qu'elle desiroit, ne la vouloit pas davantage. Elle songeoit à faire de nouvelles conquêtes, afin de mettre son ennémi dans la nécessité de subir les conditions qu'elle lui imposeroit.

Il étoit bien
plus facile au
roi d'Espagne
de troubler la
France & d'en
détacher les
Provinces-U-
nies.

Après la perte du Portugal, de la Catalogne, du Roussillon & de plusieurs places conquises dans les Pays-Bas par les François & par le prince d'Orange, l'Espagne, à qui l'alliance de la France avec la régente de Savoie, sœur de Louis XIII, ne permettoit pas de faire des progrès en Italie, ne pouvoit acheter la paix qu'en sacrifiant des provinces entieres. Don Louis de Haro, qui avoit succédé au comte-duc d'Olivarès, alors disgracié, aimoit mieux, comme l'empereur, attendre quelque révolution, que de faire de si grands sacrifices. Il faut convenir qu'il étoit beaucoup mieux fondé. Par les intelligences que les Espagnols entretenoient en France depuis si long-temps, il leur étoit plus permis de se flatter d'y causer des troubles; & ils pouvoient encore plus se promettre de détacher les Provinces-Unies de l'alliance de Louis XIV.

Il étoit vraisemblable qu'après que la Suede auroit traité séparément, l'empereur, s'il venoit à bout de chasser de l'Allemagne les François, tourneroit toutes ses forces contre les Suédois pour leur enlever ce qu'il leur auroit cedé. Il étoit donc de leur intérêt de traiter conjointement avec la France, & avec les princes de l'empire, afin de trouver une garantie sure dans une ligue puissante, dont les membres devoient toujours se réunir, pour défendre les acquisitions que chacun auroit faites.

La Suede ne pouvoit traiter surement sans garantie.

La Hollande n'avoit pas le même besoin d'une garantie. Si on lui offroit de la reconnoître pour une puissance indépendante, & de lui abandonner toutes les places qu'elle demandoit, elle pouvoit conclure sans rien appréhender pour l'avenir. Il y avoit plus de vingt ans que la guerre avoit recommencé: chaque année l'Espagne s'étoit épuisée, autant par ses

Mais l'impuissance de l'Espagne étoit une garantie suffisante pour la Hollande.

Q 2

efforts que par ses pertes ; & la maniere dont
elle étoit gouvernée, ne permettoit pas de
présumer qu'elle pût jamais se rétablir. Par
conséquent, quelques avantages qu'on lui sup-
posât, lorsqu'elle feroit sa paix avec la France, il étoit naturel de juger qu'elle seroit long-
temps hors d'état de former de grandes entreprises. Il lui étoit plus difficile de porter la
guerre dans la Hollande, qu'à l'empereur dans
la Poméranie ; & il n'étoit pas aussi facile à la
Suede de défendre cette province, dont elle
étoit séparée par la mer, qu'il étoit facile à
la Hollande de défendre ses propres frontieres.
Si l'Espagne reprenoit donc jamais les armes,
pour recouvrer ses anciens droits sur tous les
Pays-Bas, elle devoit échouer, puisque Philippe II, avec toute sa puissance, avoit échoué
lui-même.

D'ailleurs
cette républi-
que pouvoit
au besoin
compter sur
les secours de
la France con-
tre l'Espagne.
Il est vrai que les Provinces-Unies ne s'é-
toient soutenues jusqu'alors que par les secours
de leurs alliés. Mais il est vrai aussi, qu'elles
pouvoient compter d'être secourues, toutes
les fois que l'Espagne les menaceroit. Il n'auroit pas été de l'intérêt de la France de les laisser succomber ; & cette couronne, oubliant
leur infidélité, auroit armé pour les défendre.
La Hollande n'avoit donc pas besoin d'une garantie, comme la Suede : ou plutôt l'intérêt
de la France, joint à l'impuissance de l'Es-

pagne, étoit pour elle une garantie plus sûre
qu'un traité.

Bien plus. Si les États-Généraux, fideles à
leurs engagements, se faisoient un point d'honneur de traiter conjointement avec la France,
ils s'exposoient à rendre la maison de Bourbon aussi redoutable, que l'avoit été la maison d'Autriche. Or, pour abaisser l'une, ils
ne devoient pas trop élever l'autre : ils ne devoient pas rester unis à la France, jusqu'à ce
qu'elle eût satisfait son ambition ; & s'exposer
à devenir les voisins d'une monarchie, qui paroissoit alors devoir bientôt dominer dans l'Europe. Les provinces, que les Espagnols conservoient dans les Pays-Bas, étoient une barriere qu'il falloit laisser subsister. Il étoit donc
de l'intérêt des États-Généraux de traiter séparément ; & bien loin d'avoir besoin de la garantie de la France contre l'Espagne, l'Espagne devenoit une garantie pour eux contre la
France même.

Et il pouvoit arriver qu'el-le auroit be-soin des se-cours de l'Es-pagne contre la France.

Nous ne devons compter sur nos alliés,
qu'autant qu'ils ont avec nous des intérêts
communs : nous serons abandonnés, si ces intérêts cessent. Nous le serons, à plus forte raison, s'ils s'en font de contraires, & s'ils commencent à nous craindre. Par conséquent, si
le cardinal Mazarin a cru s'assurer des Provinces-Unies par le traité de 1644, il s'est trom-

Mazarin dé-voit peu c om pter sur le der-nier traité fai-avec les Prot-vinces-Unies.

Q 3

pé : il a eu raiſon, s'il a cru ſeulement mettre un obſtacle aux négociations de la cour de Madrid, & en retarder l'effet. Il a pu penſer avec fondement que les États-Généraux ſeroient arrêtés quelque temps par la crainte de s'expoſer aux reproches d'infidélité.

Dans une pareille conjoncture, l'Eſpagne doit tout accorder aux Provinces-Unies pour les ſéparer de la France ; & la France doit faire valoir la foi des traités, ſans oublier de rappeller les ſecours qu'elle n'a ceſſé de donner à cette république, & d'en exiger la reconnoiſſance qu'elle eſt en droit d'en attendre. Mais la Hollande, de ſon côté, doit chercher les moyens de concilier ſes intérêts avec les circonſtances délicates où elle ſe trouve, & cependant ſe mettre à l'abri de tout reproche. Voilà ce qui ſe fera, & ce ſeul expoſé me diſpenſera d'entrer dans de grands détails à ce ſujet.

Le cardinal Mazarin fera bien de ſe récrier d'avance ſur l'infidélité & ſur l'ingratitude des Provinces-Unies, ſi elles paroiſſent déterminées à traiter ſéparément. Ces cris pourront au moins ſuſpendre leurs réſolutions. Mais de pareilles plaintes ne ſont pas auſſi fondées, qu'on le juge au premier coup d'œil.

En s'engageant à ne traiter que conjointement, la France & la Hollande ſuppoſoient

Mais ſi elles paroiſſent vouloir traiter ſéparément, il doit leur reprocher leur infidélité & leur ingratitude.

Cependant le reproche d'in-

fans doute, qu'elles vouloient l'une & l'autre
fincérement la paix, & qu'elles agiroient avec
la même fincérité pour en conclure une avantageufe à toutes deux.   Si les François euffent
exigé qu'on ne traitât pas fans eux, & que cependant ils euffent déclaré qu'ils mettroient
tous les jours de nouveaux obftacles à la paix,
les États-Généraux, à qui elle étoit néceffaire,
auroient fans doute, rejeté cette propofition.
Le cardinal Mazarin n'eut garde de laiffer découvrir fes deffeins fecrets.   Je ne fais comment fa diffimulation pourroit en pareil cas fe
concilier avec la bonne foi.   Il eft au moins
certain qu'il arracha aux Provinces-Unies un
confentement qu'elles auroient refufé, fi ce
miniftre eût été moins diffimulé.   Il leur tendit un piege, & elles y donnerent.   Mais lorfqu'elles s'en appercevront, ne leur fera-t-il
pas permis de chercher à fe dégager ? & fi on
leur reproche leur infidélité, ne pourroient elles pas fe plaindre d'avoir été trompées les premieres ?   Je ne trouve pas plus de fondement
dans l'accufation d'ingratitude.

La reconnoiffance & l'ingratitude ont lieu
entre des particuliers, parce qu'il arrive tous
les jours qu'on rend fervice, fans fonger à
d'autre avantage qu'au plaifir de fervir: mais
de nation à nation, ce cas eft extrêmement rare.   J'en vois des exemples dans l'hiftoire ancienne, & je ne fais pas fi la moderne en four-

fidélité étoit peu fondé.

*Celui d'ingra-
titude l'étoit
tout auffi peu.*

Q 4

nir. Il est au moins certain que si la France a
donné long-temps des secours aux Provinces-
Unies, c'est qu'il étoit de son intérêt d'affoiblir l'Espagne & d'en consumer les forces dans
les Pays-Bas.   Le reproche d'ingratitude étoit
donc plus spécieux que solide.   Vous nous a-
vez secourus, pouvoient dire les États-Généraux, parce qu'en bonne politique vous le de-
viez pour votre avantage.   Devons-nous donc
par reconnoissance continuer une guerre, que
nous ne pouvons plus soutenir? & lorsqu'on
nous accorde tout ce que nous demandons,
faudra-t-il, pour satisfaire votre ambition, &
sans espérance d'aucune utilité, nous exposer
à tout perdre? Quand même les choses réussi-
roient pour vous & pour nous, comme vous
le présumez; ne pourrions-nous pas nous repentir un jour d'avoir contribué à des succès
que nous partagerions aujourd'hui? La reconnoissance oblige-t-elle donc à de si grands sacrifices? Si vous voulez que nous traitions
ensemble, hâtez vous, comme nous, de faire
la paix.   L'occasion est favorable.   Elle peut
vous échapper: il ne faut qu'une maladie dans
vos armées, une bataille perdue, une guerre
civile.

& on ne peut
qu'applaudir
à la Hollande,
si elle ne se
laisse pas

Ces raisons étoient bonnes, & on n'osoit
pas les dire. Les Provinces-Unies cherchoient
donc d'autres excuses, & le cardinal s'en prévaloit pour les accuser d'ingratitude & d'infi-

délité. Regardant fes premieres fuccès comme un augure de ceux qu'il fe promettoit encore, il ne feignoit de defirer la paix, que
parce qu'il y étoit forcé ; & il tentoit tout
pour engager fes alliés à continuer la guerre
qu'il affectoit de vouloir finir. Mais fi les Hollandois ne font pas trompés par fes artifices,
ils ne mériteront que des éloges. Telle eft la
différence qui fe trouvoit entre les intérêts de
la France & ceux des Provinces-Unies.

La Suede devoit pour fon intérêt traiter
conjointement avec la France, & la Hollande
devoit traiter féparément, fi on lui accordoit
ce qu'elle demandoit. Il n'étoit pas fi facile à
Maximilien duc de Baviere, de décider lequel
étoit pour lui plus avantageux, de fe détacher
de Ferdinand ou de lui refter uni. Le haut Palatinat & la dignité électorale, que l'empereur
lui avoit donnée, & qu'il lui garantiffoit,
étoient une raifon pour ne pas l'abandonner.
Cependant pouvoit-il ne pas craindre d'être enveloppé dans la ruine d'un prince auquel il
donnoit plus de fecours qu'il n'en recevoit ?
& devoit-il embraffer le parti des deux couronnes qui s'intéreffoient au rétabliffement du
prince palatin.

Ce dernier parti paroiffoit le plus fûr. Car
s'il s'opiniâtroit à courir jufqu'au bout la même fortune avec l'empereur, il s'expofoit à tout

Marginal notes:
tromper aux
artifices du
cardinal.

fi Maximilien
duc de Bavie-
re, étoit dans
une pofition,
où il ne fa-
voit, s'il de-
voit fe déta-
cher de l'em-
pereur ou lui
refter uni.

le reffentiment de la France & de la Suede, qui le regardoient avec raifon comme l'auteur de la guerre, & comme le plus grand obftacle à leurs projets. Si, au contraire, il traitoit avec ces puiffances, lorfqu'il méritoit encore d'être recherché, il pouvoit compter fur des conditions avantageufes, parce que fa défection les rendoit arbitres de la paix. Mais c'étoit manquer à la reconnoiffance; c'étoit démentir toute la conduite qu'il avoit tenue jufqu'alors. Se voyant donc encore en état de foutenir la guerre, il réfolut de demeurer fidele à fes engagements, d'attendre quelque révolution, de retarder la paix, de regarder comme une derniere reffource l'alliance que la France lui offroit, & de fe juftifier au moins par la néceffité où il fe trouveroit réduit. Vous voyez que Maximilien eft dans une pofition à faire durer la guerre ou à la faire finir, fuivant la conduite qu'il tiendra.

Les autres princes de l'empire avoient peu d'influence par eux mêmes, & ne demandoient que la paix. Les autres alliés de la maifon d'Autriche avoient par eux-mêmes peu d'influence. Les électeurs de Cologne, de Mayence, & le duc de Neubourg paroiffoient difpofés à fuivre les impreffions du duc de Baviere. Les électeurs de Saxe & de Brandebourg, & les ducs de Lunebourg avoient pris le parti de la neutralité. Les autres, trop foibles pour balancer les grandes puiffances, étoient entraînés malgré eux. Las d'une longue guerre, qui ruinoit leurs états, ils ne demandoient que la paix; & si la France & la Suede l'offroient, ils étoient prêts à se déclarer contre l'empereur pour le forcer à l'accepter. Ainsi Ferdinand avoit mis sa ressource dans l'espérance de diviser ses ennemis, & il voyoit son parti se détruire insensiblement par les divisions.

Sans m'arrêter sur les divers intérêts qu'un si grand nombre de princes avoit à discuter, je saisirai cette occasion pour vous donner une idée du gouvernement de l'empire. La suite demande que vous en ayez au moins une connoissance générale.

Il seroit impossible de suivre le gouvernement de l'empire dans toutes les variations qu'il a souffertes. Il étoit de nature à varier continuellement, & ce sera assez pour nous d'observer les changements principaux, sous les différentes périodes.

L'empire étoit sujet par sa nature à bien des variations.

L'année 911 que mourut Louis IV, fils d'Arnoul & le dernier des descendants de Louis le Germanique, est l'époque où l'Allemagne se sépara pour toujours de l'empire que Charlemagne avoit gouverné. La couronne de Germanie devint élective, & le droit d'élire appartint aux états, où le peuple étoit appellé: mais les évêques, les ducs & les comtes y avoient plus d'autorité, parce qu'ils étoient plus puissants.

Après Louis IV la couronne devint tout-à-fait élective.

Effets de cette révolution pendant la premiere période, sous les princes de la maison de Saxe.

Cette révolution eut des suites. On les remarque dans le cours de la premiere période, qui finit en 1024, à la mort de Henri II, dernier prince de la maison de Saxe. Les grands commencerent à dépendre moins du souverain qu'ils avoient élu, & qui étoit obligé de les ménager pour conserver la couronne dans sa famille. Les duchés devinrent des fiefs héréditaires: les empereurs eurent des vassaux dans les provinces, au lieu de gouverneurs; & pour balancer la puissance de ces princes, les Ottons imaginerent d'élever le clergé, & d'ériger en principautés des évêchés & des abbayes; mauvaise politique, qui fut la source de bien des désordres.

Origine des comtes palatins, des margraves, landgraves, &c.

Les rois d'Allemagne, dans l'usage de visiter leurs provinces, ont été long-temps sans avoir de résidence fixe. C'est pourquoi on donna le titre de comte aux magistrats, qui rendoient la justice, & qui les accompagnoient par tout où ils transportoient leur cour. Le premier comte fut par cette raison nommé comte du palais ou palatin.

Il falloit donc, pour attendre le jugement d'un procès, voyager avec la cour, & passer souvent d'une extrémité de l'Allemagne à l'autre. Cet inconvénient fut sans doute cause, qu'on établit des comtes dans les provinces. Or, ces comtes devinrent de juges, gouverneurs, & de gouverneurs, vaſſaux.

Ces magiſtrats dans l'origine étoient choi-ſis parmi les hommes à qui l'âge donnoit ou ſuppoſoit de l'expérience. En conſéquence on les nomma *graves*, mot qui ſignifie gris. De-là viennent les margraves, les landgraves, les burgraves, &c. qui ne ſont que des eſpeces de comtes. Les margraves commandoient ſur les frontieres, les landgraves dans des provinces, & les burgraves dans des villes, & dans des châteaux. Pendant la premiere période, on pouvoit déja prévoir que les comtés ſeroient bientôt héréditaires.

Les dietes étoient l'aſſemblée des évêques, des abbés, des ducs, des comtes, de la no-bleſſe & des députés du peuple. Elles éliſoient les rois, qui n'oſoient prendre le titre d'em-pereur, qu'après avoir été ſacrés par le pape. Elles faiſoient les loix, décidoient de la guer-re & de la paix, & jugeoient les membres de l'empire.

Privileges des dietes.

Les rois de Germanie jouiſſoient de toutes les autres prérogatives de la ſouveraineté, comme de nommer aux principaux béné-fices, de convoquer les conciles & les dietes, de confirmer ou d'annuller l'élection des papes, de conférer les fiefs

Prérogatives des rois de Germanie.

vacants, de faire rendre la juſtice en leur nom dans toute l'étendue de l'empire, &c. Ils diſpoſoient ſur-tout de l'Italie.

Ils les perdent preſque toutes ſur la fin de la ſeconde période qui comprend les princes de la maiſon de Franconie.
Toute cette puiſſance s'évanouit preſque pendant la ſeconde période, qui finit en 1137, à la mort de Lothaire II, & qui comprend les princes de la maiſon de Franconie. Les évêques qui voulurent ſe rendre indépendants, les ducs qui les favoriſerent par leurs révoltes fréquentes, Grégoire VII qui les enhardit par ſes entrepriſes, les Normands qui prirent les intérêts du ſaint ſiege, & les comtés qui, pendant les troubles, devinrent abſolument héréditaires, ont été les cauſes de cette révolution.

Pendant la troiſieme, ſous les princes de la maiſon de Suabe, il n'y a que des troubles.
Sous les princes de la maiſon de Suabe, qui rempliſſent la troiſieme période, les querelles entre le ſacerdoce & l'empire, les factions des Guelfes & des Gibelins, & les ſchiſmes dans l'empire & dans l'égliſe porterent les déſordres juſqu'aux derniers excès. L'autorité des papes s'accrut en Italie par la ruine de celle des empereurs: ils commencerent à former des prétentions ſur la ſouveraineté de Rome: ils regarderent l'empire comme un fief du ſaint ſiege: & ſi leurs ſuccès ne répondirent pas à toute leur ambition, ils ſe rendirent au moins redoutables à deux grands hommes, Frédéric I, ſurnommé Barberouſſe, & Frédéric II.

Il arriva bien des changements dans cet intervalle. Les empereurs créerent dans les duchés plusieurs principautés, qui ne releverent que d'eux seuls. Plusieurs villes, sous leur protection, commencerent à se soustraire aux ducs & aux évêques. Les états formerent des ligues pour veiller à leur sureté ; & des peuples, en Allemagne & en Italie, tenterent de se gouverner en républiques.

Ces troubles occasionnent plusieurs changements.

Mais dans la quatrieme période, qui commence en 1524, à la mort de Conrad IV, fils de Frédéric II, il se fit encore de plus grandes révolutions. Ce fut un temps d'anarchie jusqu'en 1273, que Rodolphe de Habsbourg fut élevé à l'empire.

La quatrieme période est un temps d'anarchie.

Guillaume, comte de Hollande, qu'une faction avoit élu roi des Romains en 1247, du vivant même de Frédéric, fut reconnu en 1244 & mourut en 1256. Il y avoit déja long-temps que les évêques & les ducs, qui exerçoient les grandes charges de la couronne, s'étoient arrogé le droit de premiere élection, en sorte que les dietes ne faisoient que confirmer le choix qu'ils avoient fait. Dès le commencement de cette quatrieme période, ils donnerent l'exclusion à tous les autres princes, & leur choix n'eut plus besoin d'être confirmé. Ils acquirent insensiblement ce droit pendant les troubles ; parce que la difficulté

C'est alors que les évêques & les ducs qui avoient le droit de premiere élection, s'arrogent à eux seuls le droit d'élire l'empereur.

de fe rendre aux dietes, fit regarder comme
un avantage de ne pas s'y trouver : en effet,
les brigands, qui infeſtoient tous les chemins, faifoient une néceſſité de marcher avec
une armée. Il n'y avoit déja dans ce temps-
là que fept électeurs, qui étoient les arche-
vêques de Mayence, de Cologne, & de
Treves, le roi de Boheme, le duc de
Baviere, comte palatin, le duc de Saxe,
& le margrave de Brandebourg.

Pour s'affu-
rer les ufurpa-
tions qu'ils
ont faites, ils
donnent la
couronne im-
périale à des
princes dé-
nués de forces.
Ces électeurs acheverent de ruiner l'autorité impériale. Comme ils s'étoient agrandis
par des ufurpations, ils s'accorderent tous à la
mort de Conrad, pour chercher parmi les
princes étrangers, un chef qui fût dénué de
forces en Allemagne : mais ils fe partagerent
fur le choix. Les uns élurent Richard de
Cornouailles, fecond fils de Jean Sans-terre
& frere de Henri III, & les autres élurent
Alphonfe le Sage, roi de Caftille.

La guerre des Maures & la révolte des Caftillans ne permirent pas à celui-ci de s'éloigner de fon royaume. Richard, fans concur-
rent, fit trois voyages en Allemagne, où il
répandit des tréfors. Il fut reconnu, tant qu'il
eut de quoi donner : il perdit fes partifans,
lorfqu'il n'eut plus rien ; & il mourut en Angleterre en 1271. Ce n'eft pas fans fondement
que plufieurs écrivains font commencer à la
mort

mort de Conrad l'interregne qui finit à l'élection de Rodolphe : car Guillaume & Richard
n'ont eu qu'une ombre de souveraineté.

Cet intervalle est un temps d'anarchie, où le
besoin de veiller à la sûreté publique, fut l'occasion de plusieurs établissements nouveaux.
Sur l'une & l'autre rive du Rhin, depuis Zu-
rich jusqu'au dessous de Cologne, les princes
& les villes se liguerent pour leur défense commune. Les villes commerçantes conclurent
une alliance, qui devint célebre sous le nom
de ligue Hanséatique. En Franconie, en Suabe & sur le Rhin, les seigneurs ayant fait des
confédérations particulieres, se rendirent indépendants des ducs, de l'empereur, & releverent immédiatement de l'empire. Cette
noblesse se distingue par son *immédiateté*, de
la noblesse soumise à quelques princes particuliers. Elle est antérieure à la quatrieme période ; mais il paroît au moins qu'elle dût alors
se multiplier davantage. Elle est souveraine
dans ses terres : cependant elle n'a point de
part au gouvernement de l'empire, & elle n'est
jamais appellée aux dietes.

Interregne qui donne lieu à des ligues,

Si ces seigneurs devinrent indépendants,
les princes plus puissants de l'Allemagne acheverent de s'arroger toutes les prérogatives de
la souveraineté. Les électeurs firent plus : car
ils se partagerent presque tous les domaines

& à des usur- pations.

Tom. XIV. R

de la couronne. Les gouverneurs d'Italie se firent des principautés de leurs gouvernements: & les Danois, les Polonois & les Hongrois se séparerent de l'empire, & cefferent d'en être tributaires.

Pendant la cinquieme période les empereurs occupés de l'agrandissement de leur maison, ou des troubles de l'empire & de l'église, n'ont pu recouvrer les domaines & les prérogatives enlevés à leur couronne.

C'est à ces temps de troubles qu'il faut remonter, pour appercevoir dans l'origine les divers droits des membres du corps germanique. Les abus qui s'introduisirent alors, devinrent des droits incontestables pendant le cours de la cinquieme période, que Rodolphe de Habsbourg commença. Ce prince fut trop foible pour recouvrer les terres & les prérogatives de la couronne. Il y eut ensuite des interregnes, des guerres civiles, des empereurs qui ne s'occuperent que de l'agrandissement de leur famille. Les querelles entre le sacerdoce & l'empire recommencerent sous Louis V & Charles IV: Wenceslas & Robert I acheverent de dissiper les domaines de l'empire; & Sigismond, qui finit la cinquieme période, en 1337, se vit engagé dans la guerre des Huffites, après avoir donné tous ses soins à faire cesser le grand schisme. Pendant cet intervalle, les empereurs furent dans l'impuissance de recouvrer ce que leurs prédécesseurs avoient perdu, ou même ils ne parurent pas en avoir le dessein. Les électeurs formerent un college particulier, auquel la bulle d'or confirma le droit d'élire le roi des Romains,

& on diftingua deux autres claffes : celle des
princes & celle des villes libres. Cependant
ces trois états ne formoient qu'un feul corps
dans les affemblées générales ; & c'eft dans la
diete de Nuremberg, tenue en 1466, 1467,
&c. qu'on les voit diftribués pour la premiere
fois en trois colleges différents.

La fixieme & derniere période commence
avec le regne d'Albert II en 1437. La couronne impériale n'eft plus fortie de la maifon
d'Autriche : mais, jufqu'à Charles-Quint, l'empereur n'étoit proprement que le chef d'un
corps de fouverains. Les électeurs avoient
alors la principale autorité : ils s'étoient arrogé prefque tous les droits, que les princes
& les villes partageoient auparavant dans les
dietes : ils parurent même fe les affurer, lorfqu'ils prefcrivirent des capitulations à Charles-
Quint & à fes fucceffeurs. Cependant ils furent au moment de fe voir enlever ce qu'ils
avoient eux-mêmes ufurpé fur les deux autres
colleges. Ainfi la fouveraineté, qui avoit ap-
partenu à la nation entiere, fe renfermoit peu-
à-peu dans un petit nombre de membres,
& paroiffoit devoir un jour fe trouver uniquement dans le chef.

Après tant de révolutions, le gouvernement étoit dans un vrai chaos. On réclamoit

Lorfqu'après tant de révolutions, les princes de l'empire n'avoient plus dans la fixie-me période que des prétentions, dont la force feule pouvoit faire des droits, les héréfies feme-rent de nou-velles divi-fions.

R 2

de toutes parts pour recouvrer des droits perdus, ou pour conserver des droits usurpés.
D'un côté, les électeurs s'élevoient contre
l'empereur, auquel ils reprochoient d'avoir
violé sa capitulation : de l'autre, exposés aux
plaintes des princes & des villes libres, qu'on
n'appelloit presque plus aux dietes que pour
contribuer aux charges, ils s'unissoient à l'empereur, afin de disposer avec lui de l'empire.
Le luthéranisme refusoit de rendre ce qu'il
avoit usurpé : le calvinisme, auparavant exclus
de l'Allemagne, s'y étoit établi, & vouloit
s'y maintenir. Enfin chaque prince, chaque
ville libre avoit à se plaindre, & formoit des prétentions. L'objet du corps germanique étoit donc de concilier, dans le traité de
paix, les intérêts des trois religions, ceux de
tous les princes & ceux de toutes les villes impériales.

Après cet exposé, il est facile de saisir le
plan que la France & la Suede se sont fait,
pour attirer peu-à-peu dans leur parti tous
les états de l'empire.

Elles déclarerent n'avoir pris les armes que
pour défendre la liberté germanique. Si les
électeurs vouloient donc forcer Ferdinand à
remplir les engagements de sa capitulation,
ils devoient s'unir à ces deux puissances ; &

*Dans cet état
des choses, il
étoit naturel,
que les mem-
bres de l'em-
pire s'unissent
à la France &
à la Suede, qui
offroient de
faire cesser
l'oppression.*

les deux autres colleges devoient s'y unir encore, s'ils vouloient recouvrer les droits ufurpés fur eux par les électeurs. Le corps de l'empire fe divifoit donc naturellement, & tous les membres devoient fe détacher les uns après les autres.

Mais, dira-t-on, comme la France fongeoit à conferver la meilleure partie de fes conquêtes, le deffein de la Suede étoit de fe faire un établiffement dans l'Allemagne, en acquérant la Poméranie, l'archevêché de Bremen, les évêchés de Verden, d'Halberftadt, d'Ofnabruck & de Minden. Voilà le vrai motif pour lequel elles avoient pris les armes l'une & l'autre ; & la liberté de l'empire n'étoit qu'un prétexte, qui ne pouvoit tromper perfonne. Il eft vrai : mais comme ce prétexte étoit l'unique moyen de remplir leur objet, il devenoit partie de l'objet même ; & par conféquent, le corps germanique trouvoit fon intérêt à traiter avec elles. Il devoit donc appuyer leurs prétentions pour foutenir les fiennes, & former une ligue où toutes les puiffances fe garantiroient mutuellement ce qu'elles auroient acquis ou recouvré. D'un côté, la Suede offroit fa protection aux Proteftants, de l'autre la France offroit la fienne aux Catholiques qui fe déclaroient neutres. Ni les

Ils pouvoient compter fur la protection de ces deux puiffances, parce qu'elles ne pouvoient s'agrandir qu'en ménageant leurs intérêts.

R 3

uns ni les autres ne s'intéressoient à Ferdinand:
les électeurs, les princes, les villes, tous
vouloient s'enrichir de ses dépouilles. Ils n'attendoient pour l'abandonner, que le moment
où ils cesseroient de le craindre. Il ne falloit
donc qu'achever d'épuiser ses forces, pour
lui faire perdre les alliés qui lui restoient; &
le succès de la négociation dépendoit du succès des armes.

Pour forcer
Ferdinand &
Maximilien à
la paix, la
France se pro-
pose de porter
la guerre dans
les états héré-
ditaires &
dans la Ba-
viere.

La France, qui s'étoit contentée jusqu'alors de faire des conquêtes sur ses fron-
tières, adopta le projet de la Suede, qui
vouloit qu'on établît le théâtre de la guerre
dans les provinces, d'où l'empereur tiroit
tous ses secours; c'est-à-dire, dans les états
héréditaires & dans la Baviere. Elle se proposoit sur-tout d'attaquer vigoureusement
Maximilien, & d'offrir en même temps de
lui conserver le haut Palatinat & la dignité
électorale. Elle vouloit le faire entrer dans
ses vues, en lui faisant une nécessité d'accepter les avantages qu'elle lui offroit. L'habileté des généraux paroissoit répondre du
succès de cette négociation. Il ne falloit
pas de foibles efforts pour dépouiller l'empereur de l'autorité qu'il s'arrogeoit, pour
le réduire à n'être plus que le chef de l'empire, & pour forcer la maison d'Autriche

à renoncer à tant de provinces qu'on prétendoit lui enlever. Tels étoient les intérêts & les vues des principales puissances.
Vous voyez qu'on étoit loin de conclure encore, quoique les plénipotentiaires eussent
ouvert le congrès.

CHAPITRE II.

Du traité de Weſtphalie ou des négo-
ciations faites à Munſter & à Oſna-
bruck.

Médiation
ſans effet des
Vénitiens &
du pape.

LA Suede voulut traiter ſans l'entremiſe d'aucun médiateur : les autres puiſſances accepterent la médiation du pape, qui ſe bornoit à la
réconciliation des princes catholiques, & celle
de la république de Veniſe, qui ſe propoſoit de
réconcilier toutes les puiſſances. Ces deux médiateurs n'étoient pas tout-à-fait ſans partialité :
car l'un & l'autre ne pouvoient voir avec indifférence les arrangements qu'on prendroit
par rapport à l'Italie ; & le pape devoit ſur-
tout favoriſer les Catholiques d'Allemagne. D'ailleurs, de quelle utilité étoit une
médiation, qui ſe bornoit aux Catholiques ?
Étoit-il poſſible de donner la paix à l'Europe, ſans s'occuper des intérêts des Proteſtants ? Auſſi ces deux médiateurs finiront-ils
par être les ſimples ſpectateurs de la négociation ?

Il y avoit déja plusieurs mois que le nonce Fabio Chigi & Louis Contarini, noble vénitien, s'étoient rendus au lieu du congrès, avec les plénipotentiaires de France, de Suede, de Vienne & de Madrid. Les envoyés de Portugal & de Catalogne s'y trouvoient aussi : mais comme Philippe & Ferdinand n'avoient pas voulu leur accorder des sauf-conduits, ils y étoient venus sans titre, & ils n'y paroissoient qu'à la suite des ministres de France & de Suede. Le députés des Provinces-Unies n'étoient pas encore arrivés.

On n'attendoit plus au congrès que les plénipotentiaires des Provinces-Unies.

Les plénipotentiaires étoient, pour la France, les comtes d'Avaux & de Servien; pour la Suede, le baron Oxenstiern, fils du chancelier, & Salvius; pour l'empereur, le comte de Nassau-Hedamar, & Isaac Volmar, jurisconsulte; pour l'Espagne, le comte de Diego de Saavedra & Antoine Brun.

Plénipotentiaires des autres puissances.

Je ne parlerai point des difficultés que le cérémonial fit naître : de pareils détails seroient une perte de temps pour nous, comme pour les négociateurs. Il me suffira de dire un mot des principaux obstacles, qui retarderent pendant plusieurs mois l'ouverture du congrès.

Obstacles qui retardent l'ouverture du congrès.

Le premier s'offrit, lorsqu'il fut question d'échanger les pleins pouvoirs. Ils se trouve-

1.° Pleins pouvoirs qu'-

on veut trou-
ver défec-
tueux.

rent tous défectueux, c'est-à-dire, que de part
& d'autre on voulut les trouver tels, parce
qu'on ne songeoit point encore à traiter de
bonne foi. On contesta donc comme sur les
sauf-conduits, on gagna du temps, & chacun
crut gagner beaucoup.

2.° Artifices
de la maison
d'Autriche
pour diviser
ses ennemis.

Le second obstacle vint des artifices de la
maison d'Autriche pour diviser ses ennemis:
artifices employés tant de fois, & si inutilement, & qui furent encore sans effet.

3.° Lenteur
des états de
l'empire à dé-
puter au con-
grès, comme
ils y étoient
invités par les
plénipoten-
tiaires de
France & de
Suede.

Le troisieme enfin avoit pour cause la lenteur des états de l'empire à députer au congrès.
La diete de Francfort duroit encore, & le college des villes paroissoit disposé à se séparer de
l'empereur, pour traiter de ses intérêts à Munster ou à Osnabruck. Le comte d'Avaux, les
plénipotentiaires de Suede, & le landgrave de
Hesse, voulant affermir les villes dans cette résolution, adresserent à tous les membres de la
diete des lettres circulaires, par lesquelles ils
leur représentoient leurs droits, & les invitoient à se rendre au congrès. Cette invitation
tendoit à réunir tous les états de l'empire, &
à les faire juges des différents qu'ils avoient
avec Ferdinand. Quelques-uns, retenus par
la crainte, n'oserent encore se déclarer; mais
le grand nombre résolut de forcer l'empereur
à consentir que les trois colleges, chaque
prince & chaque ville libre envoyassent

leurs députés. Il n'y eut que les électeurs qui s'y oppoſerent ouvertement, parce qu'ils vouloient ſe réſerver le droit de décider ſeuls de la guerre & de la paix.

Ferdinand auroit voulu parer le coup qu'on lui portoit. Cependant il ne pouvoit pas conteſter aux princes & aux villes le droit d'aſſiſter au congrès. Il n'oſoit donc pas ſe plaindre de l'invitation qu'on leur avoit faite : il ſe plaignit ſeulement de quelques termes peu ménagés de la lettre du comte d'Avaux. Il excita la jaleuſie des électeurs contre les deux autres colleges : il eſſaya de prouver que les différents de l'empire ne pouvoient être traités que dans une diete ; & il publia qu'il ſe propoſoit d'en convoquer une pour les régler. Cependant plus il faiſoit d'efforts, plus il perſuadoit aux états, combien il leur étoit avantageux de ſe rendre aux invitations des plénipotentiaires. En effet, ils n'auroient pas trouvé dans une diete la protection qu'on leur offroit à Munſter & à Oſnabruck. Cette vérité étoit ſenſible ; & comme ils paroiſſoient ébranlés, la France & la Suede acheverent de les déterminer par de nouvelles lettres, dans leſquelles ces deux couronnes affecterent de montrer beaucoup de zele pour la paix, & de ſe plaindre des obſtacles que la maiſon d'Autriche y faiſoit naître.

Ferdinand auroit voulu empêcher cette députation.

Le mauvais succès de ses armes le force à paroître moins contraire à la paix, & on prend jour pour les propositions.

Cependant la contestation sur les pleins pouvoirs duroit encore : on ne pensoit pas que la négociation dût commencer si tôt : & les députés des états de l'empire ne se pressoient pas de se rendre à Munster & à Osnabruck, lorsque le succès des armes de la France & de la Suede força l'empereur à montrer plus de disposition pour la paix. Les pleins pouvoirs ne souffrirent plus de difficultés : on convint des changements qu'on y feroit : on publia que la négociation alloit commencer : & du consentement des plénipotentiaires, les médiateurs assignerent le 4 décembre 1644 pour faire de part & d'autre les premieres propositions.

Les Impériaux & les Espagnols demandent qu'on leur restitue toutes les conquêtes.

Au jour marqué, les plénipotentiaires remirent leurs propositions aux médiateurs. Les Impériaux & les Espagnols offrirent la paix à condition qu'on restitueroit toutes les conquêtes ; & on faisoit observer, au nom de Philippe, que c'étoit en considération de ce que la reine régente sa sœur, & Louis XIV, son neveu, n'avoient eu aucune part aux commencements de la guerre.

Cet égard & cette restitution parurent également ridicules aux François, qui ne jugeoient pas devoir tout abandonner, après avoir soutenu une guerre aussi dispendieuse. Ils rappelloient les usurpations que l'Espagne, dans

fes temps de profpérité, avoit faites fur la
France ; & ils demandoient qu'avant d'exiger
qu'on lui rendît quelque chofe, elle reftituât
touc ce qu'elle retenoit injuftement.

En même temps les Impériaux & les Efpagnols éclaterent, lorfqu'ils apprirent que
les François & les Suédois, au lieu d'entrer en
matiere, n'avoient propofé qu'un préliminaire.
Ils crurent avoir trouvé l'occafion de les convaincre de ne chercher qu'à retarder la paix.
Ce reproche ne paroiffoit pas fans fondement:
car les deux couronnes s'étoient bornées à demander enfemble, qu'on attendît les états de
l'empire, & qu'on fît de part & d'autre des
inftances pour les preffer de fe rendre au congrès. La France demandoit même encore que
l'empereur rendît la liberté à l'électeur de Treves, afin que ce prince pût fe trouver à l'affemblée par lui-même ou par fes députés.

La Suede & la France fe bornent à demander qu'on attende les députés des états de l'empire.

Le parti de la maifon d'Autriche repondoit,
que fi les états refufoient de fe hâter, ou même de venir, ce n'étoit pas une raifon pour
retarder la négociation, ou pour la rompre.
A quoi on repliquoit, que puifqu'on avoit
pris les armes pour foutenir les droits des états,
on ne pouvoit rien conclure fans eux ; & que
leur confentement étoit néceffaire pour affurer
l'exécution du traité. Il eft vrai qu'on pouvoit d'abord le conclure, & exiger enfuite
qu'il fût ratifié dans une diete générale. C'eft

On les attend, en difputant fi on les attendra.

ce qu'on propofoit : mais cette propofition n'a-
gréoit ni à la Suede ni à la France.　Dans une
diete, les états auroient agi féparément, après
coup, & avec moins de liberté.　Dans le congrès, au contraire, ils feroient d'autant plus
libres qu'ils dépendroient moins de l'empereur ; ils traiteroient conjointement avec les
deux couronnes ; ils auroient avec elles un
même intérêt ; & ils leur feroient favorables,
afin d'en être protégés.　Pendant qu'on agitoit
avec de bonnes & de mauvaifes raifons, fi
on les attendroit, on les attendoit
en effet.　Il en étoit déja venu un grand
nombre ; & on auroit pu commencer, fi le cérémonial, qu'il falloit régler, n'avoit pas donné le temps d'en attendre d'autres encore.

Malgré les oppofitions de Ferdinand, le congrès eft regardé comme une diete gé-nérale de l'empire.

Plus les deux couronnes invitoient les états,
plus l'empereur faifoit d'efforts pour les exclure de la négociation.　Il eût au moins voulu
n'y admettre que les électeurs : mais il fut encore obligé de céder aux deux autres colleges,
qui fe voyoient trop bien foutenus pour abandonner leurs droits.

Il ne lui reftoit plus qu'à régler la forme
des délibérations, de maniere que toute l'autorité des états fût confiée aux électeurs, qui
avoient des intérêts communs avec lui.　C'eft
ce qu'on ne lui permit pas de faire. Les princes & les villes libres, réfolus de jouir de

tous les droits du college électoral, ne jugerent pas à propos de se conformer à ce que Ferdinand voulut leur prescrire. Il fut arrêté que l'assemblée auroit la même autorité qu'une diete générale; & que tous les états, qui avoient droit de suffrage, y délibéreroient en la maniere accoutumée. On contesta long-temps avant de décider, si les trois colleges s'assembleroient à Munster, ou à Osnabruck, s'ils se partageroient entre ces deux villes, ou s'ils se transporteroient dans quelqu'autre ville voisine. Les députés ne convenoient point entre eux sur ce sujet, & comme les Suédois auroient voulu entraîner tous les états à Osnabruck, les François vouloient les attirer à Munster. Enfin l'avis du comte d'Avaux prévalut. Il fut réglé, comme il le proposoit, que chacun des trois colleges seroit partagé dans les deux villes; que les Catholiques & les Protestants s'établiroient en égal nombre dans Munster & dans Osnabruck; & qu'ils auroient cependant la liberté de passer quelquefois de l'une à l'autre ville, afin de se concerter sur l'objet des délibérations.

Si tous les Catholiques s'étoient rangés d'un côté & tous les Protestants de l'autre, disoit ce ministre, il auroit été difficile d'éviter les contrariétés qui devoient naître des interêts opposés des deux religions. Il avoit même demandé que les députés protestants vins-

sent en plus grand nombre à Munster, afin
qu'ils y pussent soutenir avec plus de force
leurs intérêts, que les Suédois seuls pouvoient
suffisamment défendre à Osnabruck; & il ajoutoit que la France seroit bien aise de les avoir
pour témoins de la droiture de ses intentions,
& du zele avec lequel elle se proposoit de
ménager leurs avantages. Des motifs aussi honnêtes concilierent tous les partis; & tout ayant
été arrêté, le congrès fut regardé comme une
diete générale de l'empire. C'est ce que les
deux couronnes desiroient depuis long-temps,
& ce que l'empereur avoit toujours craint.

Les Suédois, qui avoient eu de grands suc-cès, paroissoient vouloir hâter la négo-ciation. L'empereur avoit rendu la liberté à l'électeur de Treves, & il étoit arrivé un grand
nombre de députés à Munster & à Osnabruck.
Il n'y avoit donc plus de prétexte pour différer la négociation. Les Suédois paroissoient
eux mêmes fort empressés de l'entamer. Ils se
trouvoient dans une conjonéture avantageuse.
Les succès de leurs généraux, Wrangel & Ko-
nigsmark, avoient forcé le roi de Danemarck
à la paix; & Torstenson, ayant ensuite tourné
ses armes contre les Impériaux, étoit entré en
Boheme, & avoit remporté à Janowitz une
victoire, qui lui ouvroit tous les pays héréditaires.

Mais la Fran-ce la vouloit Mais la France craignoit de donner trop
d'avantages à la Suede, si l'on se hâtoit de
traiter

traiter dans de pareilles circonſtances. Quoique l'objet des deux couronnes fût également de rétablir la liberté du corps germanique, en diminuant la puiſſance de la maiſon d'Autriche ; elles avoient néanmoins chacune des vues particulieres, qui pouvoient difficilement ſe concilier. Si les François ſoutenoient qu'on pouvoit aſſurer la liberté de l'empire, ſans ſacrifier aucune des deux religions, les Suédois ſe propoſoient au contraire, d'abaiſſer les Catholiques pour élever les Proteſtants, perſuadés que les Catholiques ſeroient toujours attachés aux Autrichiens. Il étoit donc à craindre que ſecondés de tous les princes proteſtants, comme ils devoient l'être, ils ne ſe prévaluſſent de la ſupériorité que leur donnoit la victoire de Janowitz, & qu'ils n'obtinſſent par le traité de trop grands avantages au préjudice de la France. C'eſt pourquoi les François jugeoient devoir ſuſpendre, juſqu'à ce qu'ils puſſent balancer les ſuccès de leurs alliés.

Ces deux puiſſances avoient même des raiſons communes pour retarder encore. Les avantages qu'elles ſe propoſoient d'obtenir, étoient de nature à ne pouvoir être demandés qu'avec beaucoup de ménagement: car leurs prétentions ſur tant de provinces devoient ſoulever le corps germanique, qui ne pouvoit pas conſentir volontiers au démembrement de

retarder, de crainte qu'ils n'en retiraſſent de trop grands avantages.

Quoique les deux couronnes alliées euſſent des raiſons communes pour la retarder, elles conſentent à donner leurs propoſitions.

l'empire. Il s'agiſſoit donc de ſonder les eſprits, de les préparer adroitement, de les conduire par de longs détours. Tout cela demandoit du temps & un grand concert. Cependant comme elles vouloient paroître répondre
à l'impatience de l'Europe, leurs plénipotentiaires promirent de donner, & donnerent en
effet leurs propoſitions le jour de la Trinité,
qui tomboit cette année le 11 juin. Alors la
France étoit humiliée par la défaite de Turenne que Merci avoit ſurpris à Mariendal. C'é-
toit la premiere faute de ce grand capitaine. Il
la répara bien dans la ſuite, & ce fut la derniere de cette eſpece.

1645

Elles paroiſ-
ſent dans leurs
propoſitions
ne s'occuper
que des inté-
rets du corps
germanique,
& ſe bornent
pour elles à
une ſatisfac-
tion qu'elles
n'expliquent
pas.

Les principales conditions que les deux
couronnes mirent à la paix, étoient: 1° Que
toutes choſes ſeroient rétablies dans l'empire
au même état, où elles étoient en 1618, avant
le commencement de la guerre. C'étoit demander que l'empereur rendît le royaume
de Boheme électif, & que le duc de Baviere
reſtituât le haut Palatinat & la dignité électorale.

2° Que tous les princes & états de l'empire ſeroient rétablis dans leurs anciens droits,
prérogatives, libertés & privileges; que par
conſéquent ils jouiroient de tous les droits de
ſouveraineté, du droit de ſuffrage dans les dietes, & du droit de faire des conſédérations

pour leur sûreté, tant entre eux qu'avec les princes voisins.

3° Qu'on ne pourroit ni porter de nouvelles loix, ni interpréter les anciennes; ni faire la guerre, la paix ou des alliances; ni imposer des tributs aux états, ni priver un prince de sa dignité ou de ses biens, &c. que par le suffrage libre & le consentement de tous les états dans une assemblée générale.

4° Que toutes les anciennes constitutions de l'empire, & particuliérement la bulle d'or, seroient observées religieusement, sur-tout, dans l'élection du roi des Romains, & qu'on ne procéderoit jamais à cette élection pendant la vie des empereurs, parce que cet abus perpétue la dignité impériale dans une seule famille, en exclut tous les autres princes, & anéantit le droit des électeurs.

5° Qu'outre les précautions générales qu'on prendroit pour la sûreté du traité, on donneroit aux deux couronnes & à leurs alliés une satisfaction, & une récompense aux milices étrangeres qui ont servi dans leurs armées; & que la satisfaction devoit être telle, qu'elle fut un dédommagement pour le passé, & une sûreté pour l'avenir.

Les états de l'empire ne pouvoient qu'applaudir à des propositions, qui faisoient de leurs

tenir ce qu'el-
les defiroient.

intérêts le premier objet du traité. Ils auroient
pu avoir quelque inquiétude fur ce que les
deux couronnes entendoient par leur satisfaction. Mais puifqu'elles paroiffoient ne vouloir rien obtenir pour elles, qu'après qu'ils auroient eux-mêmes été rétablis dans leurs droits,
il étoit naturel qu'ils s'occupaffent des avantages qu'on leur offroit, & qu'ils fe fentiffent même portés à favorifer dans la fuite les prétentions de la France & de la Suede. Lorfqu'ils fe
feront familiarifés avec des idées qui les flattent, il fera difficile qu'ils y renoncent. Ils ai-
meront mieux facrifier des provinces aux dépens de Ferdinand; & ce fera le moment que
les François & les Suédois pourront prendre
pour s'expliquer. Il faut néanmoins remarquer
que ces deux puiffances ne paroiffent embraffer, & n'embrafferont en effet les intérêts du
corps germanique, que parce qu'elles les regar-
dent comme un moyen d'obtenir ce qu'elles de-
firent, & comme l'unique garantie qui peut
leur en affurer la poffeffion. Jufques-là elles
foutiendront leurs premieres demandes, mais
au de-là elles fe relâcheront à proportion que
leurs ennemis fe rendront plus faciles à leur
égard : elles en font même convenues.

Mais ne s'ex-
pliquant pas
fur leur fatis-
faction, elles
n'avançoient

Il eft aifé d'imaginer combien l'empereur
& fes partifans furent offenfés du projet d'ané-
antir l'autorité impériale. Auffi releverent-ils
dans les propofitions tout ce qui pouvoit don-

met lieu à la critique. Les médiateurs eux-
mêmes y trouverent à redire. En effet, ce n'étoit
pas avancer le traité que de parler vaguement
d'une satisfaction, sans s'expliquer sur ce qu'on
demandoit. Si l'Europe s'étoit flattée d'une
paix prochaine, en apprenant que les deux couronnes avoient donné leurs propositions, cette
espérance s'évanouit bientôt; & comme le disoit le chancelier Oxenstiern, il restoit encore bien des nœuds qu'on ne pourroit couper
qu'avec l'épée.

La France eut sur l'Espagne des avantages
qui firent oublier la perte de la bataille de Mariendal. En Flandre, les maréchaux de Gaf-
sion & de Rantzau, sous le commandement
du duc d'Orléans, enleverent plusieurs places,
& le prince d'Orange se rendit maître de Hulst.
En Catalogne le comte du Plessis-Praslin avoit
fait le siege de Roses, qui capitula après qua-
rante-neuf jours de tranchée ouverte, & qui
rendit la communication libre entre la Catalogne & le Roussillon. Le comte d'Harcourt, qui
tenoit la campagne, prit ensuite Agrammont
& S. Annais, gagna la bataille de Liorens &
s'empara de Balaguer. Enfin les Espagnols furent battus par les Portugais, & contraints de
lever le siege d'Elvas.

D'un autre côté le duc d'Enguien passa le
Rhin auprès de Spire, & se joignit au vicomte de Turenne, dont l'armée avoit été renfor-

cée par les Heſſois & par les Suédois, ſous les ordres du général Geis & de Konigſmarck. Ce prince s'approcha du Danube, en ſe rendant maître de Wimpfen & de Rotenbourg. Il ſe propoſoit d'entrer dans la Baviere, ou de revenir ſur Hailbron, lorſqu'il fut abandonné des Suédois, qui craignoient vraiſemblablement qu'une victoire en Allemagne ne donnât trop d'avantage aux plénipotentiaires françois. Malgré la défection de Konigſmarck, le duc gagna la bataille de Nordlingen, dans laquelle le général Merci perdit la vie. Peu après le vicomte de Turenne prit Treves, & rétablit l'électeur, que les Eſpagnols avoient dépouillé.

Cependant elle cherchoit des prétextes pour ne pas s'expliquer encore ſur la ſatisfaction qu'elle demandoit.

Ces ſuccès ne hâtoient pas la négociation: les comtes d'Avaux & de Servien avoient refuſé d'expliquer l'article de la ſatisfaction, ſous prétexte qu'ils étoient obligés d'attendre l'arrivée de Henri d'Orléans, duc de Longueville. Le cardinal envoyoit ce prince à Munſter, pour donner plus d'éclat à l'ambaſſade, & pour éloigner en même temps de la cour un eſprit capable d'y former des intrigues. A l'arrivée du duc de Longueville, les plénipotentiaires ne s'expliquerent pas davantage, & on vit naître ſeulement de nouvelles conteſtations ſur le cérémonial. Peu de jours après, arriva le premier ambaſſadeur d'Eſpagne, Don Gaſpard Bracamonte, comte de Pegnaranda; & on atten-

doir de Vienne Maximilien, comte de Trantmansdorff, miniftre qui avoit toute la confiance de l'empereur. Ces mouvements faifoient préfumer qu'on fongeoit férieufement
à la paix.

Il ne reftoit plus qu'un prétexte aux François & aux Suédois pour différer l'explication
qu'on leur demandoit : c'eft qu'on n'avoit pas
encore répondu à leurs propofitions. Or, les
Impériaux leur enleverent cette derniere reffource. Le 25 feptembre ils affemblerent avec
beaucoup d'appareil tous les députés des trois
colleges ; & ils leur communiquerent leur réponfe, en les invitant à donner leur avis fur
chaque article. C'étoit reconnoître également
dans tous les états le droit d'opiner fur les affaires les plus importantes de l'empire, & les
déclarer juges dans leur propre caufe. Si par
conféquent les princes & les villes avoient été
jufqu'alors opprimés par les empereurs & par
les électeurs, ils parurent ce jour-là avoir recouvré leur ancienne liberté. Ces états fe crurent déja libres, & pleins de cette idée, ils fe
regarderent comme les maîtres de la négociation : car après avoir délibéré, s'ils donneroient leur avis, avant que la réponfe fût com-
muniquée aux François & aux Suédois, ils jugerent devoir permettre de la communiquer
fur le champ ; déclarant néanmoins qu'ils
ne prenoient ce parti que pour avancer la né-

L'empereur répond aux propofitions des deux couronnes, & paroît prendre pour juge les états de l'em-pire. 1645

gociation, & que les choses démeureroient
indécises jusqu'à ce qu'ils eussent donné leur
avis.

La réponse de l'empereur ne faisoit pas espérer de pouvoir si-tôt conclure. Bien loin
d'accorder une satisfaction aux deux couronnes
& à leurs alliés, ce prince en demandoit une
pour lui-même. Il paroissoit disposé à faire
des sacrifices aux Protestants, ce qui déplaisoit
aux médiateurs, & ce que les François vouloient au moins paroître désapprouver. Enfin
il ne refusoit rien aux états de l'empire. Mais
il ajoutoit des clauses, dont il pouvoit se prévaloir un jour.

Les états
s'occupent de
leurs intérêts
qui font naî-
tre bien des
contestations. Les députés des états avoient à traiter des
intérêts politiques, soit généraux, soit particuliers, & des intérêts de religion. Ils ne s'accorderent que sur les choses générales; & il resta
des articles sur lesquels il étoit difficile ou même impossible qu'ils eussent un avis commun.
La religion fit, sur-tout, naître de grands sujets de contestation, les Protestants se plaignant
d'avoir été toujours opprimés par les Catholiques, & les Catholiques se plaignant des
usurpations que les Protestants avoient faites.

Cependant au milieu de ces contestations,
les états s'applaudissoient d'avoir été pris pour

Juges; l'empereur fe favoit gré d'avoir eu cer-
te condefcendance pour eux , parce qu'il prévoyoit qu'il ne feroit pas fi tôt jugé ; & les
deux couronnes n'étoient pas fâchées de voir
naître des incidents qui retardoient la négociation, fans qu'on pût leur faire aucun reproche.

Chacun fe croyoit donc dans des conjonc-
res favorables & tout le monde étoit content.
Les états fe flattoient de tout obtenir , parce
qu'ils voyoient l'empereur dans la néceffité
de les ménager ; & l'empereur comptoit fur les
états, qui fe bornant à difputer fur leurs propres intérêts, ne parloient de la fatisfaction
des François & des Suédois, que comme d'une
chofe , à laquelle ils prenoient fort peu de
part. Mais cette indifférence ne donnoit pas
d'inquiétude aux deux couronnes : car elles jugeoient avec raifon, que les états ne trouveroient de fureté, qu'autant qu'ils traiteroient
conjointement avec elles; & elles attendoient
le moment où fe joignant à elles , ils feroient
favorables à la fatisfaction qu'elles voudroient
obtenir.

*Se flattant de
tout obtenir
pour eux , ils
ne paroiffent
pas s'intéref-
fer à la fatis-
faction des
deux couron-
nes.*

Il s'agiffoit enfin de s'expliquer fur cette fatisfaction , & c'eft un point fur lequel les deux
couronnes commençoient à fe faire des intérêts
différents. Comme les prétentions de l'une
pouvoient nuire aux prétentions de l'autre ;
plus chacune des deux vouloit obtenir, plus el-

*Ces deux cou-
ronnes n'o-
foient pas d'a-
bord s'en ex-
pliquer l'une
à l'autre.*

le craignoit de trouver d'obstacles dans son alliée. C'est pourquoi de part & d'autre les plénipotentiaires s'observoient, & ne s'ouvroient pas encore ; les Suédois étoient, sur-tout plus circonspects, parce qu'ils avoient de plus grandes difficultés à vaincre.

A la fin cependant on se devina ; on connut même les dispositions du public, qui, jugeant que la satisfaction se feroit aux dépens de la maison d'Autriche, sacrifioit volontiers à la paix les intérêts de cette maison. On ne fut donc plus dans le cas de faire un mystère de ses desseins, & au commencement de 1646 les deux couronnes de concert déclarerent aux Impériaux ce qu'elles exigeoient chacune pour leur satisfaction. La France demandoit la haute & basse Alsace, y compris le Sundgaw, Brisach & le Brisgaw, les villes Forestieres, Philisbourg, & les lieux nécessaires pour assurer la communication de cette place avec la France. La Suede demandoit la Poméranie entiere, où la moitié avec la Silésie ; & de plus Cammin, Wismar, Poel, le château de Walsisch, ou de la Baleine, Warnemonde, Bremen & Verden. Je passe pour le present sous silence les autres articles, & je n'en parlerai dans la suite, qu'autant que j'y serai obligé pour donner une idée générale de cette négociation. En effet il nous suffit de considérer l'objet, qui faisoit le principal ou même l'uni-

que obftacle au traité. Or, fi la France & la
Suede avoient obtenu une fatisfaction telle
qu'elles la vouloient, elles fe feroient volontiers relâchées fur tout le refte.

C'eft fur les domaines de la maifon d'Autriche qu'il s'agiffoit de prendre la fatisfaction
de la France. Ainfi ce démembrement, fans
rien coûter aux princes de l'empire, affoiblif-
foit l'unique puiffance qu'ils redoutoient. Ils
pouvqient même regarder comme un avantage pour eux, que la France, s'étendant jufques
fur le Rhin, pût au befoin les défendre contre les entreprifes des empereurs. Ferdinand
paroiffoit enfin difpofé à tout facrifier pour la
paix: & quoique l'Efpagne, qui ne pouvoit le
fecourir, l'en détournât; le duc de Baviere,
qui l'avoit toujours fi bien défendu, l'invitoit
à céder.

La fatisfac-
tion de la
France devoit
être prife fur
les domaines
de la maifon
d'Autriche.

La fatisfaction de la Suede fouffroit de grandes difficultés. Car la Pologne & le Danemarck ne devoient pas fouffrir que les Suédois
euffent en Allemagne un établiffement auffi confidérable; & l'électeur de Brandebourg s'y oppofoit encore davantage, parce qu'il avoit fur
la Poméranie des droits qu'on ne pouvoit lui
contefter. Pour avoir fon confentement, il falloit le dédommager aux dépens de l'empereur
ou de l'églife. Le fecond moyen étoit feul
au gré de Ferdinand: mais le France ne l'ap-

Il n'en étoit
pas de même
de celle de la
Suede : c'eft
pourquoi elle
fouffroit plus
de difficultés.

prouvoit pas, les médiateurs s'y oppofoient ;
& tous les Catholiques le rejetoient avec fcan-
dale. C'eft par cette raifon même que les
Suédois le préféroient: car ce démembrement
des biens de l'églife entroit dans le plan qu'ils
s'étoient fait, de mettre au moins une égalité
parfaite entre les Proteftants & les Catholiques. Par ce plan ils entretenoient en Allemagne les guerres de religion. Les François
au contraire affuroient la paix, parce que, fans
diftinction de Catholiques & de Proteftants,
ils fe propofoient de faire une ligue générale de tous les membres du corps germanique.

Les états dé-
clarent qu'il
n'eft dû de fa-
tisfaction ni à
l'une ni à l'au-
tre.　Les députés, à qui les Impériaux communiquerent la replique des deux couronnes, dé-
ciderent qu'il n'étoit dû aucune fatisfaction ;
& prononcerent en général contre elles fur
tous les articles. Le plus grand nombre étoit
donc favorable à l'empereur, foit qu'ils le
craigniffent encore ou qu'ils fuffent gagnés par
des promeffes ; foit qu'ils fe cruffent déformais
en état de défendre eux-mêmes leur liberté ;
foit qu'ils euffent quelque honte à fouffrir que
des puiffances étrangeres donnaffent la lci
dans l'empire ; foit enfin que les Catholiques
préviffent combien la paix coûteroit à l'églife,
fi on l'achetoit des Suédois. Cela fait voir
que l'empereur auroit pu fe ménager un parti
puiffant.

Les François & les Suédois ne regarderent pas cette décifion comme un jugement : ils fe flatterent de ramener les uns par les avantages qu'ils leur offriroient dans le cours de la négociation, & de laffer les autres en continuant la guerre avec vigueur.

Les deux couronnes ne s'inquiètent pas de ce jugement.

· Le comte de Trantmanfdorff, d'un efprit ferme & folide, avoit encore une réputation de probité, qu'il foutenoit par un caractère franc & honnête. Peut-être cet habile miniftre eût-il racommodé les affaires de l'empereur, s'il en eût été chargé plutôt : mais alors elles étoient défefpérées. Le premier objet de fon inftruction, & ur lequel il ne fe flattoit pas de réuffir, étoit de réconcilier Ferdinand avec tout le corps germanique, & de réunir toute l'Allemagne pour chaffer les François & les Suédois. Afin de préparer l'exécution de ce projet, on répandit, à fon départ de Vienne, qu'il alloit au congrès avec des pleins pouvoirs pour fatisfaire entiérement tous les états de l'empire. Mais plus ces promeffes étoient grandes, plus elles parurent fufpectes, & les états n'eurent garde de donner dans le piege, jugeant bien qu'ils ne feroient plus ménagés, lorfque les puiffances qui les protégeoient, cefferoient d'être redoutables.

Le comte de Trantmanfdorff tente inutilement de réconcilier l'empereur avec le corps germanique.

Ce premier projet ayant échoué, il fe propofoit de tout facrifier jufqu'aux intérêts de

Il ne réuffit pas mieux

à détacher la
Suede de la
France.

la religion, pour gagner les Proteſtants, & détacher la Suede de la France. Ce ſecond projet n'eut pas plus de ſuccès. Les Suédois demeurerent fermes dans leur ancienne alliance; & ſe montrerent plus difficiles, à meſure que l'empereur parut ſe relâcher davantage avec eux. Cependant la France & la Suede faiſoient de nouveaux préparatifs pour la campagne de 1646; Ferdinand craignoit la continuation de la guerre ; & il ne reſtoit plus d'autre reſſource que de négocier avec les François pour eſſayer de conclure une paix générale.

Il entame u-
ne négocia-
tion avec cet-
te derniere
couronne.

Avant de faire cette démarche, Trantmanſdorff aſſembla les députés des états, & leur demanda s'il étoit dû une ſatisfaction à la France. Il comptoit ſe prévaloir de l'oppoſition de l'empire, pour porter au moins les François à ſe relâcher. Ses eſpérances furent trompées : car excepté les députés d'Autriche, de Bourgogne & de l'archiduc Léopold, tous opinerent en faveur de la France.

Alors il fit faire des offres par les médiateurs, & la négociation commença : cependant comme il n'offroit pas encore tout ce qu'il ſe propoſoit de céder, la France inſiſtoit ſurtout ce qu'elle avoit d'abord demandé, & quoiqu'elle ſe fût aiſément contentée de l'Alſace & de Briſach, elle appuyoit avec la même chaleur ſur les articles qui étoient le plus

indifférents, & paroissoit n'en vouloir abandonner aucun.

L'année précédente 1645, le cardinal avoit
commencé une négociation avec le duc de
Baviere, dans le dessein de le détacher de
l'empereur. Il offrit de lui conserver le haut
Palatinat avec la dignité électorale, & il proposoit de créer un huitieme électorat pour le
Palatin, auquel on restitueroit le bas Palatinat. Cet expédient concilioit, autant qu'il
étoit possible, les intérêts de ces deux princes. En rétablissant l'un, la France affermissoit la paix dans l'empire; & elle s'attachoit
l'autre, en lui conservant ce qu'il avoit acquis.

Maximilien
de Baviere
traite aussi a-
vec la France,
qui lui fait des
propositions
avantageuses

Dès-lors la cour de France & la cour de
Baviere commencerent à se ménager. Si Maximilien ne pouvoit prendre sur lui d'abandonner l'empereur, il se proposoit au moins d'u-
ser de son autorité pour le porter à la paix,
& le déterminer à donner une satisfaction à
la France. Il entra donc dans les vues du cardinal, sans néanmoins s'engager trop avant.
On ne savoit donc sur quoi compter. En effet ses dispositions varioient comme la fortune.
Après la défaite de ses troupes à Nordlingen,
il fit à la France les propositions les plus avantageuses: & il commença bientôt à changer
de langage, parce qu'il eut à son tour quelques succès.

Quoique la négociation paroisse avancée, tout est encore suspendu.

Cependant son âge avancé lui faisoit desirer la paix : parce que si la mort le surprenoit pendant la guerre, il ne savoit plus ce qu'il laissoit à ses enfants. Il entra donc dans la négociation que Trantmansdorff avoit entamée, & pour la hâter il menaça d'abandonner les Impériaux, si avec l'Alsace qu'ils offroient, ils ne cédoient pas encore Brisach : il savoit que c'étoit-là le nœud qu'il falloit trancher. Ferdinand y consentit : mais avec des conditions que les François ne pouvoient accepter, sans offenser leurs alliés. Quoiqu'on parût donc se rapprocher, tout étoit encore suspendu. Puisqu'on vouloit assurer la paix, il falloit qu'elle fût générale; & par conséquent il ne suffisoit pas que la France obtînt ce qu'elle desiroit.

1646
La France temporise pour ménager le duc de Baviere, & pour ne pas donner trop d'avantage à la Suede.

Pendant qu'on négocioit, les armées entroient en campagne. Charles-Gustave Wrangel, ayant succédé à Torstenson, à qui la goutte avoit fait quitter le commandement à la fin de l'année précédente 1645, s'avança jusques dans la haute Silésie, afin de se joindre aux François conformément au projet du vicomte de Turenne. En effet, il semble que la jonction des deux armées eût pu rendre l'empereur plus facile : mais on avoit des raisons pour temporiser. Comme le duc de Baviere se prêtoit alors aux vues de la France, elle croyoit le devoir ménager. Ce prince étoit le plus

puissant

puissant de l'empire : & si elle pouvoit le gagner, elle se rendoit maîtresse de la négociation. C'est ce que les Suédois craignoient.
Aussi reprochoient-ils à la France les démarches
qu'elle faisoit auprès de Maximilien. Ils pressoient la jonction des armées, & ils auroient
voulu porter le fer & le feu dans la Baviere;
persuadés que s'ils ruinoient cette puissance,
ils deviendroient les arbitres de la guerre &
de la paix. Les intérêts étant aussi contraires,
les François craignoient une victoire presque
autant qu'une défaite. Si les Impériaux ont
l'avantage, disoient les plénipotentiaires, ils
ne voudront plus traiter aux mêmes conditions; & si notre parti demeure victorieux,
il y a lieu d'appréhender que la Suede ne veuil-
le nous donner la loi.

Cependant les Suédois s'approchoient du
Rhin, avec la confiance que les François s'u-
niroient à eux. La France devoit-elle donc
manquer à ses engagements, rompre avec un
allié, & l'exposer à un échec qu'elle auroit
senti par contrecoup ? Déja les Impériaux &
les Bavarois s'avançoient pour combattre l'armée suédoise : bien supérieurs en nombre, ils
se flattoient d'une victoire : & Trantmansdorff,
qui en attendoit la nouvelle, suspendoit la négociation, & paroissoit mépriser les prétentions des deux couronnes. Il étoit donc temps
de voler au secours des Suédois. Turenne eut

*Mais par cet-
te conduite
elle expose
l'armée Sué-
doise.*

Tom. XIV. T

ordre de les joindre, lorsque la jonction étoit
devenue fort difficile. Elle se fit néanmoins
sur les frontieres de la Hesse.

Difficultés qui
retardoient la
négociation
commencée
entre la France
& l'empe-
reur.

La négociation recommença : mais il sur-
venoit de nouvelles difficultés. D'un côté,
l'empereur déclaroit ne vouloir rien conclure
sans l'Espagne, & demandoit que le duc de
Lorraine fût compris dans le traité : d'un autre
côté, quoique le duc de Baviere eût fait entendre que la France se contenteroit de l'Alsace & de Brisach, elle insistoit encore pour obtenir Philisbourg & les droits souverains sur les
dix villes impériales de l'Alsace, & faisoit valoir la facilité avec laquelle elle avoit renoncé
aux villes Forestieres & au Brisgaw.

Cependant l'Espagne ne songeoit point à
traiter sérieusement : elle n'avoit d'autre dessein, que de détacher les Provinces-Unies, &
de retarder la paix de l'empire. Le cardinal
pensoit avec raison que les Impériaux ne sa-
crifieroient pas leurs intérêts aux vues de cette
couronne; & comme ils s'intéressoient encore
moins au duc de Lorraine, il persista dans la
résolution de ne pas comprendre ce prince
dans le traité.

Quant aux villes impériales de l'Alsace, il
falloit bien qu'elles obéissent aux dispositions
des principales puissances de l'Europe. La plus

grande difficulté confiſtoit donc dans la demande que les François faiſoient de Philisbourg.
L'empereur répondoit qu'il n'étoit pas en ſon
pouvoir d'accorder cette place ; qu'il falloit le
conſentement des états de l'empire & ſur-tout
de l'électeur de Treves à qui elle appartenoit ;
& que ſi la France pouvoit obtenir ce conſentement, il ne s'y oppoſeroit pas. Il n'avoit
pas connoiſſance d'un traité ſecret, par lequel l'électeur avoit conſenti à céder Philisbourg.

Le progrès des armées en Allemagne acheva de lever les difficultés. Les états du duc de
Baviere étoient menacés. Il fallut prendre une
réſolution, ſans délibérer davantage ; & les
Impériaux ſouſcrivirent aux principales demandes de la France. Ils ajouterent, à la vérité,
une clauſe en faveur de la paix d'Eſpagne &
du rétabliſſement du duc de Lorraine : mais
cette clauſe ne parut de leur part qu'un reſte
de bienſéance.

Ces arrangements particuliers, quoique convenus, n'étoient que conditionnels ; l'exécution en étoit renvoyée à la paix générale : la
France qui ne vouloit pas ſe ſéparer de ſes alliés, ne pouvoit pas traiter définitivement ſans
la Suede ; elle avoit ſeulement deſiré qu'on ar-
rêtât d'abord les articles qui la concernoient ;
& pour trouver moins de difficulté, elle avoit

Le progrès des armées force les Impérieux à ſouſcrire aux principales demandes de la France.

Cependant la France ne peut pas conclure définitivement ſans la Suede.

offert d'agir auprès des Suédois, & fait espérer qu'elle les porteroit à se relâcher.

Elle devient médiatrice entre les Suédois & les Impériaux.

Les plénipotentiaires françois devinrent donc médiateurs entre l'empereur & la Suede. Cette négociation étoit on ne peut pas plus délicate. Jaloux de la supériorité que prenoit la France, les Suédois se montroient plus difficiles que jamais. Ils ne se désistoient sur rien, ni sur les articles qui les regardoient, ni sur ceux des Protestants, ni sur ceux des états de l'empire: ils ne cherchoient même qu'à faire naître de nouvelles difficultés, en paroissant ne s'occuper que des intérêts de la cause commune.

Mais plus elle prend de supériorité dans la négociation plus les Suédois se montrent difficiles.

Nous sommes convenus, disoient les François, que nous nous relâcherions sur les affaires générales, à mesure que les Impériaux nous satisferoient sur nos intérêts particuliers. Mais les Suédois sentoient que le vrai moyen d'obtenir tout pour eux, étoit de demander beaucoup pour les autres; & ils s'obstinoient dans cette conduite, afin que, si la paix étoit retardée, on l'attribuât moins à leurs prétentions qu'à leur zele pour la cause commune. Enfin ils se plaignoient de la France, qui avoit si fort avancé son traité, lorsque le leur n'étoit pas encore commencé; & si on leur répondoit que cette démarche ne leur faisoit aucun tort, puisque tout ce dont on étoit convenu, seroit fans effet jufqu'à ce qu'ils euſſent eux-mêmes conclu avec les Impériaux ; ils n'étoient pas fatisfaits de cette réponſe, parce qu'ils voyoient les avantages que la France prenoit fur eux dans la négociation.

Comme ils refuſoient de s'expliquer, parce qu'ils diſoient ne pas favoir les intentions de l'empereur, auquel ils reprochoient de ne leur avoir jamais fait de propofitions expreſſes, les plénipotentiaires françois agirent auprès des Impériaux, pour les engager à faire des offres, fur leſquelles on pût compter. Ceux-ci offrirent la Poméranie citérieure, la co-feigneurie de Wiſmar & le duché de Mecklenbourg, avec la difpofition à perpétuité de l'archevêché de Bremen & l'évêché de Verden.

Offres des Impériaux aux Suédois.

Chriſtine, alors majeure, defiroit la paix: mais on prétend que le chancelier Oxenſtiern ne la vouloit pas, & c'eſt en effet fon fils qui mettoit les plus grands obſtacles à la négociation. Salvius au contraire, qui avoit la confiance de la reine, s'ouvrit avec les plénipotentiaires françois, & leur conſeilla de négocier immédiatement avec la cour de Suede ; leur avouant qu'il ne recevoit de nouveaux ordres, il n'étoit pas en fon pouvoir de conclure. Ils fuivirent ce conſeil, & ils écrivirent à la reine.

1646 Les plénipotentiaires françois écrivent à ce fujet à Chriſtine qui defiroit la paix.

Succès de Turenne & de Wrangel

Pendant que la négociation traînoit, les Impériaux & les Bavarois fuyoient devant l'armée des alliés, qui étoit bien inférieure. Avec dix-huit mille hommes au plus, Wrangel & Turenne prenoient des villes, se rendoient maîtres de la campagne, mettoient à contribution la Franconie & la Suabe, & portoient le ravage dans la Baviere. L'archiduc Léopold, hors d'état de faire subsister son armée, renvoya les Bavarois chez eux, & ramena les Impériaux en Autriche. Les alliés prirent leurs quartiers dans la Suabe. Turenne se saisissant des places situées le long du Danube, & Wrangel occupant le pays qui s'étend vers le lac de Constance, leurs partis faisoient des courses jusqu'aux portes de Munich. Ainsi finit la campagne. Ces succès rendoient les Suédois plus difficiles, & mettoient Maximilien dans la nécessité de traiter avec la France.

L'Espagne, qui faisoit des pertes, négocioit lentement avec la France, & pressoit les Etats-Généraux de conclure un traité particulier.

Dans les Pays-Bas, les François prirent Courtrai, Mardick & Dunkerque; & en Italie Piombino & Porto-Longone. Il est vrai qu'en Catalogne le comte d'Harcourt fut obligé de lever le siege de Lérida; mais ce n'étoit qu'une conquête de moins. Après tant de pertes, l'Espagne menacée d'en faire encore, paroissoit devoir desirer la fin de la guerre. Cependant sa négociation avec la France n'avançoit point. Elle persistoit toujours dans

le deſſein de conclure promptement un traité
particulier avec les États-Généraux, & de faire en même temps tous ſes efforts pour retarder le traité de l'empire ; perſuadée qu'elle
pourroit alors reprendre l'avantage ſur la France, ou recouvrer au moins une partie de ce
qu'elle avoit perdu. Ce plan étoit ſage: mais
afin de pouvoir juger s'il a été conduit ſagement, il faut connoître l'état des choſes au
commencement de la négociation : c'eſt-à dire,
pendant l'hiver qui a précédé la campagne de
1646.

Outre la Catalogne & le Rouſſillon, la
France, depuis la guerre déclarée, avoit acquis dans l'Artois, Arras, Bapaume, l'Éclu-
ſe, Béthune, S. Venant, Lillers, Hédin, Lens,
& pluſieurs autres petites places ; dans la Flandre, Gravelines, Bourbourg, Linck, Caſſel,
Armentieres, le Queſnoi ; dans le Hainaut
& le Luxembourg, Landrecie, Maubeuge,
Damvilliers, Thionville, & beaucoup de
châteaux ; enfin Caſal en Italie. La France
déclaroit ne vouloir rendre aucune de ces conquêtes, afin d'en conſerver la plus grande partie: l'Eſpagne marchandoit, & n'offroit que
quelques places, afin de céder le moins qu'il
ſeroit poſſible. Enfin le Portugal, la Catalogne & la Lorraine faiſoient naître encore de
grandes difficultés.

Elle feignoit de vouloir conſerver toutes ſes conquêtes, & l'Eſpagne paroiſſoit ne vouloir a-bandonner que quelques places.

T 4

Philippe IV feint de vouloir céder les Pays-Bas en échange de la Catalogne.

Le cardinal Mazarin avoit formé le projet d'échanger la Catalogne pour les Pays-Bas. Il se flattoit même d'y réussir par l'entremise du prince d'Orange ; & il s'imaginoit trouver des moyens pour ne donner d'ombrage ni aux Catalans, ni aux Provinces-Unies. Philippe IV, qui feignit de se prêter à ce dessein, proposa le mariage de l'infante avec Louis XIV, & offrit en dot les Pays-Bas. Il est vrai que les plénipotentiaires françois affecterent d'écouter cette proposition avec indifférence : mais les Espagnols se hâterent de répandre, que le traité alloit être conclu, & on ajouta que la cession que faisoit l'Espagne, comprenoit les droits de cette couronne sur les Provinces-Unies. En faisant courir ces bruits, le conseil de Madrid vouloit alarmer les Hollandois, afin de les engager à prévenir la France par un traité particulier. La négociation étoit déja bien avancée avec eux, puisque l'Espagne abandonnoit tout ce que la république avoit conquis. Il ne restoit plus que de légeres difficultés ; & les États-Généraux comptant les vaincre, faisoient les préparatifs de la campagne avec une lenteur, qui dérangeoit tous les projets du cardinal. Cependant la France osoit à peine se plaindre. Plus elle craignoit de perdre son allié, plus elle le ménageoit ; & les députés, que la république avoit envoyés à Munster, ne répondoient que par des promesles vagues de remplit tous les engagemens. Il est vrai néanmoins qu'ils continuoient de déclarer à l'Espagne qu'ils ne concluroient rien sans la France; & ils parloient ainsi, soit pour rassurer l'une, soit pour engager l'autre à leur offrir davantage.

Cette conduite incertaine sembloit devoir avancer la paix: car d'un côté les François se relâchoient parce qu'ils craignoient d'être abandonnés; & de l'autre les Espagnols faisoient des offres plus considérables, parce qu'ils espéroient moins de détacher les Provinces-Unies. Peut-être encore jugeoient-ils que, s'ils paroissoient disposés à conclure avec la France, les États-Généraux se hâteroient de faire leur traité particulier.

Il paroît disposé à conclure avec la France.

Les deux partis parurent donc se rapprocher: mais l'Espagne ne faisoit pas encore assez au gré des François, ni même au jugement des députés de Hollande, qui l'inviterent à faire davantage. Ils déclarerent même, conformément à de nouveaux ordres des États-Généraux, que la république ne feroit point de traité particulier, & que l'unique moyen de conclure étoit de traiter en même temps avec la France. Les Espagnols feignirent de n'avoir pas d'autre dessein; & voulant écarter tout soupçon, ils prirent les députés pour arbitres. Les François accepterent avec joie cette médiation.

Il prend les députés de Hollande pour arbitres.

La Catalogne fut le premier article qu'on traita. Quoique la France se crût en droit de la retenir pour toujours : elle proposa de ne faire pour cette province qu'une treve, qui dureroit autant que celle que les États-Généraux obtiendroient pour eux : car alors cette république préféroit une treve à la paix. Que si Philippe aimoit mieux prévenir une nouvelle guerre, il pouvoit abandonner à perpétuité toute la Catalogne, avec les villes qu'il y possédoit encore ; & que Louis XIV le dédommageroit, en lui restituant quelques places dans les Pays-Bas. Mais quelque parti que prît l'Espagne, la France déclaroit qu'elle n'abandonneroit point un peuple qui s'étoit mis sous sa protection, que ce seroit une infidélité, une infamie, une lâcheté, dont elle n'étoit pas capable.

La France feint de ne vouloir pas abandonner la Catalogne;

Elle étoit cependant résolue à l'abandonner, si on lui cédoit en échange tous les Pays-Bas. Bien persuadée que Philippe ne pourroit pas se résoudre à voir les François établis dans le sein de ses états, elle n'offroit les Pays-Bas pour la Catalogne, qu'afin de faire naître aux députés la pensée d'un échange contraire, c'est-à-dire, de rendre la Catalogne à l'Espagne pour en obtenir les Pays-Bas.

Et par cet artifice, Mazarin s'imagine engager les députés a offrir les Pays-Bas.

Tel étoit le caractère du cardinal Mazarin. Il alloit volontiers par des voies détournées

Cet artifice devoit pas

inſiſtant ſur les choſes qu'il ne vouloit pas, réuſſir, & paroiſſant indifférent ſur celles qu'il deſiroit davantage. Comme il craignoit de donner de l'ombrage aux députés, il n'oſoit leur déclarer ſes vues ſur les Pays-Bas, & il diſſimuloit. Il me ſemble qu'il eût mieux fait de renoncer aux Pays-Bas. En effet, il étoit difficile de comprendre, comment il pouvoit ſe flatter d'amener les Hollandois à former eux-mêmes un projet, qu'il ſavoit leur être odieux. Il falloit ſuppoſer que les députés, aſſez aveugles pour ne pas juger des deſſeins du cardinal par les intérêts de la France, ſeroient encore aveugles ſur leurs propres intérêts. Or, c'eſt ce que Mazarin ne pouvoit ſuppoſer. Si jamais l'art de négocier eſt porté à ſa perfection, tous ces petits artifices, qui ne peuvent réuſſir que lorſqu'on traite avec des hommes tout-à-fait ſtupides, ſeront ſi uſés, que la bonne foi ſera la premiere qualité d'un habile négociateur.

Le duc de Lorraine dont l'Eſpagne demandoit le rétabliſſement, & le roi de Portugal que la France avoit pris ſous ſa protection, étoient deux articles, auxquels les deux couronnes vouloient paroître s'intéreſſer, & ſur leſquels elles étoient bien diſpoſées à ſe faire des ſacrifices. En effet, après pluſieurs conférences, & peu avant la priſe de Dunkerque, qui ſe rendit le 7 octobre 1646, les députés

Les Eſpagnols font des propoſitions que la France auroit dû accepter.

1646

& les médiateurs aſſurerent que les Eſpagnols
conſentiroient à tout, pourvu qu'il ne fût plus
queſtion du Portugal; c'eſt-à-dire, qu'abandonnant le Rouſſillon & toutes les conquêtes
faites ſur eux dans les Pays-Bas, ils conſen-
toient à une treve de trente ans pour la Catalogne. Alors on parut s'accorder, ou du moins
il ne reſtoit plus que des difficultés aſſez légeres.

Il en ſurvint une nouvelle par la priſe de
Piombino & Porto-Longone: car la France réſolut de conſerver encore ces deux places. Il
ſemble que les conjonctures étoient aſſez belles, pour ne pas retarder la paix par de nouveaux incidents: mais le cardinal aimoit à former des projets; ſon eſprit, fécond en raiſons,
les lui rendoit toujours plauſibles; & ſon intérêt perſonnel lui faiſoit craindre la fin de
la guerre.

Pour alarmer
les Etats-Gé-
néraux ils font
courir le bruit
du mariage de
l'infante avec
Louis XIV. L'Eſpagne n'avoit pris les Hollandois pour
arbitres, qu'afin de leur perſuader de traiter ſéparément, ſi les François, comme elle l'avoit
prévu, ſe rendoient trop difficiles. Elle affecta
même encore de penſer ſérieuſement au mariage de l'infante avec Louis XIV; & cette
nouvelle pouvoit donner d'autant plus d'inquiétude aux Provinces-Unies, que l'infant,
unique fils du roi d'Eſpagne, étant mort ſur
ces entrefaites; le mariage de ſa ſœur portoit

dans la maison de Bourbon toute la succession & toutes les prétentions de Philippe IV.

Ce mariage étoit hors de vraisemblance : mais le peuple croit volontiers aux bruits qui se répandent, & les députés des Etats - Généraux feignoient d'y croire, afin d'avoir un prétexte pour conclure promptement avec l'Espagne. Tout étoit arrêté. Ils avoient obtenu ce qu'ils demandoient ; & au lieu d'une treve, on leur accordoit une paix qui assuroit pour toujours l'état de la république. De nouvelles conquêtes pouvoient, comme Piombino & Porto-Longone, retarder encore le traité de la France ; & les Hollandois craignoient de perdre le moment favorable, s'ils laissoient au sort des armes les avantages qu'on leur offroit. Leurs intérêts d'ailleurs ne se concilioient pas avec ceux du roi de Portugal, que la France protégeoit. Ils vouloient conserver les conquêtes qu'ils avoient faites sur les Portugais dans le Brésil & aux Indes orientales, ou même en faire de nouvelles ; & par conséquent, ils devoient se liguer avec l'Espagne contre le Portugal.

Raisons des Etats - Généraux pour conclure leur traité particulier.

Les François ne cessoient de rappeller l'article du traité d'alliance, par lequel il étoit déclaré que la France & la Hollande n'avanceroient pas leur négociation l'une plus que l'autre. Toutes ces représentations furent inuti-

Ils le concluent, mais ils en différent la signature.

les , & les députés conclurent leur traité particulier avec l'Espagne. Ils consentirent seulement à différer la signature, afin que le comte de Servien eût le temps de se rendre à la Haye pour conférer avec les États-Généraux.

Il étoit impossible aux puissances alliées de conduire leurs négociations du même mouvement.

Il avoit été prudent aux puissances alliées de se proposer de conduire leurs négociations toutes ensemble & d'un même mouvement ; mais ce projet étoit impossible dans l'exécution : car si elles avoient un intérêt commun à traiter de concert, elles commençoient à se faire des intérêts différents, dès qu'elles en venoient chacune au détail de leurs prétentions ; & les ennemis bien loin de vouloir négocier du même mouvement avec toutes ensemble, ne songeoient au contraire qu'à déranger ce concert. Il falloit donc nécessairement que l'une convînt avec eux sur quelques articles, lorsque l'autre ne savoit pas encore sur quoi compter. De-là naissoient des jalousies, des défiances & des variations continuelles. Chacune auroit voulu avancer sa négociation séparément, & retarder celle de ses alliés ; parce que chacune craignoit de rester seule chargée du poids de la guerre, ou d'être forcée par ses alliés mêmes à faire une paix moins avantageuse.

La France qui se plaignoit de même.

Telles étoient les dispositions de la France même, qui reprochoit trop de précipitation à

la Hollande & qui étoit exposée au même reproche de la part de la Suede. Il falloit qu'elle prouvât qu'elle n'étoit pas trop précipitée,
& que les Suédois étoient trop lents ; & en
même temps qu'elle n'étoit pas trop lente,
& que les États-Généraux étoient trop préci-
pités. Elle avoit donc à faire valoir contre
l'un de ses alliés les raisons, qu'elle avoit à
combattre dans la bouche de l'autre. Cette
situation auroit été embarrassante, si les politiques se piquoient toujours de parler de bonne foi & de raisonner exactement : mais en
général ils se contentent de donner des raisons.

Pourquoi la France avoit-elle si fort avancé son traité avec les Impériaux ? c'est parce
qu'elle vouloit prévenir les Suédois, & avoir
sur eux tout l'avantage. Comment donc peut-
elle se plaindre, si les États-Généraux tiennent
avec elle la même conduite ? On répondra
sans doute que, quoiqu'elle eût arrêté les articles qui la concernoient, tout étoit encore suspendu jusqu'à ce que la Suede eût fait son
traité. Mais les États-Généraux repliqueront
qu'ils sont dans le même cas, puisqu'ils n'ont
pas encore signé. Si la France, qui retarde
la paix en formant toujours de nouvelles prétentions, craint que les Provinces - Unies ne
se prévalent du traité qu'elles ont fait, & ne
la forcent à se désister d'une partie des cho-

ſes qu'elle demande; ne donne-t-elle pas les
mêmes craintes aux Suédois, & n'a-t-elle pas
réſolu de les forcer à ſe relâcher?

Elle ne pou-
voit pas exi-
ger que les
Etats - Géné-
raux s'arrêtaſ-
ſent à chaque
incident qu'-
elle faiſoit
naître.

Je ſais bien qu'on dira qu'elle eſt determi-
née à ne pas abandonner la Suede, & qu'au
contraire elle appréhende avec raiſon l'infidélité des Hollandois. Mais cette infidélité n'eſt
peut-être qu'un reproche ſpécieux, & ce n'eſt
pas la vraie cauſe de ſes inquiétudes. Elle
voit plutôt qu'elle exige trop des Hollandois.
Comme ils ne lui ſont pas attachés par un intérêt auſſi preſſant, que celui qui la lie aux
Suédois; elle craint qu'ils ne veuillent pas ſe
prêter à toutes ſes vues, & retarder la paix à
chaque incident qu'il lui plaira de faire naître. Il me ſemble que la franchiſe de Henri
IV & de Sully auroit mieux réuſſi, que les
artifices du cardinal, & que pour être en droit
de faire aux Provinces-Unies le reproche d'infidélité, il auroit fallu avoir avec elles moins
de diſſimulation. Henri & Sully n'auroient
pas eu beſoin de cette diſſimulation, parce
qu'ils n'auroient pas formé des projets, évidemment contraires aux intérêts des Provinces Unies.

Par la média-
tion des dépu-
tés de Hollan-
de, tout étoit
d'accord en-

A la fin de 1646, la négociation entre la
Hollande, l'Eſpagne & la France, étoit dans
l'état que je viens de repréſenter. Vous verrez dans le pere Bougeant les efforts des François

çois pour empêcher la Hollande de faire la
paix féparément; & comment cette république fufpendit la fignature de fon traité pendant le cours de l'année 1647. Ses députés
continuerent d'employer leur médiation : ils
avancerent même les chofes au point, que
tout étoit d'accord entre les plénipoter iaires
efpagnols & françois; & on n'attendoit plus
pour conclure que les ordres de la cour de
France.

tre l'Efpagne
& la France :

Alors les Napolitains s'étoient foulevés,
& le cardinal formoit déja de nouveaux projets. Quoiqu'il fuivît en général le plan de
Richelieu, il n'étoit pas en lui de fe propofer
un objet bien déterminé. A peine fe croyoit
il arrivé à un but, qu'il vouloit tendre à un
autre, & chaque événement produifoit quelque révolution dans fon efprit. Il vouloit
profiter de la fituation des Efpagnols, pour
leur impofer des conditions plus dures; ou
même il étoit fâché de voir la paix fe conclure
dans une conjonctùre, où il fe flattoit d'enlever le royaume de Naples à l'Efpagne. Cependant il n'ofoit prendre fur lui de continuer
la guerre, parce qu'il eût rendu la France odieufe à l'Europe, & qu'il fe fût rendu lui-même
odieux à la France. Dans l'embarras où il fe
trouvoit, il fut mauvais gré au duc de Longueville & au comte d'Avaux de l'y avoir mis,
& il en fortit avec fa diffimulation ordinaire.

Lorfque de
nouvelles pré-
tentions de
Maza in rom-
pent la négo-
ciation. Alors
les députés fi-
gnent leur
traité.

Tom. XIV. V

Aprés avoir réfuté, avec une humeur pleine
de mépris, les raisons que ces deux plénipotentiaires apportoient pour la paix, il consentit néanmoins d'accepter les propositions qui
avoient été faites : mais il y mit tant de réser-
ves, que son consentement étoit un vrai refus. Les plénipotentiaires furent donc obligés de rompre la négociation. Heureusement
pour eux les Espagnols, qui ne connoissoient
pas les dispositions du cardinal, leur fourni-
rent un prétexte plausible, en élevant quelques nouvelles difficultés. Ils les saisirent, &
cachant les ordres qu'ils avoient reçus, ils firent croire que si la paix ne se faisoit pas,
c'étoit uniquement la faute de l'Espagne. Ce
fut alors que les députés, las de tant de lon-
gueurs, conclurent conformément aux vœux
des Provinces-Unies. Ils signerent leur traité
le 30 janvier 1648, & les ratifications furent
échangées deux mois après.

    Les Espagnols eurent lieu de s'applaudir.
Ils avoient enfin brisé les liens qui unissoient
contre eux la France & la Hollande. Voilà
où ils avoient dirigé toutes leurs démarches :
depuis le commencement des négociations ils
n'avoient jamais perdu de vue cet objet principal ; ils ne s'en étoient jamais écarté. Cette conduite uniforme & constante ne pouvoit manquer de réussir mieux que les artifices du cardinal, qui, changeant toujours quel-

que chofe à fon plan, fe rendoit fufpect aux
États-Généraux, n'en tiroit fouvent que de
foibles fecours, & les dégoûtoit de la France. Il fut certainement la principale caufe de
la défection qu'il leur reprochoit.

» Il faut être exactement vrai, dit le pere
» Bougeant, & je fais profeffion de l'être. Si
» les Provinces-Unies avoient eu connoiffance
» de la dépêche de la cour de France du 1 7
» janvier, qui mettoit tant de claufes & de ré-
» ferves aux accommodements propofés ; fi
» elle avoit été bien informée des véritables
» difpofitions du cardinal Mazarin ; . . . . je ne
» dis pas que cette connoiffance eût abfolument
» difpenfé la république de tous les engage-
» ments folemnels, qu'elle avoit pris avec la
» France . . . . . Il faut pourtant avouer qu'el-
» le auroit eu droit de fe prévaloir de cette
» connoiffance, pour juftifier fa conduite &
» pallier fa défection par la néceffité réelle où
» fuppofée de l'état, & le befoin preffant de
» la paix. Mais ce n'étoit pas là le cas où fe
» trouvoit la république. Elle n'avoit fur l'é-
» loignement de la cour de France pour la paix,
» que des foupçons & des conjectures, dont
» une partie étoit évidemment fauffe, & l'au-
» tre n'étoit appuyée fur aucune preuve folide.
» Les plénipotentiaires françois à Munfter,
» & M.r de la Thuilerie à la Haye ne ceffoient

Juftification des Etats-Géné- néraux.

V 2

„ de protefter qu'ils vouloient fincérement la
„ paix.

Cette maniere d'accufer la république de
Hollande me paroît bien étrange. C'eft conclure qu'elle avoit tort de ce qu'elle ignoroit
que la France avoit tort elle-même. Mais encore ne l'ignoroit-elle pas, car toute la conduite du cardinal décéloit affez fes difpofitions.
Or, pour fe déterminer en politique, on n'eft
pas obligé d'attendre d'avoir vu les dépêches
fecretes d'une cour. De fortes conjectures
font une preuve fuffifante ; & quand l'événement les confirme, on a lieu de s'applaudir de
fon difcernement.

Quant aux proteftations des plénipotentiaires, elles ne pouvoient pas affurer la république ; parce qu'ils ne tenoient pas tous le même langage. Le pere Bougeant remarque lui-
même que le comte de Servien détruifoit l'ouvrage de fes collegues par des difcours tout oppofés, & qu'il ne diffimuloit pas même en
public qu'il étoit d'un fentiment contraire.
En effet, ce miniftre adoptoit en courtifan les
vues qu'il prévoyoit devoir être agréables au
cardinal, & il ne travailloit qu'à perdre le comte d'Avaux.

Enfin fi après avoir reçu les dépêches de
la cour, les plénipotentiaires n'ont pas ceffé

de protefter qu'ils vouloient fincérement la
paix ; ils n'ont continué de tenir ce langage ,
que parce qu'ils ont vu qu'en paroiffant ne la
pas vouloir, ils mettroient tous les torts de
leur côté. Mais ils ont parlé contre ce qu'ils
penfoient. Or, il eft maladroit de prouver
la mauvaife foi des plénipotentiaires, pour
prouver l'infidélité des Hollandois.

Voyons fi l'état où fe trouvoit la France
juftifiera l'éloignement du cardinal pour la
paix.

En 1643 la régente avoit trouvé les fonds
de 1644, 1645 & 1646 entièrement confumés.
Il fallut donc chaque année avoir recours à des
expédients ruineux. Ceux qu'on avoit connus
jufqu'alors, ne fuffifoient pas, quoiqu'on les
multipliât continuellement. On en imagina
de nouveaux. Les befoins preffants de l'état ne
permirent pas de choifir les moins à charge.
On ne connut aucune regle dans la levée des
impôts : les finances furent diffipées par l'ignorance ou par les rapines de ceux à qui elles furent confiées : le cardinal lui même avoit peu
de connoiffance de cette partie de l'adminiftration ; & les abus vinrent au point que pour
avoir un million, il en abandonnoit quatre ou
cinq aux partifans. Vous pouvez juger par-là
combien le peuple étoit foulé, & de l'état
miférable où fe trouvoient l'agriculture &

La France a-
voit befoin de
la paix, parce
qu'elle étoit
épuifée,&que
le mécon.en-
tement géné-
ral menaçoit
d'une révolte.

V 3

le commerce. En un mot, au dedans la France étoit auſſi mal, qu'elle paroiſſoit bien au dehors.

Les peuples ſe plaignoient ; les murmures ſe répandoient, & croiſſoient tous les jours davantage ; les corps commençoient à montrer leur mécontentement ; le parlement refuſoit d'enregiſtrer les édits ; les impôts les moins à charge, les plus raiſonnables, trouvoient le plus d'oppoſition, parce qu'ils étoient nouveaux ; on voyoit enfin dans les eſprits des diſpoſitions prochaines à un ſoulévement général. C'eſt donc dans un temps, où l'état épuiſé étoit menacé d'une révolte, que le cardinal s'obſtinoit à ne vouloir pas la paix. Mais ce miniſtre, circonſpect & preſque timide quand il voyoit le danger de près, étoit hardi quand il le croyoit loin ; & nous le verrons plein de reſſources, quand il y ſera enveloppé.

Après vous avoir fait connoître le commencement & la fin de la négociation entre l'Eſpagne & les Provinces-Unies, je vais reprendre celle de l'empire où nous l'avons laiſſée, c'eſt-à-dire, au commencement de 1647.

Pendant que Servien travailloit à re- Pendant que le comte de Servien étoit à la Haye pour retarder la négociation des États-Généraux, le comte d'Avaux étoit à Oſna-

bruck, pour avancer celle des Suédois; & les
deux couronnes négocioient encore à Ulm avec
le duc de Baviere qui voyant l'ennemi dans
ses états, songeoit à se détacher de l'empereur.

tarder la né-
gociation de
la Hollande,
d'Avaux há-
toit celle de
la Suede.

La négociation que le comte d'Avaux suivoit à Osnabruck, étoit exposée à mille difficultés qui naissoient les unes des autres. Il
s'agissoit d'abord de faire expliquer les Suédois sur ce qu'ils demandoient pour leur satisfaction, & comme ils ne le savoient pas
trop eux-mêmes, il n'étoit pas facile de fixer
leur esprit irrésolu. A peine avoient-ils donné une parole, qu'ils la rétractoient; ou ils
ajoutoient de nouvelles clauses qui chan-
geoient tout.

Les Suédois
ne s'expli-
quoient pas
sur leur satis-
faction.

On leur offroit la Poméranie citérieure,
Stetin & quelques autres villes dans la Poméranie ultérieure, avec le consentement de l'é-
lecteur de Brandebourg; ou les deux Poméra-
nies entieres, sans le consentement de l'électeur, & seulement avec la garantie de l'empereur & de l'empire. Les Impériaux auroient
volontiers préféré ce dernier parti, parce que
l'électeur se refusant à l'accommodement, ils
se seroient crus dispensés de l'obligation de le
dédommager. Les François au contraire le désapprouvoient comme trop violent, & comme
propre à susciter tôt ou tard une nouvelle

V 4

guerre. Enfin les Suédois n'y trouvoient pas
aſſez de ſureté. Ils s'arrêterent donc ſur la premiere propoſition : mais ce ne fut qu'après
avoir varié beaucoup ; encore demanderent-
ils un dédommagement pour la Poméranie ultérieure, à laquelle ils renonçoient.

On convient de dédomma-ger aux dé-pens des égli-ſes l'électeur de Brande-bourg de la moitié de la Poméranie qu'on lui ô-toit, & la Suede de l'autre moitié qu'on ne lui don-noit pas.

Il reſtoit à s'aſſurer du conſentement de
l'électeur de Brandebourg. Cependant puiſque la défenſe de la religion proteſtante avoit
été un des motifs de la guerre, étoit-ce ſur un
prince proteſtant qu'il en falloit prendre les
frais, & ſur-tout ſur un prince dont le pere
avoit donné des ſecours à la Suede ? ou plutôt
n'étoit-ce pas ſur l'empereur, ſur ſes alliés
& ſur tout le corps de l'empire ? Ces raiſons
céderent à la force des circonſtances. On faiſoit d'ailleurs eſpérer un dédommagement à
l'électeur de Brandebourg. Il abandonna donc
la moitié de la Poméranie.

Il reſtoit encore bien des intérêts à concilier. Rien n'étoit encore fait, ſi on ne dé-
dommageoit l'électeur de la moitié de la Poméranie qu'on lui ôtoit, & les Suédois de
l'autre moitié qu'on ne leur donnoit pas. Or,
ce dédommagement pouvoit ſe faire aux dépens de l'égliſe, ou aux dépens des pays héréditaires. L'empereur ne balança pas, & l'é-
gliſe fut chargée de tout. Alors tous les princes d'Allemagne prirent part à cette négocia-

tion, & la multitude des intérêts contraires
fuscita des contestations sans nombre.

L'église protestante soutenoit qu'il n'étoit
pas juste de lui faire payer les frais de la guerre, puisqu'on avoit pris les armes pour empêcher qu'elle ne fût dépouillée. L'église catholique, qui continuoit de protester contre
les anciennes usurpations, protestoit encore
davantage, lorsqu'elle considéroit qu'on alloit
lui enlever de nouveaux domaines pour les
donner à des Protestants. Est-ce donc-là le
fruit qu'elle devoit se promettre du zele des
empereurs, & sur-tout du fameux édit de
restitution, publié par Ferdinand II? Cependant les Suédois & l'électeur de Brandebourg,
sans distinction d'église protestante & d'église
catholique, demandoient indifféremment ce
qui leur convenoit davantage; & ils auroient
voulu envahir les biens des deux églises. Enfin le comte d'Avaux s'intéressoit tout-à-la
fois à la satisfaction des Suédois, au dédommagement de l'électeur de Brandebourg, &
à la conservation des biens des catholiques. Il
n'étoit pas facile de concilier toutes ces choses : il falloit persuader aux uns de faire des
sacrifices, & aux autres de mettre des bornes
à leurs prétentions.

Quand on vint au détail des domaines,
qu'on vouloit arracher au clergé, de nouveaux

Note marginale : Mais le dédommagement devoit-
il être pris sur
les Protestants
ou sur les Ca-
tholiques.

Note marginale : Falloit-il encore dédom-

mager les é-
glises qu'on
dépouilleroit.

intérêts éleverent de nouvelles disputes. Il fallut composer avec ceux qui les possédoient, & avec leurs successeurs désignés. Devoit-on les dédommager ? Quels seroient ces dédommagements, & où les prendroit-on ? Voilà les questions qu'il falloit résoudre, & elles en faisoient naître d'autres encore. Enfin la Suede & l'électeur de Brandebourg demandoient l'un & l'autre douze cents mille richsthalers à l'empereur : somme qu'il pouvoit dificilement trouver.

Le comte d'A-
vaux leve ces
difficultés.

1647

Le comte d'Avaux se démêla de cette négociation compliquée, avec l'applaudissement des Impériaux, des Suédois, & de l'électeur de Brandebourg & de toute l'Europe. Tout fut conclu avant la fin de février ; en sorte que le traité de la Suede se trouvant alors aussi avancé que celui de la France, la paix paroissoit devoir être prochaine. Le mois suivant parut encore la devoir hâter, par le traité de neutralité qui fut fait entre la France, la Suede & le landgrave de Hesse d'une part, & de l'autre le duc de Baviere & l'électeur de Cologne, son frere. Autant la France se promettoit d'avantages de cette derniere négociation, autant les Impériaux en craignirent les suites, se trouvant réduits par la défection des Bavarois à dix ou douze mille hommes Aussi Maximilien fut-il exposé aux reproches les plus odieux de la part des partisans de la maison d'Autriche.

On étoit d'accord sur les principaux articles : mais le traité de paix n'étoit pas fait encore, & il restoit bien des sujets de contestations sur lesquels les armes devoient venir au secours de la politique. Mais cette campagne ne fut pas brillante pour la France. Quoique les succès fussent variés en Flandre, l'archiduc Léopold, frere de l'empereur, y remporta de plus grands avantages. Cependant après la conclusion du traité d'Ulm, il ne restoit plus à Ferdinand d'autres alliés, que l'électeur de Mayence & le landgrave de Darmstadt. Encore ne les conserva-t-il pas long-temps, parce que le vicomte de Turenne les contraignit à prendre le parti de la neutralité. Ce général vouloit ensuite porter ses armes dans les Pays-Bas : mais à peine eut-il passé le Rhin que ses troupes se mutinerent, & il ne put exécuter aucun de ses projets. En Catalogne le duc d'Enguien, qu'on nommoit le prince de Condé depuis la mort de son pere, fut obligé de lever le siege de Lérida. En Italie la révolte des Napolitains est ce qui se passa de plus remarquable : événement qui avoit fait former de nouveaux projets au cardinal, & dont cependant il ne tira aucun parti.

Les Suédois se rendirent maîtres de Schweinfurt, qui facilitoit la communication entre la

Campagne de 1647.

Weftphalie & la Suabe fupérieure, provinces
où ils occupoient plufieurs places. Wrangel,
ayant enfuite mis le fiege devant Egra, força
cette place après une vigoureufe réfiftance; &
fut au moment d'enlever l'empereur, qui s'é-
toit approché pour la fecourir.

Les pléni-
potentiaires
étoient d'ac-
cord fur les
principaux ar-
ticles, lorfque
l'empereur
voulut avoir
l'avis des dé-
putés.

Cependant les négociations continuoient.
On avoit pourvu à la fatisfaction des deux couronnes: ou du moins il ne reftoit plus que des
difficultés qu'on fe flattoit de lever facilement.
On avoit même déja beaucoup fait pour l'empire : car l'empereur avoit accordé les principaux articles, lorfque demandant le confeil
des députés, il les prit en quelque forte pour
juges. La France & la Suede avoient donc
rempli les engagements de leur alliance, &
puifqu'elles étoient convenues de fe relâcher
fur les chofes générales, lorfqu'elles feroient
fatisfaites fur ce qui les concernoit, il n'étoit
pas naturel de continuer la guerre pour des
intérêts étrangers à leur traité.

Les Suédois
paroiffent
s'intéreffer
vivement aux
Proteftants,
ce qui met le
comte d'A-
vaux dans
une fituation
embarraffante

Mais les Suédois, qui vouloient fe rendre
puiffants en Allemagne, en y fortifiant leur
parti, époufoient les intérêts des Proteftants
avec autant de chaleur que les leurs propres;
& la France devenoit l'unique appui des Catholiques, que l'empereur ne pouvoit plus foutenir. Tel eft l'état où l'empire avoit été réduit par le defpotifme de la maifon d'Autriche : les deux couronnes y donnoient la loi,

& chaque prince étoit dans la néceſſité de
mendier la protection de l'une ou de l'autre.
Le comte d'Avaux ſe trouvoit dans une ſitua-
tion aſſez embarraſſante ; puiſque d'un côté il
avoit à ménager des alliés , & à défendre de
l'autre les intérêts de l'égliſe. Quelque conduite qu'il tînt, il ſe voyoit expoſé aux reproches
des deux partis: les Catholiques l'accuſoient
de les ſacrifier aux Proteſtants , & les Proteſtants de les ſacrifier aux Catholiques.

L'affaire Palatine fut une des principales
qu'on agita. Après bien des conteſtations de
la part des Suédois, favorables au prince Palatin , elle fut décidée comme le cardinal l'a-
voit projeté. C'eſt-à-dire, qu'on arrêta de créer
pour ce prince un huitieme électorat, & de
lui reſtituer le bas Palatinat.

On convient
de créer un
huitieme élec-
torat pour le
princePalatin.

Les griefs de religion paroiſſoient encore
plus difficiles à juger. Il ſemble que le fanatiſme des deux partis ne permettroit pas un
accommodement: mais le fanatiſme étoit bien
diminué, après des diſſentions ſi longues &
ſi ſanglantes. Les uns étoient las de la guerre,
& les autres commençoient à la regarder d'un
œil politique. Il s'agiſſoit de fixer les droits des
Catholiques & des Proteſtants: droits que le
temps, les révolutions, la mauvaiſe foi, les
uſurpations, les violences & les traités mêmes
avoient rendus obſcurs. Il falloit rechercher
l'état où les deux partis s'étoient trouvés dans

Par rapport
aux deux re-
ligions on
convient de
rétablir les
choſes dans
l'état où elles
étoient en
1624 à quel-
ques excep-
tions près.

des temps différents, & rétablir les chofes,
comme elles l'étoient dans l'année qu'on auroit choifie. Comme ce choix n'étoit pas indifférent, les Proteftants & les Catholiques voulurent chacun prendre l'année, qui leur donnoit
plus d'avantages. On convint cependant de
l'année 1624 : mais les Proteftants y firent quelques exceptions. Quoiqu'alors Ofnabruck,
par exemple, eût été poffédé par un évêque
catholique, les Suédois, qui l'avoient depuis donné à un proteftant, ne vouloient plus
le rendre; & pour terminer ce débat, il fallut
décider que cet évêché feroit poffédé alterna-
tivement par un catholique & par un proteftant. La liberté de confcience fouffrit auffi
de grandes difficultés : car les Suédois prétendoient régler la religion jufques dans les pays
héréditaires.

On regle la
fatisfaction
du landgrave
de Heffe.

Le landgrave de Heffe-Caffel avoit toujours été fidélement attaché à l'alliance de la
France & de la Suede. Les deux couronnes
s'accordoient donc à lui procurer une fatisfaction. Cependant il la demandoit fi confidé-
rable, qu'il fallut la modérer : d'autant plus
qu'on la prenoit fur l'églife.

Les troupes
fuédoifes de-
mandoient u-
ne fatisfac-
tion.

Ce à quoi on ne fe feroit pas attendu,
c'eft que l'armée fuédoife demanda auffi une
fatisfaction à l'empereur, & menaça de la
prendre, fi on ne la lui donnoit pas. On pré-

voit bien qu'on la donnera, & qu'il ne s'agira que du plus ou du moins. Puisque la Suede fait faire cette proposition par ses troupes plutôt que par ses plénipotentiaires, elle ne veut pas essuyer un refus.

Enfin la France insistoit sur deux articles, qu'elle n'avoit pas encore obtenus. L'un que le duc de Lorraine ne seroit par compris dans le traité, l'autre que l'empereur s'engageroit à ne donner aucun secours à Philippe IV, si la guerre d'Espagne continuoit, après que la paix auroit été faite avec l'empire. On contestoit sur ces dernieres demandes, lorsque la négociation se ralentit encore.

Nous avons vu que pendant quelque temps les Espagnols pensoient à la paix, au moins en apparence. Alors les François, qui vouloient faire tout à-la fois les deux traités, hâtoient la négociation de l'empire; & ce fut la raison du voyage du comte d'Avaux à Osnabruck. Quand au contraire ils virent que la cour de Madrid ne cherchoit qu'à gagner du temps, ils se ralentirent aussi; parce qu'ils se flatterent que les Impériaux, impatiens d'avoir la paix, presseroient eux-mêmes l'Espagne de conclure. Sur ces entrefaites l'empereur eut quelque lieu de croire, qu'il débaucheroit les troupes bavaroises, & il jugea devoir suspendre la négociation. Comme dans ce temps-là les troupes françoises avoient été retirées d'Allemagne, & qu'elles s'étoient soulevées; il comptoit sur de grands préparatifs qu'il avoit faits, & il croyoit pouvoir attaquer avec avantage Wrangel, qui faisoit alors le siege d'Egra. Toutes ces espérances devoient bientôt s'évanouir: mais deux autres raisons causerent de nouveaux retardements.

Elle est encore retardée par le départ du comte de Trantmansdorff,

La premiere fut le départ du comte de Trantmansdorff. Ce ministre n'aimoit pas les Espagnols, parce qu'il les regardoit comme la cause de la situation où se trouvoit l'empereur: les Espagnols ne l'aimoient pas davantage, parce qu'ils le savoient favorable à la paix. Après avoir inutilement tenté de le perdre dans l'esprit de Ferdinand, ils vinrent à bout à force d'intrigues de le faire retourner à Vienne. Alors maîtres de la négociation de l'empire, ils ne s'appliquerent qu'à la retarder.

& par le duc de Baviere, qui se rejoint à l'empereur.

Sur ces entrefaites le duc de Baviere rompit la neutralité, & se rejoignit à l'empereur. C'est le second incident qui suspendit d'abord la négociation, & qui bientôt la hâta, comme Maximilien le desiroit. Il la suspendit par les espérances qu'il donnoit à l'empereur Ces espérances furent même suivies de succès: car il reprit plusieurs places sur les Suédois; & Wrangel, forcé de sortir de la Boheme, se retira dans la basse Saxe, après avoir néanmoins

pourvu

pourvu à la conservation de toutes les conquêtes.

Le changement du duc de Baviere hâta la
négociation, parce que les François trouvoient
de l'avantage à traiter dans une conjonḉure
où la Suede avoit besoin de leurs secours;
parce que les Suédois ayant fini la campagne
par des revers, devoient se relâcher, plutôt
que d'en hazarder une nouvelle, ne sachant
pas les efforts que la France feroit pour eux,
& parce qu'enfin Maximilien s'étoit joint à
l'empereur, moins pour l'engager à continuer
la guerre que pour le porter à la paix. Ses instances ne furent pas vaines: car Ferdinand
dépêcha ses ordres à ses plénipotentiaires, & la
France obtint tout ce qu'elle demandoit, excepté deux articles, dont l'un regardoit le duc
de Lorraine qu'elle vouloit exclure du traité,
& l'autre le roi d'Espagne, auquel elle ne vouloit pas que l'empereur pût donner des secours.
Au reste ces deux articles étoient dans le fond
si étrangers à l'empire, qu'elle se flattoit de
vaincre encore à cet égard la résistance des Impériaux. La négociation de la Suede avançoit
plus lentement; parce que cette couronne voulant protéger les Luthériens & les Calvinistes,
un plus grand nombre d'articles à terminer faisoit naître un plus grand nombre de contestations. C'est ainsi que finit l'année 1647.

*Mais ce prin-
ce la hâta en-
suite au moins
par rapport à
la France. La
Suede avan-
çoit plus len-
tement.*

Tom. XIV.   X

Cependant la défection des Hollandois flatte l'empereur de pouvoir diviser ses ennemis.

Au commencement de l'année suivante, les choses changerent encore de face : car la défection des Hollandois fit reprendre à l'empereur le projet abandonné de diviser ses ennemis. C'est en se rendant faciles d'un côté & difficiles de l'autre, que les Espagnols détacherent enfin les Provinces-Unies de l'alliance des François ; parce qu'en tenant cette conduite, ils ôterent à la république toute espérance de conclure conjointement. Or, l'empereur se flatta que s'il suivoit ce même plan, il auroit le même succès. Il se proposa donc de faciliter l'accommodement des états de l'empire, espérant que lorsqu'ils n'auroient plus rien à demander pour eux, ils pourroient abandonner la Suede & la France. Si cependant les Suédois conservoient encore un parti trop puissant en Allemagne, il vouloit montrer la même facilité à terminer avec eux ; toujours dans l'espérance que lorsqu'ils seroient satisfaits, ils se mettroient peu en peine de satisfaire les François.

Il se trompoit.

Ferdinand voyoit mal. Sa situation étoit toute différente de celle des Espagnols ; parce que les Hollandois, comme je l'ai remarqué, n'avoient pas besoin de la garantie de la France ; & qu'au contraire, les états de l'empire, les Suédois & les François ne pouvoient s'assurer de rien, que par un traité général qu'ils se garantiroient mutuellement. Il étoit donc aisé

de juger qu'après avoir tout accordé aux états,
l'empereur feroit obligé d'accorder tout encore à la Suede, dont les états foutiendroient les
prétentions; & qu'enfuite il ne pourroit rien
refufer à la France, puifque les états & la
Suede en appuyeroient toutes les demandes.
C'eft ce qui arrivera. Nous commençons donc
à prévoir le dénouement.

Après le traité des Provinces-Unies, le duc
de Longueville avoit obtenu la permiffion de
retourner en France. Le comte d'Avaux, dif-
gracié par les intrigues du comte de Servien,
ne tarda pas à être rappellé. Il étoit protégé
par la régente, fon ennemi étoit dévoué au
cardinal: il falloit donc qu'il fût facrifié. Ces
deux miniftres n'avoient jamais pu s'accorder.
Il n'y avoit pas plus d'intelligence entre le baron Oxenftiern & Salvius, & il en étoit à peu-
près de même des plénipotentiaires des autres
puiffances.

Départ du duc de Longueville. Rappel du comte d'Avaux.

Servien refta donc feul chargé de la négociation. Il ne s'agiffoit plus que de rompre
les mefures de l'empereur, & elles fe rompoient toutes feules. D'ailleurs le duc de
Baviere pouvoit beaucoup par lui-même, foit
pour déterminer l'empereur à la paix, foit pour
rendre les députés de l'empire favorables aux
deux couronnes. Or, il n'eft pas douteux qu'il
ne defirât de voir la fin de la guerre; & s'il

Servien refte feul chargé des intérêts de la France.

X 2

étoit oppofé à la Suède, la fituation de fes états lui faifoit une loi de ménager au moins la France. Il continuoit même de négocier avec elle.

Le comte de Pegnaranda fe retire à Bruxelles. Le comte de Pegnaranda, premier plénipotentiaire d'Efpagne, fe retira à Bruxelles; ne jugeant pas de fa dignité de refter à Munfter, depuis que le comte de Trantmanfdorff & le duc de Longueville n'y étoient plus. Le départ des principaux miniftres fit d'abord languir la négociation; & les médiateurs avoient entendu tant de fois des propofitions inutiles, qu'ils ne daignoient prefque plus rien écouter. En effet, il n'y avoit pas d'apparence de terminer les différents entre la France & l'Efpagne: mais tout faifoit efpérer que ceux de l'empire alloient être réglés.

Les députés d'Ofnabruck fe rendent maîtres de la négociation. Les députés d'Ofnabruck attirerent à eux toute la négociation. Les Proteftants trouvoient un avantage à s'éloigner de Munfter, où la prefence du nonce pouvoit nuire à leurs intérêts; & les plus confidérables des députés catholiques étoient eux-mêmes obligés de les fuivre à Ofnabruck, puifque c'étoit le lieu où l'on alloit traiter de leurs prétentions & de leurs droits. Il ne refta guere à Munfter que ceux qui étoient dévoués à la maifon d'Autriche, & qui protefterent inutilement contre tout ce qui fe feroit à Ofnabruck.

Il paroiſſoit être de la gloire de la France,
que le traité ſe fît dans le lieu où réſidoient
ſes miniſtres : mais il étoit bien plus de ſon
intérêt que ce fût où ſes miniſtres auroient plus
de crédit. Le comte de Servien auroit voulu
ſauver cette gloire de la France, ſi c'en eſt-là une:
il chercha des expédients, qui ne lui réuſſirent
pas ; & il prit ſagement le parti de ſe rendre
à Oſnabruck, comme les autres.

Il n'y avoit plus que la maiſon d'Autriche
qui ſe refuſoit à la paix. Dans l'attente de
quelque révolution, elle eût voulu tout hazarder pour retarder le moment qui devoit la dépouiller d'une partie de ſes domaines, & mettre encore des bornes à ſa puiſſance. Mais l'aſſemblée d'Oſnabruck devient enfin l'arbitre
des longues querelles de l'Europe : elle a pour
elle les armées des deux couronnes ; armées
qui auront bientôt de nouveaux ſuccès. Si,
par conſéquent, le roi d'Eſpagne perſiſte encore dans ſon obſtination à la guerre, l'empereur au moins ſera forcé à ſubir la loi.

Il étoit impoſſible de terminer à la fois
tous les différents, que l'aſſemblée ſe propoſoit de régler : il importoit même peu de commencer par les François, par les Suédois ou
par les états de l'empire, pourvu qu'on ne con-
clût le traité qu'après que tout le monde auroit
été ſatisfait. Cependant parce qu'on craignoit

X 3

d'être moins ménagé , si on restoit en arriere ,
chaque parti demandoit que ses intérêts fussent réglés les premiers. Le comte de Servien ne cessoit de rappeller l'article par lequel
on étoit convenu d'avancer d'un pas égal le
traité de la France & celui de la Suede: il avoit
autant à se plaindre de la précipitation des
Suédois que le comte d'Avaux s'étoit plaint de
leur lenteur , & les Suédois avoient les mêmes reproches à faire aux états de l'empire.
On eût dit que chaque parti ne pensoit qu'à
soi ; & qu'après avoir obtenu ce qu'il demandoit , il seroit indifférent sur tout le reste.
Mais parce que tous avoient le même besoin
d'une garantie , ils se trouvoient tous également dans la nécessité de se soutenir ; & ils voyoient qu'aucun d'eux ne pourroit s'assurer les
avantages qu'il obtiendroit ; qu'autant qu'il
procureroit ceux des autres. Ainsi, quoique
d'abord chacun s'occupât séparément de ses intérêts, ils devoient ensuite se réunir ; parce
que l'intérêt général demandoit que tous fussent également satisfaits. Il arriva donc que
malgré l'opposition de la plupart des négociateurs, on suivit dans la négociation l'ordre
qu'il convenoit le mieux de suivre.

Dans quel or-
dre les inté-
rêts sont trai-
tés. En effet, les deputés de l'empire voulurent
commencer, & commencerent par les articles
qui les concernoient. C'étoit avec raison : car
l'empereur devoit leur être plus favorable

lorfqu'ils traiteroient féparément; & les couronnes pouvoient s'intéreffer moins à eux, lorfqu'une fois elles auroient été fatisfaites. Cette conduite leur réuffit : non feulement les François & les Suédois les feconderent, dans l'efpérance d'en être enfuite fecondés ; mais les Impériaux fe montrerent encore très-faciles, conformément au fyftême que Ferdinand s'étoit fait. Cependant après avoir fatisfait les états de l'empire, il n'étoit plus poffible de refufer une fatisfaction à la Suede, dont les états appuyoient les prétentions ; & il falloit bien en accorder encore une à la France, parce que les états & les Suédois la demandoient.

C'eft dans cet ordre que s'acheva cette célebre négociation : l'affemblée difcuta de nouveau les articles dont on étoit convenu ; elle régla ceux qui jufqu'alors étoient demeurés indécis ; elle affura les intérêts particuliers de chaque puiffance, en s'occupant des intérêts communs à toutes ; enfin elle arrêta jufqu'à la forme qu'on donneroit aux articles du traité. Elle accorda une fatisfaction aux troupes fuédoifes : le duc de Lorraine fut exclus du traité de paix, & l'empereur n'eut pas la liberté de donner des fecours au roi d'Efpagne. Mais dans le cours des conférences, il furvint bien des difficultés où la France eut befoin de toute l'habileté du comte de Servien. Ce que j'ai dit jufqu'ici, vous fait connoître les principaux ar-

Les articles du traité de paix font arrêtés.

ticles qui furent arrêtés: vous trouverez un précis du traité même dans le *droit public de l'Europe fondé sur les traités.*

Les succès des armées confédérées forcent l'empereur à les signer.

Le traité de paix étoit donc achevé : mais les Impériaux ne cherchoient que des prétextes pour retarder la signature ; & ils eussent affecté délai sur délai, si les succès des armées confédérées n'eussent enfin arraché le consentement de l'empereur.

1648

Turenne & Wrangel , s'étant joints, avoient battu les Impériaux & les Bavarois à Summer-Hausen près d'Augsbourg le 17 mai. Pendant qu'ils ravageoient la Baviere, que Maximilien avoit été contraint de leur abandonner, Kœnigsmarck surprit la petite Prague, où le butin fut si grand, que la seule part de la reine de Suede fut estimée sept millions d'écus. Enfin Charles-Gustave, comte palatin des Deux-Ponts , arriva de Suede avec une nouvelle armée, & assiégea la vieille Prague. La guerre , plus allumée que jamais , parut donc préparer de nouvelles calamités à l'Allemagne épuisée ; & cependant après tant de revers, Ferdinand & Maximilien se voyoient sans ressources & dans l'impuissance de faire face à leurs ennemis. Alors tout l'empire se souleva contre l'opiniâtreté des Impériaux. Les députés bavarois proposerent aux états de signer, & de forcer ensuite l'empereur à consentir à la

paix. Déja la plupart des autres députés fui-
voient cet avis, & tous paroiſſoient indignés
de ſe voir au hazard de perdre le fruit d'une
négociation qui duroit depuis ſi long-temps.
Il n'étoit, par conſéquent, pas poſſible de réſiſter davantage. Il fallut céder, & le traité fut
ſigné le 14 octobre 1648. L'échange des ratifications ſe fit le 18 février de l'année ſuivante.

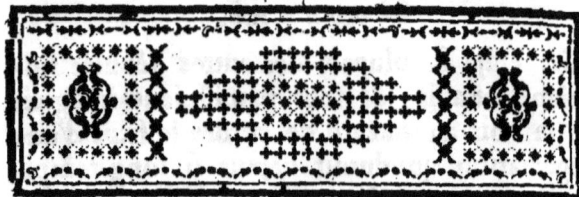

LIVRE SEIZIEME

CHAPITRE PREMIER.

Depuis la paix de Westphalie jusqu'à la paix des Pyrénées.

L**E** traité de Westphalie fut conclu à propos pour la France, où la guerre civile venoit de s'allumer. L'adminiſtration du cardinal avoit fait des mécontents ; la jalouſie les avoit multipliés, & en se multipliant, ils s'étoient enhardis. D'un côté, étoient les Frondeurs, qui sous prétexte du bien public, prenoient les armes contre le roi ; & de l'autre, les Mazarins, c'eſt-à-dire, le roi, la régente & les grands qui croyoient pouvoir établir leur fortune sur la puiſſance du cardinal.

Avec de l'ordre dans les finances, on auroit pu soutenir la guerre sans trop fouler le

La guerre civile commençoit en France.

Les finances étoient dans

peuple. Mais Richelieu étoit ignorant dans cette partie de l'administration ; Mazarin la connoissoit encore moins : & le gouvernement, qui n'avoit que des ressources momentanées, s'épuisoit tous les jours davantage. Sully avoit détruit presque tous les abus : ils se reproduisirent, & ils se multiplierent depuis ce ministre, plus grand que Mazarin & que Richelieu même.

un grand désordre.

Cependant le parlement crioit contre les abus, souvent avec peu de discernement, puisqu'il favorisoit les impôts les plus onéreux, & qu'il s'opposoit à ceux qui l'étoient moins. Mais il crioit, & quoique d'ordinaire il consultât moins l'intérêt public que le sien propre, il gagnoit la confiance du peuple, assez simple pour croire qu'on se déclaroit pour lui, lorsqu'on se déclaroit contre le ministre. Ce n'est pas que les impôts fussent plus grands qu'ils le sont aujourd'hui. Ils l'étoient moins : le mal venoit du vice général de l'administration dans cette partie.

Les cris du parlement autorisoient les murmures du peuple.

Il parut plusieurs édits bursaux, pour créer plusieurs offices, entre autres douze charges de maîtres des requêtes, pour suspendre le payement de quatre quartiers des rentes, & pour supprimer pendant quatre ans les gages des compagnies supérieures.

Edits bursaux qui soulevent les corps.

A la lecture de ces édits, le cri fut général. Les compagnies souveraines s'ameutent, comme la populace : on s'assemble contre les loix : on forme des associations : & les différents corps présentent des requêtes au parlement, qui est le premier à se soulever. Au reste l'intérêt personnel est l'unique cause de ces mouvements : on ne songe point au bien public, on ne le veut pas, ou même on n'est pas capable de le connoître.

Il y avoit au parlement de Paris un conseiller clerc, nommé Broussel, dont tout le mérite étoit de fronder le ministère. Le cardinal le fit arrêter le 26 août, avec Potier de Blancmenil, président aux requêtes, & dès le soir le peuple prit les armes. Jean-François-Paul de Gondi, coadjuteur de Paris, & depuis cardinal de Retz, alla dans les rues en rochet & en camail pour appaiser la sédition ; mais la nuit seule la fit cesser.

Mécontent de la cour qu'il trouvoit trop peu reconnoissante, le coadjuteur médita lui-même une nouvelle sédition. Il en forma le plan pendant la nuit. Le lendemain matin on tendit les chaînes dans les rues : on fit derriere les chaînes des retranchements avec des barriques remplies de terre, de pierres ou de fumier ; & les bourgeois à couvert tirerent sur les troupes du roi, commandées

par le maréchal de la Meilleraie. Cette journée est ce qu'on appelle la journée des Bar-
ricades. La régente fut obligée de rendre les
deux prisonniers. L'impuissance du gouvernement parut donc justifier les entreprises du
parlement & du coadjuteur, & le peuple ne
pouvoit manquer d'être séduit.

Comme le parlement & les autres compagnies continuoient de tenir des assemblées
malgré les défenses ; la cour, craignant quelque nouvelle émeute, s'enfuit de Paris, pour
se transporter à S. Germain en Laye. Elle y
manqua de tout, au point que les seigneurs
& les dames couchèrent sur la paille. Il n'y
eut de lit que pour Louis XIV & pour la régente. Ils manquèrent souvent l'un & l'autre du nécessaire, & ils congédièrent les pa-
ges de la chambre, faute d'avoir de quoi les
nourrir. Il est bon que les grands éprouvent
quelquefois la misere, pour se rappeller qu'ils
sont hommes. Je souhaite, Monseigneur,
que vous n'ayez pas besoin de cette leçon :
mais Louis XIV, à qui elle étoit nécessaire,
en perdra bientôt tout le fruit.

La cour s'en-
fuit à S. Ger-
main où elle
manque de
tout.

1649

Pour rentrer dans Paris, il en falloit former le siege, & toute l'espérance étoit dans
le prince de Condé, qui avoit suivi la cour.
Cependant cette capitale levoit des troupes
pour sa défense. Le coadjuteur leva lui-mê-

Les rebelles,
maîtres de Pa-
ris, songent à
s'y défendre.

me à fes frais un régiment, qu'on nomma le
régiment des Corinthiens, parce que ce pré-
lat étoit achevêque titulaire de Corinthe. Les
compagnies & les communautés se cotiserent,
afin de faire des fonds suffisants pour la guerre ; & en se soulevant contre les impositions
du cardinal, elles se mirent dans la nécessité
d'en payer de bien plus considérables. Enfin
le prince de Conti, jaloux du grand Condé,
son frere, vint offrir ses services au parlement,
& d'autres suivirent son exemple. Tels furent
les ducs de Longueville, de Beaufort &
de Vendôme, le prince de Marsillac, le duc
de Bouillon & le maréchal de Turenne, son frere.

<p>Mais on vo-
yoit que l'ef-
prit de faction
s'éteignoit. Nous avons vu que les guerres civiles sous
Louis XIII étoient bien différentes des guer-
res de la ligue. Celles de la Fronde en différent encore davantage, en sorte qu'on voit
l'esprit de faction s'éteindre peu-à-peu. Non-
seulement les chefs étoient divisés ; mais encore ils ne savoient pas ce qu'ils se proposoient. Ils passoient continuellement d'un parti dans un autre, changeant pour changer, &
n'ayant jamais d'objet fixe. Des gens de robe
entreprenoient de réformer le gouvernement,
& ils n'étoient capables de connoître ni les
causes des abus, ni les remedes. Ils fou-
loient les peuples, qu'ils se proposoient de
soulager ; ils leur donnoient des armes, dont
ils ne connoissoient pas l'usage ; ils troubloient

l'état pour le bien public. Les foldats n'é-
toient pas des citoyens que le fanatifme armoit ; c'étoient des bourgeois ornés de plumes
& de rubans, qui devenoient la rifée des deux
partis. Le régiment du coadjuteur ayant été
battu, on ne fit qu'en rire dans la ville, &
on appella cet échec, *la première aux Corinthiens.* De graves magiftrats, de grands capitaines, des prêtres brouillons, des feigneurs
galants & de jolies femmes, voilà quels étoient
les acteurs. Aucun d'eux n'avoit les qualités
néceffaires à un chef de parti : c'étoit même
une place prefque toujours vacante que celle
du chef. Les femmes s'en faififfoient ordinairement, on la leur abandonnoit par galanterie : & leurs petites intrigues gouvernoient
les magiftrats, les capitaines, les feigneurs &
les prêtres. Le duc de la Rochefoucault avoit
embraffé la parti de la Fronde pour plaire à la
ducheffe de Longueville, fœur du prince de
Condé. Il fut bleffé, & il fit ces vers :

Pour mériter fon cœur, pour plaire à fes beaux yeux,
J'ai fait la guerre aux rois, je l'aurois faite aux dieux.

Quand les guerres civiles dégénerent à ce point,
elles deviennent ridicules ; & c'eft un fympto-
me auquel on peut juger que l'efprit de faction va finir.

Le parlement eut à peine commencé la

Le parlement
fait des pru-

guerre, qu'éprouvant combien il étoit peu

positions de paix. Elles sont acceptées

propre à la conduire, il se hâta de faire des propositions. Elles furent acceptées & la paix fut conclue par une amnistie générale. Mais les deux partis, également timides, ne quitterent les armes que parce qu'ils se craignoient; & comme l'un & l'autre compta sur la timidité du parti contraire, ils s'opiniâtrerent à ne pas céder, & le traité ne satisfit aucun des deux. Le parlement continua de s'assembler malgré la cour, & la cour conserva son ministre malgré le parlement.

Caractère de Condé.

Condé, élevé parmi les armes, avoit tous les talents d'un grand capitaine : mais il avoit aussi les défauts que les succès donnent à une ame fiere, haute & impérieuse. Persuadé que ses services devoient lui donner la plus grande part à la faveur, il ne se trouvoit jamais assez récompensé; & il regardoit comme un affront, si on refusoit une grace qu'il demandoit pour quelqu'une de ses créatures. Il ne considéroit pas que s'il eût été régent ou roi même, il n'auroit pas été en son pouvoir de rassasier leur avidité. Ses valets ne manquoient pas de l'entretenir dans cet esprit: ils faisoient un crime au cardinal de tout ce qu'ils n'obtenoient pas par le crédit de leur maître: & Condé menaçoit, persuadé qu'en intimidant il ne seroit pas exposé à de nouveaux refus. C'est ainsi qu'il se mettoit insensiblement à la tête des séditieux, & que se croyant fait pour

réformer

réformer le gouvernement, il se préparoit à
prendre les armes pour ses valets & pour ses
créatures.

Il ne tarda pas à se déclarer ouvertement
contre le cardinal, dont il venoit de prendre
la défense. Il se joignit au prince de Conti &
au duc de Longueville, il devient frondeur.
Alors on ne retrouva plus en lui le grand homme. Tout - à - fait déplacé à la tête d'un
parti, il donna dans tous les pieges que Mazarin lui tendit. Il indisposa toute la Fronde, accusant le coadjuteur & le duc de Beaufort de l'avoir voulu faire assassiner. Lui-
même il disposa tout pour se faire conduire
surement en prison. En un mot, le grand
Condé fut joué, comme un enfant. Il fut
arrêté le 18 janvier avec les princes de Conti
& le duc de Longueville; & on les condui-
sit d'abord à Vincennes, ensuite à Marcoussi,
enfin au Havre-de-Grace.

Il est arrêté avec le prince de Conti & le duc de Longueville.

1650

Ceux qui étoient attachés à ces princes s'é-
tant déclarés contre la cour, Turenne fit un
traité avec l'Espagne, & arma pour les délivrer. Les rebelles néanmoins eurent peu de
succès.

Leur parti s'arme.

Pour arrêter le prince de Condé, la régente & Mazarin avoient recherché le parti de
la Fronde; & le coadjuteur avoit été gagné

Ils sont mis en liberté, & Mazarin est forcé

Tom. XIV.   Y

par l'espérance du chapeau de cardinal. Des femmes avoient conduit toute cette intrigue. Mais le coadjuteur voyant qu'on ne se pressoit pas de tenir ce qui lui avoit été promis, engagea le duc d'Orléans qu'il gouvernoit, le parlement où il avoit un grand crédit, & le parti de la Fronde, dont il étoit le chef, à se déclarer hautement pour la liberté des princes, & pour l'éloignement du cardinal. La régente fut obligée de les délivrer, & d'éloigner son ministre, qui sortit du royaume. Le peuple fit des feux de joie pour la liberté des princes, comme il en avoit fait pour leur prison; & ils rentrerent dans Paris au milieu des acclamations le 16 février.

Le parlement rendit plusieurs arrêts contre le cardinal & le bannit à perpétuité du royaume. Mazarin continuoit cependant de gouverner la régente, qui feignit d'être raccommodée avec le prince de Condé pour le perdre plus surement. Ce grand capitaine ne combattoit pas à armes égales. Trompé par la dissimulation de la reine, il fut la victime des petites intrigues qu'elle trama. Il ne reconnut son erreur, que lorsqu'il se fut rendu odieux à la Fronde. Alors pour se venger de la cour, il fut contraint de former un troisieme parti. Il fit un traité avec l'Espagne, & on se prépara de part & d'autre à la guerre. Dans cette conjoncture la cour acquit le

maréchal de Turenne, qui revint fur une lettre que le roi lui écrivit.

Louis, alors majeur, rappella le cardinal
au commencement de l'année fuivante. Le
parlement fe déclara tout-à-la-fois contre
Condé & contre Mazarin. Il rendit de nouveaux arrêts contre ce miniftre, il mit fa tête
à prix ; & le duc d'Orléans, qui flottoit toujours entre les partis, leva des troupes pour
forcer Louis XIV à le renvoyer : mais ce
prince, toujours le même, n'avoit qu'un
grand nom fans talents.

Louis, alors
majeur, rap-
pelle le cardi-
nal dont le
parlement
met la tête à
prix.
1652

La guerre commence, & finit prefque auffitôt. L'arriere-garde de Condé ayant été défaite près de la porte S. Martin, ce prince
n'eut que le temps de fe jeter dans le fauxbourg S. Antoine. Il alloit être forcé par le
maréchal de Turenne, qui commandoit l'armée
royale ; lorfque les Parifiens, qui jufqu'alors
n'avoient été que fpectateurs du combat, ouvrirent les portes à la follicitation de mademoifelle, fille de Gafton d'Orléans. Cette
princeffe fit même tirer le canon de la Baftille fur les troupes du roi. Ce combat qui fe
donna le 2 juillet, eft remarquable par l'habileté des deux généraux, qui fe couvrirent
d'une gloire égale.

Condé dans Paris paroiffoit redoutable.
Mais la retraite du cardinal, qui confentit à

Y 2

du cardinal
ayant soumis
les Parisiens,
Condé se reti-
re dans les
Pays-Bas & le
cardinal re-
vient.

sortit une seconde fois du royaume, ayant fait cesser tout prétexte de révolte, les Parisiens abandonnerent ce prince, & implorerent la clémence du roi. Condé sans crédit se retira dans les Pays-Bas, où il alla servir les Espagnols. Le duc d'Orléans eut ordre de se rendre à Blois : Mademoiselle fut exilée dans ses terres ; & le coadjuteur, que la régente avoit fait cardinal, fut enfermé d'abord à Vincennes, & ensuite au château de Nantes, d'où il se sauva en 1654. Ce fut la fin de ces guerres civiles, qu'un esprit de vertige sembloit avoir allumées & conduites. Le cardinal qui fut rappellé au commencement de 1653, reprit toute son autorité, & il la conserva jusqu'à sa mort.

1653

La France s'al-
lie de Crom-
wel, qui dé-
clare la guer-
re à l'Espagne.

L'Espagne avoit profité des troubles de la France : mais elle n'avoit pas eu tous les succès, que le ministère de Madrid s'étoit promis, lorsqu'il refusa d'accéder au traité de Westphalie. Pour reconquérir tout ce qu'elle avoit perdu, il auroit fallu faire des efforts que son épuisement ne permettoit pas ; & elle continuoit, comme à son ordinaire, à compter plus sur les événements que sur ses propres forces. La France reprit l'avantage, lorsqu'elle fut délivrée de ses troubles domestiques ; & elle acquit une plus grande supériorité en 1655, par l'alliance qu'elle fit avec

1665

Cromwel, protecteur du royaume d'Angleterre.

L'Angleterre n'avoit plus de roi. Cette
révolution avoit eu pour cause le fanatifme que nous avons vu commencer dans ce
royaume, & la conduite inconfidérée de Charles I.

Depuis l'année 1629, que ce prince fit la
paix avec la France & l'Efpagne, & qu'il forma la réfolution de ne plus convoquer de parlement, il continua d'aigrir les Anglois, en
impofant des droits & des taxes arbitraires,
en autorifant les entreprifes odieufes de la
chambre étoilée & de la cour de haute-commiffion, & en permettant à Laud, évêque de
Londres, d'employer jufqu'à la violence pour
faire adopter de nouvelles cérémonies, que
les Puritains fur-tout regardoient comme un
refte d'idolâtrie. Charles, en un mot, fe
conduifoit comme un monarque convaincu que
toute l'autorité réfide en lui, & que les privileges de la nation ne font que des graces
qu'il a accordées lui-même, & qu'il peut toujours retirer. Il étoit entretenu dans cette façon de penfer par les évêques, qui affectoient
une forte d'horreur pour tous ces privileges,
qui l'invitoient à les fupprimer, & qui cependant ne le revêtiffoient de toute la puiffance, que pour fe rendre eux-mêmes indé-

Y 3

pendants. La faveur dont ils jouiſſoient auprès de lui, étoit une des choſes qui déplai-
ſoient le plus au peuple.

Cependant
on étoit moins
choqué de l'u-
ſage qu'il fai-
ſoit de ſon
pouvoir, que
du pouvoir
qu'il s'arro-
geoit.

Malgré ce mécontentement général, le roi
ne vit que des marques d'empreſſement & de
reſpect, lorſqu'en 1633 il fit un voyage en
Ecoſſe. C'eſt que dans le fond le gouvernement étoit doux. Favorable à l'induſtrie &
au commerce, il faiſoit regner l'opulence avec
la paix; & on étoit moins choqué de l'uſage
que ce prince faiſoit de ſon pouvoir, que du
pouvoir même qu'il s'arrogeoit. On ne pouvoit pas lui reprocher de fouler le peuple:
mais quelque modérés que fuſſent les impôts,
il les mettoit de ſa ſeule autorité, & la nation ne ſe coyoit plus libre. Les Anglois auroient pu ſouffrir encore long-temps de pareilles entrepriſes, lorſque les Ecoſſois, plus
féroces, ſe ſouleverent, & donnerent naiſſance aux plus grands troubles.

Il voulut
changer de
ſon autorité la
liturgie des
Ecoſſois.

Dans le deſſein d'établir les mêmes rites
& la même hiérarchie dans ces deux royaumes, Jacques I avoit fait recevoir l'épiſcopat en Ecoſſe; & il avoit obtenu, ou plutôt
extorqué les ſuffrages des aſſemblées eccléſiaſtiques. Charles voulant achever l'ouvrage commencé par ſon pere, dédaigna de convoquer
des aſſemblées, où il pouvoit trouver des op-
poſitions, & réſolut de réformer l'égliſe d'E-

cosse par des voies d'autorité. En conséquence il fit publier en 1635 des canons sur la ju-
risdiction ecclésiastique, & une liturgie conforme, à peu de chose près, à celle de l'é-
glise anglicane.

Quoique les Anglois fussent séparés de Rome, les Ecossois les regardoient encore comme idolâtres, & croyoient seuls avoir reçu
du ciel la religion avec toute sa pureté. La
nouvelle liturgie ralluma donc leur fanatisme;
& la populace ayant commencé le tumulte,
les Presbytériens se rendirent de toutes parts
à Edimbourg. La noblesse jalouse des évêques, que Charles affectoit d'élever aux premieres dignités de l'état, se joignit aux Presbytériens; & insensiblement tout le peuple se
réunit pour s'opposer aux innovations, qu'on
vouloit introduire.

Charles au lieu de se désister, a l'imprudence de soutenir son entreprise. Le soulévement qui croît par degrès, éclate enfin; & il
se forme quatre conseils, qui s'arrogent toute
l'autorité souveraine: le premier étoit composé de la haute noblesse; le second, de la noblesse inférieure; le troisieme des ministres
ecclésiastiques; & le quatrieme des bourgeois.

Le Covenant fut un des premiers actes de
ces quatre conseils. Cet acte étoit un engage-

[marginal note:] Ce fut alors que l'Ecosse se souleva.

[marginal note:] Quatre con-seils se laisi-rent de l'auto-rité souverai-ne.

[marginal note:] Le Covenant. acte par lequel

Y 4

Ils jurent de s'oppofer à toute innovation. ment par lequel les Ecoffois, renonçant à la religion romaine, s'engageoient avec ferment à rejeter toute innovation, & à s'unir pour leur défense mutuelle contre toute autorité, fans excepter le roi même.

Charles qui mollit, con- fent à convo- quer une af- femblée ec- cléfiaftique & un parlement. Charles, qui fentit trop tard les confé- quences de fa démarche, recula lorfqu'il n'é- toit plus temps, & par fa foibleffe il enhardit les rebelles. Ils accepterent l'offre qu'il fit de convoquer fucceffivement une affemblée eccléfiaftique, & un parlement pour remé- dier aux maux dont on fe plaignoit, bien affurés de dominer dans l'une & l'autre af- femblée, & de fe rendre maîtres des délibé- rations.

L'affemblée eccléfiaftique ordonne de fi- gner le Cove- nant. En effet l'affemblée eccléfiaftique tenue à Glafcow en 1638, abolit l'épifcopat, la haute commiffion, les canons, la liturgie, & tous les réglements que Jacques & Charles avoient faits, pour étendre leur autorité. Tout le monde eut ordre de figner le Covenant fous peine d'excommunication.

On déclare que le parle- ment doit o- béir lui-même à cette déci- fion, & on ar- me. Tout parut alors décidé, & on ne jugea plus néceffaire de convoquer le parlement. Quel eft le fupérieur, de Jéfus-Chrift ou du roi, demandoit-on? Jéfus-Chrift fans doute. Donc, lorfque l'affemblée eccléfiaftique, qui eft le confeil de Jéfus Chrift, a jugé; le par-

lement, qui est le conseil du prince, n'a plus
à délibérer, & doit obéir aveuglément. Il falloit armer pour donner de la force à ce rai-
sonnement, & on arma. Le cardinal de Richelieu, qui avoit fomenté ces troubles, envoya de l'argent & des armes aux Covenantaires. Il vouloit occuper Charles en Ecosse,
parce que ce prince menaçoit de s'opposer aux
projets de conquête, que la France & la Hollande formoient alors sur les Pays-Bas.

Contre un peuple fanatique, qui combattoit pour sa religion, Charles ne pouvoit opposer que des soldats mercenaires. Il n'arma
que pour épuiser les finances, & pour contracter des dettes ; & il fallut convoquer le
parlement d'Angleterre.

Charles qui
a besoin de
subsides, con-
voque le par-
lement d'An-
gleterre.

Cette assemblée s'ouvrit au mois d'avril
1640. Le roi demandoit des subsides, & les
communes répondoient pas des plaintes. Elles
vouloient avant tout réformer le gouvernement, remédier aux abus, rétablir la liberté.
La conjoncture étoit favorable. Le parlement
convoqué après onze ans., interruption dont
les annales n'offroient point d'exemple, déce-
loit l'impuissance du roi. Il étoit manifeste que
la nécessité seule l'avoit forcé à cette démarche : toute sa conduite démontroit qu'il avoit
voulu supprimer ces assemblées. On auroit donc
cru se forger des chaînes, si on eût contribué
à soumettre les Ecossois, dont la révolte étoit

Mais ce corps
veut profiter
de la conjonc-
ture pour rui-
ner les préro-
gatives de la
couronne : &
il le casse.

favorable à la liberté angloife; & on jugeoit que moins on fecourroit le roi dans fes befoins preffants, plus il feroit facile de ruiner les prérogatives de la couronne, & de rétablir les priviléges de la nation. Charles caffa le parlement.

Les Ecoffois armés demandent que le roi prenne l'avis de fon parlement d'Angleterre.

L'armée royale n'étoit pas encore en marche, & déja les Ecoffois s'étoient avancés fur les frontieres d'Angleterre. Ils avancerent encore, ils fe rendirent maîtres de Newcaftle, & ils eurent la précaution de déclarer qu'ils ne vouloient pas faire la guerre aux Anglois, & qu'ils ne cherchoient le roi que pour mettre leurs très-humbles remontrances à fes pieds. Peu après ils lui adreffent une requête, par laquelle ils le prioient d'écouter leurs plaintes, & l'invitoient à prendre l'avis du parlement d'Angleterre fur les moyens de remédier à leurs maux. Par cette conduite ils tendoient à n'avoir qu'un même intérêt avec les Anglois; & pour montrer la fincérité de leur langage, ils obferverent une exacte difcipline, ils ne prirent rien fans payer, & ils eurent foin de ne point troubler le commerce.

Se voyant fans reffources, il eft forcé à le convoquer.

Cette conduite des Écoffois mettoit Charles dans une étrange fituation. Il connoiffoit le mécontentement général des Anglois. Ses tréfors étoient épuifés: il ne lui reftoit qu'une armée mal difciplinée, qui marchoit à regret, & qui ne pouvoit regarder les Ecoffois comme un peuple ennemi. Il fallut céder. Preffé par la ville de Londres, par les inftances de quelques feigneurs, & par les vœux de toute la nation, Charles convoqua le parlement pour le 3 novembre 1640.

Entre le parlement d'Angleterre & l'armée écoffoife, le roi refte fans puiffance. La fitua- tion où il fe trouve, ne lui permettra pas de caffer ce parlement comme les autres; & il vient de fe donner un juge.

Mais il s'eft donné un juge.

La chambre des communes, fe propofant de réformer le gouvernement dans toutes les parties, reçut les plaintes des particuliers, des villes, des provinces, & commença par faire arrêter le comte Strafford, principal miniftre de Charles. Peu de jours après Laud fut auffi conduit à la tour, & deux autres miniftres, me- nacés du même fort, ne s'y déroberent que par la fuite.

Les communes recherchent les miniftres fur leur conduite.

Bientôt le roi fe vit fans troupes, & hors d'état d'en lever: les communes lui en ôterent les moyens, en recherchant les gouverneurs & leurs lieutenants fur la conduite qu'ils avoient tenue dans les comtés, & en enveloppant dans diverfes accufations un grand nombre d'offi- ciers de la haute & de la petite nobleffe.

Les gouverneurs, les lieutenants.

En même temps pour avoir elles-mêmes une armée, elles donnerent une paye réglée aux Ecoffois; & elles déclarerent qu'elles les re- tiendroient, tant qu'elles croiroient en avoir

Elles donnent une paye à l'armée écoffoife.

befoin. Elles fe trouverent donc tout-à-coup faifies du pouvoir fouverain.

Elles abo-
liffent tout ce
qu'elles ju-
gent contrai-
re à la liberté. En conféquence elles abolirent la chambre étoilée, la cour de haute-commiffion, les droits, les taxes & tous les établiffements qu'elles jugerent contraires à la liberté de la nation. Il fut déclaré que l'approbation des deux chambres feroit néceffaire pour donner force de loi aux canons eccléfiaftiques ; que le parlement ne pourroit pas être diffous fans leur confentement ; & qu'il feroit convoqué de trois en trois ans. Charles ratifia tout. Malgré fes complaifances il ne put pas empêcher qu'on ne fît le procès au comte Strafford, & ce miniftre perdit la tête fur un échafaud.

Charles fait
un voyage en
Écoffe, où il
reçoit la loi. Charles, dépouillé d'une grande partie de fon autorité en Angleterre, fit en 1641 un voyage en Écoffe, où il abdiqua la couronne, au titre de roi près. Il reçut la loi du parlement, jufques-là qu'il fe conforma au culte établi par les Covenantaires.

Le parlement
licentie les
troupes parce
qu'il craint
qu'elles ne fe
déclarent
pour le roi. A l'occafion de ce voyage, les communes licentierent les troupes écoffoifes & les troupes angloifes, parce qu'elles craignoient que le roi, qui devoit traverfer ces deux armées, ne les fît déclarer pour lui. En effet, le bruit avoit déja couru, qu'il avoit fait des tentatives pour les engager à le fervir contre le parlement: on ajoutoit même qu'il propofoit de faire venir des troupes étrangeres. Ces accufations

aigriſſoient ſes anciens ennemis, & lui en ſuſ-
citoient de nouveaux.

Charles étoit en Écoſſe lorſqu'il apprit la
nouvelle d'un ſoulévement en Irlande. La
vieille haine des peuples de cette île contre
les Anglois n'étoit pas éteinte. Ils poitoient le
joug avec impatience : l'exemple de l'Écoſſe
les encourageoit : les troubles de l'Angleterre
leur aſſuroient des ſuccès : d'ailleurs ils craignoient pour la religion catholique, s'ils devenoient ſujets d'un parlement où les Puritains
dominoient. La conſpiration conduite avec
un grand ſecret, fut exécutée avec un barba-
rie, qui ne peut ſe trouver que dans une nation tout-à-la fois ſauvage & fanatique. Dans
le maſſacre qui ſe fit des Anglois, il périt plus
de quarante mille hommes : encore ne ſe con-
tentoit-on pas d'égorger, on imaginoit les
tortures les plus cruelles ; & le nom de religion
retentiſſoit de toutes parts. Tel étoit le ſort
de Charles : tous ſes peuples ſe ſoulevoient,
& on l'accuſoit d'avoir été l'auteur de la conſpiration d'Irlande, & d'en méditer une ſembla-
ble en Angleterre pour faire périr tous les Proteſtants par la main des Catholiques.

La puiſſance royale étoit comme anéantie.
Il paroît donc que c'étoit le moment d'en fixer les bornes, d'aſſurer les privileges de la nation, & de rétablir l'ordre & la tranquillité.
Mais les chefs, qui animoient le peuple, vou-

loient les troubles, soit par l'espérance de s'é-
lever, soit par l'appréhension de n'être plus
rien, lorsque tout seroit réglé, soit par la crainte d'être alors recherchés & punis. La disposition des esprits leur étoit favorable. Depuis
l'union de l'Angleterre avec l'Écosse, le peuple
se déclaroit avec enthousiasme pour la discipline presbytérienne: il s'élevoit contre les évêques, il en demandoit la ruine ; & le parlement, qui leur avoit déja porté plusieurs coups,
allumoit encore ce fanatisme. Or, la puissance des évêques & la puissance royale étant unies
par des intérêts communs, la passion pour le
presbytérianisme, qui rendoit tous les jours la
religion anglicane plus odieuse, faisoit aussi
tous les jours haïr davantage la royauté.

Dans cette disposition générale des esprits,
plus les embarras & les besoins du roi croissoient, plus le parlement osoit entreprendre.
Il répandoit des terreurs paniques, il supposoit
des conspirations tramées par les évêques &
par le roi, il montroit le papisme prêt à s'é-
tablir de nouveau sur la ruine de toutes les sectes. Par cet artifice il animoit les peuples, il
s'en faisoit un appui, & les intéressoit à toutes
ses démarches. Il acheva de soulever les esprits
par une remontrance, qui fut adressée à la nation. C'étoit une satyre de tout le regne de
Charles. Remplie d'exagérations & de men-
songes grossiers, elle étoit tracée avec les cou-

leurs les plus noires. Il fembloit qu'on n'y
eût répandu des vérités, que pour donner plus
de poids aux impoftures.

C'eft avec cette piece odieufe, qu'on reçut le roi à fon retour d'Écoffe. Il put juger
par-là des nouvelles entreprifes qu'on projetoit. Il étoit facile de prévoir que le parlement ne mettroit plus de bornes à fes prétentions, & que tous fes pas tendroient à la
ruine entiere de la monarchie. En effet, les
chofes en vinrent au point que le roi fut contraint de fortir de Londres, où il n'étoit plus
en fureté. Il eft vrai que la chambre des pairs
défendoit encore les reftes de la prérogative royale. Mais les communes qui s'étoient faifies de toute l'autorité, déclarerent qu'elles re-
préfentoient feules tout le corps de la nation.
Cet enthoufiafme pour la démocratie gagnoit
même infenfiblement tout le peuple, & l'on
fe voyoit au moment d'une confufion générale
& d'un bouleverfement total. Les habitants
du comté de Buckingham préfenterent aux
communes une requête fignée de fix mille perfonnes, qui promettoient de vivre & de mourir pour la défenfe des privileges du parlement.
La ville de Londres, les comtés d'Effex, de He-
reford, de Surrey, & de Bercks fuivirent cet
exemple. Tous les ordres, jufqu'aux plus vils,
crurent devoir offrir leurs fervices. Les ap-
prentifs fe préfenterent avec leur requête, les

Le peuple de
plufieurs pro-
vinces & celui
de Londres of-
frent leurs fer-
vices au parc-
lement.

porte-faix, les mendiants mêmes, enfin les femmes. Dans la terreur qu'elles avoient des papiftes & des évêques, elles difoient avoir le même droit que les hommes à déclarer leur fenfibilité pour les maux publics, puifque le Chrift les avoit rachetées au même prix, & que le bonheur des deux fexes confiftoit également dans la jouiffance libre du Chrift. Les communes reçurent toutes ces requêtes avec applaudiffement.

Le parti que le roi confer-ve dans ce corps eft forcé au filence. Les moyens qu'on employoit contre l'au-torité royale, devenoient donc tout-à-la fois odieux & ridicules, &, par conféquent, ils de-voient foulever les honnêtes gens, à qui il reftoit encore quelques lumieres. Auffi Char-les avoit-il dans le parlement un parti confidé-rable, qui auroit pu devenir le plus nombreux, fi ce prince fe fût conduit avec plus de pruden-ce. Mais les chefs des communes profitoient de fes fautes: en entretenant la fureur d'un peu-ple aveugle, ils intimidoient tous ceux qui au-roient voulu s'oppofer à leurs entreprifes; & le parti du roi étoit forcé au filence.

La guerre commence. Le calme étoit feul à craindre pour les com-munes. Des efprits raffis pouvoient ouvrir les yeux, & revenir au gouvernement monar-chique, auquel on étoit accoutumé depuis tant de fiecles. Le moment du plus grand fa-natifme étoit donc une conjoncture favorable

pour

pour porter les derniers coups, & la guerre civile commença.

Le roi s'étoit retiré dans les provinces du nord, où il avoit trouvé des sujets fideles, parce qu'elles étoient plus éloignées de la contagion. Son parti, fortifié de la principale noblesse, se groffiffoit de tous ceux qui commençoient à mieux juger des vues des communes, & qui voyoient une nouvelle tyrannie s'élever au milieu de l'anarchie. Quoiqu'il fût encore plus foible que le parlement, il se sentit affez de forces pour montrer de la fermeté; & il avoit préféré la guerre aux conditions honteuses, que les communes avoient voulu lui impofer.

La guerre se faifoit depuis un an avec des succès variés, lorfqu'en 1643 le parlement demanda des secours aux Écoffois. Il étoit affuré de ne pas effuyer un refus: car fi le roi recouvroit fon autorité en Angleterre, il devenoit affez puiffant pour pouvoir rétracter toutes les conceffions, que l'Écoffe lui avoit arrachées. Les Covenantaires trouvoient d'ailleurs dans leur fanatifme un motif pour répondre favorablement. Fiers d'avoir établi le presbytérianifme dans leur nation, ils n'ambitionnoient plus que la gloire de le répandre au dehors. Or, une nouvelle alliance avec le parlement d'Angleterre fembloit hâter ce moment defiré. Les circonftances ne permettoient pas de douter

Le parlement d'Angleterre demande des secours aux Écoffois.

du fuccès : car le peuple anglois avoit en général les évêques en horreur, & les communes, qui ne ceffoient de les humilier, déclaroient vouloir réformer l'eglife à l'exemple de
leurs freres du nord.

Un parlement
convoqué en
Ecoffe fans
l'aveu de
Charles, fait
alliance avec
celui d'Angle-
terre.
Cependant c'étoit au parlement d'Écoffe à
ordonner des levées de troupes & d'argent, &
Charles ne pouvoit confentir à raffembler un
corps qui devoit s'armer contre lui. On y
fuppléa. Des officiers publics, à l'inftigation
du clergé, le convoquerent, & enleverent au
roi la feule prérogative qui lui reftoit. Les deux
parlements firent alliance : les Ecoffois armerent.
L'année 1644 fe paffa en marches, en combats, en négociations, & rien ne fut encore
décidé.

Alors les
Indépendants
qui fe confon-
doient avec les
Presbytériens,
fe rendoient
infenfible-
ment maîtres
du parlement.
Outre les Puritains, anciens ennemis du
gouvernement, & les Presbytériens qui faifoient tous les jours des progrès, il étoit for-
ti du fein du fanatifme une nouvelle fecte, qui
enchériffoit fur toutes les autres : c'eft celle des
Indépendants.

Non-feulement les Indépendants profcri-
voient l'épifcopat, ainfi que les Presbytériens;
ils ne vouloient pas même de prêtres. Ils prétendoient que tout homme a droit d'exercer les
fonctions du facerdoce ; ils rejetoient comme
frivoles les cérémonies de l'églife pour donner
un caractère à fes miniftres ; ils condamnoient
tous les établiffements eccléfiaftiques ; ils abo-

kissoient tout gouvernement spirituel. Leur
systême politique portoit sur les mêmes principes. Ce n'étoit pas assez d'abolir la monarchie & l'aristocratie : ils se déclaroient encore
contre toute distinction d'ordre & de rang : ils
vouloient une egalité parfaite dans une république absolument libre & indépendante.

Dans un temps où le fanatisme regne, la
secte qui le porte plus loin, doit nécessairement
dominer. Les Presbytériens étoient néanmoins
en plus grand nombre dans le parlement ; &
les Indépendants, n'osant encore se déclarer,
se confondoient avec eux. Mais sous le man-
teau du presbytérianisme, ils parvenoient aux
emplois, ils se fortifioient insensiblement, &
ils vinrent à bout de leurs desseins par l'adresse de leurs chefs, Vane & Cromwel.

Ils répandirent dans le public que les généraux songeoient plus à prolonger la guerre qu'à
la finir ; & que tant que les membres du parlement exerceroient les emplois civils & militaires, ils n'auroient garde de travailler pour
la paix, qui devoit leur enlever toute leur considération. De semblables discours furent ré-
pétés en chaire par des prédicateurs, dans un
jour de jeûne qu'on avoit ordonné pour implo-
rer l'assistance du ciel.

Le lendemain Vane harangua les commu-
nes sur les plaintes des prédicateurs : il remarqua que tous avoient tenu en même temps le

Marginal note: Ils se proposent de forcer
les membres
du parlement
à renoncer
aux emplois
civils & mili-
taires.

même langage : il conclut que cet accord étoit
une inspiration du S. Esprit : & il conjura l'af-
semblée, pour la gloire de Dieu & de la patrie, de mettre à part tout intérêt personnel,
& de renoncer à tout emploi civil & militaire:
ajoutant que l'absence des membres, occupés
à les remplir, rendoit la chambre déserte, &
diminuoit l'autorité de ses résolutions. Il donna lui même l'exemple en remettant la charge
de trésorier de la marine, qu'il possédoit depuis long-temps. Cromwel applaudit à ce
discours, & entreprit de faire voir combien il
seroit avantageux de suivre les conseils de Vane.

Ils réussissent
dans ce des-
sein.

Cette proposition souffrit bien des difficultés de la part des Presbytériens. Mais enfin
après de grands débats les Indépendants l'em-
portèrent; & les membres qui avoient des
emplois s'en démirent.

Par ce moyen
ils font passer
toute la puis-
sance militai-
re entre les
mains de
Cromwel.

Pendant que ces choses se passoient, Cromwel avoit été chargé de conduire un corps de
cavalerie. Son absence ayant été remarquée,
on dépêcha pour son retour, & Fairfax, à qui
on avoit donné le commandement de l'armée,
eut ordre de le remplacer. Mais ce général
écrivit au parlement, pour obtenir qu'on lui
laissât pendant quelques jours le lieutenant général Cromwel, dont il assuroit que les lumieres lui éroient utiles pour le choix des nouveaux officiers; & peu après il demanda qu'on

fe lui accordât pour toute la campagne. C'eſt par ces artifices que les indépendants exécute-rent leurs deſſeins, & firent paſſer toute la puiſ-ſance militaire entre les mains de Cromwel. Car le chevalier Fairfax, quoique bon capi-taine, étoit un hommé ſimple, facile à gou-verner.

La campagne de 1645 fut funeſte à Char-les. Défait par les Anglois, il n'eut d'autre reſſource que de ſe jeter entre les bras des Écoſ-ſois, qui le livrerent & même le vendirent au parlement d'Angleterre, à la fin de 1646.

Charles ſe li-vre aux Écoſ-ſois, qui le vendent au parlement.

La captivité de ce prince fut le terme de l'autorité du parlement. L'armée ſe révolta, enleva le roi, ſe rendit maîtreſſe de Londres, chaſſa du parlement tous ceux qui étoient con-traires au parti des Indépendants ; & il n'y reſ-ta plus que quelques factieux fanatiques, qui firent périr Charles ſur un échafaud, le 30 jan-vier 1649. Toute la nation frémit du coup, qui trancha les jours de ce malheureux mo-narque, & chacun ſe reprocha de ne l'avoir pas ſervi, ou d'avoir eu part aux troubles.

Les Indépen-dants, qui ont chaſſé de ce corps tous ceux qui leur ſont contrai-res, le font périr ſur un échafaud.

Cette mort tragique arriva préciſément la même année & le même mois, que Louis XIV, fuyant de ſa capitale, ſe réfugia à S. Germain, où ce monarque, qui venoit d'hu-milier la maiſon d'Autriche, manquoit du né ceſſaire. Alors Henriette, ſa tante, veuve de Charles, & fille de Henri IV, étoit retirée à

Alors la mai-ſon d'Autri-che venoit d'être humi-liée, & la mai-ſon de Bour-bon manquoit du néceſſaire.

Z 3

Paris, où elle vivoit dans la plus grande pauvreté : sa fille, qui épousa depuis le frere de Louis XIV, étoit obligée de garder le lit, n'ayant pas de bois pour se chauffer. Voilà l'état où une longue guerre, de grands capitaines, d'habiles ministres, de grands négociateurs & une pacification qu'on admire, laissoient les puissances qui donnoient la loi à l'Europe. Vous le voyez, Monseigneur ; les Bourbons sont hommes, & quelquefois misérables, & ils le sont dans le moment où ils paroissent couverts de gloire. L'exemple est récent.

L'ordre que j'ai suivi, a rapproché deux guerres civiles d'un caractère bien différent, & il vous sera facile de comprendre que, si la France fut tout-à coup tranquille, l'Angleterre devoit être encore bien agitée.

Désordre où se trouvoit l'Angleterre. Tout étoit dans une confusion qu'il seroit difficile de représenter. Jamais peuple n'avoit été divisé par tant de factions ; & toutes ces factions plus ou moins fanatiques, formoient, dans leur délire, des systêmes de religion & de gouvernement, & prenoient leurs rêves pour des inspirations. Il ne restoit plus de loix : tout étoit soumis aux passions, auxquelles une imagination déréglée lâchoit la bride : chacun se faisoit des principes à son gré ; & l'impunité du passé enhardissoit pour l'avenir.

La nation Angloise, devenue plus cou- Le seul avantage que la nation Angloise retira de sa situation, c'est qu'elle étoit devenue propre aux plus vigoureuses entreprises.

Le génie militaire s'étoit réveillé pendant les guerres civiles : quantité de gens obfcurs s'étoient élevés par leurs talents : ils conferyoient le courage actif auquel ils devoient leur fortune : ils pouvoient, s'ils sétoient bien conduits, aſſurer au moins la tranquillité de l'état ſur le deſpotiſme : il ne leur falloit qu'un chef.

rageuſe & plus emrepre-nante avoit beſoin d'un chef.

Cromwel fut ce chef. Il avoit toutes les qualités pour réuſſir dans le temps où il vivoit, de l'hypocriſie, de l'audace & de la fermeté. Je doute que dans un autre ſiecle il eût eu occaſion de faire connoître ſes talents ou ſeulement de les connoître lui-même. Il acquit du crédit dans le parlement & dans l'armée par ſon fanatiſme. Il parvint à la puiſſance ſouveraine par des crimes ; il gouverna en grand homme. Mais pendant qu'il faiſoit trembler ſes concitoyens ſous ſon deſpotiſme, & qu'il rendoit l'Angleterre redoutable aux nations étrangeres ; il redoutoit tout lui-même, toujours entouré d'amis faux & d'ennemis irréconciliables, toujours expoſé aux complots des différents partis, toujours menacé par le fanatiſme prêt à s'armer d'un poignard.

Elle ſe trouve dans Crom-wel.

Chargé de porter la guerre en Irlande & en Écoſſe, il ſoumit ces deux royaumes. Auſſitôt après une autre guerre commença contre la Hollande. L'amiral Blake s'y diſtingua, & le parlement affecta de relever les avantages qu'il remportoit ſur mer. Il ſe plaignit des dé-

Cromwel caſſe le parle-meur, qui tenroit de dimi-nuer ſon au-torité.

Z 4

penfes que coûtoit l'armée de terre, il infifta fur la néceffité d'en licentier une partie. Il vouloit abattre la puiffance de Cromwel qui lui faifoit ombrage : mais il n'étoit plus temps : ce général, maître des troupes, caffa le parlement fans trouver d'oppofition. Accompagné de foldats, il parut au milieu de l'affemblée comme un homme infpiré : *retirez vous, leur dit-il, vous n'êtes plus le parlement ; le Seigneur vous a rejetés ; il en a choifi d'autres pour achever fon ouvrage.*

Il en créé un compofé de fanatiques, qu'il caffe encore. Il eft déclaré protecteur par l'armée. Il créa enfuite un nouveau parlement, en faifant venir des différentes parties des trois royaumes ceux que le ciel avoit choifis. *Jamais ; leur dit-il, je n'aurois ofé me promettre de voir le Chrift fi hautement reconnu.* Il parloit en fanatique à des fanatiques, qui croyant avoir reçu le S. Efprit dans toute fa plénitude, extravaguoient, & croyoient former un plan de république. Les ambaffadeurs de Hollande, qui vouloient négocier avec ce parlement, furent fort étonnés de trouver des faints, qui prétendoient devoir d'abord les épurer pour les rendre utiles au grand œuvre de fubjuguer l'Antechrift. Cromwel, honteux de fon ouvrage, caffa ce parlement ridicule ; & fut déclaré protecteur par l'armée, qui régla la forme du gouvernement.

Cependant l'Angleterre Pendant que l'Angleterre offroit au dedans de pareilles fcenes, elle étoit formidable au dehors. Elle paroiſſoit acquérir l'empire de la mer. Elle n'avoit jamais joué un plus beau rôle avec les nations étrangeres. Elle accorda la paix aux États - Généraux ; & tout-à-la fois recherchée par les deux couronnes qui ſe faiſoient la guerre , elle fit un traité avec la France. Cromwel dicta les conditions avec hauteur , & le cardinal Mazarin les accepta.

étoit formidable au dehors, & Cromwel donne la loi dans le traité qu'il fait avec la France.

On reproche au protecteur de n'avoir pas connu les vrais intérêts de ſa nation. Il devoit, dit-on , ſoutenir l'Eſpagne dans ſa décadence , & maintenir la balance entre les deux couronnes. On ne remarque pas que dans l'état où cette monarchie étoit réduite , ce projet eût été chimérique, qu'il ne ſuffiſoit pas de la ſoutenir, qu'il auroit fallu la relever malgré les vices de ſa conſtitution ; & qu'il étoit plus raiſonnable à l'Angleterre de ſe préparer à devenir un jour elle-même la rivale de la France. Mais il s'agiſſoit d'abord de s'agrandir. Or, Cromwel en étoit bien plus ſûr avec l'alliance de Louis XIV , qu'avec celle de Philippe IV ; car il pouvoit ſe promettre des conquêtes en Amérique & en Flandre. En effet il enleva la Jamaïque , que l'Angleterre a conſervée, & en 1658 il acquit Dunkerque qui lui ouvroit les Pays-Bas. La flotte angloiſe bloquoit le port , & Turenne, qui conduiſoit le ſiege, remporta la fameuſe bataille des Dunes

Avantages que l'Angleterre trouva dans l'alliance de la France. Mort de Cromwel.

fur le prince de Condé. La place capitula le 23 juin, & fut livrée aux Anglois comme on en étoit convenu. Cromwel mourut le 3 feptembre de la même année, âgé de cinquante-huit ans. Ce fut à propos: car le mécontentement gagnoit l'armée. Les confpirations fe renouvelloient fans ceffe; & jufqu'à fes enfants, tout le monde s'éloignoit de lui, & lui reprochoit fes crimes. Richard, fon fils qui lui fuccéda dans le protectorat, abdiqua bientôt une puiffance, que Cromwel auroit eu bien de la peine à conferver.

Traité des Pyrénées. 1659.

La guerre entre la France & l'Efpagne finit en 1659. Le traité fut conclu le 7 novembre par le cardinal Mazarin & Don Louis de Haro, dans l'île des Faifans, fur la riviere de Bidaffoa. On céda plufieurs places de part & d'autre; le duc de Lorraine fut rétabli; le prince de Condé revint & rentra dans fes gouvernements & dans tous fes biens; la France promit de ne point donner de fecours au roi de Portugal; & le mariage de l'infante Marie-Therefe avec Louis XIV fut arrêté, fous la condition de la renonciation à la fucceffion d'Efpagne. Léopold, qui avoit fuccédé à Ferdinand III, fon pere, & qui fouhaitoit d'époufer l'infante, n'omit rien pour traverfer ce mariage.

Charles eft rétabli fur le

Les troubles continuoient en Angleterre. Il n'étoit pas poffible aux factions de s'accorder sur la forme du gouvernement. Monck, un des généraux de l'armée, profita de ces divisions, pour rétablir les Stuarts. Il affecta un zele républicain, & il prépara si bien les choses, que Charles II, fils aîné de Charles I, fut reçu parmi les acclamations du peuple, & rétabli sur le trône de ses peres en 1660. La même année les royaumes de Suede, de Pologne & de Danemarck firent la paix sous la médiation de la France. Il semble qu'on respire enfin, quand on voit le calme se répandre dans presque toute l'Europe.

trône d'Angleterre. Les royaumes du nord font la paix.
1660

CHAPITRE II.

Depuis la paix des Pyrénées jusqu'à la paix de Nimegue.

Quel étoit le parlement qui rappella Charles II.

DANS l'espérance de secouer le joug d'un parlement qui s'étoit rendu odieux, les différents partis oublioient leurs animosités & attendoient avec impatience la fin des désordres; lorsque Monck, qui s'étoit déclaré pour la liberté, & qui par-là avoit gagné la confiance du peuple, prit sur lui de rappeller les membres qui avoient été exclus avant qu'on fît le procès à Charles. Comme ces membres étoient le plus grand nombre, la plupart des Indépendants prirent le parti de se retirer, & le parlement fut en quelque sorte renouvellé. Les membres rétablis commencerent par faire quelques réglements, & après avoir ordonné eux-mêmes leur propre dissolution, ils convoquerent un nouveau parlement.

L'amour de la liberté n'étoit plus le même: on se reprochoit un aveuglement qui avoit causé tant de maux: on ne voyoit pas qu'il fût

possible d'établir quelque forme de gouvernement, sans soulever encore les factions les unes
contre les autres. Parmi tant de divisions, il
paroissoit qu'on ne pouvoit retrouver la paix
que sous un monarque : les Presbytériens, qui
avoient été victimes des Indépendants, formoient à cet égard les mêmes vœux que les
Royalistes : & comme ces sentiments étoient
généralement répandus, il arriva que dans toutes les provinces, les suffrages du peuple tomberent sur ceux qu'on savoit être favorables à
la monarchie. Tel fut le parlement qui rétablit Charles. Il ne mit point de conditions
à son rappel ; parce que dans l'impatience de
jouir du repos, il eût été effrayé du retardement que pouvoit apporter la lenteur d'une
négociation. En cela il ne fit que se conformer
aux vœux des peuples.

Charles II avoit les qualités qui séduisent:
une figure mâle, un air engageant, de l'esprit, **Bonnes &**
de la pénétration, du jugement, un caractère **mauvaises**
qualités de
doux & une affabilité singuliere. Il paroissoit **Charles.**
avoit oublié dans ses malheurs qu'il étoit prince, & sur le trône il ne paroissoit plus s'en ressouvenir. Mais il avoit des défauts, qui ne se
montroient pas d'abord. Sa paresse, qui lui
donnoit de l'éloignement pour toute sorte de
travail, rendoit inutiles les qualités de son esprit. Sa bonté n'étoit pas un sentiment de l'a-
me; ce n'étoit que l'effet de sa nonchalance.

Son affabilité dégénéroit en familiarité & paroissoit peu décente. Il étoit le même pour tous ceux qui l'approchoient, les accueillant également, n'en aimant aucun, & se méfiant de tous. On lui reproche encore d'avoir été ingrat envers ceux qui l'avoient servi avec zele, & d'avoir été livré aux plaisirs, jusqu'à dissiper ses revenus. Il est doux pour un prince lâche, qui aime à dissiper, d'être absolu. C'étoit aussi tout ce que Charles ambitionnoit; mais cette ambition lui suscitera des affaires, qui contrarieront sa nonchalance.

Le contraste de ses adversités & de la révolution subite, qui venoit de le rétablir intéressoit en sa faveur, & ne permit de remarquer d'abord que ses qualités aimables. Le parlement, soumis & respectueux, lui accorda des subsides, fixa ses revenus à douze cents mille livres sterling; c'étoit plus qu'aucun autre roi d'Angleterre n'avoit eu: enfin il fit périr par les supplices dix de ceux qui avoient condamné Charles I. Il donna cependant avec beaucoup d'économie: les fonds même qu'il assigna pour les revenus de la couronne, ne faisoient pas les deux tiers des douze cents mille livres; & en se réservant de remplir dans la suite ses engagements, il parut vouloir tenir le roi dans la dépendance. Néanmoins Charles, qui n'avoit pas en général lieu d'en être mécontent, le congédia en lui témoignant combien il étoit satisfait.

Le parlement quoique soumis & respectueux, paroit prendre des mesures contre le despotisme.

Ce parlement avoit été principalement
compofé de Presbytériens: celui qui s'affembla
l'année fuivante fut encore plus favorable, parce que les Royaliftes & les Anglicans y dominoient. Non-feulement il condamna toutes les
maximes qui tendent à la révolte : il déclara
même qu'aucune des deux chambres, ni les
deux enfemble n'ont pas le droit des armes ;
& il porta la foumiffion jufqu'à renoncer au
droit de fe défendre contre le fouverain. C'é-
toit donner à la couronne une prérogative fans
bornes. Mais le plus grand nombre des membres étoit encore fi frappé des derniers défordres, qu'il étoit plus porté à prendre
des précautions contre la révolte des fujets ,
que contre l'ambition du roi. Ils firent encore une acte fort avantageux à la monarchie: ce
fut de rétablir l'églife anglicane dans le même
état où elle étoit avant les guerres civiles; &
dans cette vue ils ordonnerent à tous les eccléfiaftiques de fuivre cette communion fous peine de perdre leurs bénéfices. Les Presbytériens, qui ne voulurent pas fe foumettre, furent appellés Non-conformiftes. Mais ce parlement , fi pénétré des principes de la monarchie, la rendoit impuiffante par l'économie
avec laquelle il donnoit des fubfides: s'il vouloit qu'on ne lui portât pas des coups, il paroiffoit vouloir qu'elle fût affez foible pour
qu'elle n'en pût pas porter elle-même.

Un nouveau parlement re-nonce au droit des armes : mais il ne donne que de légers fubfi-des.
1661

Les revenus de la couronne, trop bornés pour les charges de l'état, étoient encore dissipés par les prodigalités du monarque. Il ne restoit à Charles que des dettes. Dans cette situation il résolut de vendre Dunkerque dont la garnison lui coûtoit chaque année cent mille livres sterling ; & il la livra pour quatre cents mille à la France.

Il fut généralement blâmé, parce que Dunkerque entre les mains des François pouvoit faire beaucoup de tort au commerce de l'Angleterre. Il l'eût été encore plus, si l'on eût connu dès-lors l'ambition de Louis XIV ; car l'acquisition de cette place donnoit à la France de grands avantages pour s'étendre du côté des Pays-Bas.

Les communes offrirent enfin à Charles une occasion d'obtenir des subsides. Jalouses du commerce florissant des Provinces-Unies, elles chercherent des prétextes pour faire la guerre à cette république ; & quoiqu'elles n'en trouvassent que de bien frivoles, elles promirent au roi de lui donner toutes sortes de secours, s'il vouloit entrer dans leurs vues. Elles s'imaginoient qu'après avoir abattu la puissance des Hollandois, l'Angleterre seroit en possession de tout le commerce ; & la guerre fut déclarée.

Les combats sur mer ne sont pas décisifs comme sur terre : souvent on se ruine pour ruiner

her son ennemi, sans rien acquérir ; & la nation qui a le plus de ressources, reprend bientôt tous ses avantages. Les Anglois eurent
lieu de connoître la supériorité que la Hollande avoit à cet égard ; & ils commencerent à
se lasser de la guerre : les Hollandois qui l'a-
voient entreprise malgré eux, & dont le commerce souffroit beaucoup, desiroient la paix :
Charles, plus nonchalant qu'ambitieux, n'é-
toit pas capable de persister dans des projets,
où il trouvoit de grands obstacles : Le Danemarck venoit d'ailleurs d'armer pour les Provinces-Unies, ainsi que la France, alliée de
cette république. Il est vrai que cette derniere
puissance agissoit foiblement, & qu'elle paroissoit plutôt montrer ses forces que donner
des secours. Louis XIV, qui ne vouloit ni
la prospérité ni la ruine de la Hollande, formoit alors un projet, qui le mettoit dans la
nécessité de ménager le roi d'Angleterre.

La paix se négocioit à Bréda. On étoit
d'accord sur les principaux articles ; & les difficultés qui restoient, paroissoient si légeres,
qu'elles n'auroient dû apporter aucun retardement. Mais de Wit, pensionnaire de Hollande, prolongeoit la négociation, dans l'espérance d'humilier les Anglois, & de venger sa
patrie de l'injuste guerre qu'ils lui avoient faite. Il jugea que Charles, dans l'espérance
d'une paix prochaine, songeroit plus à ména-

ger ſes finances, qu'à prendre des meſures
contre l'ennemi. Il ne ſe trompa point. L'Angleterre étoit dans la plus profonde tranquillité,
lorſque le penſionnaire avoit fait tous ſes préparatifs. La flotte hollandoiſe entra dans la
Tamiſe, où elle brûla pluſieurs vaiſſeaux; elle
menaça toutes les côtes d'Angleterre; & elle
eût pu faire une deſcente, ſi elle eût été ſoutenue par les François. Mais Louis XIV, qui
vouloit maintenir la balance entre ces deux puiſ-
ſances maritimes, n'avoit garde de contribuer
à la ſupériorité de l'une ou de l'autre. La
paix fut ſignée à Bréda le 10 juillet. Une nouvelle ſcene va s'ouvrir.

1667

Philippe IV, roi d'Eſpagne, mort le mois
de ſeptembre 1665, laiſſoit la couronne à ſon
fils, Charles II. Or, parce que dans quelques
provinces des Pays-Bas l'ordre de ſucceſſion exclut les enfants d'un ſecond mariage pour donner la préférence à ceux du premier, Louis réclama les Pays-Bas pour Marie-Théreſe, ſa
femme, née d'un premier lit. Il eſt vrai qu'il
avoit renoncé à tous les droits de cette princeſſe: mais il regardoit cette renonciation comme nulle, ſur ce principe qu'un pere ne ſau-
roit par aucun acte fruſtrer ſes enfants de leurs
droits. On répondit qu'il avoit donc traité de
mauvaiſe foi; que l'Eſpagne ayant accepté la
renonciation, comme une ſureté réelle, la
France étoit cenſée l'avoir donnée comme telle;

A la mort de
Philippe IV,
Louis XIV ré-
clame les
Pays Bas,
quoiqu'il eût
renoncé aux
droits de ſa
femme.

qu'il n'y avoit point eu de violence, qu'on
avoit contracté librement ; & que, par conféquent on devoit de part & d'autre remplir également les conditions du traité. Mais les rois
n'ont point de juge, & leurs querelles se décident par les armes.

Louis XIV avoit été fort mal élevé. Né
avec des difpofitions heureufes, qu'on ne voulut pas cultiver, il n'eut aucun goût pour la
lecture, aucune connoiffance de l'hiftoire, aucune notion même des beaux-arts : en un mot,
on rendit ftériles les difpofitions que la nature
avoit mifes en lui, parce qu'en ne l'accoutu-
mant pas à s'appliquer, on le rendit peu capable d'application. Comme fes maîtres ne favoient pas lui faire goûter l'étude, & qu'ils n'o-
foient le contrarier, Louis fe livroit à fes caprices, ne faifoit que changer d'objets, & ne
contractoit pas l'habitude d'une attention fou-
tenue. Il retenoit les faits parce qu'il avoit de
la mémoire, il les racontoit même avec grace:
mais il paroiffoit avoir de la peine à faifir une
fuite de raifonnements ; & ce qu'il ne comprenoit pas du premier coup, il lui arrivoit rarement de le comprendre.

Louis XIV étoit né avec d'heureufes difpofitions qu'une mauvaife éducation avoit rendues inutiles.

Quoiqu'il eût été déclaré majeur à treize
ans & un jour, en 1651, la régente & Mazarin ne fongeoient pas affez à le former peu à
peu dans l'art de gouverner. Jaloux de l'autorité, ils vouloient l'un & l'autre faire durer

La régente & Mazarin auroient voulu faire durer fon enfance.

A a 2

l'enfance du roi. Louis, abandonné, obéiſſoit aux penchants de ſon âge & ſe dégoûtoit de toute application, pour ſe livrer à des amuſements frivoles. Il avoit vingt ans, & il ne s'occupoit encore que de ballets, de maſcarades, de tournois, de comédies, de chaſſes, de jeux & d'intrigues d'amour.

Honteux de ne diſpoſer de rien, il deſire de s'inſtruire: Mazarin le fait travailler avec lui.

Bien loin d'avoir de l'autorité, à peine avoit-il du crédit. Il ne diſpoſoit d'aucune grace : il n'avoit que la voie de la recommandation & des prieres auprès du cardinal & de la régente. Ses courtiſans ne manquerent pas de lui en faire quelque honte, & de l'inviter à prendre les rênes du gouvernement. La confiance qu'il avoit donnée à Mazarin, & la méfiance qu'il avoit de lui-même, ou peut-être encore le dégoût du travail l'en empêcherent. Cependant quoiqu'affermi dans le deſſein de laiſſer l'adminiſtration à ce miniſtre, il parut deſirer de prendre quelques connoiſſances de ſes affaires. Le cardinal ne ſe refuſa pas à un deſir auſſi louable: mais il mourut peu de temps après, en 1661.

Après la mort de ce cardinal, il travaille avec ſes miniſtres, qui lui perſuadent qu'il fait tout, & qu'il fait

Le roi n'ayant plus de premier miniſtre, gouverna par lui-même, tenant conſeil tous les jours, & travaillant féparément avec les ſecrétaires d'état. Il prit d'autant plus de goût à ce travail, que ſes miniſtres ne cherchoient qu'à le lui rendre agréable, & le flattoient con-

tinuellement pour gagner fa confiance. Ils l'ac-
coutumerent fi fort à s'entendre louer, que,
quoique convaincu de fon ignorance, dont il
faifoit quelquefois des fujets de plaifanteries,
il commença à croire qu'il avoit naturellement
tous les talents de fon état; & bientôt il fe crut
capable de former lui-même fes miniftres. Le
Tellier, qui avoit le département de la guerre,
excelloit fur-tout dans l'art de flatter. Il fut
toujours perfuader au roi, qu'il étoit le feul
auteur des projets qui réuffiffoient; & pour l'intéreffer à la fortune de Louvois, fou fils, qu'il
avoit inftruit dans le même art, il lui fit croire que Louvois étoit fon éleve, & qu'il tenoit
de lui toutes fes lumieres. Vous pouvez prévoir qu'une trop grande confiance fera faire
des fautes à Louis XIV.

Il ne faut pas confondre avec de tels miniftres, Colbert, qui eut dans fon département
les finances & le commerce. Il avoit été l'homme de confiance de Mazarin, & ce cardinal,
qui l'avoit recommandé à Louis XIV comme
propre à l'adminiftration des finances, avoit
donné une preuve de fon difcernement, & fait
un préfent au roi & à l'état. Mais trop grand
pour flatter fon maître, comme le Tellier &
Louvois, Colbert en fut auffi beaucoup moins
écouté; & lorfqu'il mourut, en 1683, il étoit
hors de la faveur. Ce fut à lui néanmoins que
Louis XIV dut toute fa puiffance. Sans Col-

bert, jamais il n'eût été capable de soutenir les grandes entreprises, dans lesquelles il s'engagea par de mauvais conseils ; & sans ces malheureuses entreprises, qui mettoient dans la nécessité de fouler les peuples, Colbert eût enrichi le prince & les sujets. Étant donc forcé par les circonstances à mettre des bornes à ses grands desseins, il n'en exécuta qu'une partie. Cependant dès l'année 1666, il avoit mis un si grand ordre dans les finances, & rendu le commerce si florissant, que la France se trouvoit des forces, dont elle ne s'étoit pas doutée avant l'administration de ce sage ministre. En voici la preuve. En 1660, le peuple payoit quatre vingt-dix millions d'impôts : les charges de l'état montoient à cinquante-cinq millions ; & le roi, à qui il n'en restoit que trente cinq, n'étoit pas même au courant : deux années de son revenu étoient consumées d'avance. En 1666 les impositions produisoient quatre-vingt-treize millions : les charges de l'état étoient réduites à trente-quatre, & il en restoit au roi cinquante-neuf. Les revenus de la couronne étoient donc considérablement augmentés, & cependant Colbert avoit soulagé les peuples. Vous pouvez lire à ce sujet les *Recherches & considérations sur les finances de France.*

La France étoit épuisée.   Il auroit fallu une longue paix, pour réparer les pertes que la France avoit faites, depuis

François II. Certainement la population devoit être fort diminuée, & le royaume par conséquent, étoit encore foible par lui-même. S'il paroissoit donc puissant, c'est que Colbert savoit donner du ressort à toutes ses parties. Il étoit puissant, sur-tout, par rapport aux autres états de l'Europe, qui avoient fait de pareilles pertes, & qui n'avoient point de Colbert. La population ne s'étoit accrue que dans les Provinces-Unies; c'étoit une raison pour qu'elle fût moindre ailleurs, puisque cette république avoit été l'asyle des familles persécutées.

Si Louis XIV eût été plus éclairé, il eût mis toute sa gloire à faire le bonheur de ses peuples, & il ne se fût servi de sa puissance que pour entretenir la paix en Europe. Il ne falloit qu'écouter Colbert, étudier avec lui, & le laisser faire. Mais ses courtisans ne l'entretenoient que de sa puissance, & chaque instant l'étaloit à ses yeux. Elle se montroit sur-tout dans ces fêtes magnifiques qu'il donnoit souvent à sa cour, & où il paroissoit avec un air majestueux, tel qu'on peindroit le maître du monde. C'est au milieu d'une de ces fêtes, qu'en 1662 un légat vint s'humilier devant lui, pour faire satisfaction d'une insulte que les gardes du pape avoient faite à l'ambassadeur de France, & la même année le roi d'Espagne avoit essuyé une humiliation à peu

Cependant les courtisans ne parloient que de la puissance de Louis XIV, & malheureusement se trouvoient quelquefois dans des circonstances où ils ne paroissoient pas le flatter.

A a 4

près semblable. Le baron de Watteville, son ambassadeur à Londres, ayant insulté le comte d'Estrades, ambassadeur de France, sur lequel il vouloit prendre le pas, Philippe IV fut obligé d'envoyer un ambassadeur extraordinaire pour déclarer à Louis XIV, en présence de tous les ministres étrangers, que ses ambassadeurs céderoient par-tout la préféance aux ambassadeurs de France. Comment dans de pareilles circonstances, Louis, jeune encore, n'auroit-il pas été ébloui lui-même d'un éclat, qui éblouissoit ses courtisans, & qui portoit la terreur jusques dans une monarchie, auparavant redoutable à la France & à l'Europe? Pouvoit-il se ressouvenir de ces temps malheureux où il n'avoit pas un page pour le servir, & où il n'étoit pas en état de tirer de la misère Henriette, sa tante, veuve de Charles I? Il les oublia donc, & il ne vit plus que sa grandeur.

Il fut toujours entretenu dans cette illusion par Louvois, qui voulant se rendre nécessaire, & tout-à-la fois flatter la foiblesse de son maître, lui présenta la Flandre comme un pays sur lequel il avoit des droits, & dont il devoit se saisir par les armes. La guerre fut aussitôt décidée. En une seule campagne quarante mille hommes, commandés par les plus habiles généraux, envahirent sous les yeux

Entretenu dans cette illusion par Louvois, il entreprend de faire valoir les droits qu'il se fait sur les Pays-Bas. 1667.

de Louis, Charleroi, Ath, Binche, Menin, Comines, Deinfe, Tiel, Tournai, Bergues, Furnes, Armentieres, Courtrai, Douai, Oudenarde, Aloft, Lille. Ces villes, fans magafins, fans fortifications, fans munitions, ne firent prefque point de réfiftance; car quoique cette invafion eût été prévue, les Efpagnols ne s'y étoient pas préparés. Au commencément de l'année fuivante, & pendant l'hiver, Louis conquit encore la Franche-Comté en moins d'un mois. Condé commandoit fous lui.

1668

A ces premiers fuccès, obtenus fans obftacles, le roi, qui dans le vrai avoit fervi fous Condé, s'imagina être un conquérant: il fe crut puiffant, parce que l'Efpagne étoit foible: & il n'eût plus d'autre ambition, que de reculer fes frontieres & de fe rendre redoutable, fans confidérer qu'il répandoit l'alarme chez fes voifins, & qu'il pouvoit armer contre lui toute l'Europe. Son principal avantage étoit dans fes généraux & dans fes miniftres, bien fupérieurs à ceux des autres puiffances: avantage qu'il connoiffoit peut-être trop peu, car il croyoit déja être tout par lui-même.

Fier de fes premiers fuccès il ne fonge plus qu'à conquérir & à fe rendre redoutable.

L'invafion de la Flandre faifoit connoître que fi Charles II, roi d'Efpagne, dont la fanté étoit languiffante, mouroit fans enfants,

L'Europe auroit dû prévoir qu'il pou-

teroit son ambition sur la couronne d'Espagne.

Louis formeroit des prétentions sur la couronne de ce prince. Il semble donc que les puissances de l'Europe auroient dû prévenir la réunion de ces deux royaumes; c'est ce dont elles ne parurent pas s'occuper.

Mais Léopold ne s'occupoit, que des moyens de regner despotiquement en Hongrie.

L'empereur Léopold, qui avoit eu pendant quelques années la guerre avec les Turcs, faisoit alors tous ses efforts pour soumettre la Hongrie, ou plutôt pour y établir son despotisme. Dans le dessein d'usurper sur les privileges de la nation, il traita de rebelle un peuple qui ne vouloit pas être esclave. Il saisit par surprise quelques chefs du patriotisme; il leur fit trancher la tête sous prétexte d'une prétendue conspiration; & il répandit dans tout le royaume des troupes qui, vivant à discrétion comme en pays ennemi, forcerent enfin les Hongrois à se révolter véritablement. Pendant qu'il donnoit tous ses soins à dépeupler la Hongrie pour y regner en despote, il ne pouvoit pas porter son attention sur ce qui se passoit ailleurs.

Les princes de l'empire ne s'alarmoient pas de l'agrandissement de la France, qu'ils s'imaginoient les devoir protéger, parce qu'elle les avoit pro-

Malgré le traité de Westphalie, il y avoit peu d'union entre les membres de l'empire. L'empereur, les électeurs & les autres princes formoient trois partis; & la diete étoit au moins troublée par des contestations qu'on ne terminoit pas. Les Allemands, accoutumés à se précautionner contre l'ambition de la maison d'Autriche, ne s'appercevoient pas enco-

re que la maiſon de Bourbon devenoit de jour
en jour beaucoup plus formidable. Ils continuoient de la regarder comme une puiſſance
qui devoit les protéger contre l'empereur.
C'eſt pourquoi en 1658, Louis XIV fut reçu
dans une alliance que les électeurs eccléſiaſtiques & d'autres princes avoient faite pour leur
défenſe commune & qu'on nomme la ligue du
Rhin, & en 1668 pluſieurs perſiſtoient encore
dans leurs engagements avec la France. Il eſt
difficile que tout un corps tel que celui de l'empire ſache changer à propos de vues & de politique. Les princes d'Allemagne ne penſoient
donc point à s'oppoſer aux progrès de Louis
XIV, ou ceux qui y penſoient, ne ſavoient
encore quelles meſures prendre. Les républi- L'Italie ne
ques & les princes d'Italie étoient encore plus craignoit que
favorables au roi de France, parce qu'ils cro- la maiſon
yoient voir leur élévation dans l'abaiſſement d'Autriche.
d'une puiſſance qui occupoit le royaume de Naples & la Lombardie.

Les Hollandois jugeoient mieux du danger, Les Hollan-
parce qu'ils en étoient plus près : mais cette ré- dois qui ju-
publique étoit trop foible contre toutes les for- geoient mieux
ces de la France, & d'ailleurs elle étoit trou- étoient trop
blée par deux factions. foibles & trou-
blés par des
factions.

Frédéric-Henri étoit mort en 1647, & avoit
laiſſé le Stadthoudérat à Guillaume II, ſon fils. Ils crai-
Guillaume ne parut pas auſſi bon républicain gnoient le Stadthoudérat,

que ses ayeux : il se rendit suspect par son ambition ; & peut-être eût-il causé une guerre civile, s'il eût gouverné long-temps. Après sa mort, qui arriva en 1650, les partisans de la liberté, effrayés du danger qu'ils avoient couru, songerent à mettre des bornes au Stadthoudérat, ou même à exclure de cette dignité le fils posthume de Guillaume II.

contre lequel ils songeoient à prendre des précautions.

De Wit, pensionnaire de Hollande, & qui gouvernoit alors la république, donna tous ses soins à l'éducation de Guillaume III, qui étoit né huit jours après la mort de son pere. Il ne négligeoit rien pour le former aux affaires, voulant, disoit-il, le rendre capable de servir la patrie, s'il arrivoit jamais que des circonstances lui missent l'administration entre les mains. En même temps il tâchoit de prévenir ces circonstances, & en 1667 il avoit fait rendre un édit, par lequel Guillaume & ses descendants étoient exclus à perpétuité du Stadthoudérat.

Le pensionnaire de Wit avoit donné l'exclusion à Guillaume III, qu'il avoit élevé.

Guillaume avoit alors dix-sept ans. On voyoit déja le fruit de l'éducation qu'il avoit reçue : les vertus & les talents se développoient en lui. Il paroissoit aimer la république : il paroissoit dans la résolution d'en vouloir dépendre entiérement ; & les peuples regardoient comme une injustice l'exclusion qu'on venoit de donner à un prince auquel ils s'intéressoient.

Cette exclusion donnoit de nouveaux partisans à ce prince, qui montroit des vertus.

L'édit avoit augmenté le nombre de ses partisans. On le comparoit à ses ancêtres, dont on se rappelloit les services : on le jugeoit digne, à toute sorte de titres, de la même confiance & des mêmes honneurs.

Ce jeune prince étoit fils d'une sœur du roi d'Angleterre. Il étoit donc à craindre que Charles, qui ne demandoit qu'à troubler la Hollande, ne donnât des secours à la faction de Guillaume. C'est pour cette raison que de Wit étoit resté jusqu'alors dans l'alliance de la France. Mais un danger plus pressant ayant changé toutes ses vues, il ne voyoit plus que l'Angleterre, qui pût arrêter les progrès de Louis XIV.

Parce qu'il étoit fils d'une sœur du roi d'Angleterre, de Wit étoit resté dans l'alliance de la France.

Les Anglois ne pouvoient voir sans jalousie la supériorité que prenoient les François. Charles, voulant donc faire une chose agréable à la nation, chargea le chevalier Temple, son ministre à Bruxelles, de se concerter avec le pensionnaire. Ces deux habiles négociateurs conclurent en quatre ou cinq jours un traité, auquel la Suéde accéda, & par lequel ces trois puissances se proposoient d'offrir leur médiation, & de forcer la France & l'Espagne à la paix. Aucune d'elles néanmoins ne s'étoit encore préparée à la guerre. La Suede étoit bien loin, pour être redoutable, & pour s'intéresser vivement aux Pays-Bas. Les Hollan-

Alors il change de plan, & la triple alliance, qu'il a méditée, force Louis XIV à la paix.

1668

dois n'avoient point de troupes de terre : &
Charles étoit toujours indolent, irrésolu &
sans argent. Cependant le ministère françois
ayant pris l'alarme, la triple alliance, qui ne
pouvoit que menacer, eut tout le succès qu'on
s'étoit promis. La négociation ne fut même
pas longue : car le traité fut conclu & signé
trois mois après à Aix-la-Chapelle. Louis
rendit la Franche-Comté, & conserva toutes
les conquêtes faites dans les Pays-Bas.

Le traité en est conclu à Aix la-Chapelle.
1668

Louis XIV avoit fait une paix assez glorieuse, pour se promettre de nouveaux succès.
Il s'en promit, & dans sa confiance, il songea
sur-tout à se venger de la Hollande, qui avoit
eu la plus grande part à la triple alliance. Pour y
réussir, il se proposa de déterminer l'Angleterre à rompre les engagements, qu'elle avoit
contractés avec cette république.

Louis songe à se venger de la Hollande.

Sous prétexte de visiter ses conquêtes, le
roi se transporta dans les Pays-Bas avec toute
sa cour, & fournit à la duchesse d'Orléans l'occasion de passer en Angleterre pour voir son
frere, Charles II, ou plutôt pour négocier un
traité avec ce prince.

1670
La duchesse d'Orléans, qui passe en An-gleterre, trouve le roi son frere dans des dispositions favorables au dessein de Louis.

Charles donnoit alors toute sa confiance à
Clifford, Ashley, Buckingham, Arlington &
Lauderdale ; & le public nommoit Cabale le
conseil composé de ces ministres, parce que

les lettres initiales de ces cinq noms forment
le mot de *cabal*. Les vues de la cabale, autant qu'on en peut juger par la conduite de ces
cinq ministres, étoient de rendre le roi tout-à-
fait indépendant du parlement. Pour y réussir,
on proposoit une alliance avec la France contre la Hollande ; parce que sous le prétexte de
la guerre, il seroit facile de lever & d'entretenir un corps de troupes dans le royaume, &
que Charles pourroit encore obtenir de Louis
XIV des secours pour soumettre ses sujets rebelles. Ce projet étoit assez mal concerté :
on devoit juger que si le roi de France s'y prêtoit, ce seroit moins pour rendre Charles absolu, que pour faire naître des troubles en Angleterre. De pareilles vues s'accordoient néanmoins avec le caractère de Charles, que l'é-
conomie des communes laissoit dans l'indigence, & qui ne pouvoit pas prendre sur lui d'a-
voir une confiance entiere pour ses peuples.
Telles étoient les dispositions où la duchesse
d'Orléans trouva son frere. Il lui fut donc
aisé de sortir de sa négociation avec succès.
Elle lui laissa, pour maintenir l'alliance entre les deux couronnes, une demoiselle de sa
suite dont il devint amoureux, & qui a été
connue sous le titre de duchesse de Ports-
mouth.

Les deux rois déclarerent la guerre aux
Provinces-Unies. Comme ils n'avoient pas

Ces deux rois
déclarent la

384 HISTOIRE

guerre à la Hollande.
1671

de raifons folides, ils employerent les prétextes les plus frivoles : ils fe plaignirent de quelques médailles & de quelques peintures injuri-
eufes à leurs majeftés. Ils auroient mieux fait
de ne pas publier des déclarations, qui ne
faifoient que déveiler davantage leur injuftice.
Charles eut en particulier la mortification de
perdre toute la confiance de fon peuple. Car
dans la vue de trouver plus de facilité dans
fon parlement, il avoit feint de vouloir refter
fidele au traité de la triple alliance, & ce motif lui avoit fait obtenir des fubfides confidérables. Mais les Anglois, qui voyoient avec
chagrin que ces fubfides étoient deftinés à remplir les vues de la France, ne lui pardonnoient
pas d'avoir employé la mauvaife foi, pour
facrifier plus furement les intérêts de la nation.

**Cette républi-
que n'étoit
pas en état de
fe défendre.**

Les Provinces-Unies cultivoient le commerce & la marine, & dans la fécurité où les
laiffoient la paix avec l'Efpagne & leur alliance avec la France, elles avoient licentié la plus
grande partie des troupes de terre, & négligé
d'entretenir la difcipline dans celles qui leur
reftoient. Jaloufes de leur liberté, elles avoient
fur-tout congédié un grand nombre d'officiers
expérimentés, qui paroiffoient trop attachés à
la maifon d'Orange. Elles n'eurent donc pour
toute defenfe que quelques troupes levées à la
hâte,

hâte, avec lesquelles on ne pouvoit ni tenir la campagne, ni mettre des garnisons suffisantes dans les places.

Contre un pays si mal défendu, Louis XIV, qui avoit engagé dans son alliance l'évêque de Munster, & l'électeur de Cologne, marcha à la tête de cent soixante - dix-sept mille hommes. Il prit dans peu de mois plus de quarante villes fortifiées, & envahit les provinces de Gueldres, d'Utrecht & d'Over-Iffel. Guillaume III, que la république avoit mis à la tête des troupes, se retira dans la province de Hollande, mettant toute sa ressource dans la force naturelle du pays. Cependant le peuple tourna sa rage contre le pensionnaire. Regardant comme l'auteur de ses maux, celui dont il avoit admiré jusqu'alors la prudence & l'intégrité, il le massacra avec son frere, & il se souleva contre les magistrats, qu'il força à reconnoître le prince d'Orange pour stadhouder.

Ce jeune prince, car il n'avoit encore que vingt-deux ans, se montra digne d'être le chef de la république. Il rendit le courage aux plus consternés. Les factions cefferent. Tout se réunit sous lui, & le désespoir fit prendre un nouvel essor à l'amour de la liberté. Les écluses étoient ouvertes : le pays étoit inondé. La mer formoit une barriere à l'ennemi.

Tom. XIV. B b

Conquêtes de Louis XIV. Troubles qu'elles causent en Hollande. 1672

Cette république met toute sa ressource dans le jeune prince d'Orange, qu'elle fait stadhouder.

L'empereur avoit d'abord vu sans inquiétude les préparatifs de Louis XIV contre les
Provinces - Unies. Il avoit promis de ne
leur point donner de secours : il desiroit même l'humiliation de cette république ; &
plusieurs autres puissances d'Allemagne adoptoient cette politique aveugle. Il ouvrit enfin les yeux, lorsqu'il considéra qu'après la
conquête de la Hollande , les Pays-Bas Espagnols seroient menacés ; & il fit une ligue
avec le roi d'Espagne, l'électeur de Brandebourg & les États - Généraux. Louis fut
obligé d'évacuer plusieurs des places conquises.

Mais le parlement d'Angleterre étoit l'allié,
sur lequel les Hollandois pouvoient le plus compter : il commençoit à soupçonner les desseins
de la cabale. Charles connut qu'il n'obtiendroit rien pour une guerre que les communes désapprouvoient. Il frémit, en prévo-
voyant les suites d'un mécontentement qui se
montroit déja, & il fit sa paix avec les États-
Généraux.

L'électeur de Cologne & l'évêque de Munster furent aussi contraints de prendre le même
parti, & les princes d'Allemagne, qui avoient
été neutres jusqu'alors, se déclarerent encore
pour l'empereur. C'est ainsi que la France
perdoit ses alliés, se faisoit des ennemis, &

Marginal notes:

L'empereur qui d'abord avoit desiré l'humiliation des Hollan-dois, fait une ligue contre Louis.

1673

Le roi d'An-gleterre fait la paix avec la Hollande.

1674

Toute l'Alle-magne se dé-clare contre Louis, à qui il ne reste que l'alliance de la Suede.

se voyoit réduite à faire face de tous côtés.
Le roi de Suede, qui avoit abandonné les
vues de la triple alliance, restoit seul à Louis
XIV : mais il ne pouvoit lui donner aucun
secours, parce qu'il entra en guerre avec le
Danemarck.

Dans cette conjoncture les François furent
obligés de changer d'objet. Ils abandonnerent
les Provinces-Unies ; & de tant de conquêtes, ils ne purent conserver que Grave & Mas-
tricht : leurs efforts se porterent sur les Pays-
Bas. & sur le Rhin : ils conquirent la Franche - Comté & plusieurs places en Flandre :
& ils pénétrerent dans le Palatinat. Cependant la guerre se faisoit aussi en Danemarck,
en Suede, sur la mer Baltique, sur l'Océan,
sur la Méditerranée, sur les frontieres d'Espagne, & en Sicile, où la France donna des
secours aux Messinois, qui s'étoient révoltés contre les Espagnols. C'est ainsi que la
république de Hollande vit tout-à-coup le
danger s'éloigner d'elle. Les autres puissances avoient armé pour la secourir, &
elle continuoit la guerre pour les secourir
elle-même.

Cependant Louis a de grands succès

Cette guerre finit en 1678 par le traité de
Nimegue, dont Louis XIV dicta les conditions. Elle fut donc glorieuse par les succès

Pacification de Nimegue. 1678

Bb 2

des généraux, fi elle ne le fut pas par les motifs qui la firent entreprendre. Le ministère
françois fut divifer les ennemis, ou plutôt
profiter de leur peu de concert. Les États-Généraux, auxquels on rendoit Maftricht, la feule place qu'ils n'avoient pas recouvrée, déclarerent à leurs alliés que, s'ils n'acceptoient

1678

pas les conditions que Louis XIV leur offroit,
ils feroient leur paix féparément; & en effet ils
la fignerent le 10 août. Le traité affuroit à la
France la Franche-Comté, Cambrai, Aire, S.
Omer, Valenciennes, Tournai, Ypres, Bouchain,
Caffel, &c. Il ne reftituoit à l'Efpagne que
Charleroi, Courtrai, Oudenarde, Ath, Gand,
le pays de Limbourg, qui avoient été donnés à la France par le traité d'Aix-la-Chapelle. Enfin il obligeoit le roi de Danemarck & l'électeur de Brandebourg à rendre tout ce qu'ils avoient enlevé à la Suede. Les puiffances intéreffées fe plaignirent
de la Hollande, qui en les abandonnant,
s'uniffoit encore à Louis XIV pour leur faire
la loi. Toutes cependant, les unes après
les autres, accepterent les conditions qu'on
leur prefcrivoit: l'Efpagne le 17 feptembre 1678; & dans l'année fuivante, l'empereur le 5 février; l'électeur de Brandebourg le 29 juin; & le roi de Danemarck le
2 feptembre.

Il faut attribuer les succès de la France dans cette guerre & dans cette négociation, à la supériorité de ses généraux, à la foiblesse de cha-
cun de ses ennemis en particulier, & au peu
de concert de toutes les puissances confédérées.

L'Espagne, aussi foible par l'usage qu'elle
faisoit de ses forces, que parce qu'elle en avoit
peu, étoit dans l'impuissance de défendre tout-
à-la fois les Pays-Bas & sa frontiere du côté
des Pyrénées ; & cependant elle avoit encore à
rétablir son autorité dans la Sicile, où les Messinois s'étoient révoltés.

Les Hongrois, toujours opprimés, faisoient
une diversion, & mettoient l'empereur hors
d'état d'agir vigoureusement contre la France.
Les princes de l'empire s'embarrassoient mutuellement: les uns ne s'étoient pas déclarés encore; les autres avoient pris un parti sans avoir
de plan arrêté. Or, la force d'une confédération ne consiste pas dans le nombre des alliés:
il faut un chef qui ait assez de talents pour en
diriger les mouvements, & qui paroisse avoir
assez d'expérience pour mériter la confiance de
tous les membres. Guillaume III étoit le seul
qui eût les talents nécessaires : mais trop jeune
encore, il ne pouvoit pas prendre assez d'autorité. Il essuya des contradictions de la part des

fa république: les gouverneurs des Pays-Bas n'entrerent pas dans fes vues; les princes d'Allemagne rompirent fouvent fes mefures; & & il paroît même avoir été quelquefois trahi. Il levoit des fieges, il perdoit des batailles : néanmoins les contradictions, les trahifons, les revers, rien ne pouvoit l'abattre. Son courage lui reftoit, & ce courage fufcitera bien des affaires à la France.

L'Angleterre auroit balancé la puiffance de la maifon de Bourbon, fi Charles n'eût pas eu d'autres vues que celles de fon parlement. Mais pour avoir abandonné la France, il ne s'étoit pas joint aux confédérés. Il pouvoit être au moins l'arbitre de l'Europe, il pouvoit prefcrire les conditions de paix: fa médiation avoit même été acceptée. Cependant il ne voulut jamais tirer avantage d'une conjoncture auffi favorable; quoique les communes, inquietes des progrès de Louis XIV, l'invitaffent à prendre les armes, & lui fiffent quelquefois des remontrances d'un ton à lui donner de l'inquiétude. Il ne voyoit de toutes parts que des fujets de crainte. Il fe méfioit des communes, comme elles fe méfioient de lui. Il n'ofoit les contredire ouvertement; & il n'ofoit pas non plus fe rendre à leurs inftances; parce qu'il appréhendoit qu'après l'avoir engagé dans une grande guerre, elles ne profitaffent de fes befoins

pour l'obliger au facrifice de quelque partie de
fa prérogative. C'eft ainfi qu'après avoir perdu la confiance de fes peuples, il ne croyoit
plus leur pouvoir donner la fienne : & dans
cette pofition il étoit incapable de prendre un
parti. D'ailleurs s'il fe déclaroit ouvertement
pour les confédérés, il renonçoit aux fecours
qu'il attendoit de la France pour affurer fon
autorité ; & s'il fe déclaroit pour Louis XIV,
il foulevoit le parlement & la nation. Cette
incertitude parut dans la conduite qu'il tint
comme médiateur. Toujours flottant entre
la crainte & la fermeté, il agit avec une
lenteur qui fervit la France peut-être plus
utilement que s'il eût pris les armes pour
elle. Car dans ce cas, il n'eût point obtenu
de fubfides : il n'eût donc pu donner aucun fecours, & il eût été fans doute bien
embarraffé.

L'état de l'Angleterre étant auffi favorable
à l'agrandiffement de la France, les Provinces-Unies, qui voyoient la foibleffe de la
maifon d'Autriche, & le peu de concert
des confédérés, ne furent plus fenfibles qu'aux
dépenfes que la guerre entraînoit, & aux
pertes qu'elles faifoient tous les jours par la
ruine de leur commerce. Elles abandonnerent donc des alliés, fur lefquels elles ne

Bb 4

pouvoient plus compter, & elles firent la
paix.

Vous voyez que Louis XIV réussit moins
par ses propres forces, que parce que ses ennemis ne surent pas se réunir. Il eût pu succomber, si un chef habile eût été l'ame de la confédération.

CHAPITRE III.

*Depuis la pacification de Nimegue jus-
qu'à celle de Ryswick*

La grandeur de Louis XIV paroiſſoit à ſon
plus haut période. Il avoit fait des conquêtes :
il avoit donné la loi à toutes les puiſſances confédérées : il ne devoit pas naturellement craindre qu'une nouvelle ligue ſe formât contre lui.
Tous ſes ennemis, diviſés & mécontents les
uns des autres, ſe reprochoient mutuellement
des faures ou des trahiſons ; & l'expérience de
leur derniere confédération ne leur promettoit
pas plus de ſuccès, s'ils ſe réuniſſoient de nouveau contre la France.

Les enne-
mis de la Fran-
ce avoient été
trop humiliés,
pour ſonger à
ſe réunir de
nouveau con-
tre elle.

En uſant de ſes avantages avec modération,
le roi eût diſſipé les alarmes qu'il avoit données
à l'Europe ; il eût répandu la ſécurité parmi des
puiſſances, qui ne pouvant compter les unes
ſur les autres, ne cherchoient que des prétextes pour ſe perſuader qu'elles n'avoient rien à
craindre de lui ; & s'il ne les eût pas forcées
à ſe faire un ſyſtême contraire aux vues qu'el-

Mais
Louis veut ê-
tre craint. La
flatterie lui
exagere ſa
puiſſance ; &
Guillaume III
s'étudie à ré-
pandre des
terreurs pani-
ques.

les avoient eües jufqu'alors, il ne les eût pas mifes dans la néceffité de recourir à l'empereur,
& d'abandonner le fyftême pour lequel elles
avoient combattu & négocié fi long-temps.
Mais Louis ne voyoit hors de fes frontieres
que des ennemis qu'il avoit vaincus, & qu'il
fe flattoit de vaincre encore. Déja les François
fe croyoient un peuple conquérant, & demandoient à être conduits à de nouvelles conquêtes.
Ils célébroient à l'envi la gloire du vainqueur
qui les gouvernoit. Des poëtes, qui fe faifoient lire malheureufement, lui promettoient
le plus vafte empire. Il étoit le héros de la
nation dans les monuments publics, dans les
fpectacles, dans les fêtes, dans les confeils de
fes miniftres. Toujours l'objet de la flatterie
de fes fujets, il paroiffoit encore la terreur de
fes voifins. Le prince d'Orange affectoit de
le craindre : il l'accufoit d'afpirer à la monarchie univerfelle : il répandoit l'alarme dans les
cours, & cette terreur panique qui fufcitoit
des ennemis à Louis, le confirmoit dans l'idée
que lui donnoient de fa puiffance, fes derniers fuccès, & fes courtifans. C'eft ainfi
qu'au dehors, comme au dedans du royaume,
tout concouroit à lui faire illufion. Cependant
il eût été effrayé lui-même, s'il eût mieux ap-
précié la fauffe gloire, dont il s'enivroit. Ce
qu'il avoit acquis par le traité de Nimegue, valoit à peine, dit l'abbé de S. Pierre, vingt mille

lions une fois payés, & dans le cours de six ans, la guerre lui avoit coûté plus de quatre-vingts mille hommes, & plus de trois cents cinquante millions. Quand les conquêtes se font à ce prix, une monarchie est bientôt épui-sée pour peu qu'elle recule ses frontieres. Mais Louis ne songeoit pas à faire ces calculs; & Louvois, qui n'avoit garde de les lui mettre sous les yeux, entretenoit le prestige qui l'é-garoit.

La gloriole de Louis XIV, pour parler comme l'abbé de S. Pierre, n'étoit donc qu'un épouvantail; mais cet épouvantail pouvoit réu-nir encore les ennemis de la France, & leur apprendre à se mieux concerter. Il falloit donc ne rien négliger pour dissiper les alarmes, que le prince d'Orange s'étudioit à répandre. Lou-vois les accrut au contraire & leur donna quel-que fondement par les démarches dans lesquel-les il engagea son maître.

Il eût fallu dissiper les alarmes de l'Europe.

Louis érigea deux chambres, l'une à Metz, l'autre à Brisach. Il cita devant ces tribunaux plusieurs princes allemands. Il les somma de lui rendre des terres, sur lesquelles il formoit des prétentions; & sur les décisions de ses pro-pres sujets, il se saisit de tout ce qui étoit à sa bienséance. Quelques-unes de ses prétentions pouvoient être fondées: mais après que le traité de Nimegue paroissoit avoir terminé

*1680
Mais Louvois paroît se con-certer avec le prince d'O-range, pour forcer l'Euro-pe à redouter Louis.*

tous les différents, il faut convenir que cette
maniere de se faire justice étoit odieuse ; &
elle le devenoit encore davantage par l'inso-
lence des magistrats, qui composoient ces tribunaux.

Mais Louis se croyoit plus puissant, à proportion qu'il étoit plus craint ; & sa passion
étoit de montrer sa puissance. Louvois songeoit donc à le faire craindre ; il rapportoit là
toutes ses entreprises. Pendant qu'il achetoit
du duc de Mantoue, Casal, capitale du Montferrat, il se rendoit maître de Strasbourg par
surprise. Il saisissoit toutes les occasions de ve-
xer les puissances voisines. Si elles se plaignoient, il leur faisoit un crime de leurs plaintes : on menaçoit de les punir, comme on eût
menacé des peuples rebelles. L'alarme se répandit donc. Louvois plaisoit à son maître,
parce qu'il le faisoit redouter ; & la guerre qui
se préparoit, rendoit Louvois nécessaire.

On avoit cru que les projets de Louis XIV
se borneroient à la conquête des Pays-Bas, &
les Allemands auroient volontiers sacrifié l'Espagne à l'ambition de ce prince. Mais les arrêts des chambres de Metz & de Brisach, &
la prise de Strasbourg avoient déja décelé
d'autres vues ; lorsque trois camps, que Louvois forma du côté de l'Allemagne, donnerent
de nouvelles inquiétudes. L'un étoit en Bour-

gogne, l'autre fur la Saro, & le troifieme fur
la Saone. Le roi les alla vifiter. Il jouit de fa
puiffance, il jouit du plaifir de l'étaler prefque
aux yeux de fes veifins, & bientôt après il commença les hoftilités.

Graces à Louvois, Louis fe faifoit craindre
fur terre. Seignelai, fils de Colbert, étoit fecrétaire d'état, & avoit le département de la
marine. Jaloux du crédit du miniftre de la
guerre, il voulut plaire par les mêmes moyens;
& il chercha l'occafion de rendre le roi redoutable fur mer.

Seignelai veut auffi faire redouter le roi fur mer.

Lorfqu'il s'éleve une guerre entre deux
puiffances, tout peuple voifin eft certainement
en droit de fe déclarer pour l'une ou l'autre,
fuivant fes intérêts; & la puiffance contre laquelle il fe déclare, eft en droit de le traiter
en ennemi, tant que la guerre dure. Mais
lorfque la paix eft faite, il feroit abfurde de lui
faire un crime de fes engagements, comme il
feroit peu glorieux de fe venger, parce qu'on
eft le plus fort. Or, en plufieurs occafions la
république de Gênes avoit préféré l'alliance de
l'Efpagne; parce que les Efpagnols l'avoient
toujours ménagée, qu'ils n'avoient jamais rien
entrepris fur elle; & que les principales familles de cette république avoient de grandes terres dans le royaume de Naples, & des rentes
confidérables fur les Milanès. Louis, confeil-

Il bombarde Gênes, & force cette répu-blique à dépu-ter le doge au roi.

lé par Seignelai, crut qu'il étoit de sa gloire
de punir des républicains, qui osoient se mettre sous la protection d'un autre prince; &
comme on ne pouvoit pas même leur reprocher d'avoir commis aucune hostilité, on les
accusa d'avoir formé le dessein de brûler les
vaisseaux françois dans les ports de Marseille
& de Toulon. Du Quesne, le premier homme
de mer que la France eût alors, fut commandé
avec une escadre considérable, pour forcer la
république de Gênes à faire satisfaction, & il
fit voile sous les ordres de Seignelai : ce ministre voulut paroître conduire une entreprise,
dont le succès étoit facile, & qu'il croyoit
devoir lui mériter le bâton de maréchal. Les

1684

François commencerent par jeter dix mille
bombes qui brûlerent une partie de la ville;
ils firent ensuite une descente dans le fauxbourg
de S. Pierre d'Arena, qui fut entièrement con-
sumé. Les Génois eurent alors de quoi s'excu-
ser auprès du roi d'Espagne: ils étoient certainement à l'abri de tout reproche. Ils consentirent donc à la satisfaction que Seignelai exigea
d'eux. Les conditions du traité furent que le
doge se rendroit à la cour avec quatre sénateurs;
que contre les loix de la république il conserveroit sa dignité pendant son absence; & que
s'humiliant devant le roi, il témoigneroit,
avec les expressions les plus soumises, combien la république avoit de regret d'avoir dé-
plu à sa majesté, & combien elle desiroit d'en

mériter à l'avenir la bienveillance. Le doge, Francesco Maria Imperiali, remplit toutes ces conditions avec l'approbation de tous les courtifans. On eut soin de publier le difcours qu'il avoit prononcé; & le roi jouit dans toute l'Europe du plaifir qu'il avoit eu de voir le chef d'une république à fes pieds. Il eft vrai que ce fpectacle coûtoit cher aux François: car le bombardement de Gênes avoit mis dans la néceffité de lever fur les peuples cinq à fix millions d'extraordinaire.

Louis XIV habitoit alors Verfailles, qui fut achevé peu-après. C'étoit le moment où l'on parloit avec le plus d'enthoufiafme de ce monument qu'il élevoit à fa grandeur. Parce que d'un vilain lieu, d'un repaire de bêtes, il avoit fait un château, digne d'être le féjour de la cour la plus brillante & la plus magnifique; on difoit qu'il avoit fait quelque chofe de rien, c'étoit l'expreffion familiere. On ne comptoit pas un milliard que ce quelque chofe pouvoit avoir coûté. On s'attendoit qu'un républicain loueroit comme un courtifan, & on lui demanda ce qu'il trouvoit de plus fingulier à Verfailles: *c'eft de m'y voir*, répondit le doge.

Mot du doge

Si Seignelai copioit fi bien Louvois, Louvois ne reftoit pas en arriere. Pendant qu'on bombardoit Gênes, le maréchal de Créqui faifoit le fiege de Luxembourg; & cette place

Le maréchal de Créqui fe rend maître de Luxembourg

se rendit après vingt-quatre jours de tranchée ouverte. La guerre avoit recommencé l'année précédente au sujet du comté d'Aloft, que la France prétendoit lui avoir été cédé par l'Espagne. Vous demanderez ce que faifoient les ennemis.

L'Allemagne cependant paroiffoit vouloir s'oppofer aux entreprifes de Louis.

Les réunions que les chambres de Metz & de Brifach faifoient à la couronne de France, avoient excité dans l'Allemagne des mouvements grands & vagues, qui, en 1681, aboutirent à un congrès, tenu à Francfort, pour difcuter les droits de Louis XIV. Mais on oublia l'objet pour lequel on s'étoit affemblé. Tout le temps fut confumé en débats entre les princes de l'empire & en conteftations fur le cérémonial.

Mais Leopold foulevoir les Hongrois, & Vienne étoit affiégée par les Turcs.

L'année fuivante les cercles du haut Rhin, de Suabe & de Franconie conclurent à Laxembourg une alliance avec l'empereur pour la défenfe de l'empire contre les réunions. Le roi de Suede, les électeurs de Saxe & de Baviere, le duc de Lunebourg & le landgrave de Heffe-Caffel accéderent à ce traité, ainfi que l'Efpagne; & tous ces confédérés convinrent de raffembler trois armées fur le Rhin. Comme il n'eft pas raifonnable de fe faire des ennemis dans fes états, quand on a un ennemi redoutable au dehors, Léopold, dans cette conjonéture, auroit dû fufpendre au moins le projet

jet d'opprimer les Hongrois, & tourner toutes
ses forces contre Louis. Mais tout occupé d'é-
tablir son despotisme sur ce peuple, il médita
la guerre contre la France, & se mit hors d'é-
tat de la faire. Les Turcs, appellés par Tecke-
li qui étoit à la tête des révoltés, fondirent sur
l'Autriche, & mirent le siege devant Vienne en 1683. Il fallut donc employer contre
eux les forces qu'on avoit destinées contre la
France.

L'empereur se sauve à Passau, pendant que Lorsque Jean Sobieski a dé-livré Vienne, la Hollande, qui voit l'im-puissance des ennemis de Louis, propo-se une treve qui est accep-tée.
Jean Sobieski, roi de Pologne, marche contre
les Turcs, les met en déroute, se rend maître
de leur camp, de leurs bagages, & délivre Vienne. Il vouloit, après sa victoire, saluer Léopold; & Léopold vouloit l'assujettir à un cérémonial, qu'il n'eût pas exigé sans doute,
lorsqu'il fuyoit à Passau. Il se relâcha cependant: mais il étoit trop humilié pour témoigner de la reconnoissance au vainqueur, qui
venoit de sauver l'Autriche & l'empire. Il le
reçut froidement. Le roi de Pologne néanmoins lui donna des conseils, il lui montra
ses vrais intérêts, il tenta de lui faire accepter
les propositions raisonnables que faisoit Tecke-
li. L'empereur, toujours aveugle & obstiné,
voulut continuer la guerre contre les Hongrois
& contre les Turcs. La frontiere d'Allemagne
restoit donc sans défense du côté du Rhin;
l'Espagne étoit trop foible pour agir sans le

secours de l'empire; les Provinces-Unies étoient épuisées; & la France soutenoit ses entreprises sans craindre la ligue de Luxembourg. Les Etats-Généraux, voulant rétablir la paix, ne trouverent d'autre moyen, que de proposer une treve de vingt ans, pendant laquelle Louis XIV conserveroit tout ce qu'il avoit acquis depuis la pacification de Nimegue. Elle fut acceptée.

1684

L'Angleterre étoit alors occupée d'une prétendue conspiration que la crédulité du parlement rendoit vraisemblable

Les Anglois ne se mêloient point alors des affaires du reste de l'Europe. Ils étoient occupés d'une prétendue conspiration, dont on accusoit les Jésuites. Le pape, disoit-on, ayant déclaré que l'Angleterre, l'Écosse & l'Irlande lui étoient dévolues par l'hérésie du prince & des peuples, avoit transporté tous ses droits à la société des Jésuites, qui se proposoit d'assassiner le roi & de prendre possession de ces trois royaumes. Toutes les circonstances de ce complot étoient presque autant d'absurdités; & les délateurs, qui n'en donnoient aucune preuve, étoient des hommes perdus & sans aveu. Ils ne vouloient qu'acquérir de la considération auprès du peuple, que l'ombre du papisme effrayoit toujours. En effet, ils se virent bientôt sous la protection du parlement, ils en obtinrent des gratifications: leurs dépositions en eurent plus de poids, & la terreur devint si générale, que douter c'eût été se rendre suspect soi-même. Le roi fut obligé de paroître approuver les mesures qu'on vouloit prendre contre une conspiration à laquelle il ne croyoit pas. Cependant depuis quelques années les Protestants d'Angleterre avoient de l'inquiétude, & ce n'étoit pas sans fondement.

Le frere de Charles II, le duc d'Yorck, qui s'étoit converti pendant son exil, se déclara publiquement catholique en 1671. Or, comme la conversion de l'héritier présomptif de la couronne flattoit les Catholiques de l'espérance de détruire un jour les hérésies, elle ne pouvoit pas ne pas répandre l'alarme parmi les Protestants. Ils voyoient avec frayeur que le papisme menaçoit de reparoître sous un nouveau regne. Ils craignoient même qu'il ne se hâtât de faire des progrès sous Charles, qu'ils soupçonnoient d'être dans les mêmes sentiments que son frere. Ils fondoient leurs soupçons sur les liaisons que ce prince avoit avec la France, & sur les tentatives qu'il avoit faites pour introduire une tolérance générale: car il l'accusoient de ne vouloir tolérer les Non-conformistes, qu'afin de procurer aux Catholiques le libre exercice de leur religion.

On jetoit des soupçons sur la religion de Charles, & on craignoit le duc d'York, qui s'étoit converti.

Telles étoient les frayeurs des Protestants, quand on crut découvrir la conspiration des Jésuites. Plusieurs circonstances avoient accru l'épouvante; ceux qui vouloient troubler, fomentoient les craintes du peuple; le duc

d'Yorck devenoit tous les jours plus odieux ;
& l'esprit des communes paroissoit se préparer
à la révolte, lorsque le roi cassa le parlement.

Charles casse
le parlement.

C'étoit néanmoins le même parlement qu'il
avoit assemblé le mois de mai 1661. Après
avoir tenu des sessions à diverses reprises, il finit avec l'année 1678. Charles se flattoit que
la dissolution de ce corps, qui entretenoit les
préventions du public, rétabliroit une sorte de
calme ; & qu'il pourroit former un nouveau
parlement, dont les membres seroient plus
modérés. Cependant celui qu'il venoit de congédier, presque entiérement composé de Royalistes, lui avoit d'abord été très favorable. Il
en avoit ensuite perdu la confiance par sa faute. La conversion du duc d'Yorck avoit donné de nouvelles inquiétudes : la conspiration,
attribuée aux Catholiques, avoit achevé d'aliéner les esprits ; parce qu'on jugeoit que le gouvernement ne leur seroit que trop favorable.
Enfin l'Écosse, tout-à-fait subjuguée, gémissoit sous l'oppression des ministres de Charles,
& faisoit craindre un pareil sort aux Anglois.

Le nouveau
parlement est
plus séditieux
encore.

A la maniere dont se firent les élections ;
le roi prévit quel seroit l'esprit du nouveau parlement. Les peuples persuadés que la religion,
la liberté & la vie des citoyens étoient dans
un danger manifeste, avoient fait tomber leur
choix sur les sujets qui montroient le plus d'audace. Le desir général de la nation étoit sur

tout d'exclure le duc d'Yorck des couronnes d'Angleterre & d'Irlande. Or, un peuple qui menace de changer la succession, n'est pas loin de menacer le souverain même. Une conjoncture aussi critique demandoit de la vigilance, de la prudence, de la fermeté. Charles le sentit, il fit un effort; & trouvant des ressources dans son esprit, il se montra tel qu'il devoit être.

On avoit exécuté quelques-uns des prétendus conspirateurs. On continuoit de faire le procès à d'autres. Le peuple demandoit le sang de ces malheureux. Sa fureur se fût irritée davantage, si elle eût trouvé des obstacles. Charles laissa donc un libre cours à ces procédures. Mais parce que la présence de son frere entretenoit la haine & les soupçons, il engagea ce prince à se retirer à Bruxelles. Voulant ensuite lui assurer la couronne, il proposa au parlement de mettre à l'autorité royale toutes les limitations, qu'on jugeroit nécessaires pour assurer la religion & la liberté sons un prince catholique. Celles qu'il proposoit lui-même, dépouilloient le souverain des principales prérogatives; & si on ne les trouvoit pas suffisantes, il offroit d'en accepter d'autres. Le duc d'Yorck eût mieux aimé être exclus; parce qu'une entreprise injuste lui laissoit tous ses droits, & lui formoit un parti; & Charles qui prévoyoit que les communes se refuseroient à

Il exclut le duc d'Yorck du trône. Il le bannit, il est encore caf.... fé.

C c 3

tout accommodement, vouloit faire retomber tous les torts sur elles. En effet non seulement elles exclurent le duc d'Yorck du trône; elles le bannirent encore du royaume. Charles cassa ce parlement, lorsqu'il méditoit de nouvelles entreprises ; & l'ordre fut donné pour de nouvelles élections.

Cependant comme il ne se pressoit pas d'assembler le nouveau parlement, il fut vivement sollicité ; & il lui vint de toutes parts des suppliques à ce sujet. Afin de se refuser à ces instances, il se fit adresser d'autres suppliques, dans lesquelles on montroit beaucoup de respect pour sa personne, une grande soumission à son autorité, & une vraie horreur contre ceux qui prétendoient lui prescrire un temps pour l'assemblée du parlement. Il y eut donc deux partis, qui se distinguerent par les noms

de *Pétitionaires* & d'*Abhorrants* : ils se donnerent encore ceux de *Whigs* & de *Torys*; parce que les Abhorrants ou Royalistes comparoient les Pétitionnaires aux fanatiques d'Écosse, qu'on nommoit Whigs; & que les Pétitionnaires comparoient les Abhorrants aux brigands d'Irlande, qu'on nommoit Torys. Cependant quelque animés que fussent ces deux partis, on n'en devoit pas appréhender les mêmes excès, qu'on avoit vus sous le dernier regne. Car depuis que l'ambition avoit démasqué l'hypocrisie, on jetoit des ridicules sur le jargon des enthousias-

es ; le fanatisme avoit cessé, ou n'osoit plus
se montrer ; & la religion entroit moins dans
la haine du papisme, que la crainte de perdre
la liberté.

Le parlement s'assembla le 12 octobre 1680.
Les communes renouvellerent le bill d'exclusion : elle sévirent contre les Abhorrants : la
liberté des citoyens fut violée chaque jour par
leurs jugements arbitraires : & il n'y eut bientôt qu'un cri contre leurs violences. Le despotisme, qu'elles s'arrogeoient, devenoit d'autant plus odieux, que Charles affectoit beaucoup de modération, & offroit toujours de limiter la puissance royale.

Nouveau par-
lement qui se
rend odieux à
la nation.

Sur ces entrefaites le vicomte de Stafford,
condamné par le parlement comme un descons-
pirateurs, fut exécuté. C'étoit un homme res-
pactable par son âge, & dont toute la vie assuroit l'innocence. Tout le peuple fondit en
larmes à la vue du courage de ce vertueux
vieillard. Malgré ses préventions, il ne put se
persuader que Stafford fût coupable. Il eut honte de sa crédulité, il ouvrit les yeux, & rejeta
comme autant d'impostures tous les bruits qu'on
avoit fait courir. Le sang de Stafford est le dernier qui fut versé pour cette prétendue conspiration.

Le peuple
commence à
voir le peu de
fondement de
la conspira-
tion, qui l'a-
voit effrayé.

Pendant que les communes accumuloient sur
elles les reproches de tous les citoyens, elles

Le roi casse le
parlement, &

en convoque
un autre à Ox-
ford.

procuroient à Charles de nouveaux partifans.
Ce prince, dont les qualités aimables faisoient
oublier les torts, s'attachoit encore tous ceux
qui fe souvenoient des dernieres guerres civiles.
L'horreur, qui en étoit encore préfente, foulevoit contre les communes, qui violoient la liberté des citoyens fous prétexte de la défendre.
On étoit donc bien éloigné de vouloir approuver & foutenir leurs violences. Le roi, qui
avoit prévu ce moment, le faifit : il caffa le
parlement ; & il en convoqua un autre à Oxford. Il penfoit qu'il pourroit peut-être fe réconcilier avec les communes, lorfqu'elles feroient éloignées de Londres, où elles trouvoient des factieux qui les foutenoient ; & que
fi au contraire elles perfiftoient dans leurs violences, il feroit autorifé à rompre tout-à-
fait avec elles, & à ne plus convoquer de
parlement.

Il caffe encore
ce dernier.

Le nouveau parlement s'affembla au mois
de mai 1681. Le roi jugea qu'il étoit temps
de parler aux communes avec plus de fermeté.
Il leur offrit encore d'agréer tous les moyens
de pourvoir à la fureté publique : mais il leur
déclara que, comme il ne prétendoit point au
gouvernement arbitraire, il ne le fouffriroit jamais dans les autres. Cependant les communes, qui étoient à peu-près compofées des mêmes membres, fe porterent à de nouvelles violences ; & le roi faififfant le moment où elles

'étoient défavouées par la nation, à qui elles fe rendoient de plus en plus odieufes, fe hâta de caffer le parlement,

Cette diffolution fubite & imprévue étour- dit les communes. Leur parti difperfé refta fans forces: de toutes parts on félicita le roi d'avoir échappé à la tyrannie des parlements. Les ma-ximes les plus favorables à la monarchie reten-tirent dans tout le royaume; & la nation parut courir d'elle-même à la fervitude. C'eft ainfi que le peuple paffe fubitement d'une extrémi-té à l'autre.

La nation ap-plaudit à cette démarche.

Les communes avoient toujours cru que le befoin des fubfides tiendroit le roi dans leur dépendance. Mais Charles devint économe. Il fit des retranchements confidérables dans fa maifon. Il fut en état d'entretenir une petite armée. Il put agir & il agit en monar-que abfolu. Londres fe reffentit bientôt de cette révolution. Cette ville perdit une partie de fes privileges, & l'exemple de la ca-pitale fut une loi aux autres de fe foumettre, Il eft vrai que Charles, qui s'étoit occupé juf-qu'alors à éteindre l'efprit de faction, fe vit dans la néceffité d'agir lui-même en chef de parti; fituation fâcheufe pour un prince. Ce fut une fource d'injuftices & d'oppreffion.

Le roi gou-verne en mo-narque abfo-lu.

C'eft l'effet des confpirations, lorfqu'elles font découvertes & punies, d'affermir l'auto-

plus affermi après une

conspiration
qu'il décou
vre, il reprit
son indolen-
ce, lorsqu'il
mourut.

rité par la terreur qui se répand. Il y en eut
une en 1683. Les coupables furent recherchés & punis avec tant de rigueur que le gouvernement en devint odieux. Mais on n'osoit
pas se révolter, & d'ailleurs toute la haine re-
tomboit sur le duc d'Yorck, à qui Charles
avoit confié l'administration. Le roi en re-
prenant l'autorité, avoit repris son indolence.
Cependant il n'approuvoit point le gouvernement dur de son frere, parce qu'il paroissoit
en prévoir les suites : il songeoit au contraire
à gagner l'affection de tous ses sujets. Dans
cette vue, il méditoit un nouveau plan : il se
proposoit d'écarter tous les ministres qui dé-
plaisoient au peuple ; & il projetoit même de
convoquer un parlement, lorsqu'il mourut le
6 février.

1685

Jacques II lui
succede sans
opposition.

Jacques II, qui se trouvoit saisi de l'autorité, monta sur le trône. Personne ne lui contesta ses droits. Les Whigs, subjugués comme les
Torys, oublierent les motifs qu'ils avoient eus
de l'exclure, lorsqu'il n'étoit que duc d'Yorck :
il se hâta de promettre qu'il n'entreprendroit
rien contre la religion anglicane ni contre
la liberté ; & le peuple, comptant sur cette parole, ne conçut aucune inquiétude. Effrayé,
quand il se rappelloit le passé, il préféroit une
confiance aveugle à tous les avantages d'une
révolution qu'il n'avoit pas le courage d'entreprendre. Les villes & les corps s'empres-

ſerent de donner des marques de reſpect & de
ſoumiſſion à leur nouveau ſouverain: mais ce
fut avec des expreſſions ſerviles, qui faiſoient
connoître qu'il étoit plus craint qu'aimé.

Les Anglois avoient appris par leur expérience, qu'un peuple ne doit jamais ſe révolter
contre ſon roi légitime. Les maux qu'ils avoient
ſoufferts, les avoient convaincus de leur devoir ; & cette démonſtration étoit à la portée
des eſprits les plus groſſiers. Jacques II va
bientôt démontrer aux rois, qu'en abuſant d'un
pouvoir légitime, on met dans l'ame du peuple le plus ſoumis, le déſeſpoir à la place
du devoir.

Il ſoulevera le peuple en abuſant de ſon autorité.

Charles II avoit joui pendant ſa vie d'un
revenu que le premier parlement de ſon regne
lui avoit accordé. Ce revenu étoit expiré avec
lui. Jacques II ſe l'attribua de ſa ſeule autorité. C'étoit ſe faire une idée bien étrange de
ſa prérogative, ou reſpecter bien peu les droits
de la nation. Cependant comme il eût été imprudent de ne pas mieux aſſurer ſes revenus,
le parlement fut convoqué bientôt après. Il
étoit preſque tout compoſé de Torys: car depuis que les communautés avoient perdu leurs
privileges, le roi s'étoit rendu maître des élections.

Il s'attribue d'abord des revenus qu'il devoit demander au parlement.

Aulieu d'accorder à Jacques un revenu fixe, comme à Charles II, il étoit de l'intérêt

Il les obtient enſuite du

parlement
qu'il convo-
que.

de la nation de lui fournir feulement des fubfides par intervalles. C'étoit le feul moyen de
tenir dans la dépendance un prince, qui fe trouvoit d'ailleurs revêtu de toute l'autorité. Cependant les communes lui accordèrent pour fa
vie les revenus dont Charles avoit joui. Elles
y ajoutèrent même encore, de forte que Jacques, en y comprenant fon apanage en qualité
de duc d'Yorck, eut deux millions fterlings
de rente. Elles étoient fi intimidées que le
roi ne crut pas devoir les ménager. C'eft en
menaçant qu'il obtint des revenus auffi confidérables : car il fit entendre qu'en vertu de
fa prérogative, il fe les procureroit fans l'aveu
du parlement.

Monmouth
décapité.

Pendant que ces chofes fe paffoient, le duc
de Monmouth, fils naturel de Charles II, &
qui avoit trempé dans la confpiration de 1683,
fit une defcente en Angleterre, comptant fur
l'affection que les peuples lui avoient toujours
témoignée. Mais fi on étoit mécontent, on
n'ofoit encore le déclarer. Monmouth fut
vaincu, fait prifonnier, décapité, & il parut
n'avoir pris les armes, que pour augmenter
l'autorité de Jacques. Cependant cet événement fut fuivi de tant de cruautés & de tant
d'imprudences, qu'il devint funefte au roi même.

Jacques pro-
tège ouverte-

Perfuadé que tout devoit déformais plier
fous le joug, Jacques ne parla plus qu'en maî-

tre abſolu. Il auroit pu protéger les Catholiques, ſans le déclarer ouvertement; le parlement n'eût pas oſé paroître vouloir pénétrer
ſes deſſeins. Mais il déclara qu'il les diſpen-
ſoit des loix qui avoient été faites contre eux;
& il ne permit pas d'ignorer que la religion
anglicane étoit menacée. Les deux chambres commencerent donc à lui réſiſter. On
demanda dans l'une & dans l'autre, ſi le roi
en vertu de ſa prérogative pouvoit diſpenſer
des loix. Cette queſtion occupa le public : il
ſe répandit pluſieurs écrits à ce ſujet : la haine
du papiſme ſe ralluma, & les chaires entretin-
rent la frayeur du peuple. Jacques ayant alors
caſſé le parlement, on jugea qu'il n'en vouloit plus convoquer : car il n'étoit pas poſſible
d'en former un plus dévoué à la monarchie.

ment les Ca-
tholiques &
caſſe le parle-
ment qui lui
réſiſte.

Un événement étranger accrut l'incendie,
qui venoit de naître. Louis XIV révoqua l'é-
dit de Nantes, donné par Henri IV en 1598,
& tous les autres édits rendus depuis en faveur
de la religion prétendue réformée. Cette ré-
vocation fut dans la ſuite ſuivie de déclarations d'arrêts du conſeil & de différents ordres
qui dégénérerent en une véritable perſécution.
Les temples des Huguenots furent démolis, &
l'exercice du calviniſme fut abſolument défendu.

Sur ces en-
trefaites Louis
XIV révoque
l'édit de Nan-
tes ;
1685

Le roi vouloit détruire l'héréfie : on ne
peut qu'applaudir à fon zele : mais il faut reconnoître que les moyens n'étoient pas pru-
dents. Nous voyons aujourd'hui ce qu'il auroit pu prévoir lui-même : c'eft qu'il n'a fervi
ni l'églife ni l'état. Défendre aux Huguenots l'exercice de leur religion, & envoyer
contre eux des dragons, c'étoit les perfécuter
pour en faire des hypocrites, ou pour les chaffer du royaume. Cependant on fit croire à ce
prince qu'il avoit extirpé l'héréfie ; c'eft-à-dire,
que tous les Huguenots étoient convertis, ce
qui étoit une impofture ; ou qu'ils avoient tous
abandonné la France, ce qui étoit heureufement
un menfonge. Il eût perdu plus de trois millions de fujets.

Plus de cinq cents mille néanmoins forti-
rent du royaume. C'étoit fur-tout ceux à qui
l'induftrie affuroit de quoi vivre par tout. Ils
porterent chez l'étranger les arts & les manufactures, qui enrichiffoient la France. Ils y
porterent encore l'horreur des perfécutions ;
& les Anglois, qui avoient donné afyle à plus
de cinquante mille, crurent voir Jacques marcher déja fur les traces de Louis.

Les démarches de ce prince ne confir-
moient que trop les foupçons de fes fujets.
Comme il étoit plus abfolu en Écoffe, il y
diffimuloit moins fes deffeins ; & il les montroit ouvertement en Irlande ; où les Catholiques dominoient. Les Anglois prévoyoient

& on lui fait croire qu'il a extirpé l'héréfie parce qu'il a envoyé des dragons contre les hérétiques.

Les Huguenots qui fe réfugient en Angleterre font craindre les mêmes perfécutions de la part de Jacques.

Toutes les fectes fe réuniffent contre la religion romaine.

donc le danger, dont leur religion étoit menacée. L'églife anglicane s'oppofoit à la tolérance générale que le roi vouloit introduire ;
parce qu'elle jugeoit qu'il n'affectoit de tolérer toutes les fectes, que dans la vue de favorifer enfuite la religion romaine à l'exclufion
de toutes les autres. Les Non - conformiftes,
qui auroient profité de cette tolérance, ne fe
laiffoient pas prendre à cet appât. Envain Jacques tentoit tout pour les attirer dans fon parti. Ils penfoient qu'après s'être fervi d'eux
pour ruiner les Anglicans, il voudroit enfuite
les ruiner eux-mêmes ; & dans cette prévention ils étoient difpofés à fe réunir à l'églife
anglicane contre l'églife romaine.

Les Catholiques ne faifoient pas alors la
centieme partie du peuple : cependant le roi
parloit & agiffoit déja comme fi fa religion
eût été dominante. Le comte de Caftelmaine
fut envoyé à Rome avec la qualité d'ambaffadeur extraordinaire pour obtenir du pape
qu'il réconciliât l'Angleterre avec la communion romaine. On eût dit que tout le royaume étoit converti, & qu'il ne reftoit plus à
faire que la cérémonie d'une réconciliation.
Si cette démarche déplut aux Anglois, qui fe
fouvenoient qu'un acte du parlement déclaroit
haute trahifon toute communication avec le
pape ; elle ne déplut pas moins au pape même, qui la trouva de la plus haute impru-

Jacques en-
voie une am-
baffade au pa-
pe, pour ré-
concilier fon
royaume avec
l'églife.
1687

dence. L'ambassadeur fut fort mal reçu. Innocent XI, qui étoit sur le saint siege, avoit toujours conseillé au roi de ne rien précipiter ; il n'entroit qu'à regret dans un projet, dont il prévoyoit le peu de succès.

Confiance aveugle. des Catholiques d'Angleterre.

Un nonce vint à Londres. On lui fit une réception publique. Il sacra des évêques, qui publierent des instructions pastorales avec la permission du roi, & déja les Catholiques étoient assez indiscrets pour dire qu'ils iroient bientôt en procession dans la capitale. Ils comptoient sur la puissance d'un monarque, qu'ils jugeoient absolu : que devient néanmoins cette puissance, lorsque le souverain aliene insensiblement tous ses sujets ?

Il fait conduire à la tour six évêques qui refusent de publier une déclaration fur la tolérance.

Jacques voulut ouvrir les universités aux Catholiques ; & les violences dont il usa, avoient soulevé tous les esprits, lorsqu'il publia une seconde déclaration pour établir la tolérance. Il ordonna qu'elle seroit lue dans toutes les églises. Cette entreprise étoit une usurpation manifeste sur les droits de la nation : car le parlement avoit déclaré plusieurs fois, avec le consentement du prince, que le roi même ne pouvoit pas dispenser des loix portées contre ceux qui ne professoient pas la religion anglicane. Le clergé ne croyant donc pas devoir obéir, six évêques firent des remontrances au roi, & le supplièrent de ne pas insister

ter fut la lecture publique de fa déclaration. ▬▬▬
Ils furent conduits à la tour.

Le peuple, qui les regardoit comme des
martyrs, courut en foule fur leur paffage. Il
fe profterna devant eux, il demanda leur bénédiction: les foldats, faifis du même efprit,
fe jeterent aux pieds de ces prélats qu'ils con-
duifoient à regret; & tout le monde implo-
roit la protection du ciel. Cependant les évêques exhortoient le peuple à la crainte de Dieu,
à refpecter le roi, & à refter fidele: langage,
qui redoubloit l'intérèt qu'on prenoit à leur
fort.

Le peuple &
l'armée s'inté-
reffent au fort
de ces évê-
ques,

Depuis la révolte de Monmouth, Jacques
faifoit camper fes troupes pendant l'été fur une
hauteur près de Londres. Il étoit dans le camp,
lorfqu'il entendit, tout-à-coup des cris de joie,
qui fe répandoient autour de lui. C'eft que
les évêques venoient d'être jugés, & avoient
été déclarés innocents. Il ne pouvoit donc pas
ignorer qu'il étoit feul avec une poignée de
Catholiques contre le peuple & contre fon armée même. Cependant il s'opiniâtra dans fes
entreprifes, & il ufa de nouvelles violences.
Tel fut fon aveuglement.

& applaudif-
fent au juge-
ment qui les
déclare inno-
cents.

Alors prefque toutes les puiffances de l'Europe fe réuniffoient contre Louis XIV, & dans
le cours des années 1686 & 1687, elles avoient

Alors Guil-
laume III a-
voit formé la

grande alliance contre Louis XIV.

conclu à Augsbourg une ligue, qu'on nomma la grande alliance. Le prince d'Orange étoit l'ame de cette confédération. Il l'avoit formée lui-même. La guerre de 1667, faite malgré les renonciations, l'invasion de la Hollande, les chambres de Merz & de Brisach, la surprise de Strasbourg, la prise de Luxembourg, le bombardement de Gênes, les persécutions des Huguenots, tant d'entreprises peintes avec les couleurs qui font craindre de nouvelles injustices de la part d'un prince ambitieux, font les motifs qu'il employa auprès des souverains dont il voulut réunir les forces contre la France. Il avoit d'ailleurs un intérêt personnel à la guerre, puisqu'elle assuroit sa puissance dans les Provinces-Unies; & il n'étoit pas peu flatté de se voir le chef d'une ligue aussi formidable, & d'imaginer qu'il pourroit humilier Louis XIV.

Gendre de Jacques & son héritier présomptif, il refuse de concourir aux projets de ce roi.

Il avoit épousé Marie, fille aînée du roi d'Angleterre, & il étoit alors l'héritier présomptif de ce prince. Jacques, considérant les secours qu'il en pourroit tirer pour l'exécution de ses desseins, le sollicita d'y concourir; & dans la vue de l'y déterminer, il lui fit espérer qu'il accéderoit à la ligue d'Augsbourg, & qu'il l'aideroit de tout son pouvoir. Mais Guillaume, qui étoit déja cher aux Anglois par les projets qu'il méditoit contre la France, ne vouloit pas les aliéner pour favoriser une religion

qu'il ne profeſſoit pas. Jacques en fut ſi offenſé, qu'il parut ne chercher que des prétextes pour déclarer la guerre aux Provinces-
Unies.

Juſqu'alors le prince d'Orange ne s'étoit jamais permis d'autoriſer les cris des Anglois contre leur roi : il ne garda plus les mêmes ména-
gements. Conſidérant qu'il devenoit l'unique
reſſource de la nation, il chargea ſon envoyé
à Londres de s'expliquer ouvertement ſur la
conduite du roi, de lui faire des repréſenta-
tions en public, & de ne rien négliger pour
gagner toutes les ſectes. Bientôt tous les yeux
ſe tournerent ſur lui, & il fut appellé au trône par les vœux de la nobleſſe & du peuple.
Cependant il n'oſoit encore ſe livrer à ſon ambition : car il craignoit de haſarder une couronne, que les loix aſſuroient à la princeſſe ſa
femme ; & les Anglois proteſtants, éffrayés d'u-
ne guerre civile, paroiſſoient vouloir attendre
le moment où Marie ſeroit appellée à la ſucceſſion. Mais la reine d'Angleterre ayant ac-
couché d'un prince le 10 juin, la nation réduite au déſeſpoir, ne balança plus, & Guillaume, ſolliciré de toutes parts, fit ſes préparatifs
pour détrôner ſon beau-pere. La naiſſance
d'un prince de Galles avoit été l'objet des vœux
du roi Jacques, qui ſe crut plus aſſuré ſur le
trône, & des Catholiques, qui jugerent la re-

Il s'attache les Anglois, qui ne balan-cent plus à l'appeller au trône lorſ-qu'ils voient que Jacques a un fils.

1687

Dd 2

ligion mieux affermie : mais elle hâta la ruine du roi, & celle des Catholiques.

Louis XIV fongeoit alors à prévenir les
projets dè fes ennemis. Quoique la ligue
d'Augsbourg ne parût d'abord que défenfive,
il ne douta pas qu'elle ne devînt offenfive bientôt. Il avoit d'ailleurs pour prétextes de commencer la guerre, les droits de la ducheffe
d'Orléans fur la fucceffion de fon frere l'électeur Palatin, ceux du cardinal de Furftemberg
à l'archevêché de Cologne, & le refus de
l'empereur à convertir la treve de vingt ans
en une paix perpétuelle. Mais il trouvoit
dans fa politique des raifons qu'il ne publioit
pas.

Depuis 1684 les Impériaux avoient eu de
grands fuccès en Hongrie. La couronne venoit d'être déclarée héréditaire dans la maifon
de l'empereur ; Jofeph fon fils aîné avoit été
couronné ; & les Turcs, défaits plufieurs fois,
chaffés de quantité de places, ayant encore
perdu Belgrade au commencement de feptembre de l'année 1688, paroiffoient hors d'état
d'arrêter les progrès de leurs ennemis, & ne
defiroient plus que la paix. Léopold devoit
la leur accorder, afin de pouvoir tourner toutes fes forces contre la France. Dans l'impuiffance de fuffire à ces deux guerres à la fois, il
étoit de fon intérêt de conclure avec le plus

Alors Louis XIV avoit commencé les hoftilités, & faifoit encore des conquêtes.

foible de fes ennemis, & de fe borner à foutenir les efforts de la ligue d'Augsbourg. C'eft
ce que Louis XIV voulut prévenir. Il fe hâta donc de commencer les hoftilités, & par
cette diverfion il engageoit les Turcs à conti-
tinuer une guerre qui étoit une diverfion pour
la France. Son armée fe porta fur le Rhin,
où elle trouva peu d'obftacles. Il commença fes conquêtes par la prife de Kell le 20 feptembre ; & dans cette campagne il fe rendit
maître de tout le Palatinat, de Mayence, de
Philisbourg, de Manheim, de Spire, Worms,
Treves, & le cardinal de Furftemberg reçut
garnifon françoife dans toutes les places fortes
de l'électorat de Cologne.

Cette guerre couvrit les deffeins du prince
d'Orange. Il paroiffoit armer contre Louis
XIV, & il préparoit tout pour faire une defcente en Angleterre. D'Avaux, miniftre de
France à la Haye, découvrit cependant le but
de ces préparatifs. Louis fe hâta d'en infor-
mer le roi Jacques, auquel il offrit des fecours.
Il propofoit de joindre une efcadre à la flotte
angloife, de faire paffer un corps de troupes
en Angleterre, ou de porter une armée dans
les Pays-Bas. Ce dernier moyen eût été capable d'arrêter les Hollandois chez eux. Toutes ces offres furent rejetées. Jacques voyoit
de l'inconvénient à les accepter, il ne pouvoit
croire les deffeins qu'on attribuoit à fon gendre,

Sous préte-
te d'armer
contre la Fran-
ce, Guillaume
fe prépare à
faire une def-
cente en An-
gleterre.

D d 3

& il n'imaginoit pas que tous ses sujets fussent au moment de se révolter.

Il y débarque.

Bientôt le prince d'Orange ne dissimula plus. Il publia un manifeste dans lequel, après un grand détail des abus qui soulevoient le peuple contre le gouvernement de Jacques, il déclaroit qu'il ne se proposoit de passer en Angleterre avec une armée, qu'afin de convoquer un parlement libre, & de pourvoir à la sureté de la nation. Il mit à la voile avec une flotte d'environ cinq cents vaisseaux, sur laquelle il avoit plus de quatorze mille hommes de troupes, & il débarqua le 5 novembre à Torbay.

1688

Jacques abandonné, se retire en France.

Les peuples commencent à se déclarer pour lui. Les officiers de l'armée royale croient ne pouvoir en conscience combattre contre le prince d'Orange. Plusieurs désertent. Le lord Churchill, depuis duc de Marlborough, qui avoit la confiance du roi, qui lui devoit toute sa fortune, est un des premiers; & il en entraîne plusieurs. De ce nombre, est le prince Georges de Danemarck, qui avoit épousé la princesse Anne, fille de Jacques. Cette princesse, élevée dans la religion protestante, ainsi que Marie sa sœur, abandonne encore son pere. Toutes les troupes font connoître leur mécontentement, & le malheureux monarque voit de toutes parts des trahisons qui l'enveloppent. Ainsi la fidelité, la reconnoissance, le sang, les devoirs les plus sacrés, tout céde au torrent des préventions du peuple. Jacques fuit, est arrêté, échappe, & se retire en France.

Ce prince craignit sans doute le sort de son pere : mais les circonstances étoient bien différentes. L'exécution de Charles I n'avoit été que le crime d'une armée fanatique, poussée par un hypocrite ambitieux. Pouvoit-on rien appréhender de semblable d'une nation qui avoit en horreur cet attentat, & qui ne conservoit plus le même fanatisme? Le prince d'Orange pouvoit-il être comparé à Cromwel ? & devoit-on présumer qu'il voudroit se frayer un pareil chemin au trône? Il eût été bien embarrassé, si le roi ne se fût pas enfui : il le sentit, & il lui facilita lui-même les moyens de s'évader. Comme il ne restoit plus d'obstacle à son ambition, le parlement, assemblé au mois de janvier suivant, déclara le trône vacant par la fuite de Jacques ; il réduisit la prérogative royale à de justes bornes ; il détermina les privileges de la nation ; & il donna la couronne au prince d'Orange & à la princesse Marie.

Le parlement met des bornes à la prérogative, & donne la couronne à Guillaume.

1689

La révolution d'Angleterre donna de nouvelles forces à la ligue d'Augsbourg, à laquelle les Hollandois & les Anglois accéderent

Les Hollandois & les Anglois accédent

D d 4

bientôt après. Les confédérés se proposoient
de réduire la France aux termes des traités de
Westphalie & des Pyrénées, & d'aider la maison d'Autriche, dans le cas où Charles II, roi
d'Espagne, mourroit sans héritiers, à se mettre
en possession de la monarchie espagnole.

Louis XIV, voyant l'orage qui le menaçoit, fit ravager le Palatinat, le Würtemberg
& le Margraviat de Bade, pour mettre une
barriere entre les Impériaux & lui. Les campagnes furent ruinées, & on brûla près de quarante villes & un grand nombre de villages.
Si le conseil de Versailles, qui ordonnoit de
sang froid ces incendies, ne se crut pas cruel,
parce qu'il les jugeoit nécessaires au salut du
royaume; il pouvoit au moins se reprocher
la nécessité où il étoit de les commettre, puisqu'il avoit forcé tant d'ennemis à se réunir
contre la France. C'est sur Louvois principalement que tombent ces reproches : c'est lui
qui fut l'auteur de ces ordres sanguinaires :
& il faut rendre justice à Louis XIV, il en
eut horreur dans la suite. On croit que ce fut
une des causes qui l'indisposerent contre ce
ministre.

La France, attaquée de toutes parts, porte
ses armes tout-à-la-fois dans les Pays-Bas, sur
le Rhin, en Italie, en Espagne & en Angleterre. Elle mettoit sa confiance dans des ar-

mées nombreuses & bien disciplinées, dans une marine puissante, dans les fortifications de ses places frontieres, & dans les succès passés dont le souvenir donnoit un nouveau courage aux soldats.

Les confédérés comptoient leurs forces, & se flattoient de l'accabler : il ne prévoyoient pas que ces forces nombreuses n'agiroient jamais ensemble ; qu'elles s'affoibliroient par la lenteur, qui accompagne toutes les opérations d'une ligue ; & qu'elles se diviseroient parce que l'intérêt particulier feroit oublier l'intérêt général. L'empereur, toujours en guerre avec les Turcs avec lesquels il auroit pu & dû faire la paix, ne donnera que de foibles secours à ses alliés. L'Espagne, toujours plus épuisée, ne songera qu'à sa défense, & se défendra mal. Les princes de l'empire, souvent divisés, concerteront mal leurs mesures. Léopold fera naître des troubles en Allemagne, en voulant créer un neuvieme électorat en faveur du duc de Brunswick-Lunebourg-Hanover, & les armées ne paroîtront guere sur le Rhin, que pour se tenir sur la défensive.

La grande alliance n'est pas aussi redoutable qu'elle le paroît.

Ce sera donc à Guillaume, roi d'Angleterre & stadthouder de Hollande, à porter presque tout le faix d'une guerre offensive : mais habile à remuer l'Europe, jusqu'au moment où elle prend les armes, il n'a plus la même ha-

Guillaume devoit porter presque tout le faix de la guerre.

bileté , lorfqu'elle eft armée, ou du moins il ceffe d'être heureux. Les Anglois méditeront la ruine de la France , dont ils font jaloux : ils embrafferont avec paffion la caufe commune de l'Europe : ils auront de l'enthoufiafme, comme ils en ont toujours eu : ils entreprendront témérairement , & mal fecondés, ils fe conduiront mal encore. Tel eft en général le caractère des confédérations : elles paroiffent moins formidables, à proportion que les alliés font en plus grand nombre.

La France au-roit donc dû tourner fes forces contre l'Angleterre. Ce ne fut pas l'avis de Louvois.

Puifque Guillaume étoit l'ame de la confédération , & que les Anglois devoient fournir les principales forces, il falloit, comme on a fait, entreprendre de rétablir Jacques fur le trône ; & faifant d'affez grands efforts pour entretenir des troubles en Angleterre , mettre Guillaume hors d'état de fe mêler des affaires du continent. C'étoit l'avis de Seignelai, peut-être parce qu'il étoit fecrétaire de la marine. Louvois, qui avoit le département de la guerre, penfoit autrement, & fon avis prévalut. Le roi embarraffé dans les projets de fes miniftres , qui avoient chacun des vues particulieres , ne démêla pas fes vrais intérêts. Pendant toute la guerre , on ne fit donc pour Jacques, que de foibles tentatives, qui ne pouvoient réuffir : il eût été mieux de ne rien tenter, & de menacer toujours. Je ne parlerai point de ces vaines entreprifes fur le royaume

d'Angleterre ; & je n'indiquerai ce qui fe paffoit ailleurs, que pour vous donner une idée
générale des principaux événements.

Dans la premiere campagne les fuccès des
alliés fe bornerent à la prife de Mayence & de
Bonn. Dans la feconde ils furent défaits trois
fois. Le maréchal de Luxembourg gagna la
bataille de Fleurus près de Charleroi fur le prince de Valdeck. Tourville, vice-amiral, &
Château-Renaud battirent, à la hauteur de
Dieppe, les flottes combinées des Hollandois
& des Anglois. Enfin Catinat défit le duc de
Savoie, près de l'abbaye de Staffarde, & fe
rendit maître de Saluces, de Sufe & de plufieurs villes du Piémont, pendant que Saint-
Ruth foumettoit toute la Savoie, excepté
Montmélian. Les trois campagnes fuivantes
furent marquées par de nouveaux fuccès. Le
maréchal de Luxembourg gagna les batailles
de Leuze, de Steinkerque & de Nervinde ; la
premiere fur le prince de Valdeck, & les deux
autres fur le prince d'Orange. Le maréchal
de Catinat fit encore des conquêtes en Piémont. Elles furent enfuite fufpendues, parce
qu'il fe trouva trop foible contre le duc de
Savoie, à qui l'empereur avoit envoyé plus
de vingt mille Allemands. Forcé de fe tenir
fur la défenfive, il ne put pas même empêcher les ennemis de pénétrer dans le Dauphi-
né, où ils brûlerent Gap & quelques villa-

1689
Succès de la
France dans
les cinq pre-
mieres cam-
pagnes.
1690

ges. Mais il reprit ses avantages, & défit le duc de Savoie à la Marsaille. Le roi prit Mons & Namur. Les François eurent encore des avantages en Allemagne sous les ordres du maréchal de Lorges, & du côté des Pyrénées sous ceux du maréchal de Noailles. On se fit enfin sur mer beaucoup de mal de part & d'autre.

Ces succès l'avoient épuisée.

Ces succès peuvent être brillants dans une histoire: mais ils coûtent cher aux peuples, & ils ne font honneur qu'aux généraux. Louis XIV se sentoit trop foible pour les soutenir. Afin de se rendre redoutable, il avoit le premier entretenu de grandes armées, & Louvois, qui lui avoit donné ce conseil, ne considéroit pas sans doute que les ennemis en auroient de pareilles. Il auroit donc fallu qu'il eût été possible au roi d'augmenter toujours à proportion le nombre de ses troupes. Mais cette politique a un terme.

Dépenses qu'ils avoient occasionnées.

La dépense extraordinaire pour la campagne de 1693 montoit à plus de quarante millions à vingt-neuf livres quatorze sous le marc. Les quatre campagnes précédentes avoient coûté chacune autant ou davantage. Ainsi la dépense extraordinaire pour ces cinq années passoit deux cents millions.

Expédiens ruineux aux-

Si l'on n'avoit pas déja tiré des peuples à peu-près tout ce qu'ils pouvoient payer, une

augmentation fur les impôts ordinaires auroit
pu fournir affez de fonds pour ces dépenfes,
& ce moyen eût été le plus fimple. Mais en
1689 cette augmentation eût été une fur-
charge. Il fallut donc avoir recours à d'autres expédients. Les édits burfaux fe multiplierent chaque année. On créa de nouveaux offices, on créa des rentes, on vendit une
augmentation de gages à tous les officiers, &
on fit une réforme fur les monnoies. De vingt-
fix livres quinze fous, le marc d'argent mon-
noyé fut porté à vingt-neuf livres quatorze, ce
qui devoit, difoit-on, produire au roi un dixieme de bénéfice, c'eft-à-dire, cinquante millions;
car il y avoit alors dans le royaume au moins
cinq cents millions d'efpeces. L'effet ne répondit pas à ce calcul, parce que les cinq cents
millions ne furent pas portés aux hôtels des
monnoies, & parce que les faux-monnoyeurs
& les étrangers partagerent avec le roi les
profits de la réforme. Si l'on n'avoit pas prévu cette diminution, il falloit au moins prévoir les pertes que l'état feroit, lorfqu'on pay-
eroit les impofitions avec la nouvelle monnoie. On ne devoit pas ignorer que le commerce eft troublé par ces changements d'efpeces, & que les étrangers en retirent tout le
profit: car ils nous payent avec notre monnoie foible, & ils gagnent un dixieme fur
nous; cependant ils veulent être payés avec

la monnoie forte, qui a seule cours chez eux, & ils gagnent encore un dixieme. Il faut donc perdre, ou ne pas commercer avec eux. Il est vrai qu'après quelque temps les différentes monnoies se balancent, qu'on se met au pair, & que par conséquent on peut cesser de faire des pertes. Mais on a souffert de celles qu'on a faites.

Désordres dans les finances.

Cette mauvaise opération, qui ruinoit le commerce, fut faite la premiere année de la guerre 1689. On ne pouvoit pas plus mal choisir son temps. A la fin de la campagne de 1693, tous les expédients se trouvoient épuisés: les finances étoient retombées dans un désordre plus grand, que celui où elles étoient avant Colbert. Les revenus du roi diminuoient chaque année de plusieurs millions, quoique pour les augmenter ou eût accru chaque année la misere des peuples: on ne connoissoit d'autre ressource, que d'employer par routine les moyens qu'on avoit déja employés. Si la guerre continuoit, les besoins devenoient tous les jours plus grands; & cependant on devoit craindre d'augmenter encore la misere des peuples, & de diminuer en même temps les revenus de l'état, comme en effet, l'un & l'autre arriva.

Foible ressource du mi-

Peu avant l'édit de la réforme des especes, le gouvernement avoit ordonné de porter aux

hôtels des monnoies toutes les pieces d'argen-
terie, qui excéderoient le poids d'une once.
Le roi donna l'exemple & envoya une partie
de la ſienne. Cette refonte produiſit deux millions cinq cents & quelques mille livres.
Cette foible reſſource au commencement d'u-
ne guerre fait voir combien il en reſtoit peu.
Des retranchements ſur des choſes ſuperflues
en autoient procuré de plus conſidérables. Il
falloit, par exemple, ceſſer de bâtir. Car
dans le cours de cette guerre les dépenſes en
bâtiments monterent à dix-ſept millions neuf
cents quarante-ſept mille trois cents quatre-
vingt-neuf livres.

Louvois n'étoit plus. Il étoit mort en Louis mal-
1691. Quoiqu'on ne puiſſe lui refuſer d'avoir gré ſes ſuccès
eu de grands talents pour ſa place, il a été commence à
s'appercevoir
la vraie cauſe des malheurs de la France. On de ſa foibleſſe.
peut même conjecturer que Louis XIV le re-
connut, ſi comme on l'aſſure, il avoit réſolu de le diſgracier. Quoi qu'il en ſoit, lorſqu'il ne fut plus livré aux conſeils de ce miniſtre, il commença d'ouvrir les yeux. Il ne
connut pas ſans doute tout le déſordre de ſes
finances, & toute la miſere des peuples: car
les rois peuvent difficilement imaginer ces
choſes, & on les leur dit encore moins. Mais
il ne put ſe diſſimuler ſa foibleſſe. Il falloit
qu'elle fût grande, puiſqu'il s'en apperçut au
milieu de ſes ſuccès les plus brillants. Il re-

vint donc de fes idées d'ambition : fon expérience lui en montroit la vanité : la piété,
qu'il goûtoit alors, les condamnoit : & fon
âge commençoit à lui faire defirer le repos.
Se trouvant dans ces difpofitions, il fit les
premieres avances ; & il invita le roi de Suede à fe porter pour médiateur.

Il fait des pro-
pofitions de
paix, qu'on ne
croit pas fin-
ceres.

Les propofitions de Louis le Grand (car
dès 1680 on lui avoit donné ce titre, qu'il
mérita mieux, lofqu'il ceffa d'ambitionner des
fuccès qui le font donner fi mal à propos)
les propofitions de Louis le Grand, dis-je,
étoient avantageufes aux ennemis. Mais on
avoit de la peine à les croire finceres. On
foupçonnoit qu'il n'entroit en négociation,
que pour divifer les alliés ; & dans la fuppofi-
tion, où il voudroit fincérement la paix, on
concluoit qu'il falloit faire un dernier effort
pour l'accabler. La guerre continua.

Campagne de
1694.

Pendant la campagne de 1694, il ne fe fit
rien de confidérable en Allemagne ni en Italie. Aux Pays-Bas, les François fe tinrent fur
la défenfive, & le roi Guillaume avec une armée confidérable borna tous fes fuccès à la
prife d'Hui. En Catalogne, le maréchal de
Noailles battit les Efpagnols, & fe rendit maître de quelques places. Enfin les Anglois tenterent avec peu de fuccès de bombarder les
villes maritimes de France ; & les François
n'entre

n'entreprirent rien sur mer. Seignelai, qui avoit formé la marine, étoit mort en 1690, & les flottes françoises n'étoient plus si formidables.

En 1695 la capitation fut établie pour la première fois. L'année précédente, les revenus, toutes charges prélevées, avoient été de cent deux millions. Le nouvel impôt en produisit vingt - un. Les revenus de 1695 auroient donc dû être de cent vingt-trois. Ils ne furent que de cent douze.

Le peuple, qui se croit exposé aux invasions des ennemis, se soumet à la capitation sans murmure.

La capitation fut reçue sans murmure, & même avec joie. C'est que le peuple commençoit à s'effrayer. Nos flottes ne couvroient plus les mers ; nous n'avions sur terre que de petites armées; le prince d'Orange venoit de prendre Namur ; nos côtes étoient menacées ; & on se croyoit exposé de toutes parts aux invasions des ennemis. Dans cette conjoncture, les François persuadés qu'un dernier effort ameneroit la paix, se prêterent volontiers à suppléer à l'épuisement des finances. Il est triste de voir que cette année on ait dépensé plus de deux millions en bâtiments, & l'année suivante plus de trois.

Parce que les alliés bombardoient nos villes maritimes, nous bombardames Bruxelles. Le dommage que nous fimes à cette capitale des Pays-Bas, fut estimé à plus de vingt millions. Il semble que l'esprit de cette guerre

Bombardement de Bruxelles.

Tom. XIV. E e

fût de se détruire mutuellement, sans espérance d'en retirer aucun avantage, & même avec certitude de se ruiner soi-même : on y réussit, car toutes les puissances étoient dans le dernier épuisement.

Pacification de Riswyck.

En 1696, on fit de part & d'autre de grands projets qu'on n'exécuta pas. Le roi, qui desiroit sincérement la paix, cherchoit depuis long-temps à détacher le duc de Savoie de la ligue d'Augsbourg. Cette négociation réussit enfin. Le duc consentit à une neutralité pour l'Italie, & força les Espagnols & les Allemands à l'accepter. Alors tous les confédérés, excepté l'empereur & l'Espagne, songerent à traiter avec la France. Les conférences se tinrent l'année suivante à Riswyck sous la médiation du

1697

roi de Suede. La paix fut signée avec l'Angleterre, la Hollande & l'Espagne dans le mois de septembre, & avec l'empereur & l'empire dans le mois d'octobre. Les traités de Westphalie & de Nimegue servirent de base à celui de Riswyck. La France reconnut le roi Guillaume pour légitime souverain d'Angleterre, & promit de ne le troubler ni directement ni indirectement. Elle restitua à l'empereur, à l'empire & à l'Espagne tout ce dont elle s'étoit saisie en vertu des arrêts des chambres de Metz & de Brisach : de plus, à l'empire, le fort de Kell ; à l'empereur, Brisach & Fribourg ; au roi d'Espagne, Luxembourg, le comté de Chinei, quantité de villes & de villages, réunis à la couronne de France depuis le traité de Nimegue, & toutes les places prises en Catalogne. Le duc de Lorraine, qui avoit été dépouillé, fut rétabli ; & le duc de Savoie acquit Pignerol, qui depuis 1630 ouvroit ses états aux armées françoises. La guerre de l'empereur avec les Turcs finit environ un an après par le traité de Carlowitz, dont le roi Guillaume fut le médiateur.

LIVRE DIX-SEPTIEME.

CHAPITRE PREMIER.

Des puissances du midi de l'Europe jusqu'au commencement du dix-huitieme siecle.

Etat des finances en France après la pacification de Riswyck.

Puisqu'en Europe l'argent est le nerf de la guerre, il suffit de jeter un coup d'œil sur l'état des finances, pour juger combien la France avoit besoin de la paix.

Le gouvernement portoit pour vingt millions de charges perpétuelles de plus qu'en 1688. Il disposoit donc chaque année de vingt millions de moins qu'avant la guerre.

En 1689 les revenus nets, qui entroient au trésor royal, étoient de cent cinq millions. En 1697, ils furent de cent dix. Ils paroiss-

foient donc augmentés, & cependant ils étoient ▬▬▬
diminués de dix - fept millions. C'eft que les
cent dix millions de 1697 n'équivaloient en
poids & en titre qu'à quatre - vingt - huit de
1689.

L'année fuivante ils diminuerent encore,
parce que le roi remplit l'engagement qu'il
avoit pris d'ôter la capitation à la paix. Ils
furent de foixante - treize millions, à peu
de chofe près : ce qui équivaloit environ à
cinquante - fept millions de 1689. Ils monterent à foixante - dix - fept en 1699, &
ils retomberent à foixante. - neuf en 1700.
Cette derniere diminution fait foupçonner
du défordre dans les finances. Mais la premiere, par laquelle le roi perdoit chaque
année dix-fept millions, eft l'effet de l'altération des monnoies.

J'ai dit qu'il y avoit eu une réforme
en 1689. Il y en eut une autre qui commença fur la fin de 1693. Le marc d'argent
fut porté à trente-deux livres fix fous, en
forte que la valeur des monnoies augmenta
de près d'un fixieme. Ce font ces deux réformes qui diminuerent les revenus de l'état
de dix-fept millions, pour procurer une reffource paffagere d'environ quatre vingt-qua-
torze.

La derniere augmentation des monnoies
avoit été précédée d'une diminution, afin

L'altération des monnoies avoit diminué les revenus de la couronne.

E e 3

que la réforme qui les devoit hauffer apportât plus de bénéfice. De trois livres fix fous, l'écu avoit été réduit à trois livres deux, & par la réforme il fut porté à trois livres douze. Ainfi fur foixante-deux fous, le roi en devoit gagner dix. Mais il ne les pouvoit gagner qu'une fois, pour les perdre enfuite tous les ans, & encore les faux-monnoyeurs & les étrangers lui enleverent-ils une partie de ces profits. Suivant les calculs de l'auteur des *Recherches & confidérations fur les finances*, les deux réformes valurent aux étrangers environ vingt·fix·millions.

Non-feulement l'état perdit les millions qui fortoient du royaume, il perdoit encore une bonne partie des millions qui ne fortoient pas. Car cet argent qui ceffe de circuler eft nul pour l'état jufqu'à ce que la circulation foit rétablie. Or, l'argent fe refferre néceffairement, lorfque le public, voyant les efpeces hauffer & baiffer tour-à-tour, ne peut plus compter fur une valeur fixe. On ne peut pas fe défaire de la monnoie forte, de peur d'être remboursé en monnoie foible; & on ne veut pas recevoir de la monnoie foible, parce qu'on pourroit être obligé de rembourfer en monnoie forte. Chacun garde donc fon argent: on ne prête, on n'emprunte & on n'achete, qu'autant

Autres mauvais effets de cette altération.

qu'on y eſt forcé. Les denrées, qui ſe peuvent conſerver, ne ſont point miſes en vente.
Le commerce eſt ſuſpendu, juſqu'à ce qu'on
puiſſe le faire avec ſûreté ; & le gouvernement, qui a détruit la confiance publique,
perd lui-même tout ſon crédit. Ainſi le peuple,
qui portoit difficilement le poids des impôts,
ſouffroit encore par le défaut de commerce ;
& tous les jours plus miſérable, il pouvoit
tous les jours moins fournir aux beſoins de
l'état. Pour vous faire comprendre combien
le produit des impoſitions étoit au-deſſous
des dépenſes néceſſaires, je remarquerai que
dans le cours des années 1698 & 1699 elles
ne rapporterent au roi que deux cents cinquante millions, & que cependant les dépenſes monterent à ſix cents, en y comprenant des rembourſemens qu'on fut obligé
de faire. Voilà l'épuiſement où ſe trouvoit
la France, lorſqu'après de grands ſuccès pendant la guerre, Louis XIV fit ce qu'on appelle une paix glorieuſe. Ce fut lui qui propoſa les conditions, & les ennemis furent
forcés à les accepter : ce qui fait voir combien toute l'Europe étoit épuiſée. Il étoit
donc important d'aſſurer la paix. Dans cette
vue Louis rendit des conquêtes qu'on ne
pouvoit pas lui enlever, & prouva par cette
modération, que touché des maux de la
guerre, il ſe reprochoit les projets ambitieux

Louis, ne pou-
vant plus ſe
diſſimuler les
maux qu'il a
cauſés, ſe re-
proche ſes
projets ambi-
tieux.

Ee 4

dont il s'étoit enivré. Comme il étoit alors difficile de fournir aux befoins de l'état, même en temps de paix ; les miniftres, tous les jours moins entreprenants, ne lui donnoient pas des confeils tels que ceux de Louvois ou de Seignelai. Eclairé par fon expérience, le roi jugea donc par lui-même. Auffitôt l'illufion fe diffipa. Il connut combien il s'étoit trompé, en ambitionnant d'être la terreur de l'Europe ; & il ne fongea plus qu'à diffiper les craintes qu'il avoit données. Il ne penfoit point à reprendre les armes pour faire valoir fes droits fur la fucceffion entiere de Charles II, roi d'Efpagne. Il ne vouloit que négocier, & il étoit difpofé à fe contenter de quelques provinces.

Ses ennemis qui n'ont pas moins fouffert, font forcés à renoncer auffi à leurs projets.

L'Angleterre & la Hollande avoient fur-tout porté le faix de la guerre. Auffi furent elles les premieres à defirer la paix, & leurs alliés ne pouvoient rien fans elles. Les puiffances, qui étoient entrées dans la grande alliance, furent donc obligées d'abandonner leurs projets ; & bien loin d'enlever à Louis XIV tout ce qu'il avoit acquis depuis le traité des Pyrénées, elles fe contenterent de ce qu'il voulut rendre.

Ainfi les puiffances de l'Europe commencent la guerre, fans favoir

Plus on réfléchira fur cette guerre, plus on fe convaincra de la foibleffe des puiffances de l'Europe. Tout y décele les vices de leurs gouvernements. On diroit qu'elles ne se flattent de faire des conquêtes, que parce qu'elles savent qu'il y a eu des peuples conquérants, & qu'elles ignorent que ces peuples ne se gouvernoient pas comme elles. En effet leurs entreprises sont toujours au-dessus de leurs forces. Elles prennent d'abord les armes avec confiance, sans connoître leurs moyens, sans prévoir les obstacles; & cependant elles se promettent les plus grand succès. Mais bientôt sans ressources, elles se lassent ; & comme elles ont toutes ensemble demandé la guerre, elles demandent aussi la paix toutes ensemble. Celle qui a eu le plus de succès, se trouve plus affoiblie que les autres, & pendant que les poëtes célébrent les victoires d'un monarque, les peuples gémissent à l'ombre des lauriers. C'est un misérable asyle.

comment elles la soutiendront, & elles posent les armes par épuisement.

Guillaume, qui étoit l'ame de la grande alliance, avoit hâté la conclusion de la paix. C'est que depuis qu'il étoit roi d'Angleterre, il ne lui manquoit, pour n'être pas troublé sur le trône, que d'être reconnu par la France; aulieu que lorsqu'il n'étoit que stadthouder de Hollande, il lui importoit de soulever toute l'Europe contre Louis XIV. Ses intérêts, qui avoient changé, se trouverent donc heureusement conformes aux vœux de tous les peuples.

Cette guerre n'avoit été utile qu'à Guillaume, à qui la paix devenoit nécessaire depuis qu'il étoit roi d'Angleterre.

Puisqu'on avoit généralement desiré la paix, il eut été sage de prévenir la guerre, dont on

Il eût été sage de régler à

étoit menacé par la mort prochaine de Charles II, roi d'Efpagne. C'eft à Rifwyck qu'il
falloit difcuter les droits de la maifon d'Autriche & ceux de la maifon de Bourbon. L'intérêt de toute l'Europe le demandoit, & on
ne pouvoit pas trouver une circonftance plus
favorable : car la difpofition des efprits à la
paix rendoit la négociation facile. D'un côté
Louis XIV fe feroit affuré une partie de la
fucceffion du roi d'Efpagne, & c'eft tout ce
qu'il demandoit ; & de l'autre les confédérés
l'auroient fait renoncer à la plus grande partie
de cette fucceffion, & c'eft auffi tout ce qu'ils
pouvoient prétendre.

Mais il femble que les puiffances de l'Europe ne veulent la paix, qu'au moment où
elles font laffes de la guerre ; & que prévoyant
qu'elles fe dégoûteront de la paix par inquiétude, elles veulent fe ménager des prétextes
pour reprendre les armes. Elles ne font d'ordinaire que des treves. Si elles fongent quelquefois à réparer leurs forces, ce n'eft pas
pour les conferver, c'eft pour les reperdre ;
& comptant fur des événements, comme fi
la fortune leur promettoit à toutes des fuccès,
elles fe gardent bien de prévenir des guerres,
où chacun fe flatte de trouver fon avantage.
On ne régla donc pas à Rifwyck la fucceffion
de Charles II.

On voulut ensuite réparer cette faute : mais les circonstances étoient bien différentes. La paix ayant été faite, on ne voyoit plus la guerre que dans l'éloignement. On se flattoit, comme on se flatte toujours, de quelque événement favorable. Dans cette attente, la négociation, hâtée par quelques puissances, étoit retardée par d'autres. Il étoit impossible qu'elles y concouruffent toutes également ; & celles qui se croyoient lésées par les arrangements qu'on proposoit, aimoient mieux attendre que d'abandonner une partie de leurs prétentions.

Après la conclusion du traité de Riswyck, il n'étoit plus temps de réparer cette faute.

Cependant on projeta le partage de la monarchie espagnole. Par le traité qui en fut conclu à la Haye, le 22 octobre, entre le roi de France, le roi d'Angleterre & les États-Généraux, le prince électoral de Baviere, comme plus proche héritier, fut désigné roi d'Espagne ; on promit au dauphin les royaumes de Naples & de Sicile, les places dépendantes de la monarchie d'Espagne sur les côtes d'Italie & la province de Guipuscoa ; & on destina le duché de Milan à l'archiduc Charles, second fils de l'empereur.

Projet de partage. 1698

La mort du prince de Baviere, qui arriva l'année suivante, fit penser à d'autres projets ; & les mêmes puissances, qui avoient fait le premier plan de partage, en formerent un nou-

Autre partage. 1699

veau. Le traité en fut figné au mois de mars
à Londres & à la Haye. On deftinoit l'Efpagne, les Indes & les Pays-Bas à l'archiduc
Charles : on ajoutoit la Lorraine à ce qu'on
avoit déja donné au dauphin ; & pour dédommager le duc de Lorraine, on lui donnoit le Milanès. Enfin on accordoit trois mois
à l'empereur pour accéder à ce traité, & on
arrêtoit que l'Efpagne & l'empire ne feroient
jamais réunis fur une même tête.

L'Angleterre & la Hollande difpofoient
donc de la fucceflion de Charles II, fans confulter ni ce prince, ni les Efpagnols. Elles
s'arrogeoient donc un droit qu'elles n'avoient
pas : mais le defir de prévenir la guerre, fi
elles agiffoient fincérement, eft un motif qui
les juftifioit affez. Il me femble que fi les
principales puiffances n'ufurpoient des droits
que dans des cas femblables, il ne feroit pas
raifonnable de les leur contefter. N'avoient-
elles pas le droit de veiller à la tranquillité
de l'Europe ? & fi pour l'affurer, il falloit
difpofer de la monarchie d'Efpagne, pourquoi
n'en n'auroient-elles pas difpofé ?

Il eft vrai qu'une nation indépendante peut
en général réclamer avec raifon contre les loix
qu'on lui impofe. Mais ne peut-il pas fe trouver des cas, où elle ne mériteroit pas d'être
écoutée ? Si par une vanité mal entendue, les

Espagnols aiment mieux troubler toute l'Europe, que de souffrir le démembrement de leur monarchie, faut-il que toute l'Europe se sacrifie à cette vanité? N'est-ce pas pour avoir voulu conserver l'Italie & les Pays-Bas, que l'Espagne s'étoit ruinée? & n'étoit-ce pas la servir que de la borner à elle-même & à ce qu'elle possédoit dans les Indes? Le traité de partage pourroit donc n'être pas injuste, quoique fait malgré les protestations de Charles II. Mais certainement c'étoit une injustice de disposer des états de ce prince, sans consulter les puissances intéressées. Or, Léopold, d'après les principes qu'on suivoit en Europe, avoit des droits à la succession entiere. Son consentement étoit donc nécessaire. On ne l'obtint pas; & il ne restoit plus qu'à renoncer aux dispositions qu'on avoit faites, ou qu'à soutenir une injustice par la voie des armes.

avoit cependant besoin du consentement de Léopold.

On ne se fût pas trouvé dans cet embarras, si on eût fait le traité de partage à Riswyck : car alors le conseil de Madrid auroit donné son consentement à ce qui auroit été réglé; ou s'il l'avoit refusé, les autres puissances auroient pu l'y contraindre, sans s'exposer à aucun blâme. L'empereur, trop foible pour continuer la guerre, auroit été moins difficile ; & se seroit cru heureux d'assurer à un de ses fils l'Espagne, les Indes & les Pays-Bas. On pouvoit donc faire à Riswyck le pre-

Elle n'assuroit donc pas la paix.

mier partage : on devoit même y faire le second, ou quelqu'autre ; car il n'eût pas été
prudent de compter sur la vie du prince de
Baviere, qui n'avoit que quatre à cinq ans.
Mais parce qu'on ne prit ces mesures qu'après
avoir signé la paix, l'empereur se refusa à toutes
les propositions ; & quand le dernier partage
auroit eu lieu, il seroit au moins resté une
cause de guerre, puisque Léopold conservoit
tous ses droits.

La signature du traité de partage avoit souffert des retardements. Quelque intérêt qu'on eût à prévenir la
guerre, la négociation des deux traités de par-
tage avoit souffert bien des retardements. On
étoit convenu des articles ; cependant on ne
signoit pas, & l'Angleterre & la Hollande
se rendoient suspectes à la France par les dé-
lais qu'elles affectoient. Elles prenoient pour
prétexte l'espérance d'obtenir enfin le consentement de l'empereur ; mais on pouvoit croire
qu'elles négocioient moins pour conclure,
que pour affoiblir le parti de la maison de
Bourbon en Espagne, en faisant connoître que
Louis XIV songeoit à diviser cette monarchie.
La signature du second traité de partage parut
dissiper ces soupçons.

Le roi d'Espagne se plaint qu'on dispose de ses états. Surpris qu'on disposât de ses états, lorsqu'il vivoit encore, Charles II porta ses plain-
tes dans toutes les cours. Il ne pouvoit former
que des plaintes. Sans argent, sans forces,

Il ne trouvoit des reſſources ni dans ſon eſprit naturellement foible, & affoibli encore
par les maladies, ni dans ſes miniſtres qui
le conduiſoient par des vues contraires. Les
intrigues, qui diviſoient la cour, communi-
quoient des impreſſions différentes au royaume
entier ; & l'on s'agitoit de toutes parts dans
l'attente d'un événement, auquel l'Eſpagne
pouvoit moins contribuer qu'aucune autre puiſſance.

Cependant les vœux des Eſpagnols étoient
en général pour un prince de la maiſon de
Bourbon. Ils ſe flattoient d'empêcher par ce
moyen un démembrement qu'ils jugeoient deſ-
honorant pour la monarchie. Ils étoient à la
vérité offenſés du traité de partage ; mais leur
haine tomboit toute ſur l'Angleterre & la Hollande ; préſumant que Louis XIV renonceroit
à ce traité, lorſqu'on offriroit la monarchie entiere à ſon petit-fils. Les vues de la plus grande
partie du conſeil de Madrid étoient conformes
aux vœux de la nation; & Charles, qui ne
pouvoit conſentir à la diviſion de ſes états,
étoit diſpoſé à donner l'excluſion aux princes
de ſa maiſon, parce qu'il les jugeoit trop
foibles pour les conſerver tout entiers.

N'oſant néanmoins ſe décider par lui-même,
il conſulta ſon conſeil, des théologiens, des
juriſconſultes, des évêques & même le pape

Les vœux
des Eſpagnols
ſont pour un
prince de la
maiſon de
Bourbon.

Le roi d'Eſ-
pagne appelle
à la ſucceſſion

Le duc d'Anjou, à charge qu'il ne démembrera pas la monarchie.

Innocent XII, tous les avis, dit-on, furent uniformes & en faveur de la maison de Bourbon. Il fit donc un testament, par lequel il reconnut les droits du dauphin : voulant néanmoins prévenir la réunion des deux monarchies, il appelloit à sa succession le duc d'Anjou, second fils du dauphin ; il le nommoit héritier de tous ses états, sans en excepter aucune partie, & sans démembrement ; & il déclaroit que si ce prince n'acceptoit pas la monarchie entiere, il la conféroit à l'archiduc Charles. Ce testament ne fut public qu'à sa mort, qui arriva un mois après, le 1 novembre.

1700

Ce testament étoit mal raisonné.

Quoique Charles II eût consulté, son testament ne paroît pas avoir été bien digéré. Si le duc d'Anjou, comme il le reconnoît, a droit à toute la monarchie, il peut sans doute en abandonner une partie : comment donc le roi d'Espagne peut-il déclarer qu'il n'en aura rien du tout, s'il ne l'accepte pas toute entiere ? & comment dans cette supposition peut-il la transférer à un autre ?

Cependant la maison de Bourbon acquéroit un titre à la couronne d'Espagne, par le consentement des peuples.

Si par des renonciations solemnelles, la maison de Bourbon avoit perdu les droits qu'elle tenoit d'Anne & de Marie-Thérese d'Autriche, elle acquéroit de nouveaux titres par le consentement des peuples d'Espagne aux dispositions de Charles II. Elle pouvoit donc accepter le testament.

On

On peut même remarquer que fi les puiffances de l'Europe avoient jugé fainement des
chofes, la maifon d'Autriche fe feroit feule
oppofée à l'agrandiffement de fa rivale. Le duc
d'Anjou, pour être petit-fils de Louis XIV,
en auroit-il été l'allié ? feroit-il entré dans les
vues de fon grand-pere, jufqu'à facrifier les
intérêts de fa couronne ? en auroit-il été le
maître ? Suppofons que Louis XIV eût regné
en Efpagne fous le nom de fon petit fils, fa
puiffance en devenoit-elle plus redoutable ?
Comme roi de France, il avoit befoin de la paix ;
il en avoit encore plus befoin comme roi d'Efpagne. Cette feconde monarchie faifoit la
fortune du petit-fils, & elle n'ajoutoit rien à
celle du grand-pere : elle étoit tout à-fait épuifée ; & fon épuifement la rendoit d'autant plus
foible, qu'elle étoit plus vafte.

*L'agrandiffe-
ment de cette
maifon ne de-
voit pas effra-
yer l'Europe.*

Si les deux branches de la maifon d'Autriche ne fe font pas toujours donné des fecours, malgré les raifons qu'elles avoient
d'être toujours unies ; pouvoit-on fuppofer
qu'après la mort de Louis, les intérêts des deux
couronnes, cédant aux liens du fang, les deux
branches de la maifon de Bourbon ne forme-
roient qu'une feule & même puiffance ? Certainement de quelque maifon que fût le roi
d'Efpagne, il devoit rechercher l'alliance de
l'Angleterre & de la Hollande ; & il ne pouvoit pas regarder comme fon allié naturel

*Le roi d'Ef-
pagne ne pou-
voit pas être
l'allié de la
France.*

une puissance, qu'il bornoit au nord & au midi.

L'Europe n'en jugeoit pas ainsi. Accoutumée à craindre l'ambition de Louis XIV, elle la craignoit encore, lorsqu'elle n'étoit plus à redouter; & elle voyoit toujours le fantôme de la monarchie universelle. Il lui sembloit que l'agrandissement des Bourbons étoit l'agrandissement de la France même, & donnoit de nouvelles forces à cette monarchie. Aveuglée par ce préjugé, elle ne devoit pas souffrir que cette maison recueillît toute la succession du roi d'Espagne. Si Louis acceptoit le testament, il armoit donc toute l'Europe contre lui. Il trouvoit aussi des inconvénients à s'en tenir au traité de partage.

Le roi Guillaume, en agitant l'Europe, n'avoit jamais eu que des vues particulieres. Lorsque son intérêt fut de susciter des ennemis à la France, il forma cette grande alliance, à laquelle il persuada d'assurer à la maison d'Autriche toute la succession du roi d'Espagne. Pour y réussir, il imprima la terreur du nom de Louis XIV, & parce que dans la frayeur on juge mal des objets, l'Europe se grossit le danger dont elle se crut menacée; & elle ne vit pas celui auquel elle s'exposoit, en rendant aux descendants de Charles-Quint une puissance qu'elle avoit eu tant de peine à détruire. On se proposoit d'établir l'équilibre; & on ne s'apperçevoit pas, que si l'on réussissoit, on porteroit tout d'un bassin dans l'autre.

A force de dire qu'il étoit temps d'abaisser la maison de Bourbon & d'élever la maison d'Autriche, on ne se faisoit plus d'autres idées, on ne formoit plus d'autres projets. Mais Guillaume qui avoit donné ce préjugé, ne l'avoit pas pris; il pensoit d'après ses intérêts, & comme il avoit changé, il s'étoit fait un nouveau plan. Depuis qu'il étoit roi d'Angleterre, il vouloit la paix. Il lui importoit peu que la France acquît les Royaumes de Naples & de Sicile & d'autres provinces. Peut-être pensoit-il qu'elle n'en seroit pas plus puissante. Je dis *peut-être*, car on croit communément qu'un prince est plus puissant, lorsqu'il a plus d'états. C'est un préjugé que l'expérience n'a pas encore détruit.

Mais il ne l'a voit pas pris.

Le traité de partage étoit l'ouvrage du roi Guillaume. Ce n'est qu'à regret que l'Angleterre & la Hollande avoient consenti à l'agrandissement des Bourbons. Les obstacles, qu'elles avoient opposés, avoient fait traîner la négociation; & depuis que le traité avoit été signé, on n'avoit pris, ni voulu prendre aucune mesure pour en assurer l'exécution.

L'Angleterre & la Hollande n'avoient consenti qu'à regret au traité de partage, dont il étoit l'auteur.

Si Louis XIV s'en tenoit au traité de partage, il ne pouvoit donc attendre aucun secours d'Angleterre ni des Provinces-Unies.

Si Louis XIV s'en fût tenu au traité de

Ff 2

partage, il n'auroit armé que la maison d'Autriche.

Mais au moins il ne devoit pas craindre qu'elles prissent les armes, pour empêcher l'exécution d'un traité qu'elles avoient ratifié. Elles vouloient la paix, elles en avoient besoin pour se rétablir; il n'est pas vraisemblable, que sacrifiant leur repos à l'ambition de Léopold, elles voulussent s'épuiser encore pour assurer à un fils de ce prince toute la monarchie d'Espagne. On doit donc présumer que la France n'auroit eu pour ennemi que la maison d'Autriche, au lieu qu'elle armoit toute l'Europe, si Louis XIV acceptoit le testament. Dans le premier cas, elle pouvoit se promettre des succès; dans le second, elle avoit tout à redouter.

Il accepte le testament.

Aussitôt que l'ambassadeur d'Espagne eut communiqué le testament de Charles II, le roi assembla son conseil. L'avis du marquis de Torci, secrétaire d'état au département des affaires étrangeres, fut d'accepter le testament. Le duc de Beauvilliers, persuadé que ce parti causeroit une guerre capable de ruiner la France, opina pour le traité de partage. Le chancelier Pontchartrain, ayant résumé les raisons de part & d'autre, n'osa prononcer, & conclut que le roi seul, plus éclairé que ses ministres, pouvoit décider. Le dauphin parla peu: jugeant en pere qui s'intéresse à son fils, il se déclara pour le testament; & Louis, comme le dauphin, ne fut que pere. Cependant il auroit dû penser qu'il étoit roi, que son royaume étoit épuisé, qu'il l'avoit lui-même ruiné pour en reculer les frontieres, & qu'il étoit injuste de le sacrifier encore à l'agrandissement de sa maison. Enfin le duc d'Anjou fut déclaré roi d'Espagne sous le nom de Philippe V. Il partit pour Madrid, & fut reconnu sans obstacles dans toute la monarchie espagnole.

Le roi d'Angleterre & les États-Généraux, quoiqu'offensés de l'infraction du traité de partage, ne se déterminerent pas d'abord à déclarer la guerre à la maison de Bourbon. Ils reconnurent même Philippe V. Les intérêts de leur commerce, le repos dont ils sentoient le besoin, l'incertitude où ils étoient des alliés sur lesquels ils pouvoient compter, & des secours qu'ils en pourroient retirer; tout demandoit qu'ils ne prissent pas leur résolution à la la hâte. Ces raisons firent commencer une négociation à la Haye. Mais la France & l'Espagne eurent lieu de juger qu'on ne cherchoit qu'à gagner du temps; & qu'après avoir obtenu une chose, on en demanderoit bientôt une autre. Car on ne leur laissoit pas ignorer qu'on se réservoit d'expliquer & d'étendre dans la suite les premieres propositions qu'on leur faisoit. Or, cette maniere de négocier est tout au moins suspecte; & d'ailleurs il est étrange de demander une réponse positive à des propositions, qu'on reconnoît n'avoir pas encore expliquées, ni exposées dans toute leur étendue. Cette né-

L'Angleterre & la Hollande qui reconnoissent d'abord Philippe V, font bientôt après un traité d'alliance avec l'empereur.

gociation finit le 7 septembre par un traité d'alliance entre l'empereur, le roi d'Angleterre &
les États Généraux.

Mais, com-
me elles crai-
gnoient une
nouvelle guer-
re, elles se
bornent à de-
mander une
satisfaction
pour la maison
d'Autriche.

L'objet de cette confédération se bornoit à
procurer à la maison d'Autriche une satisfaction en dédommagement des droits qu'elle
avoit sur l'Espagne. Elle ne portoit donc pas
ses prétentions aussi haut que la ligue d'Augsbourg. Cela seul fait voir que le roi d'Angleterre & les États-Généraux s'engageoient à regret dans une nouvelle guerre, & qu'ils l'entreprenoient avec une sorte de méfiance. Ils
se voyoient accablés de dettes; ils sentoient combien il seroit difficile de mettre de nouveaux
impôts sur des peuples, déja trop surchargés:
le parlement d'Angleterre, sur-tout, ne paroîs-
soit pas disposé à donner des subsides. Guillaume, qui favorisoit les Whigs, étoit sûr de
leurs suffrages: mais les Torys formoient un
parti considérable & fort animé. Toute la nation chérissoit la paix, qu'elle commençoit à
goûter : elle soupiroit après le rétablissement
de son commerce; & elle étoit alors bien moins
effrayée de la puissance de la maison de Bourbon, que des nouvelles impositions qu'elle seroit obligée de payer.

L'empereur
ne paroissoit
pas devoir ti-
rer de grands
secours de ses

La paix continuoit entre l'empire & la Porte. L'empereur paroissoit donc pouvoir soutenir
cette guerre avec plus de succès que les précédentes. Mais avec beaucoup de dettes, peu d'ar-

gent & des peuples pauvres, il étoit à charge
à ses alliés. Il continuoit d'aliéner les états
d'Allemagne ; en persistant dans la résolution
de créer un neuvieme électorat. Le plus grand
nombre des princes paroissoit ne vouloir prendre aucune part à la succession d'Espagne. Il
se formoit même des intrigues & des ligues
contre les entreprises de l'empereur. Il est vrai
que Léopold fortifia son parti, en promettant
de terminer le différent sur le neuvieme électorat à la satisfaction des princes ; mais les secours qu'il attendoit de pareils alliés, étoient
toujours incertains & fort coûteux.

alliés.

Après la paix de Riswyck, la France n'a-
voit pas désarmé comme les autres puissances.
Elle conservoit de grandes forces sur terre &
sur mer ; & elle étoit en état d'attaquer, lorsque la plupart de ses ennemis n'étoient pas encore préparés à la défense. Philippe V en possession paisible de toute la monarchie d'Espagne, commandoit à des peuples qui lui étoient
dévoués. Les deux couronnes ne pouvoient
manquer d'agir de concert, puisqu'un même
intérêt les unissoit. Elles avoient pour alliés l'é-
lecteur de Baviere, son frere, l'électeur de Cologne, l'évêque de Munster, le duc de Savoie,
celui de Mantoue & le roi de Portugal.

Louis n'avoit pas désarmé, Philippe étoit en possession de l'Espagne. Ils avoient des alliés.

Cependant elles ne pouvoient pas compter
également sur tous ces alliés. Il étoit facile à
l'empereur de gagner le duc de Savoie, qui

Mais ils pouvoient ne pas compter

fur tous.

étoit dans l'ufage de s'agrandir en paffant tour-à-tour de l'alliance de la maifon de Bourbon dans l'alliance de la maifon d'Autriche. Si le roi de Portugal étoit d'abord entré dans l'alliance de Louis XIV, c'eft qu'à l'avénement du duc d'Anjou, il n'avoit pas d'autre parti à prendre ; & il étoit évident qu'auffitôt que l'Angleterre & la Hollande armeroient, il feroit de fon intérêt de rechercher leur protection.

Ils devoient après quelques campagnes fe trouver fans reffources.

L'Efpagne pouvoit peu pour fa défenfe, & quelles que fuffent les forces de la France, elles n'étoient pas proportionnées aux frontieres des deux monarchies. Dès les premieres campagnes elles devoient diminuer par les fuccès mêmes, elles pouvoient fe ruiner par des revers : & cependant où étoient les reffources pour les rétablir ? Se flattoit-on d'en trouver dans l'épuifement des peuples, dans le défordre des finances ? Une autre caufe de foibleffe, dont le gouvernement ne s'appercevoit peut-être pas, c'eft qu'on n'avoit plus d'auffi grands miniftres ni d'auffi grands généraux. Au contraire, les ennemis s'étoient difciplinés pendant la guerre qu'on venoit de terminer à Rifwyck. Inftruits par leurs propres défaites, les Hollandois & les Anglois ne devoient plus être auffi faciles à vaincre ; & les François, fi fouvent vainqueurs, devoient naturellement s'être relâchés.

Si les forces de Louis XIV & de Philippe
V n'étoient pas proportionnées à la défense des
deux monarchies, si encore elles ne pouvoient
pas se soutenir long-temps, il en faut conclure
que ces princes se sont engagés dans la guerre
avec trop de confiance. Ils auroient pu l'éviter,
en sacrifiant l'Italie & les Pays-Bas, & en con-
venant de quelques réglements pour dissiper
les terreurs paniques, que donnoit l'agrandissement de la maison de Bourbon. On a tout
lieu de le croire, quand on considere les dispositions des peuples de l'empire. L'intervalle,
écoulé depuis la pacification de Riswyck, ne
leur avoit pas permis d'oublier les maux qu'ils
avoient soufferts ; ils en étoient encore accablés ; & ce n'est qu'avec une extrème répugnance, qu'ils pouvoient se déterminer à reprendre les armes. L'empereur auroit lui-même accepté la paix. Son ambition auroit cédé
à l'impuissance de soutenir seul la guerre, & il
se seroit contenté de la satisfaction dont ses alliés seroient convenus. Mais puisque Louis
XIV & Philippe V vouloient conserver la succession entiere de Charles II, la guerre ne pouvoit plus s'éviter, & cependant ils entreprenoient au delà de leurs forces.

Léopold avoit commencé les hostilités en
Italie, lorsqu'il négocioit encore à la Haye avec
le roi Guillaume. Il soutint seul la guerre pendant la premiere année. Le prince Eugene de

Ils auroient dû par conséquent se hâter d'accorder u-
ne satisfac-
tion à la mai-
son d'Autri-
che.

La guerre
commence en
Italie.

1701

Savoie, qui commandoit l'armée impériale, étoit entré par le Trentin, pour pénétrer dans le Milanès. Le maréchal de Catinat commandoit les troupes de France, sous les ordres du duc de Savoie que les deux rois avoient nommé généralissime.

Eugene force le poste de Carpi.

1701

Il s'agissoit d'empêcher le passage de l'Adige aux Impériaux. Chose difficile à cause de l'étendue de pays qu'il falloit garder. En effet, le poste de Carpi fut forcé le 9 juillet; & le prince Eugene se vit maître de tout le pays entre l'Adige & l'Adda. Catinat qui recevoit continuellement des échecs, soupçonna le duc de Savoie d'intelligence avec les ennemis. Mais la cour de Versailles, qui rejeta ces soupçons, le rappella, & envoya le maréchal de Villeroi pour le remplacer.

Il défait à Chiari le maréchal de Villeroi.

Contre l'avis de Catinat, qui n'avoit pas encore quitté l'armée, Villeroi voulut livrer bataille aux ennemis, qui étoient campés à Chiari. L'entreprise étoit téméraire, & quand elle eût réussi, on n'en eût tiré aucun avantage. Les François furent défaits. Cette action se passa le 1 septembre. Le courage que montra le duc de Savoie, parut dissiper les soupçons qu'on avoit formés.

1701
A la mort de Jacques II, Louis reconnoît le prince

Le 16 du même mois, mourut à S. Germain en Laye Jacques II; & Louis XIV reconnut pour roi d'Angleterre le prince de Galles, son fils, qui prit le nom de Jacques III. Il eut bientôt lieu de se repentir d'une démarche im- prudente, qui pouvoit soulever les Anglois contre la France, & qui bien loin d'être utile au jeune prince de Galles, devoit plutôt lui nuire.

Guillaume III s'en applaudit. Il ne douta plus d'obtenir des subsides, lorsqu'il vit les ressentiments de la nation éclater contre un prince étranger, qui prétendoit lui donner un roi. Il représenta cette entreprise comme un attentat, qui intéressoit la religion protestante, la tranquillité présente & future, & la liberté de la nation. Il exagéra la puissance de la maison de Bourbon, qui après s'être affermie sur le trône d'Espagne, entreprendroit de rétablir un prince papiste sur celui d'Angleterre. Il fit craindre que le commerce ne fût ruiné par l'union de la France & de l'Espagne, si on ne se hâtoit de troubler ces deux monarchies & de les abattre, avant qu'elles eussent eu le temps de déployer toutes leurs forces. Enfin il montra dans l'Amérique des conquêtes faciles, & capables de dédommager des frais de la guerre.

Les deux chambres entrerent dans ses vues. Jugeant qu'il étoit de leur intérêt de soutenir les droits de la maison d'Autriche, elles ordonnerent qu'on leveroit quarante mille hommes. Le roi ayant encore demandé dix mille hommes pour un débarquement, ils lui furent accordés. Il fut même résolu de ne point faire

la paix, jufqu'à ce que la nation eût reçu fatisfaction de l'offenfe que Louis lui avoit faite, en reconnoiffant le prétendu prince de
Galles.

Mort de Guil-
laume. Quel-
le a été fa puif-
fance en An-
gleterre & en
Hollande.
1702.

La faifon d'entrer en campagne approchoit;
quand le roi Guillaume mourut, le 19 mars.
Il avoit regné près de quatorze ans. On a dit
qu'il étoit ftadhouder d'Angleterre & roi des
Provinces-Unies. C'eft que le parlement d'Angleterre avoit fi fort limité la prérogative royale, que Guillaume n'étoit proprement que
le chef d'une république. Quoique les Anglois
l'euffent defiré pour maître, ils lui témoigne-
rent peu de confiance. Ils parurent ceffer de
l'aimer, & ils lui firent effuyer bien des contradictions. Les Hollandois, au coutraire, lui
montrerent toujours le plus grand dévouement.
Ils n'oublierent jamais les fervices qu'il leur
avoit rendus dans la guerre de 1672. Ils porterent même la reconnoiffance jufqu'à lui facrifier leur liberté: car en 1674, ils déclarerent
en fa faveur le Stadhoudérat héréditaire. Heureufement pour les Provinces-Unies, il ne laiffa point de poftérité, & elles fupprimerent une
dictature, qu'elles avoient eu l'imprudence de
rendre perpétuelle. Je vous avois prévenu que
les Hollandois vous prouveroient qu'un peuple,
jaloux d'être libre, fe donne volontiers un
maître, quand il fe flatte d'être bien gouverné.

La mort de Guillaume ne changea rien aux résolutions qui avoient été prises. Anne, fille de Jacques II, monta sur le trône conformément à l'ordre de succession que le parlement avoit établi. Elle s'écarta d'autant moins du plan de son prédécesseur, qu'elle donna toute sa confiance au duc de Marlborough, qui étant aussi avare qu'ambitieux, avoit besoin des troubles pour s'enrichir & pour s'élever. Grand ministre, grand capitaine, il se vit bientôt à la tête des affaires & des armées. Ce changement dans le gouvernement présageoit à la France une guerre bien plus longue & bien plus ruineuse, que celle que Guillaume eût faite, s'il eût vécu.

Anne qui lui succede, donne sa confiance à Marlborough.

CHAPITRE II.

De la Ruſſie juſqu'au commencement du dix-huitieme ſiecle.

Juſqu'au dix-ſeptieme ſiecle les Ruſſes ont été barbares.

On ſait ſuffiſamment l'hiſtoire des ſiecles bar-bares, quand on ſait qu'ils ont été barbares. Dans une ignorance profonde, remplis de pré-jugés abſurdes, livrés à des ſuperſtitions groſ-ſieres; ſans arts, ſans police, ſans mœurs; croupir dans un lâche repos avec un corps fait pour la fatigue, ou ſe battre comme des bêtes féroces, & n'apprendre jamais la guerre; tour-à- tour fuir, piller, commettre toute ſorte de cruautés; ne compter que ſur le nombre, ne connoître ni courage ni vertu; enfin être eſcla-ve, ſans être ſoumis: voilà ce qu'ont été les Ruſſes juſqu'au dix-ſeptieme ſiecle. Il n'im-porte donc pas de ſavoir avant cette époque, les événements de ce vaſte empire, qui s'é-tend d'occident en orient environ deux mille lieues. En étudiant la Géographie, Monſei-gneur, ne conſidérez vous pas quelquefois com-bien il y a peu de peuples qui méritent d'être connus, & parmi ces peuples combien peu d'hommes, & parmi ces hommes combien peu de princes. Cela abrége au moins nos études ; cependant elles feront bien longues encore, si nous voulons les faire comme il faut. Je ne fais que vous introduire : jugez donc ce qui vous reste à faire, & ne vous croyez pas instruit.

La famille qui regnoit à Moscou, s'étoit éteinte, & la Russie avoit été déchirée par des guerres, lorsqu'en 1613 les Russes eurent enfin la liberté de se choisir un maître. Ils le prirent dans la famille de Romanow, alliée par les femmes aux czars précédents. Michel Féodorowitz, c'est ainsi que ce prince se nommoit, n'avoit que quinze ans, & vivoit avec sa mere, Marie Iconomasie, alors religieuse dans un couvent à Uglits. Marie se refusa d'abord aux vœux de la nation, craignant pour son fils les malheurs du trône; mais elle se rendit lorsqu'un évêque eut assuré avoir eu une révélation qui confirmoit ce choix. Michel fut proclamé & signa une capitulation, par laquelle il promit de protéger la religion, de ne point faire de loix nouvelles, de ne rien changer aux anciennes, & de n'entreprendre point, sans le consentement du sénat, ni de mettre des impôts, ni de faire la guerre, ni de faire la paix. Les Russes, ou plutôt les sénateurs saisirent l'occasion d'avoir quelque part dans le gouver-

Michel Féodorowitz élu czar.

nement. Michel fut fidele à ses promesses. Il mourut en 1645, & laissa le trône à son fils Alexis.

Alexis son fils qui a le premier connu l'igno ance des Russes, a protégé les arts & les sciences.

Alexis, surnommé Mikhaelowitz, c'est-à-dire, fils de Michel, n'avoit alors que seize ans. Il s'attira d'abord la haine publique par la conduite des ministres, auxquels il confia l'autorité. Il fut ensuite aimé & respecté, lorsqu'il gouverna par lui-même. Il est le premier czar qui paroisse s'être apperçu de l'ignorance de ses peuples. Il connut qu'il falloit leur donner des loix, des arts & des connoissances. Il favorisa le commerce, il établit quelques manufactures, il fit traduire plusieurs livres qui traitoient des arts & des sciences. Sans égard pour le préjugé, qui défendoit toute communication avec les nations étrangeres, il attira des étrangers instruits & laborieux. Il peupla des provinces auparavant désertes. C'est sous son regne que les Russes commencerent à se faire connoître aux principales puissances de l'Europe & de l'Asie: car jusqu'alors ils n'étoient guere connus que des peuples avec qui la guerre les mettoit en relation. Des ambassadeurs Chinois, Persans & autres vinrent à Moscou, & Alexis en envoya pour la premiere fois en France & en Espagne. Il est à remarquer qu'il refusa de recevoir l'envoyé de Cromwel, déclarant qu'il ne reconnoîtroit jamais ce prétendu protecteur de l'Angleterre. Il formoit le projet d'avoir des flottes

sur

sur la mer Noire & sur la mer Caspienne, lorsqu'il mourut en 1676.

Il laissa trois fils, Féodor, Ivan ou Jean & Pierre : tous trois, conformément à l'usage, surnommés Alexiowitz. Le premier âge de 16 ans monta sur le trône, & regna jusqu'en 1682 qu'il mourut. Il suivit les traces de son pere, accueillant les étrangers, protégeant le commerce, les sciences & les arts, & travaillant à réformer les mœurs de ses sujets. On prétend que dans le dessein de n'avoir égard qu'au mérite, il brûla tous les titres des nobles. Mais il étoit trop jeune, il regna trop peu pour produire une révolution.

Féodor, son fils aîné, lui succede, & le prend pour modele.

De ses deux freres, dont l'un avoit treize ans & l'autre dix, il avoit préféré le cadet pour son successeur, parce qu'Ivan étoit également foible d'esprit & de corps. Or, les czars ont droit ou sont dans l'usage de désigner dans leur famille celui qui doit leur succéder. Pierre fut donc reconnu par les boyars : c'est ainsi qu'on nommoit alors les sénateurs & les principaux de la nation.

Pierre son frere, qu'il désigne son successeur, est reconnu par les boyars.

Sophie, sœur de ces deux princes, s'étoit flattée de regner sous le nom d'Ivan son frere. Cette femme ambitieuse, voyant ses espérances déçues, intrigua. Elle gagna les strélitz, corps de troupes qui pouvoit tout à Moscou ;

Jean lui est associé par les intrigues de Sophie, sœur de ces deux princes.

comme autrefois les gardes prétoriennes à Rome. Elle caufa de grands troubles. Mais enfin elle fit affocier Ivan à Pierre, obtint la régence, & regna.

Sophie, qui a obtenu la régence, & Bafile Gallitzin, fon miniftre favori, fongent à écarter du trône le czar Pierre.

Sophie fe conduifoit par les confeils du prince Bafile Gallitzin, lithuanien d'origine & de la maifon des Jagellons, qui avoient occupé le trône de Pologne pendant près de deux cents ans. N'ofant attenter à la vie du czar Pierre, qui étoit cher au peuple, cette princeffe & ce miniftre fongerent à l'écarter au moins du trône. Dans cette vue, ils fe hâterent de marier le czar Ivan; & ils fe flattoient de conferver toute l'autorité, fi ce prince, qui étoit d'une fanté foible, laiffoit un fils après fa mort.

Mauvaife éducation qu'ils lui donnent

Cependant ils ne donnoient aucun foin à l'éducation de Pierre; au contraire, ils mettoient auprès de lui de jeunes débauchés, qui le portoient à des excès de liqueurs fortes, capables de ruiner la fanté & d'affoiblir l'efprit. Ce jeune prince fe livroit à ces excès; la force de fon tempérament paroiffoit l'y inviter : heureufement cette même force le garantit en partie des maux qu'il fe préparoit. Je dis *en partie* : car les débauches de fon enfance tourneront en habitude, & fouilleront fa vie.

Entouré de débauchés,

Il y a des ames qui croupiffent lâchement dans les vices où elles ont été pouffées : ce

n'eſt pas qu'elles ſe trouvent bien , c'eſt qu'elles n'ont pas la force de ſe mettre mieux. Il
y en a d'autres qui font des efforts , & qui
ſe dégagent quelque fois : c'eſt qu'elles ſentent
ce qui leur manque. Pierre , dans les excès
auxquels il ſe livroit avec le plus de plaiſir ,
n'étoit pas content. Il cherchoit quelque choſe qu'il ne trouvoit pas parmi ſes jeunes débauchés : il ſentoit un beſoin qu'il ne pouvoit
pas s'expliquer : il lui falloit un homme vertueux.

Pierre s'aban-
donnoit au
vice. Il n'étoit
pas content.

Dans les troupes étrangeres qui étoient
alors au ſervice de la Ruſſie, il y avoit un
officier genevois qui ſe nommoit le Fort. Pierre qui n'avoit encore que onze à douze ans ,
le remarqua , cauſa avec lui , le goûta , lui
donna un emploi qui l'approchoit de ſa perſonne , & voulut apprendre de lui à faire l'e-
xercice. Plus il connut cet homme ſage &
éclairé , plus il lui donna ſa confiance. Tantôt il faiſoit l'exercice avec lui ; tantôt il conduiſoit avec lui ſur un lac une barque , conſ-
truite comme un vaiſſeau de guerre ; & le Fort
ne laiſſoit pas échapper l'occaſion de lui faire
comprendre que la vraie maniere de regner
n'étoit pas celle des czars.

Il fait con-
noiſſance avec
le Fort qu'il
s'attache.

L'empereur Léopold, la république de Veniſe & la Pologne , alors ligués contre les
Turcs, ſollicitoient la cour de Moſcou à faire

Jean Sobi- ki,
allié de l'em-
pereur contre

une diverſion en Crimée , afin de rappeller de
ce côté les Tartares, qui faiſoient en Hongrie
la principale force de la cavalerie ottomane.
Cette négociation n'avançoit point , de ſorte
que les czars ne prirent part à cette guerre
qu'en 1687, lorſque Jean Sobieski eut offert
de leur céder en ſon nom & en celui de la république , toutes ſes prétentions ſur l'Ukraine
& ſur le duché de Smolensko.

Les partiſans de Pierre lui avoient donné
pour premier miniſtre Boris Gallitzin , parent
& ennemi du favori de Sophie. C'étoit un homme fidele , intégre & zélé. Dans le deſſein
d'éloigner ſon rival & d'en rompre toutes les
meſures , il lui fit donner le commandement
des armées qui devoient agir en Crimée. Baſile Gallitzin n'oſa refuſer , de peur de ſe rendre ſuſpect.

La Crimée eſt cette preſqu'île que les anciens ont nommée Cherſoneſe-Taurique. Baſile Gallitzin y marcha avec confiance , parce
qu'il comptoit ſur le nombre de ſes troupes ;
mais ſes troupes connurent bientôt qu'elles ne
devoient pas avoir la même confiance en leur
chef. En effet , il les engagea dans des déſerts ,
où elles ne purent ni agir ni ſubſiſter , faute
de vivres & de fourrages. Gallitzin rejeta le
mauvais ſuccès de cette campagne ſur l'her-
man ou chef des Coſaques , qui fut dépoſé &
envoyé en Sibérie.

Il y avoit alors en Ukraine, pays des Cosaques, un gentilhomme polonois nommé Mazeppa. Il y étoit arrivé nu & lié sur un cheval fougueux, & à demi-mort de faim & de fatigue. Les Cosaques lui donnerent des secours : il se fixa parmi eux : il se distingua dans les courses qu'ils faisoient contre les Tartares; & ce fut lui qu'ils choisirent pour hetman ou prince d'Ukraine avec l'agrément de la cour de Moscou. L'aventure qui fit sa fortune & qui devoit faire sa perte, avoit été l'effet de la vengeance d'un seigneur polonois qu'il avoit offensé. Cet homme jouera un rôle dans l'histoire de Pierre Alexiowitz.

Il fallut faire de nouveaux préparatifs contre les Tartares. On y employa plus d'un an. Basile Gallitzin n'attendit pas qu'on lui offrît le commandement des troupes. Il le sollicita dans l'espérance de réparer sa honte, & il l'obtint. Il comptoit surprendre Précop, une des principales places de Crimée. Il se trompa, les ennemis furent informés à temps. Après un combat qui ne fut point décisif, il se laissa amuser par une négociation, pendant laquelle les forces des Tartares croissoient, & les siennes diminuoient par le défaut de subsistances. Il fallut donc songer à la retraite, après avoir perdu l'occasion de vaincre. Il fit cependant une relation, où il s'attribuoit des succès: mais il ne put tromper le czar Pierre.

Mazeppa est fait hetman d'Ukraine.

Nouvelle campagne de Basile avec aussi peu de succès.

G g 3

On l'accufa même de s'être laiffé corrompre par le kan des Tartares.

Sophie conf-
pire contre
Pierre qu'elle
veut faire pé-
rir.

Ruiné dans l'efprit du czar Pierre, il ne
lui reftoit que Sophie. Cette princeffe partageoit vivement les mortifications de fon favori : elle jugeoit que s'il perdoit fon crédit, elle
perdroit elle - même toute fon autorité; &
cependant elle ambitionnoit de partager le trône avec lui. Impatiente d'affouvir fa paffion,
elle ne voulut pas laiffer à fon frere le temps
de fe faifir des rênes du gouvernement, &
elle en médita la mort.

La confpira-
tion eft décou-
verte, & So-
phie eft en-
fermée.

Elle avoit gagné Tekelavitaw, chef des
ftrélitz. Déja fix cents de ces foldats, conduits par ce perfide, marchoient la nuit au
château de Bebrackensko, où Pierre étoit depuis quelques jours fans aucune défiance.
Heureufement deux ftrélitz, qui eurent horreur de ce crime, fe déroberent, & couru-
rent par des chemins détournés avertir le czar.
Ce prince eut le temps de fe fauver ; & toute fa cour le fuivit dans le monaftère de la
Trinité, où il fe réfugia. Auffitôt il envoya
des lettres à Mofcou pour inviter les boyars,
les fénateurs & les ftrélitz, qui n'avoient pas
trempé dans la confpiration, à fe rendre auprès de lui. La nobleffe, le peuple, les foldats, tout le monde accourut: tous volerent
à la défenfe de leur prince. Il ne reftoit plus

qu'à punir les coupables. Tekelavitaw périt
fut la roue. On enferma Sophie dans un couvent. Bafile Gallitzin fut exilé à Kargapol
pour y vivre & mourir dans la mifere. Son fils
& fes plus proches parents, fuivant la coutu-
me de ce pays barbare, furent enveloppés
dans fa difgrace, & le fuivirent dans fon
exil.

Pierre regnoit enfin, c'eft-à-dire, qu'il
étoit le maître d'un vafte empire : mais cette
maniere de regner ne le contentoit pas. Il portoit envie aux fouverains, qui commandoient
à des hommes dans de petits états. Tout étoit
à créer pour lui ; il fe flatta de créer.

Le czar Pier-
re fe propofe
de policer les
Ruffes.

Cependant les préjugés, fur tout lorfqu'ils
tiennent aux mœurs, font difficiles à détruire.
Il femble que ce ne puiffe être que l'ouvrage
du temps, & qu'une autorité abfolue, telle
que celle du czar, devoit même échouer. Auffi fe propofa-t-il de tenter la réforme de fes
peuples, moins par la force des loix, que par
fon exemple. C'eft en effet par des exemples
que les fouverains peuvent changer facilement
les mœurs d'une nation ; & ils ne les changent que trop facilement, quand ils en donnent
de mauvais.

Occupé de fes vaftes projets, le czar s'en
entretenoit fouvent avec le Fort, le feul hom-

Il eft tambour
dans une com-

G g 4

pagnie que le Fort a levée.

me qui pût en effet lui donner des lumieres, & contribuer au succès de ses desseins. Il lui ordonna de former une compagnie de cinquante hommes, afin d'avoir d'abord un modele, pour former ensuite le reste de ses troupes.

Peu de jours après, le Fort parut à la tête de cette compagnie, presque toute composée d'étrangers. Il lui fit faire l'exercice sous les fenêtres du czar, qui ne s'étoit pas attendu à jouir si tôt de ce spectacle. Ce prince, enchanté, voulut servir dans cette compagnie; & ayant été fait tambour, il en prit l'habit, & battit la caisse. Il resta quelque temps dans cet emploi, vivant de sa paye, couchant sous une tente, & déclarant à son capitaine qu'il ne vouloit avancer de grade en grade, qu'autant qu'il le mériteroit. Il tint parole. C'est ainsi que Pierre descendoit du trône, pour donner à ses sujets l'exemple de la subordination & de la discipline.

Cette compagnie devient un régiment & une école.

La compagnie de le Fort devint bientôt un régiment de plusieurs bataillons. Ce fut l'école d'où l'on tiroit les meilleurs sujets pour former d'autres troupes: & dans la vue de hâter les progrès de la discipline militaire, le czar assigna des sommes considérables en Hollande, en Angleterre & à Geneve, pour les officiers qui voudroient passer à son service. Cependant le désordre de ses finances étoit un obstacle à l'exécution de ses desseins. Il y pourvut & remédia aux abus que le Fort lui fit connoître.

Vers ce temps commença la fortune d'Alexandre Mentzikof, que Pierre éleva dans la suite aux premiers emplois. C'étoit un garçon patissier, né de pauvres paysans sur les bords du Volga. Un jour qu'il passoit dans les rues de Moscou, en criant ses petits-patés; le czar qui étoit à table, eut la curiosité de le faire appeller. Il lui trouva de la physionomie: il l'interrogea, il fut content de ses réponses, & il le mit aussitôt dans la compagnie de le Fort, auquel il le recommanda. Mentzikof ne tarda pas à se distinguer, & dans peu d'années il acquit la confiance de son maître.

Commencement de la fortune de Mentzikof qui entre dans cette compagnie.

Depuis les mauvais succès de Basile Gallitzin, la cour de Moscou ne paroissoit plus penser à la Tartarie. Les troubles dont elle avoit été agitée, & les soins dont s'étoit occupé le czar, n'avoient pas permis de s'engager dans une guerre, qui demandoit de grands préparatifs. Les Turcs surent tirer parti de cette inaction. Ils persuaderent aux Polonois qu'elle étoit l'effet d'une négociation secrete; que le czar étoit au moment de faire la paix avec la Porte; & qu'il se proposoit de déclarer la guerre à la Pologne. Les Tartares de leur côté em-

Mésintelligence entre la Pologne & la Russie.

ployoient de semblables moyens, pour rendre les Polonois suspects aux Russes.

Elle empê-
che ces deux
couronnes de
donner des se-
cours à l'em-
pereur contre
les Turcs.

Ces intrigues semerent la mésintelligence parmi les alliés. La république de Pologne craignant quelque entreprise de la part de la Russie, ne donna plus les mêmes secours à l'empereur; & le czar ne vouloit pas recommencer la guerre contre les Tartares, dans une conjoncture où il croyoit devoir se méfier des Polonois. Cependant les Turcs assembloient toutes leurs forces en Hongrie, & ne craignoient point de diversion; lorsque le baron de Curtz, que Léopold envoya à Varsovie & à Moscou, dissipa tous les soupçons, & détermina le czar à reprendre les armes.

Les soupçons
ayant été dissi-
pés, Pierre fait
le siege d'A-
soph.

Pierre se proposa la conquête d'Asoph. Cette ville, située sur la rive gauche du Don, autrefois nommé Tanaïs, devoit lui servir de rempart contre les Turcs; & comme elle le rendoit maître des Palus Méotides, il pouvoit encore porter l'effroi jusques dans Constantinople. Mais il falloit des vaisseaux, & les Russes savoient à peine construire des barques. Le czar néanmoins ne désespera pas d'avoir une flotte; il y fit travailler des étrangers à Woronesch, ville située sur la Woronesch, riviere profonde, qui se jette dans le Don, & qui est entourée de grandes forêts.

Impatient de commencer la guerre, il n'attendit pas que ses vaisseaux fussent construits;

il ouvrit la campagne au commencement de 1695, & mit le siege devant Asoph ; ou plutôt il y servit sous les ordres du général Schérémétof, car il n'étoit encore que colonel d'un régiment. Mentzikof se voyoit déja dans la plus grande faveur. Compagnon des plaisirs & des débauches de son maître, il eut assez de crédit pour faire répudier la czarine qui lui reprochoit sa conduite. Cette princesse, qui avoit donné un fils au czar, fut enfermée dans un couvent.

Les secours qu'Asoph recevoit par l'embou- *Il construit* chure du Don, ne permirent pas de se rendre *une flotte.* maître de cette place. Après la prise de quelques forts, le czar mit ses troupes en quartier d'hiver. Il se rendit ensuite à Voronesch, pour hâter la construction de ses vaisseaux ; & il lui arriva des ingénieurs qu'il avoit demandés à l'empereur, à l'électeur de Brandebourg & aux États-Généraux.

L'année suivante, sa flotte mit à la voile *1696* sous les ordres de le Fort, grand-amiral. Quoi- *Asoph capi-* qu'elle ne fût composée que de deux petits *tule.* vaisseaux de guerre & de quelques bateaux longs, elle ferma l'embouchure du Don aux ennemis, & Asoph, ne recevant plus de secours, fut forcée de capituler. Pierre fit fortifier cette place sur les desseins des ingénieurs étrangers qu'il avoit avec lui. Au mois de janvier de cette même année, mourut le czar Ivan. Quoique ce prince fût foible ; il sut toujours résister à toutes les intrigues, qu'on mit en œuvre pour l'opposer à son frere.

Entrée triomphante de l'armée.

Pierre voulant exciter l'émulation des soldats, & les attacher de plus en plus à la discipline, fit tout préparer pour une entrée triomphante. L'armée s'étant rassemblée à un mille de Moscou, les généraux à la tête des corps qu'ils avoient commandés, entrerent au son des instruments & des voix qui chantoient leurs louanges. Mais le czar, qui n'étoit pas général encore, resta confondu dans la foule: il n'en fut que plus remarqué.

Nouveaux succès, nouvelle conspiration de Sophie, elle est découverte.

En 1697, la prise de Précop, précédée de deux victoires, donna lieu à de nouvelles réjouissances. Cependant Sophie, du fond de son couvent, tramoit une nouvelle conspiration. Elle animoit les boyars & les strélitz contre la réforme, en se prévalant de leurs préjugés. Les Russes voyoient avec indignation, que Pierre eût ordonné à plusieurs personnes de sa cour de voyager dans les pays étrangers, & qu'il eût résolu de faire lui même de pareils voyages. Ils étoient sur-tout offensés du bruit qui couroit, qu'on vouloit les forcer à couper leur barbe, ce qu'ils regardoient comme le plus grand affront qu'on leur pût faire. Voilà les principaux motifs d'un parti, qui se proposoit de mettre Sophie sur le trône, après

avoir aſſaſſiné le czar. La conſpiration fut découverte. Pierre punit les plus coupables, &
ménagea néanmoins le ſang de ſa ſœur, ſe
contentant de la faire obſerver de plus près.

Des victoires, des places fortifiées, une
flotte & une armée, commandée par le général
Schem, pruſſien, défendoient ſuffiſamment les
frontieres contre les Tartares, à qui la Porte
ne pouvoit plus envoyer de ſecours : car les
Turcs avoient beſoin de toutes leurs forces
contre les Vénitiens & contre les Impériaux,
qui avoient eu de grands avantages ſur eux.
Les tréſors du 'grand - ſeigneur étoient
épuiſés, & ſes provinces dépeuplées étoient encore ravagées par la peſte. Rien n'étant donc à
craindre au dehors pour la Ruſſie, & la conſpiration, découverte & diſſipée, aſſurant la
tranquillité au dedans, le czar crut avoir trouvé le moment de voyager pour étudier les
uſages, les mœurs, les loix & les arts des peuples policés de l'Europe. Il prit néanmoins
toutes les précautions néceſſaires pour prévenir
de nouveaux troubles. Il fit partir pour différents voyages les ſeigneurs qu'il jugea les plus
capables de remuer, & leur preſcrivit le genre
d'étude auquel ils devroient s'appliquer. Il
écarta les ſtrélitz, qu'il répandit ſur les frontieres de Lithuanie, afin d'appuyer le parti
d'Auguſte, électeur de Saxe, contre celui du
prince de Conti. Ces deux princes avoient été

(note marginale) Après avoir pourvu à la ſureté de ſes états, le czar ſe prépare à voyager, l'année qu'Auguſte, électeur de Saxe, & le prince de Conti avoient été élus rois de Pologne.

élus rois de Pologne le même jour au mois de juin. Il laiſſa, ſous les ordres du général Gordon, écoſſois, le corps de ſes gardes pour veiller à la ſureté de Moſcou. Ces troupes, qui étoient originairement la compagnie de le Fort, ſont ce qu'il avoit de mieux diſcipliné. Preſque toutes compoſées d'étrangers, elles montoient alors au delà de douze mille hommes. Enfin il confia la régence à Léon Nariskni ſon oncle, à Boris Gallitzin & au boyar Procoroski.

Il part confondu dans la ſuite de ſes ambaſſadeurs

Après avoir fait toutes ces diſpoſitions, il ſortit de ſes états, confondu dans la ſuite de ſes ambaſſadeurs, l'amiral le Fort, Alexis Gallovin, gouverneur de Sibérie, & Vonitſin, diak ou ſecrétaire d'état. Mentzikof, ſon favori, qu'il avoit fait chambellan, le ſuivit. On remarquoit encore dans cette ambaſſade le fils du roi de Géorgie, qui ayant été détrôné par ſes ſujets, avoit cherché un aſyle & des ſecours en Ruſſie.

Il eſt mécontent du gouverneur de Riga.

L'ambaſſade, accompagnée d'un grand cortege, prit ſa route par l'Eſtonie & par la Livonie, provinces qui étoient alors à la Suede, & qui avoient été long-temps un ſujet de guerre entre les Ruſſes, les Suédois & les Polonois. Le comte de Dahlberg, gouverneur de Riga, capitale de Livonie, fit recevoir les ambaſſadeurs avec diſtinction : mais il ne leur fit point

de vifite, fous prétexte qu'ils n'étoient pas envoyés à fon maître. Il trouva même fort mauvais que le czar voulût vifiter les fortifications
de cette ville. Quoique ce gouverneur n'eût
pas tort, Pierre affecta de croire qu'on lui
avoit manqué.

L'ambaffade, ayant traverfé la Curlande,
fe rendit dans la Pruffe-Brandebourgeoife. Frédéric III, électeur de Brandebourg, qui étoit
alors à Kœnigsberg, la reçut avec un fafte qu'il
aimoit & qui le ruinoit. Ce fafte n'étoit pas
du goût du czar. Mais on buvoit à cette cour,
comme on buvoit alors dans toutes les cours
d'Allemagne; & quoique dans le vin Pierre
fût fujet à des emportements, il ne favoit pas
réfifter à une paffion, que l'éducation lui avoit
donnée. Dans un de ces repas où il avoit bu
avec excès, il tira l'épée contre le Fort. Il eft
vrai que, revenu à lui, il demanda pardon à
fon favori. *Je veux*, difoit-il, *réformer mes
peuples , & je ne puis pas me réformer moi même!* Vous voyez, Monfeigneur, la vérité de
ce que je vous répéte fouvent. Il eft un temps
où il n'eft prefque plus poffible de fe corriger;
& ce temps vient bien vîte. En effet, Pierre
qui n'avoit alors que vingt-cinq ans, s'étoit déja reproché bien des fois de ne pouvoir pas fe
corriger. Il fe le reprochera encore.

Le czar eut fans cérémonie quelques conférences fecretes avec l'electeur de Brandebourg.

Il tire dans le vin l'épée contre le Fort.

Il arrive à Amfterdam.

Il partit enſuite pour Dantzick. Mais impatient de voir la Hollande, il devança ſes ambaſſadeurs, & il ſe rendit à Amſterdam quinze jours avant eux.

Il va à Sardam apprendre la conſtruction des vaiſſeaux.

A deux lieues de cette ville eſt Sardam, gros village, peuplé, riche, où l'on conſtruiſoit alors beaucoup de vaiſſeaux. Sardam méritoit ſa curioſité. Il y vint vêtu en pilote, comme un artiſan qui cherche de l'ouvrage, ou plutôt comme un payſan qui veut apprendre un métier. Il ſe fit inſcrire dans le rôle des charpentiers ſous le nom de Pierre Michaelof. On l'appelloit communément *Peterbas*, c'eſt-à-dire, maître Pierre. Il travailloit comme les autres ouvriers: il vivoit des mêmes nourritures. Quand on ſut que Peterbas étoit le czar, les ouvriers voulurent le traiter avec reſpect : mais ce n'étoit pas lui faire la cour: il fallut continuer de l'appeller Peterbas, & de le traiter en compagnon. Il apprit la conſtruction de toutes les parties d'un vaiſſeau : il devint excellent charpentier, bon pilote; il prit quelque connoiſſance de géométrie, & il fit un vaiſſeau de ſoixante pieces de canon.

Il paſſe en Angleterre pour y puiſer de nouvelles connoiſſances.

Ne pouvant guere apprendre en Hollande que la pratique de ces choſes, il deſiroit d'aller en Angleterre pour en approfondir la théorie. Le roi Guillaume qu'il vit à la Haye, & qu'il vit ſans cérémonie, lui donna ſon yacht & deux vaiſſeaux de guerre pour paſſer à Londres. Le

czar

czar y vécut comme dans le village de Sardam.
Il se perfectionna dans les mathématiques:
il construisit, suivant la méthode angloise, un
vaisseau, qui fut un des meilleurs voiliers : il
donna son attention à tous les métiers, à tous
les arts, il en démêla jusqu'aux plus petits détails : il étudia l'astronomie, la physique, l'a-
natomie, il fit même des opérations de chi-
rurgie.

Il engageoit à son service des officiers, *Il engage à*
des mathématiciens, des ingénieurs, des ma- *son service*
telots, des artisans de toute espece. Il savoit les *des étrangers*
choisir lui-même. C'est ainsi qu'il faisoit pas- *instruits.*
ser en Russie les arts de l'Angleterre & de la
Hollande. Schérémétof, son ambassadeur en
Italie, parcouroit, dans le même dessein, toutes les principales villes. Le czar au reste avoit
grand besoin de transporter des étrangers instruits dans ses états : car excepté le prince Si-
birski, qui étoit son émule, les autres Russes
profiterent peu de leurs voyages. Un comte
Gollovin, dont Pierre estimoit la valeur, passa quatre ans à Venise à fumer sans sortir de
sa chambre, de peur de voir & d'apprendre
quelque chose.

La France n'entroit point encore dans le
plan des voyages du czar, parce quil s'étoit *Il étoit à*
déclaré contre le parti du prince de Conti. Il *Vienne, lors-*
alla à Vienne pour étudier la discipline mili- *la révolte des*
taire des Allemands, & pour se concerter avec *strélitz.*

l'empereur contre le Turc, leur ennemi commun. Il étoit sur le point de passer à Venise, lorsqu'il apprit que les strélitz s'étoient révoltés.

Causes de ce soulévement. Ce n'étoit pas sans murmures que les Russes avoient vu leur souverain aller, hors de ses états, chercher des connoissances & de nouveaux usages. Ils se rappelloient la loi qui défendoit à leurs peres tout commerce avec les autres nations. Ils voyoient qu'on alloit proscrire leur barbe & leur robe longue; & ce qui les scandalisoit encore, c'est la permission que le czar avoit donné à des Anglois de débiter du tabac en Russie : car l'église russe en condamnoit l'usage comme un péché. Ceux des boyars, qui avoient les mêmes préjugés que le peuple, & ceux même qui ne les avoient pas, entretenoient ce mécontentement général; parce qu'ils voyoient avec chagrin que des étrangers leur enlevoient tous les emplois.

Il arrive à Moscou lorsque les strélitz avoient été défaits. Cette disposition des esprits donna de nouvelles espérances à la princesse Sophie; & ses partisans répandirent tous les bruits, capables d'armer la superstition contre le souverain légitime. Cependant le peuple de Moscou, contenu par les troupes étrangeres, n'osoit remuer. Mais les strélitz, répandus sur les frontieres de la Lithuanie, s'étoient rassemblés; & ils marchoient vers la capitale, conduits par les poppas ou prêtres, qui les avoient excités à la révolte. Les généraux Shein & Gordon, qui marcherent au-devant d'eux, les défirent à quinze lieues de Moscou. Pierre arriva pour punir. Les châtiments furent terribles. Plus de deux mille strélitz furent exécutés à mort. Il difperfa les autres dans les provinces déferres de fon empire, & il abolit prefque jufqu'au nom de ce corps redoutable.

Comme les bourreaux ne pouvoient pas fuffire à tant d'exécutions, le czar avoit ordonné que chaque juge feroit l'exécuteur de fa fentence. Il abattit lui-même quatre-vingts têtes. Les feigneurs de fa cour en couperent fans répugnance ; & le Fort n'obtint qu'avec peine la permiffion de n'en pas couper. Quand on emploie de pareils moyens pour policer des peuples, il faut qu'ils foient bien loin encore de pouvoir être policés, & qu'on ait bien befoin de fe policer foi même.

Peu de temps après ces exécutions, au mois de mars 1699, mourut à Moscou l'amiral le Fort. Le czar fut vivement fenfible à cette perte. A qui donnerai-je déformais ma confiance, s'écrioit il, en répandant des larmes ? j'ai perdu le meilleur ami. Il lui rendit les devoirs funebres avec une pompe, qui prouva le cas qu'il faifoit de cet homme vertueux. Il le regrettoit d'autant plus, qu'il le perdoit précifément dans le temps où il lui auroit été le plus néceffaire : car il commençoit alors à s'appliquer principa-

Exécution barbare.

1699
Regrets du czar à la mort de le Fort. Ses foins pour accoutumer fes troupes à la difcipline.

lement à la réforme de son peuple. Dans la vue
d'accoutumer les boyars à passer par tous les
grades, il n'étoit encore que lieutenant dans un
régiment; & il venoit de se faire mousse, pour
commencer l'apprentissage de matelot. Il n'étoit
pas possible de se refuser à la discipline, dont
le souverain donnoit l'exemple. Des régiments
russes se formerent sur le modele des Allemands, dont ils prirent l'exercice, & les habits
courts & uniformes : en même temps des Anglois & des Hollandois préparoient tout à Voronesch pour la construction d'une flotte ; &
l'ingénieur Perri, que le czar avoit amené de
Londres, travailloit à la communication du
Tanaïs avec le Volga.

Tout en Russie paroissoit prendre une nouvelle vie, mais c'étoit plutôt par le concours
des étrangers, que par l'empressement des
Russes à se prêter aux vues du czar. Ceux ci
s'attachoient à leurs usages, par la haine qu'ils
avoient toujours conçue pour les autres nations;
& la différence des vêtements contribuoit à entretenir cette haine. Pierre jugea qu'il seroit
avantageux qu'on ne pût pas distinguer à l'ha-
billement un Russe d'un étranger. Voilà pourquoi il proscrivit les barbes & les habits longs.
La cour obéit : il n'en fut pas de même du
peuple. Il fallut mettre une taxe sur les habits longs & sur les barbes, & couper la ro-

*Pourquoi il
proscrit les
barbes & les
habits longs.*

be & la barbe à ceux qui ne vouloient pas
payer.

Les Russes avoient emprunté quelques
coutumes des peuples de l'Asie. Les mariages
s'y faisoient comme en Turquie & en Perse,
où l'on ne voit celle qu'on épouse, qu'après que
le contrat est signé. Pierre abolit cet usage. Afin
d'adoucir les mœurs de ses sujets, il établit des
assemblées, où les meres conduisoient leurs
filles & où les hommes étoient obligés de se
trouver. Il leur apprit comment ils devoient
s'y comporter, & il leur dicta les loix de la
bienséance & de la politesse. Enfin voulant
donner de l'émulation à sa noblesse, il institua
l'ordre de S. André.

Il accoutume sa noblesse à la bienséance, & institue l'ordre de S. André pour lui donner de l'émulation.

Il crut devoir s'occuper encore de la réforme
du clergé. Le patriarche, riche & puissant,
avoit souvent abusé de son pouvoir. Les évêques s'étoient arrogé le droit du glaive : & les
poppas, toujours ignorants & souvent vicieux,
entretenoient les superstitions & les vices du
peuple. Le patriarche Adrien étant mort,
Pierre abolit le patriarchat. Il établit un synode,
pour veiller à la discipline ecclésiastique & à
tout ce qui concerne la religion ; & ce synode
le reconnut pour juge suprême. Ainsi, sans
prendre le titre de chef de l'église, il le devint
en effet.

Il travaille à la réforme du clergé.

Les prêtres séculiers se marient en Russie :
il faut même qu'ils se marient au moins une

Il défend d'entrer dans

H h 3

fois, & les moines feuls font obligés au célibat. Afin que ce célibat fût moins nuifible à la population du pays déja trop dépeuplé, le czar ordonna qu'on n'entreroit dans les cloîtres qu'à l'âge de cinquante ans. Ses fuccesseurs n'ont pas fans doute jugé ce réglement auffi nécessaire, puisqu'ils n'y ont pas tenu la main.

Les ordres monastiques avant l'âge de 50 ans.

Les Ruffes commençoient l'année au premier feptembre. Pierre ordonna qu'elle commenceroit au premier janvier ; & ce changement fut célébré par un jubilé au mois de janvier 1700. Le czar n'adopta pas la correction du calendrier, faite en 1582 par le pape Grégoire XIII, parce qu'alors les Anglois la rejetoient. Depuis, les Anglois & tous les Proteftants l'ont adoptée. Aujourd'hui les Ruffes s'en tiennent feuls au vieux ftyle, & quand ils comptent le premier janvier, nous comptons le onze.

Il ordonne de commencer l'année au 1. janvier.

Par le traité de Carlowitz, du 26 janvier 1699, la république de Pologne, l'empereur & les Vénitiens, avoient fait une paix avantageufe, & impofé des conditions dures à la Porte ottomane. Mais quoique le czar Pierre reftât maître d'Afoph, place importante qui pouvoit donner l'empire de la mer Noire, il n'avoit obtenu qu'une tréve de deux ans, & il fe voyoit en danger d'avoir à foutenir feul toutes les forces du grand-feigneur. Il ouvrit

Il fait avec les Tures une tréve de 30 ans.

donc une nouvelle négociation, & il obtint
une tréve de trente ans : n'ayant alors plus rien
à craindre de ce côté, il s'occupa des projets
qu'il formoit sur la mer Baltique.

Le commerce par mer avec la Russie ne se
faisoit que par Archangel. Il falloit tourner la
Norwege, la Laponie, & entrer dans la mer
Blanche qui étoit gelée la plus grande partie
de l'année. Si, par conséquent, le czar vouloit
s'ouvrir un commerce plus facile, il lui importoit d'avoir des ports sur la mer Baltique : or,
il n'en pouvoit pas avoir, s'il ne conquétoit
pas des provinces sur les Suédois. Il est vrai que
la conjonctute paroissoit favorable ; car le jeune roi, qui étoit sur le trône de Suede, donnoit
de lui des idées peu favorables. Pierre fit une
ligue avec les rois de Danemarck & de Pologne, & ces trois princes projeterent d'enlever
à la Suede toutes les provinces qu'elle possédoit au delà de son continent.

Il s'allie de la Pologne & du Dane-marck contre la Suede.

Il me semble que le czar voulant civiliser
ses peuples, auroit dû se mêler moins dans les
querelles de l'Europe. Il est vrai que pour avoir
un commerce plus libre avec l'étranger, il avoit
besoin d'acquérir des ports sur la mer Baltique :
mais avant de penser à ce commerce, il falloit
s'occuper des moyens de faire fleurir l'agriculture, & achever de policer ses peuples. Or,
une trop grande communication avec l'Europe
étoit moins propre à policer les Russes, qu'à

Le czar paroît s'être trompé sur les moyens propres à civi-liser ses peu-ples.

Hh 4

leur faire prendre les vices des nations poli-
cées.

Il avoit encore mal pourvu à sa sureté en
abolissant jusqu'au nom des strélitz. Il devoit
prévoir que la nouvelle garde qu'il avoit créée,
s'arrogeroit le même pouvoir, & en abuseroit
également ; & penser qu'un prince n'est jamais plus puissant, que lorsqu'il n'a pas besoin
de gardes pour être obéi. C'est donc le despotisme qu'il devoit abolir : il falloit apprendre
aux Russes à se donner des loix. Le czar n'y
a pas pensé.

Il auroit pu observer dans l'histoire les avantages & les vices des différents gouvernements,
& c'est ainsi qu'il pouvoit chercher à s'instruire. Les nations de l'Europe, mal gouvernées
& corrompues, ne pouvoient que le jeter dans
l'erreur. Leur politesse & leurs arts n'étoient
pas ce qu'il falloit aux Russes. S'il y eût eu
quelque part un pays bien gouverné, je con-
viens qu'il eût été plus court de l'étudier. Le
czar eût donc bien fait d'y aller, & les autres
princes de l'Europe auroient dû y voyager à
son exemple.

CHAPITRE III.

De la Suede, du Danemarck & de la Pologne jufqu'à la fin du dix-feptieme fiecle.

CHRISTINE, fille unique du grand Guftave, monta fur le trône à l'âge de fix ans, en 1632. Elle montra de bonne heure une paffion fingu-liere pour l'étude. Elle paffoit les jours & les nuits à lire : & il n'y avoit point de fciences qu'elle ne voulût dévorer. Les favants en par-loient comme d'un prodige de favoir : mais les favants parloient d'une reine. Ils admiroient qu'elle eût appris jufqu'à huit langues, & qu'el-le les parlât prefque toutes avec la même fa-cilité. Il me femble cependant qu'un efprit, fait pour les vraies connoiffances, doit appren-dre moins de mots. J'ajouterai même que ja-mais homme n'a fu huit langues également bien, quoiqu'on en puiffe favoir un plus grand nom-bre également mal. C'eft même affez d'en favoir une, fi favoir c'eft entendre & par-ler avec goût : dans ce fens, on ne fait bien

Paffion de Chriftine pour l'étude.

que fa langue, encore faut-il l'avoir beaucoup étudiée.

Chriftine recherchoit les favants avec la
même paffion, qu'elle cultivoit les fciences.
Elle auroit voulu les attirer dans fes états, ou
du moins elle vouloit être en commerce de
lettres avec eux. Dans la lifte néanmoins de
ceux qui ont mérité fon attention, on trouveroit bien des noms aujourd'hui inconnus.
Quoi qu'il en foit, fon goût vif pour l'étude
fut jugé d'un bon augure, parce qu'on préfuma
qu'elle n'oublieroit pas d'apprendre la fcience de
regner.

Déclarée majeure à feize ans, elle gouverna
par elle-même, affiftant à tous les confeils,
travaillant avec fes miniftres, donnant audien-
ce à ceux des cours étrangeres, lifant elle-même les dépêches de fes ambaffadeurs, ou s'en
faifant faire au moins le rapport. Cependant
elle ne renonçoit pas à fes études favorites. Il
eft vraifemblable qu'elle regrettoit les moments
qu'elle étoit obligée de leur dérober. Son goût
pour les lettres lui faifoit defirer le repos; &
elle vouloit la fin d'une guerre, qui ne lui permettoit pas de prodiguer fes bienfaits aux favants. Elle hâta donc la conclufion du traité de
Weftphalie. Sans fes ordres abfolus, fes deux
plénipotentiaires ne fe feroient jamais accordés, & le chancelier Oxenftiern auroit fait
durer la guerre.

La paix donnée à l'Europe eſt la plus belle partie de la vie de Chriſtine: mais cette prin- ceſſe ne ſoutint pas long-temps la réputation qu'elle venoit d'acquérir; parce qu'avec beau- coup de ce qu'on appelle eſprit, elle avoit tous les caprices d'une tête mal faite, qui ſe pique de philoſophie, & ſes caprices ruinoient l'état. Les finances ſe diſſipoient en livres, en table- aux, en ſtatues, en meubles, en bijoux; en profuſions faites ſans diſcernement aux étran- gers, qu'elle attiroit auprès d'elle; en ballets, en fêtes, en magnificences de toute eſpece. On voyoit à ſa cour, qu'elle vouloit rendre une des plus brillantes, des favoris qu'elle avoit enrichis, en aliénant les domaines de la cou- ronne; des jeunes gens ſans capacité, qui occu- poient les premieres charges à l'excluſion des anciens ſénateurs; & parmi quelques hommes de mérite, beaucoup de pédants hériſſés de grec & de latin. Elle paroiſſoit regner pour ſes fantaiſies, plutôt que pour ſes peuples. Cepen- dant le tréſor ſe trouvoit épuiſé, on n'acqui- toit pas les dettes contractées pendant la guer- re: les troupes étoient mal payées, & la mari- ne mal entretenue.

La conduite de Chriſtine excita des mur- mures. Les grands & le peuple commençoient à ſe laſſer de ſon gouvernement, & elle ſe laſ- ſa elle-même de regner. Embarraſſée des rê- nes qu'elle tenoit mal, elle étoit encore vive-

ment follicitée à s'engager dans de nouvelles
chaînes: la nation demandoit qu'elle fe mariât. Mais le célibat, dans une vie privée, lui
paroifloit préférable à la couronne; parce qu'elle ne foupiroit qu'après le moment, où elle
pourroit s'occuper fans contrainte des fciences
qu'elle croyoit avoir apprifes. Il y avoit d'ailleurs entre les ordres de l'état des fujets de
diffention, qui lui faifoient craindre de ne pas
jouir d'un regne affez tranquille. Enfin elle
étoit dégoûtée du climat de Suede, & elle defiroit de vivre fous un plus beau ciel. Elle
étoit donc malheureufe fur le trône, & elle
demandoit fouvent en quoi confifte le bonheur.
Ses favants auroient pu lui répondre, à regner
autrement que vous ne faites: mais ils differ-
toient, & fe perdoient en raifonnements; comme ces philofophes grecs, qui cherchoient le
bonheur dans des fiecles où toute la Grece étoit
miférable.

Voulant vivre dans le célibat, elle defi-gne pour fon fuccefieur Charles Guf-tave.
Dans les états affemblés, en 1650, Chrifti-
ne fit connoître pour fon fuccefleur Charles
Guftave, fils de Jean Cafimir comte Palatin du
Rhin, & de Catherine fille de Charles IX, &
fœur du grand Guftave. C'eft ce prince que
nous avons vu, à la tête des troupes fuédoifes,
affiéger Prague en 1684. Il s'étoit flatté d'é-
poufer la reine de Suede: mais elle avoit tou-
ours éludé, & par fa derniere difpofition, el-

le paroiſſoit avoir ôté à ſes ſujets tout prétexte
d'exiger qu'elle ſe mariât.

Charles-Guſtave ſe conduiſit avec toute la
circonſpection poſſible, vivant à la campagne,
venant rarement à la cour, & paroiſſant moins
deſirer de regner, à meſure qu'il approchoit
plus du trône. Cependant il gagnoit l'affection
des peuples, & les grands s'attachoient à lui.
On continuoit donc de preſſer Chriſtine à choiſir un époux : c'étoit lui dire de ſe donner un
maître dans Charles-Guſtave.

Cependant
on la preſſe de
choiſir un é-
poux.

Ce fut alors qu'elle déclara le deſſein, qu'elle
formoit d'abdiquer depuis quelque temps. Elle
chargea le grand maréchal & le chancelier de
faire connoître ſa réſolution au prince Palatin,
qui les chargea lui-même de l'engager à conſerver la couronne. Peut-être que conſidérant combien l'état étoit obéré, il ne refuſoit qu'afin de ne
pas traiter avec la reine, qui auroit pu ſe réſerver
de trop grands revenus & de trop grands droits.
Dans la ſuppoſition qu'elle vouloit ſincérement
abdiquer, il aimoit mieux attendre qu'elle eût
dépoſé la couronne entre les mains des états.
Le caractere de cette princeſſe & le mécontentement général de la nation pouvoient lui faire
prévoir qu'elle ſeroit forcée à prendre tôt ou
tard ce parti ; & alors il étoit aſſuré d'obtenir le
trône à des conditions moins déſavantageu-
ſes.

Alors elle
déclare qu'el-
le veut abdi-
quer & Guſta-
ve l'invite à
conſerver la
couronne.

Le sénat lui fait la même invitation & elle s'y rend à condition qu'on ne lui parlera plus de mariage.

Ce refus ne parut pas avoir fait changer le dessein que la reine avoit pris. Elle vint au sénat le 25 octobre 1651 , & déclara sa volonté ferme & irrévocable d'abdiquer entre les mains du prince Palatin. Il est naturel d'opposer de la résistance à une pareille proposition. On ne sait jamais, si elle est bien sincere: elle pourroit n'être qu'un piege, & on craindroit d'avoir mal fait sa cour, si on paroissoit l'accepter trop facilement. Les sénateurs s'y refuserent donc. Ils solliciterent vivement Christine à ne pas abandonner les rênes du gouvernement; & ils firent bien, puisqu'elle se rendit à leurs prieres. Elle mit seulement pour condition qu'on ne lui parleroit plus de mariage, ce qui lui fut accordé.

Michon, son médecin, la dégoûte des sciences.

Vers ce temps, un nouveau favori la dégoûta tout-à-fait des sciences: c'étoit un nommé Michon, médecin françois, qui se faisoit appeller Bourdelot du nom de sa mere; parce que Bourdelot, son oncle maternel, avoit commenté du grec & du latin, & qu'un nom de commentateur étoit un titre dans cette cour: ignorant, même dans son métier, il crut donc qu'avec le nom de Bourdelot, il seroit bien accueilli. Il ne se trompa pas. Il eut en effet toute la confiance de Christine. Alors il lui persuada que les maladies, auxquelles elle étoit sujette, venoient uniquement de sa grande application à l'étude & aux affaires; & qu'elle rétabliroit sa

tanté, lorſqu'elle ne s'occuperoit que d'amuſements & de plaiſirs. Il jeta des ridicules ſur les
ſavants qui n'y prêtoient que trop ; & il n'oublia pas de lui dire que les François mépriſoient
les femmes qui vouloient paroître ſavantes.
Alors la reine laiſſa ſes livres, reçut froidement
les ſavants, ou même les écarta.

Bourdelot, vain, inſolent & railleur, eut
bientôt pour ennemis, les médecins, les gens
de lettres & les grands, qui ſe voyoient obligés de faire la cour à un étranger, ſans nom &
ſans mérite. Chriſtine n'en fut que plus préve-
nue pour ſon favori. Elle en parloit comme du
plus grand homme en tout genre. Elle le con-
ſultoit ſur les affaires d'état : elle en raffoloit au
point, que dans ſes maladies, elle feignoit de ſe
bien porter ; ne voulant pas qu'on crût qu'elle
pût être malade, tant qu'elle auroit un ſi grand
médecin.

Sa préven-
tion pour cet
homme.

Cependant Antonio Pimentel, envoyé
d'Eſpagne, ſupplanta ce favori. Bourdelot ne
fut plus qu'un homme fort commun, un mauvais médecin, & on le renvoya. Le miniſtre
eſpagnol avoit gagné la confiance de la reine
par des flatteries. Il louoit ſon eſprit, ſes connoiſſances, l'éclat de ſa majeſté ; & il lui avoit
rendu tout ſon goût pour les ſciences.

Pimentel, en-
voyé d'Eſpa-
gne, ſupplan-
te Michon, &
rend à Chriſti-
ne ſon goût
pour les ſcien-
ces.

La légèreté de Chriſtine indiſpoſoit de plus
en plus les Suédois, à qui d'ailleurs la faveur de

Il l'engage à
rompre avec

le Portugal; &
le fénat, qui
défapprouve
cette démar-
che, attend
avec impa
cience l'abdi-
cation de cet-
te princeffe.

Pimentel étoit odieufe, lorfque cette princeffe déclara qu'elle ne reconnoiffoit plus le duc de Bragance pour roi de Portugal, qu'elle le regardoit comme un ufurpateur, & qu'elle vouloit que le réfident de ce prince fortît de fes états. Cette démarche, qu'elle fit par complaifance pour le miniftre efpagnol, étoit trop contraire à la politique que la Suede avoit tenue jufqu'alors, pour ne pas offenfer le fénat. Mais il fe confola par l'efpérance de fe voir bientôt délivré du gouvernement d'une princeffe auffi capricieufe. Car elle parloit alors d'abdiquer: elle y paroiffoit tout à-fait réfolue; & on n'étoit pas moins déterminé à la prendre au mot.

Elle abdique.

Le 21 mai 1654, quelques jours après avoir donné fes ordres au réfident de Portugal, elle ouvrit à Upfal l'affemblée des états par un difcours dans lequel elle déclara qu'elle abdiquoit la couronne. Après quelque réfiftance qu'il convenoit de faire, on accepta fon abdication; & on lui affura un revenu de deux cents mille rifchdales fur des domaines qu'elle demandoit en fouveraineté, & qu'on ne lui accorda qu'en apanage.

Elle enleve
toutes les ri
cheffes des pa-
lais.

Avant d'abdiquer, elle avoit envoyé en Allemagne tout ce qu'elle avoit de plus précieux dans fes palais: on affure qu'elle enleva pour plus de fix millions d'effets, en pierreries,

ries, en bijoux, en tableaux, en vaisselle d'or & d'argent, & en meubles de toute espece. Elle ne laissa au nouveau roi que deux pieces de tapisserie & un mauvais lit.

Ne voulant avoir que des hommes à son service, elle congédia toutes ses femmes, & partit, travestie elle-même en homme. Elle franchit un petit ruisseau, qui sépare la Suede du Danemarck, en s'écriant : *me voilà enfin en liberté & hors de Suede, où j'espere ne retourner jamais.* Elle abjura le luthéranisme, s'établit à Rome, & fit deux voyages en France & un en Suede. Mais le reste de la vie de cette femme extraordinaire, qui n'avoit plus que le titre de reine, intéressoit peu l'Europe, & ne doit pas nous intéresser davantage. Elle mourut à Rome en 1689. Elle a été louée par les gens de lettres, qui l'ont mise à côté des plus grands monarques : il eût mieux valu être loué par les paysans de Suede.

Elle abjure le luthéranisme & se retire à Rome.

Lorsque Charles X voulut connoître l'état de ses finances, il trouva les revenus si engagés qu'il ne lui restoit que deux millions quatre cents mille livres ; & cependant il étoit chargé de plus de trente millions de dettes : somme considérable pour ce temps là, & surtout pour la Suede, où l'argent étoit rare. Afin de remédier à cet épuisement des finances, les états convinrent de réunir à la couronne la

Etat où Charles X trouve les finances.

quatrieme partie du domaine, que Chriftine avoit aliénée.

Comme les defcendants de Sigifmond, à qui Charles IX avoit enlevé la Suede, regnoient encore en Pologne, il y avoit toujours des fujets de guerre entre ces deux couronnes; & Jean Cafimir V, alors roi de Pologne, venoit de protefter contre les difpofitions de Chriftine. Charles X, né pour la guerre, ne demandoit qu'un prétexte pour armer. Il craignoit de laiffer amollir les Suédois par un trop long repos: il étoit appellé en Pologne par un parti mécontent du gouvernement: faififfant donc cette conjoncture, il conquit rapidement ce royaume; & pendant que Cafimir, abandonné de fa nobleffe & de fon armée, fuyoit en Siléfie, il marcha contre l'électeur de Brandebourg, qui s'étoit rendu maître de la Pruffe-Ducale, & eut encore des fuccès.

Mais la Pologne eft auffi difficile à conferver, qu'elle eft facile à conquérir. Les Polonois reprirent les armes pour chaffer les Suédois. l'Europe, alarmée des progrès de Charles-Guftave, remua pour lui fufciter des ennemis: le Danemarck arma contre lui. les Ruffes firent une diverfion, & les Tartares vinrent au fecours des Polonois. Cafimir fut rétabli prefque auffi vîte qu'il avoit été détrôné. Les Suédois, enveloppés de toutes parts, périrent fous le fer de leurs ennemis. Charles, qui étoit en

Prusse, revint pour remporter une victoire inutile. Le froid & le disette lui enleverent la
plus grande partie de son armée.

Charles fit alors alliance avec l'électeur de
Brandebourg & avec Ragotski prince de Transilvanie. Les secours qu'il retira de ces alliés ne
lui conserverent pas la Pologne. Dans l'impuissance de la défendre pour le moment, il se flatta de la pouvoir reconquérir, lorsqu'il auroit
vaincu le roi de Danemarck. Il tourna donc
ses armes de ce côté, quoiqu'on fût dans le
cœur de l'hiver. A la faveur des glaces, il se
rendit maître de plusieurs îles : & il menaçoit
déja Copenhague, qui ne paroissoit pas en état
de soutenir un long siege.

Frédéric III, fils de Christian IV, qui regnoit
pendant la longue guerre terminée par le traité
de Westphalie, étoit alors sur le trône de Danemarck. Dans la situation critique, où il se
trouvoit, la nécessité lui fit la loi ; & il demanda la paix, qu'il n'obtint qu'à des conditions
dures.

Une pareille paix n'étoit pas assurée. La
violence, faite à Frédéric, pouvoit être pour ce
prince un prétexte de la rompre ; & il y avoit
lieu de présumer qu'il n'attendroit qu'un moment favorable. Charles voulut le prévenir :
comme il connoissoit l'état de foiblesse, où

Il tourne ses armes contre le Danemarck & menace Copenhague.

Il l'assiége.

I i 2

étoit alors le Danemarck , & que d'ailleurs il
jugeoit qu'un ennemi, qui se reposoit sur la foi
des traités, étoit facile à surprendre , il se promettoit les plus grands succès. Il fit donc ses
préparatifs, sans déclarer ses desseins; & entrant
tout-à-coup dans le Danemarck, il mit le siege devant Copenhague.

La Hollande donne des se-cours au roi de Dane-marck. Il étoit de l'intérêt de la république de Hollande de maintenir l'équilibre entre la Suede
& le Danemarck. Car son commerce eût été
en danger si l'une de ces deux puissances eût prévalu sur la mer Baltique. Elle travailloit en
conséquence à établir entre elles une paix du-
rable. Mais lorsqu'elle apprit la situation de
Frédéric, elle fit partir une flotte, qui après un
combat où les deux partis s'attribuoient la victoire , eut cependant l'avantage de faire entrer
dans Copenhague deux mille hommes avec une
grande quantité de provisions.

La mort de Charles met fin à cette guerre que les négociations de plusieurs puissances n'avoient pu terminer. La France & l'Angleterre se joignirent à la
Hollande, pour forcer les deux rois à la paix.
Des flottes angloises & hollandoises appuye-
rent la négociation. On tint plusieurs conférences; mais Frédéric vouloit obtenir de meilleures conditions que celles du dernier traité ,
& Charles vouloit conserver toutes ses conquêtes. D'ailleurs ces deux monarques, également
fiers & intrépides , voyoient avec chagrin que
des puissances étrangeres entreprissent de leur
faire la loi.

Comme la négociation n'avançoit pas, les Anglois se retirerent, & les Hollandois, s'étant joints aux Danois, attaquerent l'île de Fionie. Ils remporterent une victoire complete. De sept mille hommes, qui composoient l'armée suédoise, il n'échappa que les deux généraux : tout le reste fut pris ou tué. Il semble que les Hollandois n'avoient plus qu'à passer dans l'île de Zéeland pour en chasser les Suédois : mais ils craignirent apparemment d'affoiblir trop le roi de Suede, & ils se retirerent dans le port de Lubeck. Les négociations continuoient cependant, quoique sans succès, & Charles faisoit de nouveaux préparatifs, lorsque la mort mit un terme à ses projets le 23 février 1660. Les Suédois le regretterent. C'est un héros qu'ils admiroient, & pour lequel ils auroient tout sacrifié. Il méritoit d'inspirer ces sentimens à un peuple brave & guerrier : mais il laissoit beaucoup d'ennemis à la Suede, qu'il avoit épuisée d'hommes & d'argent. A force d'avoir des héros sur le trône, il viendra un jour, où les Suédois reconnoîtront qu'il est une autre gloire que celle des armes.

1660

Charles XI, fils de Charles-Gustave, n'avoit que cinq ans. Après avoir confirmé les principales dispositions du dernier roi, concernant la tutele & la régence, les états songerent à terminer la guerre. Le besoin qu'on avoit de

Traité d'Oli. va entre ces deux couronnes.

la paix de part & d'autre, applanit les difficultés : le traité fut conclu dans le couvent d'Oliva aux environs de Dantzick. La Suede jouit
enfin de plusieurs années de repos.

Les nobles
Danois refu-
soient de con-
tribuer aux
charges de
l'état.

Depuis que le clergé danois avoit été abais-
sé par le changement de religion, le nobles s'é-
toient rendus très puissants. Ils s'attribuoient
tous les honneurs, tous les titres, tous les emplois : ils étendoient leurs prétentions sur la
prérogative royale : & ils refusoient de contribuer aux taxes. Cependant les ecclésiastiques,
les bourgeois & les paysans, vexés par des
gentilshommes qui se regardoient comme autant de souverains, ne pouvoient pas porter
seuls toutes les charges. La derniere guerre
avoit été fort dispendieuse. On ne pouvoit congédier l'armée faute d'argent. Le soldat qu'on
ne payoit pas, vivoit de licence. Il étoit donc
plus juste que jamais, que tous les ordres con-
tribuassent aux besoins de l'état. Frédéric, voulant remédier aux calamités publiques, convoqua les états-généraux à Copenhague.

Pour se sous-
traire à leur
tyrannie, le
clergé & le
peuple accor-
dent au roi
une autorité
absolue, &
déclarent la
couronne hé-

Quand on parla d'imposer les nobles, ils
se souleverent, comme s'ils eussent été d'une
autre espece que le peuple, qu'ils traitoient
d'esclave. Mais autant ils étoient haïs, autant
Frédéric III étoit aimé. Le clergé se réunit au
peuple ; & pour secouer le joug de leurs tyrans,
ils résolurent de confier au roi une autorité ab-

folue, & de rendre le trône héréditaire dans
fa famille. Cette révolution fut conduite avec
tant de concert, que les nobles fe foumirent
fans réfiftance. Depuis ce temps les rois de
Danemarck fe font occupés avec fuccès des moyens d'opprimer la nobleffe : ils ont favorifé le
clergé, qui a contribué & qui contribue encore à-leur puiffance. Maître de ce corps par les
graces qu'ils lui accordent, ils font toujours furs
d'en difpofer, parce qu'ils font les chefs de la
religion. C'eft un des fondements de leur autorité, qu'ils ont toujours à leur folde. Enfin
ils n'appréhendent plus rien de la part du peuple, parce qu'il a perdu tout fentiment de liberté. Ceux qui étoient libres avant la révolution, ne le font plus; & les payfans, qui
étoient efclaves, le font encore.

La Pologne étoit toujours troublée. Les
guerres civiles lafferent enfin la conftance de
Jean Cafimir. Il abdiqua en 1668, & fe retira
en France, où Louis XIV lui donna plufieurs
abbayes. Il eft le dernier prince de la maifon
de Guftave-Wafa. Après lui les Polonois élurent, en 1669, Michel-Coributh Viefnio-
wiecki grand maréchal du royaume.

La guerre recommençoit alors dans le nord.
Car ce fut en 1677, que Charles XI s'étant allié avec Louis XIV, eut tout-à-la fois pour ennemis l'électeur de Brandebourg, la Hollande,

I i 4

l'évêque de Munster, le duc de Luxembourg,
& le roi de Danemarck, Christian V, fils &
successeur de Frédéric III. Cette guerre fut
une longue suite de malheurs. Si la Suede recouvra les provinces qu'elle avoit perdues, elle
le dut aux succès des armes de la France.
Mais cette restitution ne réparoit pas l'épuisement où elle se trouvoit. Les puissances du
nord prirent peu de part à la guerre de
1688.

Charles XI
qui rendit son
autorité abso-
lue, mourut,
lorsque les
conférences
de Ryswyck
avoient com-
mencé sous sa
médiation.

Depuis la paix conclue en 1679, Charles XI ne travailla qu'à rendre son autorité
absolue. Il y réussit. En 1682, il établit que
la couronne seroit héréditaire dans sa maison,
& que les femmes succéderoient au défaut de
la ligne masculine. Il fit ces réglements dans
l'assemblée des états, qui n'oserent résister : il
les assura par les alliances qu'il contracta au dehors, & par la police qu'il maintint au dedans.
Il mourut en 1697 laissant un fils qui sera la
gloire & le fléau de la Suede, le héros Charles
XII. Les conférences de Ryswyck avoient
commencé sous la médiation de Charles XI,
elles finirent sous celle de Charles XII. Ce
jeune prince commença son regne, en donnant
la paix à l'Europe : il cherchera bientôt une autre gloire.

Puissance de
Charles XII à

» A son avénement, non-seulement il se
» trouva maître absolu & paisible de la Suede

» & de la Finlande ; mais il regnoit encore sur son avénément.
» la Livonie, la Carélie, l'Ingrie ; il possédoit
» Wismar, Wibourg, les îles de Rugen, d'Oe-
» sel & la plus belle partie de la Poméranie,
» le duché de Breme & de Verden : toutes con-
» quêtes de ses ancêtres, assurées à son trône
» par une longue possession, & par la foi des
» traités solemnels de Munster & d'Oliva sou-
» tenus par la terreur des armes suédoises.

Mais tant de puissance ne paroissoit pas de- Cette puissance ne paroissoit pas devoir inquiéter.
voir effrayer, quand on songeoit à l'âge de
Charles XII, qui n'avoit que quinze ans, &
au peu de talents qu'il montroit pour gouverner un royaume. » Il n'avoit, à la vérité, dit
» M. de Voltaire, que je viens de citer, aucu-
» ne passion dangereuse. Mais on ne voyoit
» dans sa conduite que des emportements de
» jeunesse, & de l'opiniâtreté. Il paroissoit in-
» appliqué & hautain. Les ambassadeurs qui
» étoient à sa cour, le prirent même pour un
» génie médiocre, & le peignirent tel à leurs
» maîtres. La Suede avoit de lui la même opi-
» nion ; personne ne connoissoit son caractere;
» il l'ignoroit lui-même, lorsque des orages,
» formés tout-à-coup dans le nord, donnerent
» à ses talents cachés l'occasion de se déployer.»
Remontons à l'origine de ces différents.

Lors de la dissolution de l'union de Cal- Les états de Danemarck avoient réuni
mar en 1448, les Danois élurent pour leur roi
Christian I de l'ancienne maison d'Oldenbourg

à la couronne
le duchés de
Slefwick & de
Holstein.

(*), neveu d'Adolphe duc de Slefwick & de Holftein Gottorp. Quelques années après, ce prince hérita de ces duchés par la mort de fon oncle. En 1481, Jean, fon fils aîné, lui fuccéda fur le trône de Danemarck, & les duchés de Slefwick & de Holftein furent le partage de Frédéric fon fecond fils. Celui-ci fut choifi par les Danois, lorfqu'en 1523 ils dépoferent le Neron du nord, Chriftian II, qui avoit fuccédé à Jean fon pere; & par un réglement qui fut fait à cette occafion, les duchés de Slefwick & de Holftein furent réunis à la couronne de Danemarck.

Chriftian III
les cede à fes
deux freres,
malgré les
proteftations
des états.

Lorfqu'après de longs troubles Chriftian III eut recueilli toute la fucceffion de Frédéric, fon pere, il voulut la partager avec Jean & Adolphe, deux freres qu'il aimoit, & il leur céda en 1544 les duchés de Holftein & de Slefwick Les états protefterent contre ce démembrement, qui étoit contraire aux réglements faits à l'avénement de Frédéric I. Mais le roi, ne pouvant abandonner fes deffeins généreux, crut parer à tout, en déclarant qu'il y auroit une union perpétuelle des duchés de Slefwick & de Holftein avec le royaume, & que le premier demeureroit un fief de la couronne.

(*) Elle eft une de celles qui prétendent defcendre du célebre Witikind.

Il eût été facile de prévoir que cette difpofition feroit une fource de querelles entre les
ducs qui tenteroient de fe rendre indépendants,
& les rois qui voudroient recouvrer des domaines aliénés. La génerofité de Chriftian III
troubla tout le nord. Les guerres, fufpendues
par des traités, recommencerent à plufieurs
reprifes, & ne parurent terminées qu'en 1689,
à Alténa, par la médiation & fous la garantie
de l'empereur Léopold, & des électeurs de
Saxe & de Brandebourg. Le duc de Holftein-
Gottorp fut rétabli dans tous fes états, conformément aux traités de Rofchild & de Copenhague.

Cette difpofi-
tion eft une
fource de
guerre.

Le rois de Suede étoient les alliés naturels
des ducs de Holftein; & Charles XII venoit de
contracter une nouvelle alliance avec le jeune
duc Frédéric, auquel il avoit donné fa fœur en
mariage. Se voyant donc appuyé de la Suede,
le duc de Holftein ménagea moins le roi de
Danemarck: mais Frédéric IV, qui fur ces entrefaites fuccédoit à Chriftian V, fon pere,
ne jugea pas que l'alliance de Charles XII rendit le duc de Holftein beaucoup plus redoutable. Il commença les hoftilités en 1699: il
négocia avec la Pologne & la Ruffie; & ce fut
alors que ces trois couronnes formerent une ligue contre la Suede.

C'eft à cette
occafion que
Frédéric IV fe
ligue avec la
Pologne & la
Ruffie contre
Charles XII
allié du duc
de Holftein.

Jean Sobieski étoit mort en 1696. Le
prince de Conti, qui avoit été élu, ainfi que

Frédéric-Au-
gufte étoit en-

été dans cette ligue, afin d'avoir un prétexte pour ne pas licentier des troupes Saxones.

Frédéric-Auguste le 27 juin de l'année suivante, avoit été forcé d'abandonner ses droits, presque aussitôt qu'il les eut acquis. La France étoit trop éloignée de la Pologne pour le soutenir. D'ailleurs épuisée par la guerre que le traité de Ryswick termina quelques mois après, comment auroit-elle pu lui donner tous les secours nécessaires en hommes & en argent? Auguste au contraire, soutenu par une armée russe & par les troupes de son électorat, força les suffrages qui refusoient de se rendre à lui, & fut généralement reconnu. Cependant, les troubles qui ne cessèrent que l'année suivante, pouvoient renaître. Auguste crut donc avoir besoin de conserver son armée saxone : mais il falloit un prétexte, afin de ne pas répandre l'alarme parmi la noblesse polonoise, jalouse de sa liberté. Il crut le trouver dans la guerre qu'il projetoit contre la Suede; d'autant plus qu'à son avénement il avoit promis de faire ses efforts pour recouvrer les provinces que la république avoit perdues. Il se proposoit sur-tout, la conquête de la Livonie. Elle lui paroissoit facile : car les Livoniens, que Charles XI avoit dépouillés de leurs privileges & d'une partie de leurs biens, ne demandoient qu'à secouer le joug. Une circonstance augmentoit encore la haine qu'ils avoient conçue pour le despotisme des rois de Suede. Patkul avoit été député par la noblesse pour porter aux pieds du trône les plaintes de la province. Il fut d'abord écouté. Charles XI applaudit même au zele, avec lequel il avoit parlé pour sa patrie. Mais peu de jours après, il le fit condamner à mort, comme criminel de lese-majesté. Patkul, qui eut le bonheur d'échapper, s'enfuit en Pologne. Lorsqu'il cherchoit à se venger & à délivrer sa patrie, il eut l'occasion d'être présenté au roi Auguste ; & il lui persuada combien il seroit facile de conquérir la Livonie, défendue par un roi enfant, que toute l'Europe méprisoit. Tels sont les motifs qui engagerent le roi de Pologne à s'unir au czar Pierre & à Frédéric IV roi de Danemarck.

FIN du quatorzieme volume.

www.ingramcontent.com/pod-product-compliance
Lightning Source LLC
Chambersburg PA
CBHW070622270326
41926CB00011B/1776